JUSTIÇA ECONÔMICA E SOCIAL

CIP-BRASIL. CATALOGAÇÃO NA PUBLICAÇÃO

SINDICATO NACIONAL DOS EDITORES DE LIVROS, RJ

j97

Justiça econômica e social / coordenação Ives Gandra da Silva Martins , Paulo de Barros Carvalho. - 1. ed. - São Paulo : Noeses, 2017.

442 p. : il. ; 23 cm.

Inclui bibliografia

ISBN 978-85-8310-087-4

1. Direito tributário - Brasil. I. Martins, Ives Gandra da Silva. II. Carvalho, Paulo de Barros.

17-44682

CDU - 34:351.713(81)

JUSTIÇA ECONÔMICA E SOCIAL

Coordenadores

Ives Gandra da Silva Martins

Paulo de Barros Carvalho

União dos Juristas Católicos de São Paulo

editora e livraria

2017

Copyright 2017 By Editora Noeses
Fundador e Editor-chefe: Paulo de Barros Carvalho
Gerente de Produção Editorial: Rosangela Santos
Arte e Diagramação: Equipe Noeses
Designer de Capa: Aliá3 - Marcos Duarte
Revisão: Georgia Evelyn Franco

As opiniões constantes nos artigos são de responsabilidade exclusiva dos autores.

TODOS OS DIREITOS RESERVADOS. Proibida a reprodução total ou parcial, por qualquer meio ou processo, especialmente por sistemas gráficos, microfílmicos, fotográficos, reprográficos, fonográficos, videográficos. Vedada a memorização e/ou a recuperação total ou parcial, bem como a inclusão de qualquer parte desta obra em qualquer sistema de processamento de dados. Essas proibições aplicam-se também às características gráficas da obra e à sua editoração. A violação dos direitos autorais é punível como crime (art. 184 e parágrafos, do Código Penal), com pena de prisão e multa, conjuntamente com busca e apreensão e indenizações diversas (arts. 101 a 110 da Lei 9.610, de 19.02.1998, Lei dos Direitos Autorais).

Nota do editorial: Laudato Si (p. 9 e ss.); Laudato Sì (p. 285 e ss); e Laudato Si' (p. 300 e ss) - variantes mantidas conforme literatura em geral.

2017
Todos os direitos reservados

editora e livraria
NOESES
Editora Noeses Ltda.
Tel/fax: 55 11 3666 6055
www.editoranoeses.com.br

ÍNDICE

APRESENTAÇÃO .... **VII**

QUESTÕES .... **IX**

JUSTIÇA ECONÔMICA – *Ives Gandra da Silva Martins*   01

A VALORIZAÇÃO DO TRABALHO E A LIVRE-INICIATIVA – *Luiz Gonzaga Bertelli* 31

JUSTIÇA ECONÔMICA – *Fernando L. Lobo d'Eça* 43

TRABALHO REIFICADO E DIGNIDADE HUMANA À LUZ DA *LABOREM EXERCENS* – *André Gonçalves Fernandes* 131

JUSTIÇA ECONÔMICA – *Marilene Talarico Martins Rodrigues* 157

POLÍTICA ECONÔMICA E DOUTRINA SOCIAL: CONSIDERAÇÕES PRELIMINARES E QUESTÕES ATUAIS – *João Bosco Coelho Pasin e Rodrigo Rabelo Lobregat* 203

JUSTIÇA ECONÔMICA: UM DIÁLOGO ENTRE O CAPITALISMO DEMOCRÁTICO DE MICHAEL NOVAK E A ECONOMIA COLABORATIVA DE JEREMY RIFKIN – *Angela Vidal Gandra da Silva Martins* 231

V

A VISÃO CATÓLICA SOBRE JUSTIÇA ECONÔMICA – OS PRINCÍPIOS ÉTICO-SOCIAIS SEGUNDO A VERDADE E APLICADOS PARA O BEM COMUM – *Paulo Henrique Cremoneze* 253

JUSTIÇA ECONÔMICA – DIGNIDADE E VALORAÇÃO – *Professor Doutor Padre José Ulisses Leva* 281

PERSPECTIVA EVOLUTIVA DO MAGISTÉRIO SOCIAL – *Padre Luiz Gonzaga Scudeler* 299

APLICAÇÃO DA ENCÍCLICA *RERUM NOVARUM* NO SÉCULO XXI – *José de Ávila Cruz* 307

O EXCESSIVO CRESCIMENTO DA BUROCRACIA É OU NÃO INIBIDOR DE REAIS POLÍTICAS SOCIAIS? – *Dávio Antonio Prado Zarzana* 315

VERTENTES PARA UM TRABALHO HUMANO VALORIZADO – *Roberto Victalino de Brito Filho* 375

O ESTADO É O INDIVÍDUO – *Lutfe Mohamed Yunes* ... 399

APRESENTAÇÃO

O 5º livro da UJUCASP aborda temática sugerida pelo Chanceler da entidade, Cardeal Dom Odilo Scherer, ou seja, a Justiça Econômica.

Num momento em que, no mundo, discutem-se, em profundidade, os dois temas (desenvolvimento e justiça social), a matéria ganha especial relevo, pois se deve fugir do populismo daqueles que pretendem apenas outorgar direitos sem enunciar as fontes, e da ilusão dos que sugerem políticas em que o progresso esteja desvinculado da melhoria da condição social do povo.

O livro pretendeu destacar o justo equilíbrio em que a livre-iniciativa e a justiça social são as pedras de toque do desenvolvimento, desde que os que detêm o poder não desviem as finalidades do Estado, estimulador para reverter as receitas obtidas em benefício próprio, muitas vezes, de forma escusa e condenável, receitas estas que deveriam ser destinadas ao crescimento do país. Servir e não servir-se do poder é o primeiro passo para o desenvolvimento econômico e social.

Os trabalhos foram elaborados à luz das seis questões sugeridas pelos coordenadores e na linha proposta pelo Exmo. Sr. Cardeal, Chanceler da entidade.

Cumpre, assim, à UJUCASP e à Editora Noeses, sua missão de propagar, pela pena de seus membros, a boa doutrina, almejando o bem-estar social e a evolução econômica do Estado brasileiro.

Ives Gandra da Silva Martins

Paulo de Barros Carvalho

QUESTÕES

1) Como compatibilizar a valorização do trabalho e a liberdade de iniciativa, princípios fundamentais da ordem econômica da Lei Suprema (art. 170, *caput*)?

2) Que aspectos das Encíclicas Sociais de Suas Santidades – desde a *Rerum Novarum* do Papa Leão XIII – são mais importantes para implantação no século XXI?

3) Políticas sociais para atender famílias de baixa renda deveriam exigir contrapartida como a obrigação de os filhos estudarem?

4) É possível praticar distribuição de riquezas sem geração de rendas?

5) Como estimular investimentos no país, competindo com outras nações na sua atração, cuidando simultaneamente de políticas sociais?

6) O excessivo crescimento da burocracia é ou não inibidor de reais políticas sociais?

JUSTIÇA ECONÔMICA

Ives Gandra da Silva Martins

Professor Emérito das Universidades Mackenzie, UNIP, UNI-FIEO, UNIFMU, do CIEE/O ESTADO DE SÃO PAULO, das Escolas de Comando e Estado-Maior do Exército – ECEME, Superior de Guerra – ESG e da Magistratura do Tribunal Regional Federal – 1ª Região; Professor Honorário das Universidades Austral (Argentina), San Martin de Porres (Peru) e Vasili Goldis (Romênia); Doutor *Honoris Causa* das Universidades de Craiova (Romênia) e das PUCs-Paraná e Rio Grande do Sul, e Catedrático da Universidade do Minho (Portugal); Presidente do Conselho Superior de Direito da FECOMERCIO – SP; Fundador e Presidente Honorário do Centro de Extensão Universitária – CEU-Escola de Direito/ Instituto Internacional de Ciências Sociais – IICS.

Sumário: 1. Como compatibilizar a valorização do trabalho e a liberdade de iniciativa, princípios fundamentais da ordem econômica da Lei Suprema (art. 170, *caput*)? – 2. Que aspectos das Encíclicas Sociais de Suas Santidades – desde a *Rerum Novarum, do* Papa Leão XIII – são mais importantes para implantação no século XXI? – 3. Políticas sociais para atender famílias de baixa renda deveriam exigir contrapartida como obrigação de os filhos estudarem? – 4. É possível praticar distribuição de riquezas sem geração de rendas? – 5. Como estimular investimentos no país, competindo com outras nações na sua atração, cuidando simultaneamente de políticas sociais? – 6. O excessivo crescimento da burocracia é ou não inibidor de reais políticas sociais? – 7. Conclusão.

UJUCASP

1. Como compatibilizar a valorização do trabalho e a liberdade de iniciativa, princípios fundamentais da ordem econômica da Lei Suprema (art. 170, *caput*)?

Participei, durante os trabalhos constituintes, de duas audiências públicas, na fase em que os parlamentares apenas ouviam especialistas, ou seja, nos três primeiros meses de trabalhos. A primeira foi na Subcomissão do Sistema Tributário, presidida por Francisco Dornelles e a segunda, na Subcomissão da Ordem Econômica, presidida por Antonio Delfim Netto.[1]

Os dois textos produzidos pelas duas Subcomissões, que resultaram nos arts. 145 a 156 (primeira) e 170 a 182 (segunda), foram considerados textos de boa qualidade, nada obstante a notável "contribuição de pioria" que as sucessivas reformas constitucionais promoveram, no Sistema Tributário.

No capítulo da Ordem Econômica, é de se destacar a posição da maioria dos constituintes participantes daquela Comissão, no sentido de compatibilizar o princípio da economia de mercado com o da justiça social, resultando no bem escrito art. 170, composto de dois princípios fundamentais, nove

---

1. Assim se referiram os parlamentares da Subcomissão à colaboração dos juristas que a assessoraram no primeiro anteprojeto: "Atendendo à sugestão do Constituinte Mussa Demis, vou apenas registrar notável esforço que esta Subcomissão de Tributos, Participação e Distribuição das Receitas realizou, ao longo das últimas 3 semanas, no sentido de ouvir e receber subsídios e sugestões de todos os segmentos da sociedade brasileira interessada em um novo desenho do Capítulo sobre o Sistema Tributário Nacional.
Cumprindo prazo regimental, apresentamos proposta de anteprojeto ao texto da futura Carta Constitucional que, não tendo a pretensão de ser algo perfeito e acabado, deverá sofrer aprimoramentos através das emendas que os membros desta Subcomissão certamente haverão de apresentar.
Necessário se faz assinalar a valiosa contribuição oferecida a esta Subcomissão pelas autoridades e entidades aqui recebidas em audiência pública: os Professores e Técnicos Fernando Rezende, Alcides Jorge Costa, Geraldo Ataliba, Carlos Alberto Longo, Pedro Jorge Viana, Hugo Machado, Orlando Caliman, *Ives Gandra da Silva Martins*, Edvaldo Brito, Souto Maior Borges, Romero Patury Accioly, Nelson Madalena, Luís Alberto Brasil de Souza, Osiris de Azevedo Lopes Filho; o Secretário da Receita Federal, Dr. Guilherme Quintanilha;...." (grifos meus) (Diário da Assembleia Nacional Constituinte, 19 jun. 1987, p. 139).

JUSTIÇA ECONÔMICA E SOCIAL

princípios complementares e de um parágrafo de valorização do empreendorismo, que não mereceu reparo, acrescentando-se duas Emendas Constitucionais, que terminaram por valorizar o arcabouço principiológico do capítulo.[2]

Está, na sua atual redação, o art. 170, assim redigido:

> Art. 170. A ordem econômica, fundada na valorização do trabalho humano e na livre-iniciativa, tem por fim assegurar a todos existência digna, conforme os ditames da justiça social, observados os seguintes princípios:
>
> I – soberania nacional;
>
> II – propriedade privada;
>
> III – função social da propriedade;
>
> IV – livre-concorrência;
>
> V – defesa do consumidor;
>
> VI – defesa do meio ambiente, inclusive mediante tratamento diferenciado conforme o impacto ambiental dos produtos e serviços e de seus processos de elaboração e prestação; *(Redação dada pela Emenda Constitucional n° 42, de 19.12.2003)*
>
> VII – redução das desigualdades regionais e sociais;
>
> VIII – busca do pleno emprego;
>
> IX – tratamento favorecido para as empresas de pequeno porte constituídas sob as leis brasileiras e que tenham sua sede e

---

2. Celso Ribeiro Bastos entende, ao interpretar este artigo, que são quatro princípios fundamentais e não dois:
"Encontramos no *caput* do artigo referência a quatro princípios: 'valorização do trabalho humano', 'livre-iniciativa', 'existência digna',conforme os ditames da 'justiça social'. Do contexto, extrai-se que o Brasil filia-se ao modelo capitalista de produção, também denominado 'economia de mercado', embora a Lei Maior só vá fazer referência ao mercado no art. 219. De qualquer sorte, fica clara a filiação do nosso país a esse modelo econômico que é um dos dois fundamentais encontráveis na nossa era. Ao lado dele, encontra-se o sistema de direção central da economia, também denominado "socialista".
Não se pode negar que o sistema capitalista é hoje temperado por graus diversos de intervenção do Estado, o que tem levado alguns autores a falar na existência de uma forma de economia mista. No entanto, quer em termos econômicos, quer jurídicos, a ordem econômica é ainda tributária de um desses dois modelos cardeais" (*Comentários à Constituição do Brasil*, Ives Gandra Martins e Celso Bastos, 7° volume. São Paulo: Saraiva, 2ª. ed., 2000, p. 16).

administração no País. *(Redação dada pela Emenda Constitucional nº 6, de 1995)*

Parágrafo único. É assegurado a todos o livre exercício de qualquer atividade econômica, independentemente de autorização de órgãos públicos, salvo nos casos previstos em lei.

Como se percebe, a valorização do trabalho, de um lado, e a livre-iniciativa, de outro, sãos os dois pilares mestres da Ordem Econômica.[3]

Em recente almoço com o então Presidente do Tribunal de Contas da União, Aroldo Cedraz, disse-me ele que, recebido por autoridades chinesas, em recente visita oficial à China, ficou surpreso com a observação de um deles de que sem economia de mercado, o comunismo não funciona. Falou em "comunismo", não em "marxismo", pois o marxismo alicerça-se, exclusivamente, na luta de classes e na eliminação da economia de mercado substituída pela economia planejada do Estado.

É interessante que, na década de 50 para 60, o Editorial Vitória especializado em publicar livros sobre a filosofia e a economia da União Soviética, editou um trabalho intitulado *Fundamentos da Economia Soviética*, escrito por diversos economistas.

Nele, defendiam, seus autores, que o simples fato de a economia ser planejada, mediante os famosos planos quinquenais, permitiria eliminar todas as distorções provocadas pelo mercado – os desperdícios –, dando, portanto, eficiência máxima à potencialidade da área empresarial estatal.

Só não contavam com a falta de talento, a burocratização da criação, o espírito de acomodação e o gigantismo das empresas estatais soviéticas, que redundaram no fracasso

---

3. Manoel Gonçalves Ferreira Filho lembra que:
"Livre exercício da atividade econômica: É tão intensa a experiência brasileira com o dirigismo estatal que a Constituição, depois de consagrar a livre-iniciativa, a livre-concorrência, a liberdade em geral etc., ainda tem o cuidado de afirmar que a atividade econômica é livre, não depende de autorização do poder público" (*Comentários à Constituição Brasileira de 1988*, vol. 2, São Paulo: Saraiva, 1999, p. 177).

JUSTIÇA ECONÔMICA E SOCIAL

absoluto de sua economia, na queda do Muro de Berlim, no desfazimento do império soviético e – até o advento do lulopetismo no Brasil – num PIB inferior ao de nosso país.[4]

O mesmo desastre dos "saqueadores" soviéticos – quantos líderes dos países do comunismo, com a queda do império, foram executados por desvios, sendo exemplo maior a figura de Nicolae Ceausescu, na Romênia –, conseguiram os governos de Lula e Dilma, na feliz expressão de Ayn Rand, em seu romance *A revolta de Atlas*, para denominar um governo de incompetentes e corruptos que assumira o governo dos Estados Unidos, na segunda metade do século passado.[5]

---

4. Roberto Campos faz um duro diagnóstico de 30 anos de governo antes da Constituição e propõe reformas até hoje não realizadas:
"O 'milagre brasileiro' do fim da década de 60 e começo dos anos 70 (1968/72) foi precedido do intenso reformismo do Governo Castelo Branco. Foram as reformas que se poderia chamar de "reformas de primeira geração", visando a tarefa de 'institution building' como preparação do Brasil, para a modernização capitalista: a criação do BNH e do Banco Central, o Código Tributário, a implantação do FGTS, a lei do mercado de capitais, a reforma administrativa do D.L. 200, a revisão do Código de Minas e da legislação de eletricidade fizeram parte desse esforço de modernização pré-capitalista.
Na trágica década de 80, merecidamente chamada de 'década perdida', ao invés de reformas, houve uma 'contrarreforma'. Foi a Constituição de 1988, híbrida no político, utópica no social e obsoleta no econômico. A grande tarefa que temos pela frente é precisamente desfazer essa 'contrarreforma'. (Desafios do século XXI, ob. cit. p. 25).
O Plano Real, bem melhor concebido que os planos heterodoxos anteriores, e as reformas constitucionais que o Congresso votou ou está votando, sob o impulso do presidente Fernando Henrique Cardoso, podem ser descritos como as 'reformas de segunda geração'.
Esse movimento abrange as reformas estruturais – administrativa, previdenciária e fiscal – e o redimensionamento do Estado pela privatização de estatais e de serviços infraestruturais.
Tendo perdido a terceira onda de crescimento, o Brasil tem de se preparar, neste fim de século, para a quarta onda de crescimento. Por isso, é necessário pensar desde já nas 'reformas de terceira geração', a serem empreendidas antes do final do milênio. Dois dos obstáculos mais visíveis à retomada do crescimento sustentado são: a baixa escolaridade da mão de obra, que inabilita para ter bom desempenho na 'sociedade do conhecimento', e o *deficit* de poupança doméstica" (Desafios do Século XXI, coordenação de Ives Gandra Martins, Ed. Pioneira, 1997, p. 25).

5. O título original do livro era *Quem é John Galt?* e a edição brasileira em 3 volumes são da Editora Expressão e Cultura (Rio de Janeiro, 1987).

O certo é que, na Constituinte, a presença de uma esquerda moderada e de brilhantes Constituintes conservadores, como Delfim Netto, Roberto Campos e outros, na Subcomissão do Título VIII, levou a uma norma em que os fundamentos da Ordem Econômica foram lançados, eliminando-se, de um lado, o abuso do poder econômico (art. 173, § 4°) e, de outro, a exploração do consumidor (170, inciso V). Foi estabelecido, pela primeira vez, a "livre-concorrência" como princípio fundamental ao desenvolvimento econômico (art. 170, inciso IV) estimulando, pois, os vocacionados ao empreendedorismo, e terminando com o planejamento econômico, tornado somente indicativo para o setor privado (art. 174, *caput*).[6]

Este equilíbrio entre os vocacionados para a empresa, o reconhecimento da falta de vocação do Estado para o empreendedorismo e a valorização do trabalho, terminou por gerar os dois artigos-chaves da Ordem Econômica, ou seja: cabe ao setor privado a iniciativa econômica, sendo o Estado mero complemento, naquilo que não configure serviços públicos (art. 173); cabe ao Estado atuar preponderantemente nas finanças públicas, quando da prestação de serviços públicos, campo em que cabe ao setor privado ser mero complementador da atuação estatal (art. 175).

Ambos os artigos têm as seguintes dicções:

> Art. 173. Ressalvados os casos previstos nesta Constituição, a exploração direta de atividade econômica pelo Estado só será permitida quando necessária aos imperativos da segurança nacional ou a relevante interesse coletivo, conforme definidos em lei.
>
> § 1º A lei estabelecerá o estatuto jurídico da empresa pública, da sociedade de economia mista e de suas subsidiárias que explorem atividade econômica de produção ou comercialização de bens ou de prestação de serviços, dispondo sobre: *(Redação dada pela Emenda Constitucional nº 19, de 1998)*

---

6. O art. 174, *caput*, tem a seguinte dicção:
"Art. 174. Como agente normativo e regulador da atividade econômica, o Estado exercerá, na forma da lei, as funções de fiscalização, incentivo e planejamento, sendo este determinante para o setor público e indicativo para o setor privado."

JUSTIÇA ECONÔMICA E SOCIAL

I – sua função social e formas de fiscalização pelo Estado e pela sociedade; *(Incluído pela Emenda Constitucional n° 19, de 1998)*

II – a sujeição ao regime jurídico próprio das empresas privadas, inclusive quanto aos direitos e obrigações civis, comerciais, trabalhistas e tributários; *(Incluído pela Emenda Constitucional n° 19, de 1998)*

III – licitação e contratação de obras, serviços, compras e alienações, observados os princípios da administração pública; *(Incluído pela Emenda Constitucional n° 19, de 1998)*

IV – a constituição e o funcionamento dos conselhos de administração e fiscal, com a participação de acionistas minoritários; *(Incluído pela Emenda Constitucional n° 19, de 1998)*

V – os mandatos, a avaliação de desempenho e a responsabilidade dos administradores *(Incluído pela Emenda Constitucional n° 19, de 1998)*.

§ 2° As empresas públicas e as sociedades de economia mista não poderão gozar de privilégios fiscais não extensivos às do setor privado.

§ 3° A lei regulamentará as relações da empresa pública com o Estado e a sociedade.

§ 4° A lei reprimirá o abuso do poder econômico que vise à dominação dos mercados, à eliminação da concorrência e ao aumento arbitrário dos lucros.

§ 5° A lei, sem prejuízo da responsabilidade individual dos dirigentes da pessoa jurídica, estabelecerá a responsabilidade desta, sujeitando-a às punições compatíveis com sua natureza, nos atos praticados contra a ordem econômica e financeira e contra a economia popular. [7]

[...]

Art. 175. Incumbe ao Poder Público, na forma da lei, diretamente ou sob regime de concessão ou permissão, sempre através de licitação, a prestação de serviços públicos.

---

7. No livro Caderno de Direito Econômico n° 1, "Disciplina jurídica da iniciativa econômica", Ed. Resenha Tributária, 1983; anterior à Constituição de 1988" por mim coordenado e escrito por Áttila de Souza Leão Andrade Jr., Edvaldo Brito, Eros Roberto Grau, Fábio Nusdeo, Geraldo de Camargo Vidigal, Ives Gandra Martins, Jamil Zantut, José Carlos Graça Wagner, José Tadeu de Chiara, Luiz Felizardo Barroso, Raimundo Bezerra Falcão, Roberto Rosas e Washington Peluso Albino de Souza, esta separação entre ambas as iniciativas é pormenorizadamente estudada.

Parágrafo único. A lei disporá sobre:

I – o regime das empresas concessionárias e permissionárias de serviços públicos, o caráter especial de seu contrato e de sua prorrogação, bem como as condições de caducidade, fiscalização e rescisão da concessão ou permissão;

II – os direitos dos usuários;

III – política tarifária;

IV – a obrigação de manter serviço adequado.

Desta maneira, o constituinte delineou bem o que seria a Ordem Econômica, com equilíbrio entre o trabalho, o capital, a participação do Estado e do setor privado, nos campos em que têm maior aptidão para atuar e controlar abusos na parte da produção e do consumo, fundamentando, pois, dessa forma, o sistema constitucional da ordem econômica justa.[8]

Infelizmente, nos últimos 13 anos de aparelhamento do Estado, pela notável incompetência de governos populistas e a fantástica onda de corrupção, que promoveram, devastando todo o arcabouço constitucional brasileiro, o país foi mergulhado na crise da qual teremos que lutar muito por sair, tal o monumental desastre que foi a maculação de todos os princípios constitucionais da Ordem Econômica.

---

8. José Afonso da Silva apenas admite a exploração econômica direta do Estado nas hipóteses do "caput" do artigo 173, dizendo:
"Fala em 'exploração direta de atividade econômica pelo Estado' (art. 173) e do Estado como agente normativo e regulador da atividade econômica (art. 174). Quer dizer: o Estado pode ser um agente econômico e um agente disciplinador da economia." Pode-se manter, em face da atual Constituição, a mesma distinção que surtia das anteriores, qual seja, a de que ela reconhece duas formas de ingerência do Estado na ordem econômica: a participação e a intervenção. Ambas constituem instrumentos pelos quais o Poder Público ordena, coordena e atua a observância dos princípios da ordem econômica tendo em vista a realização de seus fundamentos e de seu fim, já tantas vezes explicitados aqui. É Importante ter em vista essas razões que fundamentam a atuação do Estado Brasileiro no domínio econômico, porque, se essa atuação não é princípio da ordem econômica, não pode também ser vista como simples exceção, na medida em que tanto a iniciativa privada como a estatal se destinam ao mesmo objetivo de realização daqueles fins, princípios e fundamentos (*Comentário contextual à Constituição*, 7ª. ed. São Paulo: Malheiros Editores, 2010, p. 731).

JUSTIÇA ECONÔMICA E SOCIAL

2. Que aspectos das Encíclicas Sociais de Suas Santidades – desde a *Rerum Novarum*, do Papa Leão XIII – são mais importantes para implantação no século XXI?

Passo a enumerar as principais Encíclicas Papais sobre a Ordem Social, da mais atual para a mais antiga:

Laudato Si – Papa Francisco (2015);

Caritas in veritate – Papa Bento XVI (2009);

Spes Salvi – Papa Bento XVI (2007);

Deus caritas est – Papa Bento XVI (2005);

Centesimus Annus – Papa João Paulo II (1991);

Laborem Exercens –   "   (1981);

Mater et Magistra – Papa João XXIII (1961);

Pacem in Terris –   "   (1963);

Populorum Progressio – Papa Paulo VI (1967);

Quadragesimo Anno – Papa Pio XI (1931);

Rerum Novarum – Papa Leão XIII (1891). [9]

Alguns aspectos merecem ser destacados, nas referidas Encíclicas.

O primeiro deles é que a verdadeira Ordem Social Justa não foi obra de David Ricardo, Saint-Simon, Marx ou Engels, que, ao diagnosticarem os problemas da injustiça social, apenas encontraram terapêutica para exacerbar a crise de convivências de classes, gerando verdadeiros massacres. Exemplo são os massacres promovidos por Lenin e Stalin, na Rússia e União Soviética, Castro, em Cuba, Mao, na China, e líderes menores em todos os países onde conseguiram gerar uma economia estatal ineficiente, um aparelhamento do poder e restrições monumentais ao direito de povos e a sua liberdade política. A sociedade, sujeita a seu domínio, vive, por consequência, uma derrocada, não conseguindo

---

9. Site do Vaticano (www.vatican.va/offices/papal_docs_list_po.html).

nivelar as classes pela opulência, mas sim, pela miséria, pelo subsalário e pelo medo de contestar. Mais recentemente, a falência da Venezuela decorreu desta mentalidade não construtiva, mas demolidora.

Roberto Campos dizia que, normalmente, nos países socialistas, os ideais são superiores aos resultados e nos capitalistas, os resultados são superiores aos ideais. Não sem razão, todas as economias marxistas ou comunistas fracassaram e todas as economias de mercado lideram o progresso e o desenvolvimento mundial.[10]

A própria observação de Piketty, na sua análise sobre os principais países desenvolvidos, de que de 1700 para cá, continuam as mesmas diferenças de poupança e riqueza entre as classes abastadas e populares, carece de um dado que, embora apresentado de forma tangencial, não mereceu dele maior destaque, ou seja, que as classes pobres, há 300 anos, eram muito mais pobres que as classes pobres de hoje. Atualmente, parcela considerável delas tem todos os benefícios próprios

---

10. Roberto Campos esclarece:
"Num lúcido artigo em *O Estado de S. Paulo*, de 17 de fevereiro, Ives Gandra Martins, jurista eminente e espírito refinado como poucos, sob o título inflação Legislativa "toca num ponto que liberais curtidos, como eu, vemos com preocupação cada vez mais funda. O Estado vem crescendo e ficando cada vez mais abrangente e sufocante. Até mesmo sem querer, como no caso de Fernando Henrique, que é uma pessoa amena, de vocação para o diálogo, sem personalidade autoritária, e certamente sem o menor traço totalitário. Também a maioria dos meus colegas do Congresso, pelo menos na intenção, preferem os valores do convívio democrático. Entretanto, nunca se legislou tanto, tão apressadamente, nunca se invadiu tanto os direitos individuais, nunca ficou tão irremediavelmente confusa a noção do respeito às garantias jurídicas, nunca instituições antes respeitadas se tornaram instrumento de ativismo ideológico, demagogia e estrelismo. O Presidente legisla por Medida Provisória, Os ativistas (e, pior ainda, os bem-intencionados) tentam passar leis sobre tudo, acabando até com a moderada garantia representada pela autorização do juiz, acabando com a privacidade e com a defesa contra a eventual opressão da burocracia a serviço das autoridades de plantão a pretexto de diminuir a sonegação fiscal, a lavagem de dinheiro para a droga, e por aí a fora. O Governo não consegue segurar a criminalidade? Pouco importa, basta desarmar o cidadão comum, de bem, esse que não comete crimes, e que diante da insegurança oficializada, pediria pelo menos a ilusão de uma chance de se defender, por pequena que fosse" ("O Estado do futuro", coordenação Ives Gandra Martins, São Paulo: Ed. Pioneira, 1998, p. 26).

da civilização moderna (celulares, televisores, internet, carros etc.). A diferença não diminuiu, mas a qualidade de vida da classe pobre melhorou muito, nos países por ele estudados, nos últimos 300 anos.[11]

O que me parece, entretanto, fundamental comentar é que não foram os grandes defensores da luta de classes – que querem guerras e mortes em massa –, mas as encíclicas, que geraram a verdadeira busca por uma ordem jurídica e social mais equilibrada.

Neste particular, a meu ver, o grande desenvolvimento, que representou um divisor de águas entre o passado do direito formal – dizia, Anatole France, que todos são iguais perante a lei e têm, ricos e pobres, o mesmo direito de dormir debaixo das pontes –, e o direito social, em que o Estado deixa de ser apenas um assegurador da lei para se tornar um promotor da justiça social, foi estimulado pela Igreja. O Estado não deve fazer o que não sabe fazer, ou seja, ser empresário, mas sim o que deve e pode fazer: evitar abusos, excessos e garantindo ao mais fraco, com educação e oportunidades, a inserção na sociedade. É o que de melhor o Estado pode oferecer.

É o que mostrei, à luz da resposta anterior, nos fundamentos discutidos e aprovados pela Constituinte, que vêm, sistematicamente, sendo pisoteados por governos das três esferas da Federação.

A partir da *Rerum Novarum*, a questão social foi considerada fundamental para o equilíbrio da convivência entre os povos e para o próprio exercício democrático, Não sem razão, as Constituições do México (1917) e de Weimar (1919) abriram para o mundo inteiro a outorga de direitos sociais no mesmo nível de direitos individuais e políticos.

Segundo Norberto Bobbio, na *Era dos Direitos*, o século XX foi o século da declaração de direitos, mas que o século XXI deveria ser o século da vivência destes direitos, ou seja,

---

11. "Le Capital au XXIe Siecle", ÉDITIONS DU SEUIL, Paris, 2013.

torná-los aplicáveis para grande parte da humanidade.[12] Ora, a partir da Encíclica *Rerum Novarum* de Leão XIII, abre-se um novo campo, com novo horizonte para os direitos sociais, com perspectivas que todos os seus sucessores na cátedra de Pedro, souberam, com pertinência e de acordo com o tempo em que viveram, explicitá-lo, conformando uma verdadeira doutrina social da Igreja ou, melhor dizendo, doutrina social de Cristo.

É bem verdade que o mundo vive em permanente conflito, como mostrei na minha primeira trilogia *Uma visão do mundo contemporâneo*,[13] *A era das contradições*[14] e *A queda dos mitos econômicos*.[15] procurando apresentar algumas alternativas para reflexão de governantes, filósofos, historiadores, economistas, juristas; e de Sociólogos, na segunda trilogia *Uma breve teoria do poder*,[16] *Uma breve introdução ao direito*[17] e *Uma breve teoria do constitucionalismo*,[18] que completei com o último livro *O Estado à luz da História, da Filosofia e do Direito*.[19]

Em todos estes quatro últimos livros, procurei mostrar que a essência de uma justa política social está em que aqueles que as aplicarem tenham o sentido de dever, de serviço público – não de servir-se do público – para que seu próprio exemplo auxilie a implantação de políticas de conteúdo social, nos termos apregoados por todos os Papas, desde a *Rerum Novarum*. Lembro que São José Maria Escrivá escreveu, em *Caminho*: "Frei Exemplo é o melhor pregador".

---

12. Ed. Elsevier Campus Editora Ltda, Rio de Janeiro, 7ª. ed., 2004.

13. Ed. Pioneira, São Paulo, Brasil, 1996.

14. Editora Futura, São Paulo, 2000.

15. Editora Pioneira Thomson Learning, São Paulo, 2004.

16. Ed. RT, São Paulo, 2009.

17. Ed. RT, São Paulo, 2010.

18. Lex Magister – Abril de 2015.

19. Editora Noeses, São Paulo, 2015.

JUSTIÇA ECONÔMICA E SOCIAL

Devemos, de um lado, lutar por servir ao próximo, a partir do exuberante cardápio ofertado pelas Encíclicas Sociais dos Pontífices, sendo, ainda, o único caminho para alcançar aquilo que Hervada tinha como a melhor definição do Direito: "É a ordem social justa".

3. Políticas sociais para atender famílias de baixa renda deveriam exigir contrapartida como obrigação de os filhos estudarem?

Todas as políticas sociais devem ser condicionadas a uma contrapartida, quando o objetivo é exclusivamente complementar ou gerar renda que não decorra de emprego.

Fernando Henrique, inspirado por sua esposa, Ruth Cardoso, ao criar o Bolsa-Escola, condicionou o benefício a que a família beneficiária mantivesse seus filhos na escola, como forma de tornar a educação uma alavanca para o crescimento dos jovens de forma íntegra.

Se analisarmos o trabalho constituinte, no Título VIII, no Capítulo da Educação, veremos que o legislador supremo teve a preocupação de que todas as crianças tivessem o ensino básico gratuito (art. 208, inciso I),[20] que as entidades de natureza

---

20. Celso Bastos lembra o princípio que vem de Constituições anteriores:
"Ao estudarmos as nossas Constituições anteriores observamos que a de 1824 declarava, em seu art. 179, XXXI, que a instrução primária era gratuita a todos os cidadãos, contudo não fazia nenhuma referência a sua obrigatoriedade. A Carta de 1934 preceituava, no art. 150, parágrafo único, que o ensino primário integral e gratuito e de frequência obrigatória era extensivo aos adultos. Na Constituição de 1937, art. 130 o ensino primário era obrigatório e gratuito, e a gratuidade, porém, não excluía o dever de solidariedade dos menos para com os mais necessitados; assim, por ocasião da matrícula, seria exigida aos que não alegassem, ou notoriamente não pudessem alegar escassez de recursos, uma contribuição módica e mensal para a caixa escolar. Já a Constituição de 1946 estabelecia, em seu art. 168, que o ensino primário era obrigatório e só seria dado na língua nacional, e que o ensino primário oficial era gratuito para todos. A Constituição de 1967, por sua vez, declarava, no art. 168, § 3•0, que o ensino dos sete aos quatorze anos era obrigatório para todos e gratuito nos estabelecimentos primários oficiais. Pela Emenda Complementar n. 1, de 1969, ali. 176, § 3•0, o ensino primário era obrigatório para todos, dos sete aos quatorze anos, e gratuito nos estabelecimentos oficiais. Comenta Manoel Gonçalves

educacional, sem fins lucrativos, fossem imunes (art. 150, inciso VI, letra "c" e 195, § 7°) de impostos e contribuições; que 25% da receita dos impostos estaduais e municipais e 18% da dos impostos federais estivessem vinculados à educação (art. 212), percentual este reduzido pela Emenda n° 1 da Revisão em 20% (1993); e que as entidades confessionais, comunitárias ou filantrópicas recebessem recursos públicos (art. 213), numa clara visão de que a educação e saúde eram assuntos prioritários para a Assembleia Nacional Constituinte.[21]

Ferreira Filho:
Esse ensino é obrigatório, quer dizer, trata-se de uma obrigação do brasileiro seguir o ensino de primeiro grau, como dele é um direito. Dada a idade em que normalmente se cursa o ensino fundamental, claro está que a obrigacão recai diretamente sobre os pais ou responsáveis do educando" (*Comentários à Constituição do Brasil*, 8° volume, São Paulo: Saraiva, 2000, p. 587/588).

21. Reproduzo os artigos citados:
"Art. 208. O dever do Estado com a educação será efetivado mediante a garantia de:
I – educação básica obrigatória e gratuita dos 4 (quatro) aos 17 (dezessete) anos de idade, assegurada inclusive sua oferta gratuita para todos os que a ela não tiveram acesso na idade própria; (Redação dada pela Emenda Constitucional n° 59, de 2009) [...].
"Art. 150. Sem prejuízo de outras garantias asseguradas ao contribuinte, é vedado à União, aos Estados, ao Distrito Federal e aos Municípios:
VI – instituir impostos sobre:
[...]
c) patrimônio, renda ou serviços dos partidos políticos, inclusive suas fundações, das entidades sindicais dos trabalhadores, das instituições de educação e de assistência social, sem fins lucrativos, atendidos os requisitos da lei; [...]."
"Art. 195. [...]
§ 7° São isentas de contribuição para a seguridade social as entidades beneficentes de assistência social que atendam às exigências estabelecidas em lei. [...].
"Art. 212. A União aplicará, anualmente, nunca menos de dezoito, e os Estados, o Distrito Federal e os Municípios vinte e cinco por cento, no mínimo, da receita resultante de impostos, compreendida a proveniente de transferências, na manutenção e desenvolvimento do ensino. [...]."
"Art. 213. Os recursos públicos serão destinados às escolas públicas, podendo ser dirigidos a escolas comunitárias, confessionais ou filantrópicas, definidas em lei, que:
I – comprovem finalidade não lucrativa e apliquem seus excedentes financeiros em educação;
II – assegurem a destinação de seu patrimônio a outra escola comunitária, filantrópica ou confessional, ou ao Poder Público, no caso de encerramento de suas atividades. [...]"

JUSTIÇA ECONÔMICA E SOCIAL

É que as benesses para reduzir desequilíbrios sociais sem contrapartidas transformam-se numa espécie de aposentadoria prematura, razão pela qual, em vez de gerarem estímulo ao crescimento, podem gerar – como o Bolsa-Família efetivamente gerou no governo populista – acomodação e corrupção.

Diagnosticou, o Tribunal de Contas da União, pelo menos 15% de desvios, nas benesses concedidas sem contrapartidas, com mais de 500 vereadores e até deputados recebendo o auxílio mencionado, muitos deles com automóveis próprios.

Volto a insistir que o nosso constituinte foi previdente ao prever políticas públicas com vinculação de tributos; ao incentivar as entidades privadas sem fins lucrativos, como universidades e hospitais, a colaborarem com o Estado em atividades essenciais; e ao impor ensino obrigatório como obrigação fundamental do Estado.

Por outro lado, a proposta de um auxílio para reduzir a distância entre classes sociais deve decorrer de estudos técnicos e não, como ocorreu com a Bolsa-Família, de interesses eleitorais.[22]

É de conhecimento público que, às vésperas de eleições, Estados em que o governo federal estava em possível desvantagem, à luz de levantamentos de agências de pesquisas eleitorais, a concessão de Bolsa-Família cresceu consideravelmente, gerando, inclusive, a distorção atrás citada, de centenas de Vereadores, embora tendo sido eleitos para cargo remunerado, terem alegado "estado de pobreza" para justificar a percepção do benefício.

---

22. A lei de responsabilidade fiscal ao determinar limites de despesas nos segmentos da Administração Pública impõe um controle maior para toda a espécie de políticas públicas. Comentei a lei com um grupo de especialistas. O livro, editado pela Saraiva (7ª. ed. 2014) sobre a LC 104/01, foi de minha coordenação e de Carlos Valder do Nascimento, com prefácio de Carlos Mário da Silva Velloso e a colaboração de Carlos Valder do Nascimento, Damásio de Jesus, Gilmar Ferreira Mendes, Ives Gandra Martins, José Maurício Conti, Maria Sylvia Zanella di Pietro, Mauro Roberto Gomes de Mattos e Misabel Abreu Machado Derzi.

Por outro lado, é certo que políticas desta natureza não são orçamentariamente tão onerosas. O Bolsa-Família para 13 milhões de famílias, no ano de 2015, representou em torno de 20 bilhões de reais.

No mesmo período, 13 milhões de servidores públicos federais, estaduais e municipais ativos e inativos receberam o equivalente a 47,18% da carga tributária brasileira, que era de 32,46% do PIB, segundo dados oficiais, ou seja, receberam 15,31% do PIB, à época calculado em torno de 2 trilhões de dólares, ou seja, 7.5 trilhões de reais. Em outras palavras, enquanto o Bolsa-Família para 13 milhões de pessoas representou para o Governo Federal um gasto de 20 bilhões de reais, os vencimentos dos 13 milhões de servidores ativos e inativos das três esferas custaram ao contribuinte brasileiro 1 trilhão de reais!!!, ou seja, 50 vezes mais!!![23]

Nitidamente, as políticas sociais transformam-se, no curso dos anos, em políticas eleitoreiras para garantir votos populistas, muito mais do que políticas objetivando o crescimento do cidadão. O ideal seria se contrapartidas em educação fossem exigidas, com severa fiscalização e imposição de quatro condições fundamentais, a saber: i) educação para jovens e para adultos não alfabetizados; ii) verificação objetiva de que o beneficiário se encontra em situação de miséria; iii) adoção de rígidos estudos técnicos para que o benefício não se transforme em instrumento de captação de votos, a substituir o atendimento das necessidades efetivas de quem precisa de auxílio; iv) adoção de mecanismos capazes de ajudar os beneficiários a alcançar a própria independência do programa.

Sem tais requisitos, qualquer política é apenas projeto de campanha eleitoral, objetivando, não o benefício da população, mas a obtenção de votos, em prejuízo da democracia.

Por esta razão, percebe-se que a política dos 13 anos de governo Lula-Dilma não conseguiu o que é essencial para um

---

23. Os dados mencionados são divulgados pelo Ministério da Fazenda da RFB.

país ganhar mercado, ou seja, gerar competitividade empresarial. Provocou, isto sim, uma forte dependência da população carente de estímulos governamentais, visando, não poucas vezes, exclusivamente, à obtenção de votos, mais do que ao bem-estar de uma sociedade que necessita de permanente progresso para evoluir em educação, cultura e bem-estar social.

Creio mais nas políticas geradas por escolas privadas ou pelo sistema S, como, por exemplo, o CIEE, SESC ou SESI ou mesmo pelo antigo Bolsa-Escola, em que a contrapartida era obrigatória, do que nas políticas que aparentemente objetivam auxiliar, nas que se esgotaram na mera entrega de favores, sem promoção humana – mas sim eleitoral –, não permitindo a evolução da sociedade. Não foram fomentadas, no cidadão, ambições maiores, de progredir e melhorar pessoal e socialmente; estimulou-se uma mera "sobrevivência em aposentadoria precoce".[24]

4. É possível praticar distribuição de riquezas sem geração de rendas?

Quando jovem, estudei piano com meus dois irmãos, João Carlos e José Eduardo. Apesar de ter tido os mesmos professores, pertencido à Associação Brasileira de Jovens Compositores, ter dado alguns concertos em conservatórios, composto

---

24. Jose Afonso da Silva esclarece:
"1. VALORES DA ORDEM SOCIAL. A Constituição declara que a ordem social tem coma base o primado do trabalho, e como objetivo o bem-estar e a justiça sociais. Aí estão explicitados os valores da ordem social. Ter como base o primado do trabalho significa pôr o trabalho acima de qualquer outro fator econômico, por se entender que nele o homem se realiza com dignidade. Ter como objetivo o bem-estar e a justiça sociais quer dizer que as relações econômicas e sociais do país, para gerarem o bem-estar, hão de propiciar trabalho e condição de vida, material, espiritual e intelectual, adequada ao trabalhador e sua família. E que a riqueza produzida no pais, para gerar Justiça social, há de ser equanimemente distribuída. Neste particular, a ordem social harmoniza-se com a ordem econômica, já que esta se funda também na valorização do trabalho e tem como fim (objetivo) 'assegurar a todos existência digna, conforme os ditames da justiça social (art. 170 da CF) – o que já mereceu consideração'". (Comentário contextual à Constituição, 7ª. ed., São Paulo: Malheiros Editores, 2010, p. 772).

músicas e até ser elogiado por Guiomar Novaes, nunca tive dúvidas de minhas limitações artísticas. Decidi não seguir a carreira musical, sentindo-me mais vocacionado para outras áreas do conhecimento (literatura, filosofia, Economia, Política e Direito, em que mais atuei). [25]

Meus irmãos tinham vocação e seguiram seus destinos musicais, José Eduardo tendo sido professor titular de piano na USP (ECA), com centenas de concertos no Brasil e no exterior, principalmente na Europa, onde tem mais de uma vintena de CDs gravados, além de participar de bancas de doutorado nas principais Universidades de Portugal, França e Bélgica. Khachaturian votou nele para a final do 2º Concurso de Moscou, em 1961.

João Carlos foi comparado a Glen Gould e considerado um dos maiores intérpretes de Bach, no século XX.

É que tinham talento para tal.

O empreendedorismo, da mesma forma, não é uma vocação que se improvisa, nem o seu exercício é uma atividade em que não seja necessária qualquer aptidão.

O empreendedor é cidadão vocacionado para tal, como o é o músico, o literato, o jurista, o jogador de futebol ou o estadista.

Ora, pensar que porque alguém deseja o poder, pode retirar da sociedade recursos através de tributos para montar um esquema de governo do qual seja o principal beneficiário, é o suficiente para demonstrar que não tem vocação empresarial, para gerar empregos ou desenvolvimento. Estimular a atuação de quem não tem vocação para o serviço – que é próprio da livre-iniciativa – é equívoco em que incorreram todos os países da cortina de ferro, todos os países bolivarianos, todos os países de esquerda, que procuram afastar os

---

25. Havia, à época, a Associação Brasileira de Jovens Compositores, sediada no Conservatório Dramático e Musical à Av. São João. Presidia-a Yves Rudner Schmitt. Eu era membro e fazia diversas apresentações com composições minhas entre 1950 e 1952.

JUSTIÇA ECONÔMICA E SOCIAL

empreendedores, colocando em seu lugar os "amigos do rei" ou aqueles beneficiários do poder.[26] Tais governos terminam sendo constituídos pelos "quatro cavaleiros do Apocalipse": o político sem vocação de estadista, o burocrata, que pensa ser dono do poder e busca nele manter-se, criando um sem número de obrigações para a sociedade; o corrupto e o incompetente, em cujo caldo viscoso vicejam todos os vícios, assim como os marginais de um bom sistema. O resultado é sempre a perda de competitividade, o desemprego, o retrocesso e a perda de liberdade, que terminam com a fragilização dos regimes democráticos.[27]

---

26. Em meu livro *Uma breve teoria do poder*, dedico inúmeros capítulos para mostrar que a política raramente coaduna-se com o empreendorismo e quando se juntam, não poucas vezes a corrupção e concussão são seus frutos (8ª. ed., Ed. Resistência Cultural, São Luiz, MA).

27. Escrevi: "OS QUATRO CAVALEIROS DO APOCALIPSE – Como nos filmes, começo este artigo in formando que qualquer semelhança do que vou escrever com pessoas ou governos é mera coincidência . Em dois livros meus, *Uma breve teoria do poder* e *A queda dos mitos econômicos*, edições esgotadas, procurei mostrar que quem busca o Poder, na esmagadora maioria dos casos, pouco está pensando em prestar serviços públicos, mas em mandar, usufruir ou beneficiar-se do governo. Prestar serviços públicos é um mero e feito colateral, não necessário. Com maior ou menor intensidade, tal fenômeno ocorreu em todos os períodos históricos e em todos os espaços geográficos. É bem verdade que a evolução do Direito e da Democracia, nos dois últimos séculos, tem permitido um certo, mas insuficiente, controle do exercício do poder pelos quatro cavaleiros do apocalipse – o político, o burocrata, o corrupto e o incompetente –, razão pela qual as nações encontram-se permanentemente, em crise. A *Utopia* de Moore, a *República* de Platão e *A cidade do sol* de Campanella exteriorizam ideais para um mundo, em que a natureza humana seria reformada por valores que, embora vivenciados por muitos, raramente são encontrados nos que exercem o poder. O primeiro dos quatro cavaleiros do Apocalipse, o político, na maior parte das vezes, para alcançar ascensão na carreira, dedica-se exclusivamente à 'desconstrução da imagem' dos adversários. Tem razão Carl Schmitt, em sua teoria das oposições, ao declarar que o político estuda o choque permanente entre o 'amigo' e o 'inimigo'. Todos os meios são válidos, quando o poder é o fim. A ética é virtude descartável, pois dificulta a carreira. O burocrata, como dizia Alvim Toffler, é um 'integrador do poder'. Presta concurso público para sua segurança pessoal, porém, mais do que servir ao público, serve-se do público para crescer e, quanto mais cria problemas para a sociedade, na administração, mais justifica o crescimento das estruturas governamentais sustentadas pelos tributos de todos os contribuintes. Há países que se tornaram campeões em exigências administrativas, as quais atravancam seu desenvolvimento, apenas para justificar a permanência desses cidadãos. O corrupto é aquele que se beneficia da complexidade da burocracia e da disputa política, enriquecendo-se no

Não pode haver geração de empregos, nem justiça social, sem desenvolvimento. Da mesma forma que há necessidade de talentos para as artes e ciências, há necessidade de talentos e especialistas para o empreendedorismo, vocação que a história passada e recente está demonstrando que não está presente nos que buscam o poder para mantê-lo a qualquer custo, nem mesmo especializando-se no que deveria ser a essência do poder, ou seja, prestar serviços à sociedade.

Tais considerações levam a outra conclusão ainda mais dramática.

Sob a alegação de que o Estado tem, nos servidores, prestadores de serviços públicos a bem da sociedade, não têm limite as benesses que se auto-outorgam os detentores do poder.

No último ano, o *deficit* da Previdência Social dos servidores públicos e das estatais, nas três esferas, foi de 121 bilhões e 811 milhões de reais.

Se considerarmos que o Fundo de Pensões das Estatais gera um prejuízo de 77 bilhões de reais, e que os 9 milhões e 800 mil "servidores públicos" aposentados, a maior parte deles abaixo dos 60 anos, tem uma expectativa média de vida de 73 anos, gerariam um prejuízo a ser suportado pela

---

poder, sob a alegação de necessidade de recursos, algumas vezes, para as campanhas políticas e, no mais das vezes, 'pro domo sua'. Apesar de Montesquieu, ao cuidar da tripartição dos poderes, ter dito que o poder deve controlar o poder, porque o homem nele não é confiável, quando em todos eles há corruptos, o poder não controla a corrupção. O inepto, que conforma o quadro da esmagadora maioria dos que estão no poder, é aquele que, incapaz do exercício de uma função privada na qual teria que competir por espaços, prefere aboletar-se junto aos poderosos. São os amigos do rei. Não sem razão, Roberto Campos afirmava que há no governo dois tipos de cidadãos, 'os incapazes e os capazes de tudo'. Quando espocam escândalos de toda a forma, quando a corrupção torna-se endêmica, quando o processo legislativo torna-se objeto de chantagem, quando a mentira é tema permanente dos discursos oficiais, quando a incompetência gera estagnação com injustiça social, percebe-se que os quatro cavaleiros do Apocalipse estão depredando a sociedade e desfigurando a pátria que todos almejam. Felizmente, o Brasil é uma nação que desconhece os quatro cavaleiros do Apocalipse, pátria em que todos são idealistas e incorruptíveis , razão pela qual este artigo é uma mera digressão filosófica (*Folha de S. Paulo* – 16/12/2014 – Tendências/Debates).

JUSTIÇA ECONÔMICA E SOCIAL

sociedade de 200 milhões de brasileiros de aproximadamente 200 bilhões de reais, visto que a aposentadoria oficial é mais de uma dezena de vezes superior à aposentadoria do regime geral do povo "não governamental", o qual tem um *deficit* inferior aos 100 bilhões para o mesmo período, com mais do triplo dos aposentados.[28]

À evidência, com o peso do custo da mão de obra da administração ativa e inativa dos "servidores públicos" das três esferas, a nossa carga tributária chega a patamares semelhantes à da Alemanha, pouco inferior a Suécia e países nórdicos, onde o Estado cuida de tudo para o cidadão. Já o nosso desenvolvimento econômico é insuficiente e as "migalhas" distribuídas em planos sociais de pequeno custo – o grande peso dos tributos é para sustentar a máquina burocrática – tornam impossíveis o crescimento e a competitividade, em um mundo em que a competição é a única realidade econômica.

Neste quadro dramático, em que as contas públicas não fecham, em que a Federação não cabe no PIB, em que a burocracia assaltou o poder e em que os privilégios dos detentores do poder são intocáveis, pois são eles que comandam o cenário político e econômico, é de se compreender que o país vive a ilusão dos "slogans". A realidade nada tem a ver com o discurso de Maduro e Castro, de que os regimes bolivariano e cubano são bons, pois combateram a miséria, embora a miséria tenha tomado conta dos dois países, Venezuela e Cuba.[29]

---

28. Dados no site do Ministério da Fazenda do governo federal.

29. Escrevi: "FIDEL 'PAREDÓN' CASTRO – Passada a emoção da morte do mais sanguinário ditador das Américas, que provocou as mais variadas manifestações de tristeza dos decadentes movimentos da esquerda mundial, mister se faz uma análise fria sobre os anos de chumbo, em que vivia e vive o povo cubano, que vêm se prolongando desde os fins da década de 50, quando Fidel assumiu o poder, na infeliz ilha caribenha. O primeiro ponto a destacar é a falta de respeito aos direitos humanos. Brutalmente, foram fuzilados, ao estilo da era do terror da Revolução Francesa, sem julgamento e direito de defesa, milhares de cubanos, nos famosos 'paredóns'. De 1792 a 1794, quando Robespierre assumiu o controle do governo francês, dezenas de milhares de pessoas foram guilhotinadas, condenadas por tribunais populares. Fidel substituiu as guilhotinas pelos 'paredóns' e fuzilamentos em massa. Naquela época, nos meus primeiros anos de advocacia, em que era ainda

popular tomar-se a bebida denominada 'Cuba Libre', era hábito pedir-se nos bares 'Cuba sem Fidel', pois a ditadura lá se instalou desde os primeiros momentos. Igor Gielow, comparando diversos arquivos de várias instituições e adotando aquele considerado o mais conservador, apresenta 7.326 mortos ou desaparecidos nas prisões cubanas (quase 6.000 fuzilados em 'paredóns'), não se incluindo nesse número os afogados nas tentativas de fuga da ilha, ou seja, 65 mortos por grupos de 100 mil habitantes. Pelos mesmos critérios, o Chile assassinou, sob Pinochet, 23,2 para cada 100 mil habitantes, o Paraguai, sob Stroessner, 10,4, o Uruguai 7,6, a Argentina 30,9, no regime militar, a Bolívia 6,2, e o Brasil 0,3. É de se lembrar que no período militar brasileiro foram mencionados pela 'Comissão da Verdade' 434 mortos ou desaparecidos, negando-se, aquela Comissão, a apurar as 129 mortes provocadas pelos guerrilheiros, algumas em atentados terroristas em logradouros públicos. Por isto, foi alcunhada de 'Comissão da meia verdade'. É certo que a letalidade do Governo Cubano caiu, sob o domínio de Raul Castro, havendo registro de 264 vítimas, de 2006 para cá (*Folha de S. Paulo*, A14, 01/12/2016). O segundo aspecto a ser estudado, é o da liberdade. Em artigo que publiquei 'O neo escravagismo cubano' (*Folha de S. Paulo*, 17/02/2014, Pg., A3), após ler o contrato dos médicos cubanos com o governo brasileiro, nele encontrei cláusulas de proibição de receberem, no Brasil, qualquer visita, mesmo de parentes, sem que houvesse antes autorização de autoridades cubanas. Ficavam, por outro lado, com apenas ¼ do salário e transferiam para o governo fidelista, ¾. Mantinha, a ditadura, por garantia, seus familiares em Cuba, como reféns, para que voltassem àquela ilha, eliminando, assim, o eventual desejo de que pedissem asilo às autoridades brasileiras. Talvez nenhum símbolo seja tão atentatório à dignidade da pessoa humana, como os termos do referido contrato, aceito pelo governo da Presidente Dilma sem discussão. Não sem razão, o presidente Lula disse ter perdido, com a morte de Fidel, 'um irmão mais velho', José Dirceu declarou, no passado, 'ser mais cubano que brasileiro' e Marco Aurélio Garcia afirmou que 'havia mais democracia em Cuba que nos Estados Unidos', num de seus costumeiros arroubos. Quanto à Economia, conseguiram, os Castros, levar sua população à miséria, com salários inferiores à "bolsa-família" para a esmagadora maioria dela, independentemente da qualificação profissional. No momento em que ruiu o Império Soviético e a ilha deixou de ser mantida economicamente pela Rússia, assim como quando desmoronou a equivocada economia Venezuelana, com a perda de apoio do regime chavista – talvez Chávez ainda estivesse vivo, se tivesse se tratado em hospitais americanos e não cubanos –, a economia do país, sem tecnologia, indústria de ponta e investimentos de expressão, viu-se e vê-se sem horizontes, implorando aos americanos apoio para sobreviver, em um mundo cada vez mais competitivo. Politicamente, em lugar de adotarem o modelo chinês, de uma esquerda política e uma direita econômica, o que permitiu à China pular de uma economia com PIB inferior ao do Brasil, no início dos anos 90, para a segunda economia do mundo, 20 e poucos anos depois, continuaram, num estilo menos estridente que o do tiranete Maduro, a defender o fracasso comprovado, em todos os espaços geográficos e períodos históricos, das teses marxistas, com o que o futuro da Ilha está dependendo ou da abertura democrática, ou do auxílio externo, pouco provável no mundo em que vivemos. Fidel Castro instalou a mais longeva ditadura das Américas, só possível por ser pequena a população de seu país e rígido o controle das pessoas, sem liberdade para pensar algo diferente do que pensam as classes dominantes. Os

JUSTIÇA ECONÔMICA E SOCIAL

Repito, a melhor forma de se fazer justiça social é gerar empregos e desenvolvimento, a partir de reais políticas educacionais e não com greves de estudantes manipuladas por escusos interesses políticos. Atraso industrial e tecnológico não facilitam verdadeiras políticas sociais.

Até para a dignidade humana, sentem-se, homens e mulheres, muito mais realizados como pessoas, quando vivem do seu trabalho e não, quando recebem esmolas para enfrentar sua miséria.

A melhor forma de distribuir riquezas é dar condições para que a população as gere; e não, que as receba sem gerá-las.

5. Como estimular investimentos no país, competindo com outras nações na sua atração, cuidando simultaneamente de políticas sociais?

Às duas últimas questões, responderei brevemente.

A primeira delas é: investindo pesadamente em educação. Uma nação só cresce se tiver sólida base na educação. Na resposta à pergunta 3, fiz questão de realçar a necessidade de contrapartidas para os programas sociais de distribuição de renda. O título "Bolsa-Educação" seria melhor que "Bolsa-Família", pois, de rigor, a contrapartida ao auxílio deveria ser

---

saudosistas brasileiros de uma esquerda mergulhada no maior escândalo de corrupção da história do mundo, lamentaram a perda daquele ditador, cujo irmão, no Poder, vê seu mais forte aliado, o incompetente Maduro, verdadeiro exterminador do futuro imediato da Venezuela, mantendo-se à frente de seu governo graças às decisões de um Poder Judiciário escolhido por um Parlamento derrotado, às vésperas de ser substituído, e que se tornou capacho do Executivo. Friamente examinando-se o período de domínio do tirano insular, há de se convir que, sua figura para os historiadores que virão, será a de líder cruel e sanguinário, cujo carisma oratório empolgou, todavia, toda uma geração de jovens, a qual acreditou que a melhor forma de combater as injustiças sociais não seria criar empregos e progresso, mas apropriar-se dos bens alheios, mesmo à custa da violência e da destruição dos valores democráticos. Felizmente, esta ilusão começa a ser desfeita, em todos os continentes, pois as ideologias, corruptelas das ideias, não geram desenvolvimento, mas apenas decepção e sofrimento" (Jornal *O Estado de S. Paulo* – 06/01/2017 – A2 Espaço Aberto).

colocar os jovens na Escola. E, não só os jovens, mas também idosos, que não tiveram oportunidade de serem educados.

Por outro lado, estimular a competição empresarial, com políticas tributárias adequadas .[30] Nos meados do século passado, Laffer formulou célebre teoria – que recebeu o nome de a "Curva de Laffer". Nada obstante, ter sofrido críticas e ajustes hermenêuticos, demonstrou que a elevação excessiva da carga tributária pode representar redução de arrecadação, se, num determinado momento, o peso dos tributos desestimular o empreendedorismo. Pela formulação lafferiana, o aumento da carga tributária excessiva chega a um ponto de crescimento em que a curva se reverte e, quanto maior a carga, menor a arrecadação.

Ouvia, certa vez, de um Secretário de Finanças de um Estado brasileiro, quando convidou autoridade para equacionar o problema tributário de seu Estado, a observação de que aumentaria os tributos. Obteve como resposta que para isso não precisaria da "expertise" de uma outra autoridade. De rigor, para todos os problemas complexos, há sempre uma solução simples, geralmente errada. Qualquer ignorante em economia parte do princípio de que se se precisar de mais receita, basta aumentar a tributação, o que, no mais das vezes, não gera justiça social, desenvolvimento, emprego, estabilidade política ou desenvolvimento.[31]

---

30. No meu livro *Uma teoria do tributo*, Ed. Quartier Latin, enfrento a questão.

31. No livro "O tributo", com as colaborações de Antonio Delfim Netto, Arion Sayão Romita, Arnaldo Niskier, Cássio Mesquita Barros, Dejalma de Campos, Diogo Leite de Campos, Emane Galvêas, Eusebio González, Fabio Giambiagi, Fernando Rezende, Gustavo Miguez de Mello, Ives Gandra da Silva Martins, Joacil de Britto Pereira, José Joaquim Gomes Canotilho, José Pastore, Manuel Porto, Maria Teresa de Carcomo Lobo, Marilene Talarico Marfins Rodrigues, Mary Elbe Queiroz, Paulo Nathanael Pereira de Souza, Ricardo Lobo Torres, Rogério Lindenmeyer V. Gandra da S Martins, Ruben Sanabria, Sacha Calmon Navarro Coêlho, Sérgio de Andréa Ferreira, Sérgio Ferraz, Sidney Saraiva Apocalypse, Victor J. Faccioni e Zelmo Denari, por mim coordenado, procuramos mostrar, juristas, economistas, sociólogos, a real função do tributo para o desenvolvimento (Rio de Janeiro: Editora Forense, 2007).

JUSTIÇA ECONÔMICA E SOCIAL

É de se lembrar que os três grandes movimentos constitucionalistas da história moderna decorreram de três revoluções tributárias. Em 1214, os barões ingleses revoltaram-se contra João Sem Terra, por excesso de tributos, impondo-lhe a "Magna Carta Baronorum" com limites ao desmandos do Tesouro (1215). Em 1776, os americanos revoltaram-se contra o aumento de tributação das "Leis Towsend", impondo a derrota dos ingleses e o nascimento dos Estados Unidos, com uma Constituição liberal (1787). Em 1789, os franceses deram início à Revolução Francesa, contra o excesso de tributação de Luís XVI, com a promulgação da Constituição Cidadã de 1791. A própria Inconfidência Mineira foi uma reação à política tributária do reino, que levou à morte Tiradentes.[32]

Margareth Thatcher manteve-se durante 11 anos no poder e só caiu quando aumentou a tributação no Reino Unido sobre a propriedade imobiliária.

A fórmula ideal seria o Estado desburocratizar-se, diminuindo seu tamanho para a sociedade crescer, mantendo políticas sociais para evitar abusos do poder econômico, mas controlando seus próprios abusos, supersalários e benefícios, além da adiposidade da máquina estatal. Fundamental, entretanto, é o maciço investimento em educação, com o que, em apenas uma geração, já teríamos pessoas mais competentes para enfrentar os desafios da modernidade e gerar o desenvolvimento capaz de criar empregos em profusão.

---

32. *D.R. Myddelton, lembrando Marshall, escreve: "DEFINITION – Taxation (or confiscation) consists of direct seizure of private money or property by the State, backed by the threat of force. Confiscation ("appropriation to the State treasury", (colloq.) "legal robbery with sanction of ruling power") implies neither total seizure, as is commonly thought, nor any element of penalty. Nevertheless, as Chief Justice John Marshall pointed out: "The power to tax is the power to destroy" (The power to destroy, A Study of the British Tax System, Johnson, London, 1969, p. 15).*

6. O excessivo crescimento da burocracia é ou não inibidor de reais políticas sociais?

E chego ao ponto fulcral deste trabalho, já tangenciado nas respostas anteriores.

Não há desenvolvimento possível, nem justiça social, onde a burocracia impera com excessivas regras, autobenefícios, desestímulos à sociedade empresarial.[33]

---

33. Em meu artigo de 1991 para *O Estado de São Paulo*, mostrei que, já à época, a Federação não cabia no PIB:
"O CUSTO DA FEDERAÇÃO - Arnold Toynbee, no livro *Um estudo da História* (Ed. Martins Fontes, tradução de Isa Silveira Leal e Manoel Silveira, p.1986), ás páginas 162 a 180, faz menção a dois mecanismos que podem levar as civilizações ao sucesso e ao fracasso. Pelo primeiro (mimese), os povos capazes de perceber que o maior complexo das relações sociais de qualquer natureza – e o social aqui é aplicado como adjetivo vinculado ao substantivo sociedade – é mecânico, mas reconhecem, como no organismo físico; que uma parte depende da vontade e "das decisões de comando, podem gerar a criatividade necessária para superar os desafios que ocorrem, em cada instante histórico e em cada espaço geográfico. E serão bem-sucedidos. Se, ao contrário, a repetição dos gestos mecânicos do organismo social – como naquele físico esclerosado – se estender à parte orgânica, que depende da vontade, havendo uma "inversão" de papéis", o Estado criador torna-se um Estado repetitivo e o colapso da Nação ocorre. Justifica assim o fracasso político do povo judeu, a falência do helenismo, a derrota de Roma, para não se falar das civilizações nascidas no Próximo, Médio e Extremo Orientes, antes, do apogeu daquelas três.
Tais considerações trago à reflexão dos leitores do Estado sobre o momento brasileiro que, a meu ver, pela repetição de fórmulas ultrapassadas e pela falta de criatividade para enfrentar os desafios atuais, está retratando uma nação, que se esfrangalha, sem um projeto inovador.
O primeiro ponto a se examinar – e neste artigo apenas dele cuidarei – é o do modelo de Estado federativo adotado, cujo custo político é incomensuravelmente maior do que os benefícios que tal forma de Estado poderia oferecer à sociedade brasileira.
Os ideais políticos brasileiros da segunda metade do século passado centravam-se em três bandeiras hasteadas por todos os homens de consciência da época, inclusive os três jornalistas que fundaram A Província de São Paulo em 1875, a saber: Júlio de Mesquita, Rangel Pestana e Hipólito da Silva, ou seja: 1) a bandeira abolicionista; 2) a bandeira republicana e 3) a bandeira federalista. E as três saíram vitoriosas antes do encerramento do século, muito embora hoje tenha eu sérias dúvidas se o presidencialismo republicano adotado se revelou melhor que o parlamentarismo monárquico de D. Pedro II.
A Federação brasileira, todavia, veio à luz distorcida. Em verdade, a tradição histórica do país – a começar quando Afonso Henriques, após a batalha de São Mamede, oferendou um novo modelo político à Europa – sempre esteve voltada para governos centrais fortes, como em Portugal, único a ostentar, naquele continente, um rei que governava, ao contrário dos demais Estados europeus, em que os reis fracos

JUSTIÇA ECONÔMICA E SOCIAL

eram dirigidos por senhores feudais ou nobres fortes. Tal centralização continuou nas colônias lusitanas, sendo a principal responsável pela manutenção de um país com dimensões continentais, fenômeno político que as outras nações europeias que chegaram à América não conseguiram assegurar. Canadá e Estados Unidos ganharam seu atual tamanho geográfico, não por força e gesto de um só povo, mas de acordos entre governos ou de conquistas posteriores à independência.

Por esta razão, a Federação brasileira, nas Constituições de 1891, 1934 e 1937, exteriorizou-se por modelo que tinha tal perfil apenas no texto da lei suprema. A de 1946 procurou alargar a descentralização federativa, novamente compactada em 1967 e na Emenda nº 1/1969.

Na tentativa, todavia, de assegurar maior domínio político, Estados foram criados no período de exceção de 1964 a 1985, atingindo o número de 26 na atual carta, a qual se revelou federativa na realidade e não apenas na teoria constitucional. Outorgou, todavia, o constituinte de 1988, ao município o estatuto de entidade federativa, sendo o Brasil hoje o único país civilizado em que a Federação integra o município entre seus participantes.

Na doutrina, tem-se discutido muito sobre tal modelo, que, politicamente, impõe um custo maior à sociedade, compensado nos países que o adotam por uma redução global do tamanho do Estado, em economias francamente liberais. É que, em vez de uma esfera de poder político, a Federação deve suportar duas, autônomas e não soberanas. Ora, o custo político adicional não retorna em serviços públicos para a população, visto que tais serviços são prestados pela administração, e não pelos políticos. No Brasil, contudo, sobre não ter o Estado diminuído sua ciclópica estrutura pela franca adoção de uma economia liberal que o tornaria também economicamente menos pesado à sociedade – criou uma terceira esfera de poder, a dos municípios, com autonomia amplamente alargada no texto constitucional de 1988.

Desta forma, o brasileiro é obrigado, com seus tributos, exigidos pelas três esferas, a sustentar sua administração pública, além de cinco mil Poderes Executivos, cinco mil Poderes Legislativos e 27 Poderes Judiciários, que compõem os cinco mil entes federativos do País. E todo o drama nacional reside em que, apesar de a carga tributária em nível de produto privado bruto – isto é, do pagamento de tributos pela sociedade não governamental – ser a mais elevada do mundo (60% do PPB), é insuficiente para sustentar o custo político de uma Federação disforme, em que um dos Estados (Acre) tem menos população (393 mil habitantes) que o bairro de São Miguel Paulista, em São Paulo. Por estatísticas acientíficas, demagógicas e coniventes, os governos dizem que a carga tributária corresponde a 25% do PIB, que é formado, em mais de 50% pelas cinco mil entidades federativas que não pagam tributos.

Em outras palavras, o governo brasileiro compara a carga tributária do Pais com a de outros países, sem nunca se referir à participação da máquina estatal, que não paga tributos, no PIB dos outros países. Sem este referencial, a comparação reflete uma das mais fantásticas mentiras estatísticas de que se tem conhecimento.

Compreende-se, pois, a razão do aético acordo da rolagem da dívida interna de Estados e municípios com a União, no Valor de dois terços da dívida externa brasileira, à custa do exaurido contribuinte.

Estou convencido de que a Federação brasileira não cabe no PIB nacional e, se não pensarmos – todos e de imediato – em reduzi-la a Estados com densidade econômica própria, transformando os demais, em Territórios Federais, que não têm o custo de uma estrutura política regionalizada, o País não sairá da crise em que está. O

27

Hoje, as verdadeiras políticas sociais são realizadas não pelo governo, mas por entidades sociais, em que a Igreja Católica, mais do que qualquer outra Instituição, pontifica. Outras Igrejas cristãs tradicionais seguem também o modelo de 2.000 anos, da Igreja Católica Apostólica tradicional, nada obstante um proliferar de seitas cristãs tenha se beneficiado, ultimamente, da crendice popular, mais do que beneficiam a população mais simples com políticas sociais cristãs.

Entidades vinculadas a instituições sindicais têm, também, promovido mais políticas sociais que o governo, lembrando-se que, mesmo as ações do "lulopetismo" (Bolsa-Família e Minha Casa, Minha Vida) serviram mais à política eleitoreira do que à política social, com claros desvios detectados pelo Tribunal de Contas da União. Tais programas gerados por preferências ideológicas, nem por isto deixaram de ser úteis, pois seu baixo custo, à luz de uma carga tributária em torno de 1/3 do PIB, terminou beneficiando realmente uma camada da população incapaz de conseguir empregos, pelos equívocos econômicos e incompetência dos governos destes últimos 13 anos.

A excessiva burocracia mina os verdadeiros projetos de políticas sociais. O ex-Senador Eduardo Suplicy, baseado em John Rawls, tem sido um propagador da "renda mínima", que alguns países começam a adotar, mas com sólidos critérios seletivos, que terminam por compensar a necessidade de contrapartida, em países onde a Educação é prioridade do Estado.[34]

7. Conclusão

Agora, para concluir o presente trabalho, entendo que a excessiva burocracia manipula projetos sociais, gera

---

tema é delicado, mas, se não for enfrentado por esta geração, a geração futura estará definitivamente comprometida" (*O Estado de São Paulo*, 23/01/1992).

34. John Rawls em dois livros, "Uma teoria do tributo" e "Democracia e Liberdade" faz observações pertinentes sobre desenvolvimento da sociedade à luz de respeito às teorias divergentes, às que denomina "teorias não abrangentes".

preferências indesejáveis e termina por atravancar o desenvolvimento de uma nação. Na lista das Encíclicas Papaiscitadas, o Estado, se não atrapalhar, já faz muito, mas deve sim controlar os abusos do poder econômico e ser fator de estímulo à sociedade para crescimento. Quanto maior a burocracia, menos serviços prestará e menos políticas sociais gerará. Quanto maior, mais se acomodará nas benesses e terminará gerando o avanço do retrocesso. Uma justiça equilibrada entre a máquina que serve e a sociedade que cresce, através, principalmente, da educação, parece-me o melhor caminho para uma "Justiça econômica", no século XXI.

A VALORIZAÇÃO DO TRABALHO E A LIVRE-INICIATIVA

Luiz Gonzaga Bertelli

Consultor de empresas, advogado, jornalista e professor universitário. Presidente do Conselho de Administração do Centro de Integração Empresa Escola CIEE-SP e Presidente do Conselho Diretor do CIEE Nacional. Presidente da Academia Paulista de História (APH). Membro do Conselho Superior da Associação Comercial de São Paulo (ACSP) e Coordenador Geral do Conselho de Infraestrutura da ACSP. Diretor Tesoureiro da União dos Juristas Católicos – UJUCASP.

Sumário: 1. Como compatibilizar a valorização do trabalho e a liberdade de iniciativa, princípios fundamentais da ordem econômica da Lei Suprema? – 2. Que aspectos das encíclicas sociais de Suas Santidades, desde a *Rerum Novarum*, do Papa Leão XIII, são mais importantes para a implantação no século XXI? – 3. Políticas sociais para famílias de baixa renda devem exigir contrapartidas, como a obrigação de os filhos estudarem? – 4. É possível praticar distribuição de riqueza sem geração de renda? – 5. Como estimular investimentos no país, competindo com outras nações, cuidando simultaneamente de políticas sociais? – 6. O excessivo crescimento da burocracia é ou não inibidor de reais políticas sociais?

Introdução

A Constituição vigente de 1988 preceitua a maior valorização entre o mercado de trabalho e a liberdade econômica.

As encíclicas sociais dos Papas pressupõem os fundamentos do tema.

A burocracia é considerada um problema quase imbatível, conforme atesta o ministro Hélio Beltrão (1916-1997).

PERGUNTAS E RESPOSTAS

1. Como compatibilizar a valorização do trabalho e a liberdade de iniciativa, princípios fundamentais da ordem econômica da Lei Suprema?

Eu acredito que os ensinamentos já estão escritos, muito bem escritos, há muito tempo e limpidamente ratificados na Constituição de 1988. Peço permissão para me estender em dois pontos da Carta: a) valorização do trabalho como garantia de uma existência digna ao trabalhador; b) a ilegitimidade da livre-iniciativa, se tiver, como objetivo, a pura busca de lucro e da realização pessoal do empresário, leia-se também, o poder de dispor a bel-prazer dos postos de trabalho. No acerto final das contas, as duas se complementam.

A expressão "existência digna", propiciada pelo trabalho, me é muito sedutora, pois carrega uma capilaridade que foi tingida pela inspiração divina a partir do momento em que aprendemos ganhar o pão com o suor do rosto. Trata-se de uma profunda simbologia que tem a ver com a conquista da autonomia e da realização humana através do trabalho. Eu me pergunto, após ler alguns textos de Antropologia, qual seria, ainda que incipiente pelas circunstâncias, o grau de autoestima do homem pré-histórico, numa fase em que ainda não aprendera caçar, quando aguardava os grandes predadores abandonar suas presas após se fartarem, para aproveitar sorrateiramente os despojos, inclusive quebrando ossos de modo a aproveitar as proteínas dos tutanos.

Na alegoria do suor do rosto, também está embutida a recompensa do esforço justo, à qual foi acrescentada, mais tarde, a busca de resultados em favor tanto do bem-estar pessoal como do coletivo, acompanhados dos necessários princípios éticos. São referências que já pertencem ao patrimônio da humanidade, lançadas por pensadores ilustres, entre eles, sumos pontífices que se debruçaram sobre o tema, produzindo suas encíclicas reveladoras, à luz da inspiração divina mencionada. O valor do trabalho tem tal peso, que está registrado em momentos capitais da cultura humana. Mostra-se tão incrustado na cultura da humanidade, que aparece tanto no princípio máximo dos beneditinos – *Ora et labora* – a primeira ordem a ser formada, como no ateísmo de Karl Marx. Ou no portão principal do hediondo campo de Auschwitz: *Só o trabalho liberta.*

Recorro a uma entrevista dada pelo jogador Pelé, que li ou ouvi em algum lugar, relativa à dignidade. Respondendo sobre sua condição de ser o melhor futebolista do mundo, ele retrucou que, se fosse lixeiro, se esforçaria para ser o número um do planeta. Naturalmente, se por acaso se tornasse o *Pelé* dos garis, não ganharia tanto quanto jogar bola. Mas nem por isso o seu trabalho de manipular e transportar o lixo de modo a proteger a saúde de todos e do meio ambiente, não seria menos elogiável do que marcar gols.

Quanto à compatibilização entre a valorização do trabalho e a liberdade de iniciativa, penso que as relações de trabalho no Brasil são contaminadas por duas influências. A primeira delas decorre da nossa prolongada escravidão que criou a cultura da desqualificação do trabalho, da qual deve decorrer esse sonho indisfarçável dos brasileiros em direção empreendedorismo; salvo engano, somos o povo mais empreendedor do planeta. A segunda, a um *blend* complexo, que talvez bata, no mesmo liquidificador, o sentimento que empresta ao trabalho um caráter pejorativo, na perspectiva da escravidão acima citada ao manejo historicamente inadequado do patronato nas relações com empregados, aliado à frágil consciência de que a propriedade e trabalho devem ter fim social, conforme diz nossa Carta. Acrescentem-se teses neomarxistas equivocadas, nas quais foram misturadas relações de trabalho com luta de classes, produzindo um clima de Fla x Flu ou Corinthians x Palmeiras. A harmonização dessas duas pontas é um desafio e uma necessidade. Pode ser que discussões entre sindicatos patronais e de trabalhadores produzam um novo pacto ou a reforma do que está aí. Trata-se de um tema para antropólogos, sociólogos, advogados, religiosos e de todos os homens de boa vontade.

2. Que aspectos das encíclicas sociais de Suas Santidades, desde a *Rerum Novarum*, do Papa Leão XIII, são mais importantes para a implantação no século XXI?

Nós tivemos cinco documentos da natureza referida sobre os quais devemos debruçar: "Rerum Novarum", "Quadragesimo Anno", "Mater Et Magistra", "Pacem in Terris" e "Populorum Progressio".

Isto posto, podemos depreender que a Vontade Divina criou a vida por etapas. Grosso modo, preparou as condições para colocar os seres vivos no ar, na terra e água. No caso das encíclicas, é possível dizer que o surgimento da "Rerum Novarum", em 1891, equivaleu ao "fiat lux" do Universo. Os abusos e as profundas injustiças decorrentes da Revolução Industrial na relação capital-trabalho exigiu a intervenção da qual Leão XIII foi instrumento. Não podemos esquecer que sua ação encerra uma ironia pedagógica, pois Sua Santidade vinha de família nobre que, em tese, representa a elite social regendo a instituição do trabalho desde os primeiros tempos medievais. Destaco dois tópicos na relação das virtudes contidas na "Rerum Novarum": a) o início do pensamento social

JUSTIÇA ECONÔMICA E SOCIAL

católico com a busca de justiça social; b) a instituição de direitos e deveres do capital e do trabalho.

As demais encíclicas, com maior ou menor ênfase, foram aperfeiçoamentos e atualizações a respeito do tema que, além de possuir e produzir incontáveis nuances, reclama reciclagem constante. A "Quadragesimo Anno", de Pio XI (1931) foi, factualmente, uma resposta à depressão de 1928 que assolou o mundo. Conceitualmente, colocou o sinal vermelho na prática de livre mercado sem limites e alertou que, ao contrário do que supunham grandes nichos de detentores do capital, a economia não deve governar as sociedades. Tenho a certeza de que, quando chegamos à "Mater Et Magistra", de João XXIII, em 1961, a Igreja deu o seu grande e desassombrado salto para a contemporaneidade. Abriu as cortinas para o sol clarear os mais escondidos recônditos. Significativamente, coincidiu com os 70 anos da "Rerum Novarum". Numa analogia com o futebol, que tanto o Brasil preza, Leão XIII e Pio XI armaram a jogada para o *signore* Angelo Roncalli balançar a rede. A comemoração se prolongou com a sua "Pacem in Terris", de 1963, que investiu contra o subdesenvolvimento, trombeteou intensamente os direitos e deveres da pessoa humana e arquitetou as primeiras defesas das minorias e dos refugiados que, aliás, hoje, estão angustiando o planeta. Finalmente, o mundo deparou-se com a "Populorum Progressio", de 1967, escrita por Paulo VI. Mais do que impressionar pela veemente condenação ao neocolonialismo que abafava países pobres, o documento chocou favoravelmente ao admitir insurreições nos casos de tiranias violentas. Radical? Mateus não teria escrito melhor.

O século XXI conhecerá novas encíclicas com novos ensinamentos que ajudarão a transformar o mundo para melhor. Tem sido assim desde o ano 30, quando Jesus iniciou sua peregrinação. Porém, suspeito que o maior desafio pastoral das próximas décadas deverá ser o entendimento de novos núcleos familiares que já estão se desenhando e o manejo da expansão de ódios comunitários, travestidos de questões religiosas e/ou político-ideológicas.

3. Políticas sociais para famílias de baixa renda devem exigir contrapartidas, como a obrigação de os filhos estudarem?

A referida contrapartida é indispensável por várias razões. A principal delas foi a de criar, talvez inadvertidamente, uma variante adequada para o célebre e instrutivo – *Ensinar a pescar em vez de dar o peixe* – que parece estar atrelado a outro ensinamento popular: dar murro em ponta de faca. Melhor explicando: é impossível ensinar algum faminto a pescar, a menos que esteja num contexto especial – um náufrago tipo Robinson Crusoé. Sua urgência imediata – leia-se também esposa e filhos – é a de mitigar o estômago. A contrapartida mencionada constrói uma alavanca, decorrente da escolaridade, como instrumento de desenvolvimento para se transformar este cenário.

Não podemos esquecer que foi este o pilar original da Bolsa-Família. O programa teve a virtude de desnudar a incomensurável insegurança alimentar que abate secularmente o povo brasileiro. O insigne brasileiro, o recifense Josué de Castro (1908-1973) fez essa denúncia à exaustão e até apresentou, inutilmente, estudos animadores a respeito. Quem leu dois das suas dezenas de livro sobre o tema – *Geografia da Fome* (O Cruzeiro, 1946) e *O Livro Negro da Fome* (Brasiliense, 1957) entenderá bem a extensão do drama.

A exposição profunda do problema, na minha impressão, inverteu as prioridades do governo, leia-se Lula e Dilma, ao revelar o imenso potencial eleitoral do programa.

Nesse sentido, a distribuição da bolsa bastava em si mesma para apresentar os efeitos desejados. Faço essa afirmação porque jamais vi, e salvo engano, jamais foi apresentado em todas as sua nuances e recortes, um relatório sobre o

JUSTIÇA ECONÔMICA E SOCIAL

aproveitamento escolar em relação à concessão, devidamente examinado e debatido pela sociedade brasileira através dos seus canais de representação e instituições afins. Pergunto: a OAB, a CNBB, a SBPC e assemelhados puderam se debruçar sobre o assunto? Confesso que não sei. Na realidade, nós apenas tomamos conhecimento, com implacável frequência, de variados artifícios para se obter o benefício sem merecimento, inclusive por parte de políticos.

O programa, para todos efeitos, tornou-se um donativo sequer disfarçado de caridade, uma vez que carregava interesses eleitoreiros. Mas é forçoso reconhecer que teve um mérito particular. Nos últimos cinco anos, nós tivemos uma das secas mais avassaladoras que castigou o Nordeste. Semelhante à famosa estiagem de 1915, cuja intensidade pode ser avaliada pelo fato de haver inspirado um dos grandes romances da nossa literatura – O *Quinze* – de Rachel de Queiroz. Aliás, já escrevi a respeito. Naquela época, o governo federal precisou criar verdadeiros campos de concentração para assentar os flagelados que, em desespero, ameaçavam invadir as grandes cidades, vindos do sertão desolado, após protagonizarem saques esquálidos no interior. Desta vez, isso não aconteceu porque, suponho e isto é crível, que o dinheiro da Bolsa-Família permitiu comprar a cesta básica que amainou a fome. Mas convém esclarecer que foi uma situação-limite de sobrevivência. Um país, sob pena de comprometer seu futuro, não pode viver de emergências sobre emergências dessa natureza.

Políticas sociais sem contrapartida são meras manobras paternalistas. O paternalismo, sabemos todos, e os princípios elementares da Psicologia confirmam, são procedimentos acomodatícios que somente descaracterizam a personalidade dos envolvidos. Contaminam a capacidade de iniciativa e da vontade.

Sem uma vigilância estreita relativa ao fim proposto, com acompanhamento da opinião pública, políticas sociais não passam de pirotecnia.

4. É possível praticar distribuição de riqueza sem geração de renda?

Se entendi bem o sentido exato da pergunta, suspeitando de existir nela um viés de solidariedade embutido, e se estamos falando da definição clássica de riqueza, no conceito de estoque e de patrimônio de recursos, é evidentemente possível. Talvez o exemplo mais eloquente seja a distribuição de terras através da reforma agrária, um tema recorrente nos acertos e desacertos da História do Brasil, que não implica geração de renda, pelo menos de forma imediata. Por outro lado, me vem à mente, aquela espécie de reforma agrária produzida pelo governo norte-americano na segunda metade do século XIX, com a corrida para as terras, previamente demarcadas do amplo oeste, cujos lotes pertenceriam a quem chegasse primeiro, com oportunidades idênticas. Estamos falando, é oportuno registrar, da pátria-mãe do capitalismo e da livre-iniciativa.

Na outra ponta desse raciocínio, recorro a um outro exemplo, tímido e modesto, que tem a ver com a continuidade da resposta mais adiante. Trata-se de um samba de Adoniran Barbosa – *Vide Verso Meu Endereço* – no qual o personagem faz agradecimento ao seu benfeitor. Reproduzo os versos essenciais: *E o dinheiro que um dia você me deu/ Comprei uma cadeira lá na Praça da Bandeira/ E ali vou me defendendo/ Pegando firme dá prá tirar mais de mil por mês/ Casei, comprei uma casinha lá no Ermelino/ Tenho três filhos lindos/ dois são meus e um é de criação...* (A cadeira refere-se à conquista de um lugar, simbolizado pela cadeira, de engraxar sapatos).

Este conjunto de evocações demonstra, na minha visão, a necessária flexibilidade de posições junto às regras econômicas estabelecidas, para dar espaço à intervenção da consciência em processos nos quais a distribuição de riquezas não precisa se converter em renda, em lucro. Todos sabemos que já existem políticas públicas nessa direção e não vou comentar seus resultados. Mas o que deve ser equacionado, num debate

JUSTIÇA ECONÔMICA E SOCIAL

com a opinião pública, via canais apropriados, é o imenso tamanho das nossas carências e a nossa capacidade e condições de enfrentá-las. E polir as consciências no sentido da fraternidade responsável e resultante. É possível que esta proposta seja vista como exageradamente visionária e até um "conto da carochinha". Mas o fato é que nós precisamos saber exatamente como são o país e a sociedade que temos e aquilo que queremos fazer deles.

É um dilema que nos persegue desde a chegada de Martim Afonso de Souza.

5. Como estimular investimentos no país, competindo com outras nações, cuidando simultaneamente de políticas sociais?

A pergunta, devido à sua vasta abrangência, pede respostas complexas.

Sugere, por exemplo, que a execução de políticas sociais pode pesar desfavoravelmente no fluxo dos investimentos e, nesse tópico, esbarramos na primeira dificuldade de análise. As políticas sociais, embora apresentadas de certo modo genéricas, são contempladas pela Carta de 1988. Trata-se, portanto, de dispositivo constitucional e tal condição coloca um ponto final no assunto. Está aí para ser cumprido.

Se a indagação se refere ao investimento do exterior, a prática das políticas sociais poderia ser benéfica, desde que **bem administrada**, por sinalizar a busca de uma ordenação social e econômica que venha a prenunciar cenários tranquilos para investidores. É o caso da atual preocupação com o saneamento básico, que, interminavelmente, relegávamos a segundo plano. Hoje, sabemos, com clareza, da importância do saneamento como recurso estratégico para sustentar e ampliar o mercado consumidor brasileiro, essencial para firmar o potencial do País. A boa administração sublinhada é importante para efeito externo e interno. Embora datado de

2004, o ensaio – *Política Social no Brasil*, prioridades erradas, incentivos perversos – de José Márcio de Camargo, da PUC do Rio de Janeiro, é bastante elucidativo. O Brasil destinava cerca de 200 bilhões de reais anuais aos programas sociais; 40% se destinavam à saúde, educação, assistência social, trabalho e previdência. Esta última absorvia 125 bilhões, num país em que pessoas com 65 anos somavam 5,85% da população. México, Turquia e Coreia do Sul, que tinham, proporcionalmente, índices similares gastavam menos da metade. Tal situação enfatiza a nossa necessidade premente de fazer a reforma previdenciária.

No foco de investimentos internos, se tomarmos como referência o bloco dos Brics para alinhar nossos competidores, a reunião do grupo em Goa, em outubro passado, demonstrou que a principal direção de investimentos é a energia limpa, terreno no qual estamos com indecisas idas e vindas.

Essas rápidas observações feitas conduzem ao leito principal do conteúdo no qual esta entrevista vem sendo dirigida: a implantação de caminhos seguros, sem subterfúgios para debater os grandes problemas nacionais e promover suas soluções.

6. O excessivo crescimento da burocracia é ou não inibidor de reais políticas sociais?

Inicio minha resposta com uma observação essencial: não creio que haja excessivo crescimento da burocracia no Brasil, porque ela não tem mais para onde crescer. Ou então, devem restar exíguas frestas. Se isso acontecesse, o País ficaria completamente travado. Portanto, a burocracia é inibidora não só da aplicação de políticas sociais, mas de todas as atividades necessárias que a Nação exige para se desenvolver. A propósito, Fernando Henrique Cardoso, numa entrevista dada em 2015, por ocasião do lançamento do seu livro de memórias presidenciais, disse que a centralização das várias bolsas sociais na Bolsa-Família criou mais uma burocracia simultaneamente a um imenso poder ao governo federal. Suspeito que, supostamente, a centralização deve ter tido efeito contrário.

A rigor, a burocracia se tornou um instrumento de poder no sentido de engessar a vida, o cotidiano de cidadãos através de exigências que se escudam em preceitos legais, para fazer prevalecer a máquina do Estado... Quando ouço a palavra burocracia, me vem à mente a divertida canção "Carimbador Maluco", de Raul Seixas. Após muitas idas e vindas que atrasaram sobremaneira a viagem, com as exigências devidamente cumpridas, que se revelaram desnecessárias, a nave Plunct Plact Zum pôde partir sem problema algum. Outros artistas também se debruçaram sobre o assunto. Basta lembrar o escritor Franz Kafka e os saborosos registros irônicos a respeito, contidos nas obras de Machado de Assis, de Lima Barreto e Monteiro Lobato. Quem tem vivo, na recordação, o aprisionamento do rinoceronte Quindim, no Sítio do Picapau Amarelo em "Caçadas de Pedrinho", sabe do que estamos falando.

A rigor, a História nos ensina que a origem da burocracia, no século XVIII, contradiz sua modelagem, ou adaptação, para manejar o poder. Grosso modo, nasceu como ideia de um sistema de operação de atividades públicas e administrativas para organizar e tornar eficientes as tarefas e funcionamento do Estado. Acabou se desvirtuando, em maior ou menor grau, conservando, porém, a designação. Não por acaso, hoje, a palavra ganhou um significado absolutamente pejorativo em contrapartida às intenções iniciais.

A nós coube, infelizmente, o exagero. Uma das características mais evidentes que herdamos de Portugal foi a burocracia ilimitada. Não me constranjo, nessa abordagem, porque se trata de uma convicção de domínio público. Pessoas mais sarcásticas costumam dizer que nossos bons colonizadores trouxeram em primeiro lugar a Cruz e, em segundo, o cartório.

Em princípio, a burocracia parece um problema quase imbatível, conforme atesta a experiência do Ministro Hélio Beltrão (1916-1997). Em 1979, ele assumiu o Ministério da

Desburocratização, criação inédita para vencer o engessamento. Teve algumas escaramuças bem-sucedidas como o estabelecimento do Tribunal de Pequenas Causas e o Estatuto da Microempresa. Mas na década de noventa, o programa foi abandonado, sinalizando sua rendição...

Se São Pedro adotar procedimentos idênticos aos dos nossos burocratas no acesso ao céu, o pobre Ministro Beltrão deve estar na fila até agora.

JUSTIÇA ECONÔMICA

Fernando L. Lobo d'Eça
Advogado tributarista em São Paulo.

Sumário: 1. Introdução – 2. A economia de mercado e os demais sistemas econômicos. Estado de direito como limitação ao exercício arbitrário dos poderes públicos e à manipulação do Estado por influência política e econômica – 3. A responsabilidade econômica individual e a justificação ético-jurídica da aquisição e distribuição da renda e riqueza privada na economia de mercado – 4. A responsabilidade econômica do Estado e as intervenções na propriedade privada legitimamente adquirida. A justiça econômica e as limitações dos poderes de regular, tributar e sancionar ou punir – 5. A corresponsabilidade econômica e o princípio da subsidiariedade – 6. A doutrina social da Igreja e sua influência na economia – Referências bibliográficas.

1. Introdução

O Ilustre Professor Ives Gandra Martins nos convida a refletir sobre o tema da *"Justiça Econômica"*, cuja complexidade e relevância se evidenciam, não só em face das inúmeras *questões éticas* e *filosóficas* que enseja (dignidade da pessoa humana, mérito, solidariedade e etc.), nem só em face das *questões ético-jurídicas* que envolvem o tipo de constituição do Estado, a *divisão de funções* e *responsabilidades* entre este e a *economia privada* e destes com a sociedade civil e com os cidadãos, mas porque possibilita a *aferição* do *grau de justiça e eficiência* (quantitativa e qualitativa) do próprio regime jurídico-econômico adotado (livre mercado, socialista, ou misto), eis que numa sociedade democrática e justa, não se pode admitir um desenvolvimento econômico que propicie o bem estar só de alguns em *detrimento* de outros.

A justiça é a um só tempo, uma *virtude* fundamental e universal, *compreensiva* de todas as demais virtudes – na medida em que lhes harmoniza e ordena o campo próprio de atuação de cada qual – e um *princípio de perfeição ética,* universalmente admitido como o *fim supremo* e principal *critério de medida* do Direito, eis que este *só se justifica* e *se legitima* na medida em que *se ajusta* aos princípios de justiça.

O termo justiça pode ser utilizado *ordinariamente* em *dois significados:*[1] no seu *aspecto formal,* quer significar a *fiel realização* do *direito* existente contra *qualquer infração arbitrária* a ele; em seu *aspecto substancial,* o termo *implica* a consideração de *valores sociais essenciais* (individuais, transpessoais e atemporais) que instruem o direito existente, e devem ser *reconhecidos, equilibrados, conciliados* e *racionalizados* numa *síntese (custodia societatis)* transcendente às partes da relação jurídica, que *se impõe racionalmente* e *delimita* a *extensão da liberdade pessoal e patrimonial externa (pública e privada)* das *autonomias individuais* que, dotadas de *igual dignidade* e reconhecidas como membros *independentes* e *indispensáveis* de uma mesma sociedade civil organizada no Estado, como tais, não podem ser *confundidas* com o *todo,* nem ficar *sujeitas* ao *arbítrio alheio.*

Depois de ressaltar a *significação "omnicompreensiva"* da palavra justiça *(justitia universalis,* distributiva, *comutativae* etc.), Luis Recasens Siches[2] constata que entre todas as teorias sobre o tema "se dá uma *medular coincidência",* concordando

---

1. Cf. Georges GURVITCH no verbete "Justice" in Encyclopaedia of The Social Sciences Ed. The Macmillan Company, New York, 1932 vol. VIII, pág. 509/514.

2. Cf. Luis Recasens SICHES in *Tratado general de filosofía del derecho,* 6ª Ed. Porrua S. A., México, 1978, pág. 480/481.

todos em afirmar que a *justiça* é um *princípio* de *harmonia*, de *igualdade proporcional* e de *reciprocidade*, entre o que se dá e se recebe, nas *relações intersubjetivas* de *troca* e nos *processos de distribuição de bens e direitos*, entre os *indivíduos entre si*, e o *indivíduo* e a *coletividade*, de modo a *atribuir* a cada um o que é seu (*"Justitia est constans et perpetua voluntas jus suum cuique tribuere"*), o que obviamente *implica* a adoção de *critérios de medida* ou *pautas de valoração* que, quando aplicados ao Direito e ao Estado *qualificam-se* como *medida axiológica* destes últimos, conforme o *tipo* de *relação jurídica* de que se cogita (distributiva, comutativa ou corretiva), entre as quais *se incluem* as de *conteúdo econômico*.

Assim, a noção de justiça comporta clara *distinção*[3] entre a *justiça comutativa* – que tem por objeto as relações intersubjetivas de *troca* e *distribuição de bens e direitos* entre os indivíduos entre si que, dotados de *igual dignidade, autonomia e liberdade perante as leis e o Direito*, e reconhecidos como membros *independentes* e *indispensáveis* da sociedade civil organizada no Estado, detêm *bens* e *direitos próprios* que não podem ser confundidos entre si nem com o todo e, portanto, determina o que é devido a cada indivíduo – *e a justiça*

---

3. Nesse sentido, Juan Carlos Cassagne ensina que: "A *noção de justiça* se integra com *três elementos*: a) é uma *relação de alteridade,* ou seja, *intersubjetiva,* é dizer que *se orienta* sempre *a outra pessoa* (só em sentido figurado se pode falar em fazer justiça a si mesmo); b) o *devido* (o *debitum*) *a outro* e *correlativamente,* o *direito* que tem esta pessoa a *reclamar* o que considera *como seu;* e c) a *igualdade* que, por se constituir um *elemento analógico* pode apresentar-se em *formas variadas.* [...]. Pois bem, *toda parte* pode ser considerada em um *duplo aspecto:* na *relação de parte a parte,* ao qual corresponde, na vida social, à ordem de uma *pessoa privada com a outra,* e esta ordem é *regida* pela *justiça comutativa,* consistente nas *trocas* que comumente se realizam *entre duas pessoas.* Outro é *o todo com respeito às partes,* e a esta relação se assemelha a *ordem* existente na *comunidade e cada uma das pessoas individuais;* esta ordem é *dirigida* pela *justiça distributiva, que reparte proporcionalmente os bens comuns.* Na *justiça comutativa, a igualdade* se estabelece de *objeto a objeto* (salvo se a condição pessoal seja causa de reais distinções) enquanto que na *justiça distributiva,* a igualdade que se realiza é *proporcional à condição da pessoa* e às *exigências do meio social.* Quanto à *repartição* que se opera na *justiça distributiva,* há que *ter em conta* que a *medida* destas *condições* deve *guardar proporção* com a *qualidade,* a *aptidão* ou a *função de cada um dos membros* do corpo social. (Juan Carlos CASSAGNE in *Los grandes principios del derecho público constitucional y administrativo,* Buenos Aires: Thomson Reuters/La Ley, 2015, pág. 190 e 192).

distributiva – que tem por objeto as relações intersubjetivas entre o *indivíduo* e a *coletividade*, na *repartição de funções, vantagens e encargos sociais decorrentes do convívio em sociedade, correspondentes à participação proporcional e à colaboração individual* (conforme o mérito, a aptidão, qualidade ou função) de *cada membro* do corpo social, *para o bem e o patrimônio comum da sociedade* civil organizada no Estado, que por sua vez *determina o que é devido pelo indivíduo à* sociedade civil organizada em Estado (patrimônio público), e o que é devido por este ao indivíduo (patrimônio privado).

Nessa ordem de ideias, Luis Recasens Siches adverte que

> o problema da filosofia política e da Estimativa Jurídica não consiste em definir o *valor formal* de justiça, senão em *averiguar* a *hierarquia* dos *valores* segundo a qual se deve estabelecer a *equivalência* e a *proporcionalidade* nas *relações inter-humanas* e nas *relações* entre a *pessoa individual* e o *Estado*.[4]

Embora todas as diversas *teorias* e *políticas econômico-financeiras* solenemente declarem como *finalidades* precípuas o aumento do *bem-estar social*, a *distribuição equitativa das rendas e riquezas* e a *segurança social*, o que as *diferencia* é o *grau de liberdade individual* e de *intervenção* do Estado no processo econômico, que por sua vez *delimitam* e *definem* a liberdade, a responsabilidade e a justiça (ou injustiça), nas *relações intersubjetivas* de *troca* e nos *processos de aquisição e distribuição de bens e riqueza*, entre os *indivíduos entre si,* e o indivíduo e a *coletividade*.

Ao delimitar o objeto do *Direito Econômico* atual, Rolf Stober[5] lembra que "o direito administrativo econômico pode ser *organizado* segundo *três princípios fundamentais*", quais sejam, "o *princípio da autorresponsabilidade*, o *princípio da*

---

4. cf. Luis Recasens SICHES, in *Tratado general de filosofía del derecho*, cit., pág. 493.

5. Cf. Rolf STOBER in *Direito administrativo econômico geral* – Fundamentos e Princípios de Direito Constitucional Econômico, Ed. Universidade Lusíada: Lisboa 2008, págs. 10.

corresponsabilidade e o *princípio da responsabilidade do Estado"*, cujos conceitos "descrevem a *questão central* da *divisão de tarefas de direito econômico* entre o Estado e a economia privada". Complementando a lição o emérito Diretor do Instituto de Direito da Economia da Universidade de Hamburgo, acentua que se trata, "especialmente, da *questão* de saber *se e em que medida* o Estado *interfere* na vida econômica (*administração econômica de ingerência*), *efetua* determinadas *prestações* (*administração econômica de prestação*) ou apenas deve *garantir* o funcionamento da vida econômica (*administração econômica de garantia*)."

Nesse particular, oportuna e profética a advertência do saudoso Roberto Campos no sentido de que "quanto mais *subdesenvolvido* o país, mais *perigosa* é a *intervenção governamental*", eis que "os *riscos* da *incompetência privada* são *limitados*", enquanto "os *erros* da *incompetência pública, ilimitados*".[6]

No presente estudo, pretende-se, a partir dos pressupostos do sistema econômico de *livre-iniciativa* e *livre mercado* constitucionalmente adotado, extrair o *conteúdo* dos *critérios de justiça* dele decorrentes relativamente à distribuição de rendas e riqueza, de modo a *compatibilizar* a *valorização do trabalho*, a liberdade de iniciativa, as diversas *políticas sociais* e o *estímulo* de *investimentos externos* na economia do país.

Assim, antes mesmo de adentrar ao tema propriamente dito, cumpre desde logo *distinguir* entre os *diversos sistemas econômicos* e seus pressupostos materiais e ideológicos relativamente ao *acúmulo* e *distribuição* de riquezas, de modo a possibilitar a aferição da *justiça* (ou injustiça) dos respectivos critérios de valoração ética, jurídica e econômica.

---

6. Cf. Roberto CAMPOS in *A lanterna na popa*, Rio de Janeiro: Ed. Topbooks, 1994, pág. 167.

2. A economia de mercado e os demais sistemas econômicos. O Estado de direito como limitação ao exercício arbitrário dos poderes públicos e à manipulação do Estado por influência política e econômica

Como é curial a *"economia de mercado"* ou *"economia de circulação"* marcada pelo *"liberalismo"* caracteriza-se pela *descentralização* e *divisão econômica do trabalho*. Nesse sentido, Rolf Stober[7] ensina que *"*no *centro* deste *sistema econômico* está a *autonomia privada"*, acompanhada de *"liberdades objetivas de circulação"* (bens, capitais, mercadorias, prestação de serviços, trabalhadores, empresários e etc.) *juridicamente garantidas* por *"direitos econômicos subjetivos"* que podem ser sintetizados no "direito ao *livre* e *autorresponsável exercício* no *domínio econômico"*, e conferem ao seu titular um *poder* de *livre eleição* e *autônoma decisão individual* de *meios* e *fins* no *plano econômico* (sobre iniciativas, necessidades, consumo, investimentos, produções e distribuição de bens e serviços) tomadas com base em *informações do mercado* equitativamente acessível a todos ("modelo de *auto orientação*, segundo o *princípio do 'trial and error'"*), que por sua vez são naturalmente *coordenadas* pela *oferta e procura* (*autocoordenação*) e *controladas* pela *livre-concorrência* (*autocontrole*), onde a ação econômica do Estado é *subsidiária* (*princípio da subsidiariedade*)[8] e *se restringe* a *"proteger a concorrência* como elevado *bem jurídico* (chamada *mão visível do direito)"*, criando as *"condições mínimas* para a *concorrência econômica* de mercado ser capaz de *funcionar"* em situação de *justiça* e *harmonia*, e *limitando* "a liberdade econômica e ação apenas

---

7. Cf. Rolf SOTBER in *Direito administrativo econômico geral* cit., págs. 40/42.

8. Juan Carlos Cassagne ensina que "o *princípio da subsidiariedade* – que está na raiz deste tipo de Estado – tem a *vantagem* sobre os *esquemas intervencionistas* do passado que *fomenta a iniciativa individual e coletiva, sem limitar* a intervenção do *Estado como gestor econômico* ante a *insuficiência dos particulares* ou o *estado de necessidade* que *justifica* uma *emergência econômica"* (cf. Juan Carlos CASSAGNE in *Los grandes principios del derecho* público constitucional y administrativo, cit., pág. 111.

por razões de *prevenção" dos perigos de "falta de transparên-cia", "mau funcionamento" ou "abuso" do mercado.*

O *reverso* da economia de mercado é o *modelo econômi-co socialista* ou de *economia centralizada*, teoricamente fun-damentada no pensamento de Marx, *planejada* e *organizada* pelo Estado, que é "proprietário dos meios de produção" e de-tém os poderes de *direção* e *comando* da economia (dirigismo econômico), assentando-se no *"pressuposto duvidoso* de que o Estado e seus servidores estariam em melhores condições que as empresas privadas para planejar" e que "o Estado, como instância econômica central, seria o melhor garante da atuação econômica e do processo econômico". Na ausência de propriedade privada, a produção e consumo são prescritos com base nos "fins políticos e tecnocráticos" e o particular é mero "objeto da atuação da economia do Estado", sem exer-cer *"influência econômica"*, vez que sua função é *"atribuída"* pelo Estado e os *"planos individuais* são *substituídos* ou *subor-dinados* ao plano econômico geral" estatal.[9]

Com a *falência* do modelo econômico socialista no sécu-lo passado, revelada pela experiência do modelo econômico soviético,[10] no intento de abreviar as *insuficiências* reveladas nos regimes econômicos até então vigentes, observa-se a bus-ca de *sistemas econômicos intermediários*[11] ("mixed economy", "economia social de mercado", "economia ecológico-social de mercado" ou de "terceira via") que, embora *preservando* o

---

9. Cf. Rolf STOBER in *Direito administrativo econômico geral* cit., págs. 42/43.

10. Friedrich A. HAYEK demonstra que a *"grande decepção"* com os *métodos econô-micos socialistas* se deve a três fatores principais: a) a "evidencia de que o *mecanismo de produção de bens* opera com *menos eficácia* sob uma *ordem socialista* do que sob o *regime da livre empresa*"; b) o "convencimento quase unânime de que o *socialismo – longe de conduzir* ao que havia sido concebido como a *plenitude da justiça social – im-plica* a implantação de uma *ordem hierárquica arbitrária* e muito mais intransponí-vel no que refere ao acesso de um escalão a outro"; e c) a constatação de que "em lugar da maior *liberdade prometida*, origina um *novo despotismo*" (cf. Friedrich A. HAYEK, in Los fundamentos de la Libertad, tradução do original Constitution of Liberty por José Vicente Torrente. 8ª ed. Madrid: Unión Editorial, 2008, págs. 343).

11. Cf. Rolf STOBER in *Direito administrativo econômico geral*, cit., págs. 44/46.

regime da propriedade privada e da livre-iniciativa, e *limitando* a atividade estatal às *insuficiências* e *abusos* do mercado, procuram *alternar* a autorresponsabilidade privada, a corresponsabilidade e a responsabilidade estatal pela vida econômica. A par da dificuldade jurídica de *delimitação* dos campos de atuação econômica e da respectiva responsabilidade econômica privada e estatal, que obviamente *comprometem* a democracia e a liberdade individual, a prática demonstra que as diversas formas de manifestação da *economia de mercado social* têm sido criticadas por não abreviar o *"mau funcionamento do Estado"* no âmbito da atividade econômica (*ineficiência* na gestão financeira da administração estatal) e a tendência à *"burocratização" pública* e *privada ("homo burocraticus").*[12]

Nessa ordem de ideias, Friedrich A. Hayek solidamente apoiado em R.H.S. Crossman, demonstra que "o *socialismo* implantado pelos *trabalhistas* ao assumir o poder permitiu *descobrir* que *implicava* no *(sic)* estabelecimento de *enormes organismos burocráticos*, uma *vasta burocracia centralizada* que constitui uma *grave ameaça* para a *democracia"*,[13] em razão

---

12. Idem, pág. 47.

13. Cf. Friedrich A. HAYEK, in *Los fundamentos de la libertad*, cit., págs. 344 e 345. Complementando a lição Friedrich A. HAYEK assevera que: "Quando *maioria* dos que trabalham em *regime de emprego decide* qual seja a *legislação imperante* e *determina a política* que deve prevalecer, é obvio que as condições gerais de vida *se ajustarão* às normas de conduta gratas àqueles, resultando *menos favoráveis* para quem se aplica a *atividades independentes*. A *posição da maioria* resultará, portanto, mais e mais atraente, e sua força aumentará. [...] Onde *predomina* tal classe, o *conceito de justiça social* se vê *acomodado à conveniência* de seus componentes; isso *influi* não só na *legislação*, senão também nas *instituições* e os *usos mercantis*. Os impostos vêm a se basear em uma *concepção de renda* que fundamentalmente é a do que trabalha em *regime de emprego*; as *previsões paternalistas* dos *serviços sociais* estão feitas à medida exclusiva de suas necessidades, e inclusive as normas e técnicas do crédito ao consumidor se ajustam primordialmente a seus requerimentos. Tudo o que respeita à *posse* e *emprego* do *capital*, com *reflexo* na maneira de ganhar a vida dita maioria, vem a tratar-se como o especial interesse de um pequeno *grupo privilegiado* contra o qual *se pode discriminar* justamente. [...]. A evolução na indicada direção adquire geralmente *surpreendente velocidade* quando os *funcionários* chegam a constituir o *grupo* mais *numeroso* e *influente* de quantos trabalham no *regime de emprego*, dando-se o caso de que as *peculiares vantagens* de que gozam são *reclamadas para si*, como um *direito próprio*, pelo resto dos que trabalham por conta alheia. *Privilégios* como *inamovibilidade* ou a *promoção por antiguidade*, outorgados

das inúmeras *desigualdades* e *privilégios* que encerra, somente *neutralizados* pelo conceito moderno de Estado de Direito, cuja importância se revela por constituir "uma grande *proteção do cidadão privado* contra a *tendência* sempre crescente do *mecanismo burocrático a absorver a esfera de ação privada própria do indivíduo" na medida em que,* "em ultima instância, o Estado de Direito significa que as agências a quem se confiam tais *tarefas especiais* não possam exercer em seu *próprio proveito* nenhum *poder soberano* (nenhum Hoheitsrecht, como dizem os alemães), senão que hão de *se limitar* aos *meios* que *especialmente* lhes foram *concedidos* para este efeito".[14]

Realmente, em outro estudo[15] já demonstramos que, partindo da *ideia fundamental* de *liberdade* segundo a qual a *soberania é inalienável, imprescritível* e *reside no povo*, portador do Poder Constituinte, não podendo seu exercício ser *usurpado individualmente* por quem quer que seja, o *conceito* de Estado de Direito *se destina* à *preservação* de uma *esfera de liberdade individual e patrimonial, pressuposta* como dado *anterior e superior* ao próprio Estado, e *assegurada* pelo *império do Direito ("rule of law"),* consubstanciado num *plexo* de princípios e direitos fundamentais *interligados* e *previamente*

---

aos *funcionários públicos* não por beneficiar-lhes, senão *no interesse da comunidade*, tendem a *estender-se* mais *além do setor* que originalmente os desfrutou. Não há que olvidar que na *burocracia estatal*, a diferença do que ocorre em outras grandes organizações, não cabe calcular o *valor específico* dos *serviços* rendidos por um indivíduo, o que obriga a lhes remunerar em função de seus méritos estimáveis melhor que pelos resultados. O âmbito das *regulações* outrora privativas da burocracia vai ampliando-se, e não em reduzida escala, por causa da *influência* que os *funcionários públicos* exercem sobre a *legislação* e as novas instituições que proveem às necessidades do que trabalha em regime de emprego. Em muitos países europeus, a burocracia dos novos serviços sociais se converteu em um *fator político* muito importante, e é tanto o *instrumento* como a *criadora* de uma *nova concepção da necessidade* e do *mérito* a cujas normas se *submete* cada vez mais a vida dos indivíduos." (cf. Friedrich A. HAYEK, in Los *fundamentos de la libertad*, cit., págs. 164/166)

14. Cf. Friedrich A. HAYEK, in *Los fundamentos de la libertad*, cit., págs. 296 e 297.

15. Cf. Fernando L. Lobo D'EÇA in *Segurança jurídica em matéria tributária*, Coordenado por Ives Gandra da Silva Martins, Pesquisas Tributárias Série CEU – LEX/ MAGISTER nº 04, Coedição CEU/LEX/MAGISTER, Porto Alegre, 2016, págs. 443/503.

estabelecidos desde a Constituição do Estado, que por sua vez *se inserem* na própria *dimensão ontológica* do Direito como *critérios valorativos* de *liberdade* e *justiça* de uma determinada comunidade e, não somente *presidem* e *determinam* a *legitimidade* de todo o ordenamento jurídico do Estado editado a partir da Constituição, nem somente *demarcam os limites* de *legitimidade* da *atuação* dos órgãos públicos no exercício das funções *confiadas* pelo povo (legislativa, executiva e jurisdicional), mas *não podem*, a nenhum pretexto, *ser alterados ou derrogados* por quaisquer dos *poderes públicos constituídos.*

Em razão desses princípios consolidados em sua longa evolução histórica, o conceito de Estado de Direito – no qual é ínsita a ideia de *divisão, distinção e partilha dos poderes do Estado* (Legislativo, Executivo e Judicial) em *competências rigorosamente circunscritas*, das quais *extraem* sua autoridade –, *possibilita* a *mensurabilidade*, o *controle* e a *responsabilização* de todas as *manifestações de poder* do Estado, de tal forma que estas sejam sempre, em princípio *limitadas*, e *reciprocamente controladas*, quer pelos indivíduos, quer pelos demais poderes do Estado (sistema de *"freios e contrapesos"*), assim evitando-se o *exercício arbitrário* dos *poderes públicos*, a sua *manipulação* e o seu *mau uso* por *corrupção, influência econômica ou política.*[16]

---

16. Nesse sentido, Robert Nozick adverte que: "O *uso ilegítimo do Estado* pelos *interesses econômicos* em *benefício próprio* fundamenta-se em um *poder ilegítimo* pré-existente dele, *destinado a enriquecer alguns à custa dos outros. Elimine-se* esse *poder ilegítimo* de proporcionar *vantagens econômicas diferenciadas* e você *eliminará*, ou *reduzirá* drasticamente, o *motivo* que está na base do *desejo* de ter *influência política*. É verdade que sempre haverá gente ávida por *poder político*, que encontra *satisfação intrínseca* em *controlar* os outros. Por ser o objeto que desperta menos *desejo* de *controle* ou *manipulação*, o Estado *mínimo* é o que melhor *reduz as possibilidades* de que ocorra essa *tomada de controle* ou *manipulação* do Estado pelos que desejam *controlar o poder* ou *obter vantagens econômicas* – sobretudo se estiver *associado* a uma população razoavelmente atenta. [...]. Fortalecer o Estado e *ampliar* o *limite* de suas *atribuições* como maneira de *evitar* que ele *seja usado* por uma *parcela* da população *equivale* a *transforma-lo* em um *troféu valioso* e em um *alvo* mais *atraente* de *corrupção* para qualquer um que possa oferecer alguma *vantagem* a um *servidor público*; para ser delicado, esta é uma estratégia infeliz." (cf. Robert NOZICK in *Anarquia, Estado e Utopia*, tradução de Fernando Santos, São Paulo: Ed. Martins Fontes, 2011, págs. 352.)

Uma vez sintetizados os diversos sistemas econômicos, suas *deficiências* e as possibilidades de *limitá-las*, passemos ao exame da responsabilidade econômica individual e da *justificação* ético-jurídica e econômica do *acúmulo* e *distribuição* de riquezas na economia de mercado.

3. A responsabilidade econômica individual e a justificação ético-jurídica da aquisição e distribuição da renda e riqueza privada na economia de mercado

Como é curial, a *distribuição da renda* numa *economia de mercado* se opera dentro do *campo delimitado* por *princípios de proteção* da *liberdade econômica* constitucionalmente assegurados (princípios do *"livre exercício de atividade econômica"*,[17] da *"livre-iniciativa"*,[18] da *"livre-concorrência"*,[19] da *"plena liberdade de associação* para fins lícitos",[20] bem como todos os direitos decorrentes da *"dignidade humana"*,[21] da *"valorização do trabalho"*,[22] e da *inviolabilidade* da *"propriedade privada"*[23]), que *garantem* aos proprietários de recursos (*humanos e não humanos*) uma *recompensa proporcional* à sua *contribuição marginal* na *produção econômica total* de bens e serviços resultante do *emprego* destes *recursos*, cuja *utilidade individual* se traduz em *preços* efetivamente *pagos* pelos referidos *bens e serviços produtivos*,[24] disputados pela *livre-concorrência* entre proprietários dos recursos e seus consumidores, de

---

17. Cf. art. 170, parágrafo único, da CF/88.

18. Cf. arts. 1º, inc. IV e 170, *caput*, da CF/88.

19. Cf. art. 170, inc. IV, da CF/88.

20. Cf. art. 5º, inc. XVII, da CF/88.

21. Cf. art. 1º, inc. III, da CF/88.

22. Cf. art. 1º inc. IV, art. 170, *caput*, da CF/88.

23. Cf. art. 5º, *caput* e inc. XXIII, e art. 170, inc. II, da CF/88.

24. Cf. James M. BUCHANAN, in Hacienda Publica versão castelhana e introdução de Alfonso Rodrigues Sáinz, Serie IV *Tratados de derecho financiero y hacienda pública, vol.* XII, Editorial de Derecho Financiero, Madrid, 1968. Cap. 14, p. 193.

tal forma que "a *fixação dos preços* das mercadorias e serviços não pode resultar de *atos de autoridade*, mas sim do *livre jogo* das forças em disputa de clientela na *economia de mercado*".[25]

A par de enaltecerem a *excepcionalidade* da possibilidade de *exploração direta de atividade econômica* pelo Estado, *restrita* às *hipóteses* de *imperativos* de *segurança nacional* e *relevante interesse coletivo*, definidas em lei,[26] referidos princípios constitucionais de *proteção* da *liberdade econômica delimitam* as possibilidades de *intervenção* do Estado no *domínio econômico*, seja como *agente normativo e regulador* da atividade econômica, na *fiscalização, incentivo* e *planejamento*, este último *determinante* para o *setor público* e *indicativo* para o *setor privado*,[27] seja como órgão controlador da atividade econômica para *reprimir*, na forma da lei, o *abuso do poder econômico* que vise à *dominação de mercados*, à *eliminação da concorrência* e ao *aumento arbitrário dos lucros*.[28]

Nessa ordem de ideias, James M. Buchanan[29] lembra que numa *economia de mercado*, a *renda* individual ou familiar *se determina* em função de *dois fatores*: de um lado, pela *quantidade de bens e serviços produtivos* ("possuída" ou "disponível"), decorrente da aplicação dos *recursos humanos* (trabalho e serviços) ou *não humanos* (bens e capital) oferecida ao mercado; e de outro lado, pela *avaliação* que o mercado faz desses bens e serviços produtivos efetivamente vendidos e pagos, que *se traduz* em *preços* e, por sua vez, define a *capacidade individual* de obter ingressos, seja pela possibilidade de *oferecer trabalho* ou *serviços* nas suas variadas formas e categorias, seja pela possibilidade de *oferecer capital* em quaisquer de suas formas (bens ou dinheiro), que pode ser *investido*,

---

25. cf. Miguel REALE, in "Aplicações da Constituição de 1988" Ed. Forense, Rio de Janeiro, 1990, págs. 14 e 43/44.

26. Cf. art. 173, *caput*, CF/88.

27. Cf. art. 174, *caput*, CF/88.

28. cf. art. 173, § 3°, CF/88.

29. Cf. James M. BUCHANAN, in *Hacienda Pública* cit., pág. 194.

alugado ou *vendido*, e cuja *remuneração* varia conforme o seu emprego (preços, juros, dividendos, aluguéis e etc.). Os indivíduos que não possuem nenhuma dessas *capacidades* para obter *ingressos* não podem subsistir, salvo por *caridade privada* (de outros indivíduos e de *instituições privadas*) ou por *programas sociais* estatais.

Ao explicitar o mecanismo econômico de *capitalização* de uma *corrente de renda*, Buchanan[30] ensina que a *renda*, considerada como o *produto* de uma "*corrente* de *bens e serviços* reais *durante* um *período específico de tempo*, é a *magnitude econômica primaria*" que, uma vez valorada *monetariamente*, possibilita sua *troca* por outros bens e serviços e consequentemente pode ser "*gasta*", "*consumida*" ou "*convertida em capital*"; nesta última hipótese, o *valor do capital* é *destacado* e *deduzido* temporariamente da corrente de renda, e passa a ser *avaliado individualmente* até que seja novamente reinserido na corrente de renda, de tal forma que qualquer *bem* ou *direito real* pode ser *monetariamente avaliado*, seja quando expresso numa *corrente de renda*, seja quando *convertido em capital*, cujo valor de aquisição, por ser *datado*, pode ser *avaliado* e *atualizado* a qualquer momento. Nesta linha, Buchanan ressalta que esta "*equivalência básica* de uma *corrente de renda* e um *valor de capital* proporciona a primeira classe significativa para a *comparação* entre *imposto de renda* e *imposto sobre o capital*", não havendo "diferença conceitual fundamental entre estes dois métodos de imposição, se renda e capital *se definem similarmente* em ambos os casos", de tal modo que "qualquer imposto sobre um capital *pode se converter* no imposto sobre a renda equivalente, e qualquer imposto sobre a renda pode-se converter em um imposto sobre o capital equivalente".

Mas como também é elementar e ensina Fritz Neumark, embora todo agente econômico (indivíduo, pessoa jurídica ou o próprio Estado) possa obter ingressos, nem todo *ingresso* ou *entrada no caixa*, *equivale à renda* ou pode ser conceituado

---

30. Cf. James M. BUCHANAN, in Hacienda Pública cit., págs. 529 a 532.

como *renda propriamente dita,* eis que o *"mendigo* e o *ladrão* também obtêm ingressos", sem que possam ser considerados como renda.[31] Realmente, depois de *distinguir* entre os ingressos que *compõem* a *noção de renda* dos que não a compõem, Neumark ensina que o conceito de renda *pressupõe* a ocorrência de *dois requisitos sucessivos:*[32] o primeiro, que os *ingressos* representem uma *efetiva participação de quem os recebe na formação do produto social;* e o segundo, que os ingressos *proporcionem* um *aumento do poder aquisitivo de quem os recebe.*[33]

Em suma, embora com significação *diversa* e *inconfundível,* os conceitos de *receita* e *renda* apresentam um ponto comum de *convergência,* eis que o primeiro (receita) *integra* e

---

31. cf. Fritz NEUMARK in "Problemas de la teoría general de la renta" no livro *Problemas económicos y financieros del Estado intervencionista,* Madrid: Editorial de Derecho Financiero, 1964, p. 39.

32. Ao responder à pergunta *"que condições* há de reunir um *ingresso para ser considerado* como *parte de uma renda?"* Fritz Neumark conclui que: "Há que aplicar, em minha opinião, *dois critérios sucessivos* a este respeito. O *primeiro* consiste em *considerar renda* àqueles *ingressos* que *representam a participação de quem os recebe* na *formação do produto social.* O segundo, em tratar como *rendas* àqueles *ingressos* que *proporcionam* um *aumento efetivo do poder aquisitivo* de *quem os recebe."* (cf. in "Problemas de la teoría general de la renta", cit., pág. 44).

33. Note-se que a *mesma distinção* entre *entradas* e *rendimentos* se aplica nas *finanças públicas,* pois ao explicitar o *critério científico* para fixar os *elementos essenciais* das diversas *receitas públicas,* Gastón Jèze há muito já ensinava que "é necessário *distinguir* as *receitas propriamente ditas* e as *entradas de caixa.* Há *entrada de caixa* todas as vezes que *uma soma entre nas caixas públicas por uma razão qualquer.* Não há *receita propriamente dita* senão quando *a soma que entra na caixa pública aumenta o patrimônio administrativo* no qual ela ocorreu. Por exemplo, são *entradas de caixa:* 1º) os produtos de empréstimos; 2º.) os fundos e valores recebidos a título de caução (funcionários, empreiteiros de serviços públicos, fornecedores); 3º) os fundos de depósito; 4º) os recolhimentos realizados sobre os empréstimos efetuados pelo Tesouro Público, seja a *particulares* (empréstimo à indústria), seja a *companhias* (estradas de ferro, bancos) seja aos *patrimônios administrativos* (províncias, comunas), seja aos Estados estrangeiros; 5º) o recolhimento dos *débitos contábeis* etc. São os *movimentos de caixa. Não são rendimentos públicos.* Isto, é tão verdade que, às vezes, se *destacam* estas operações do orçamento geral para as fazer *objeto de contas especiais;* é *unicamente* para *obrigar* os Ministros das Finanças a apresentar ao Parlamento e ao país um amplo quadro completo e sincero da situação financeira que se as incorpora, tanto quanto possível ao *orçamento geral."* (cf. Gastón JÈZE in Cours de Finances Publiques Ed. Marcel Giard, Paris, 1933, pág. 47).

JUSTIÇA ECONÔMICA E SOCIAL

compõe o segundo (renda), hipótese em que *ambos* concomitantemente *implicam* uma *efetiva participação de quem os recebe, na formação do produto social e proporcionam* um *aumento do poder aquisitivo de quem as recebe,* que a final *traduz* a *capacidade econômica individual* e *se expressa* através de *preços cobrados em razão da transmissão onerosa de bens, serviços e capital produtivos.* Nesse sentido, Bernardo Ribeiro de Moraes esclarece que o *"conceito de preço* está intimamente ligado ao *conceito de venda",* no sentido econômico – pouco importando as *diferentes qualificações* em que se *possa exprimir (preço, honorário, comissão, remuneração, ingresso, entrada, corretagem, receita, aluguel* etc.) –, que por sua vez acha-se "referido à *transmissão onerosa* de *produtos* (indústria), de *mercadorias* (comércio), de *serviços* (prestação de serviços) ou de *outros bens* que *originem entradas financeiras",* donde decorre que o *"preço do serviço"* vem a ser "a *expressão monetária do valor do respectivo serviço",* ou "a *expressão monetária do valor auferido,* imediata ou diferida, pela *remuneração ou retribuição* do bem imaterial (serviço) oferecido (prestado)".[34-35]

Em decorrência da aplicação dos referidos critérios, *não se consideram receitas nem rendas* os denominados ingressos *"derivados",*[36] assim entendidos aqueles "ingressos percebidos *sem uma contraprestação imediata"* ou as *transferências*

---

34. cf. Bernardo Ribeiro de MORAES in *Doutrina e Prática do Imposto sobre Serviços,* 3ª tiragem 1ª Ed. RT, 1984, págs.517 a 518.

35. Na mesma linha, valendo-se da distinção doutrinária, entre *"receita"* e *"entrada"* para *"fins financeiro-tributários"* (cf. José Eduardo Soares de MELO in "ISS Aspectos Teóricos e Práticos", 4ª Ed. São Paulo, Dialética, 2005, págs. 136 a 139), a Jurisprudência assentou que somente "as *receitas* decorrentes da *efetiva prestação de serviços* são *tributáveis* pelo ISS, consubstanciando o *pagamento da prestação contratual* correspondente", não se confundindo com *meras "entradas"* como é o caso da *"gorjeta"* que, por ostentar *"natureza salarial",* – e materializar "valores que são *repassados aos empregados,* posto parte integrante de sua remuneração", onde "o prestador de serviços caracteriza-se como *mero depositário* dos valores percebidos" –, *não se inclui* na base de cálculo do ISS (cf. AC. da 1ª Turma do STJ no REsp nº 776152-PE, Reg. nº 2005/0139951-0, em sessão de 13/02/07, Rel. Min. LUIZ FUX, publ. in DJU de 15/03/07 p. 268, LEXSTJ vol. 212 p. 187).

36. cf. Fritz NEUMARK in "Problemas de la teoría general de la renta" no livro *Problemas económicos y financieros del Estado intervencionista* cit. p. 45).

de dinheiro ou bens com valor econômico que um sujeito entrega a outro (pessoa física ou jurídica) *que não representam* "uma verdadeira *participação na formação do produto social*", seja por motivos de *mera liberalidade* ("*presentes, esmolas*" etc.), seja por *motivos sociais* ("*subvenções* e demais ajudas de entes públicos paraestatais, seguridade social" etc.). Também estão *excluídos* do *conceito econômico* de *receita* ou de *renda* os ingressos "*não efetivos*",[37] assim entendidos "as entradas de caixa que *não produzem* um *aumento do poder aquisitivo* do indivíduo" (como *correções monetárias* em razão de *inflação*, os *acréscimos potenciais* de valor ou "*plusvalias*" *não realizados* de bens ou capital, os *reembolsos*, as *indenizações* visando à *reposição* por *danos* e *perdas patrimoniais*, o *autoconsumo* de bens ou serviços e etc.).

Por derradeiro, *não se consideram rendas* aquelas entradas que constituam "a *contrapartida de gastos necessários* para *adquirir ou conservar* a renda" (*gastos de empresa* e de *exploração, custos* de *uso, depreciações, reservas* e etc.), sejam estas provenientes do trabalho ou do capital, eis que em ambos os casos o *conceito econômico de renda* implica, por definição, uma expressão "*líquida*" (*princípios* da "*conservação da fonte da renta*", da "*conservação do capital*" e do "*mínimo de existência*"), determinada pela *dedução dos gastos* (custos e perdas) para a *obtenção* e *conservação* da renda num determinado período de apuração, que a final constitui o *elemento* que *diferencia* o *conceito de renda*, do *conceito de receitas*.

Dos preceitos até aqui expostos, desde logo, se verifica que numa *economia de mercado*, o aumento ou decréscimo da *renda individual* estão *eticamente justificados* e *diretamente relacionados* com a *capacidade* e *produtividade* individuais (méritos ou valores individuais) e, *juridicamente* se fundamentam nos *princípios* de *proteção* da *liberdade econômica e da propriedade privada* que *asseguram* aos indivíduos a *fazer seus* os *rendimentos* procedentes da *aplicação produtiva* de

---

37. Idem, p. 46-56.

recursos (humanos e não humanos) no processo de *distribuição de riquezas* mediante o *sistema de preços*, sendo certo que qualquer *desigualdade* na distribuição de renda e riqueza,[38] *se justifica* nos *talentos* e *habilidades* pessoais e na *responsabilidade individual*[39] pelas *decisões econômicas*, tomadas no *livre jogo* das *preferências privadas* (ócio ou trabalho mais intenso; trabalho por conta própria ou alheia; *adequação* na *escolha de atividade* ou no *emprego de capital*; *segurança* ou *risco* na aplicação de recursos e etc.).

Nessa perspectiva, Robert Nozick[40] demonstra que a *"justiça* na *distribuição* das *posses" privadas* somente pode ser *aferida* de acordo com a *titularidade histórica* dos bens de uma pessoa conforme os *"princípios de justiça"* vigentes no momento da *"aquisição original"* dos bens (meios pelos quais as coisas ainda não possuídas podem vir a ser possuídas), da *"transferência* de bens de uma pessoa para outra"

---

38. Ludwig von MISES há muito já demonstrou que "a *desigualdade* de *riqueza* e de *renda* é uma *característica essencial* da *economia de mercado*. [...]. Na *sociedade de mercado* a *compulsão direta* e a *coerção* só podem ser empregados para *prevenir atos prejudiciais à cooperação social*. [...]. Nenhum sistema de *divisão social do trabalho* pode prescindir de um *método* que torne os *indivíduos responsáveis* por sua *contribuição* ao *esforço conjunto de produção*. Se essa *responsabilidade* não for estabelecida pela *estrutura de preços do mercado*, com a consequente *desigualdade* de *renda* e *riqueza*, deverá ser *imposta* pelos *métodos de compulsão* habitualmente empregados pela *polícia*." (Cf. Ludwig von MISES in Ação Humana: Um tratado de Economia, tradução do original inglês Human Action: A Treatise on Economics, por Donald Stewart Jr., 3.1ª Ed. Instituto von Mises Brasil, São Paulo, 2010, págs 347/348.

39. Nesse sentido, Friedrich A. HAYEK demonstra que: "A *liberdade* não só *significa* que o indivíduo tem a *oportunidade e responsabilidade da eleição*, senão também que *deve suportar* as *consequências* de suas *ações* e receber *louvor* ou *censuras* por ela. A *liberdade* e a *responsabilidade* são *inseparáveis*. Uma sociedade livre não funcionará nem perdurará a menos que seus membros considerem como *direito* que *cada indivíduo ocupe a posição* que *se deduza* de *suas ações* e a aceite como *resultado* de seus *próprios merecimentos"* (...). A *responsabilidade*, para gozar de *efetividade*, deve ser *responsabilidade individual*. Em uma sociedade livre *não existe responsabilidade coletiva* dos componentes de um grupo como tal, a menos que mediante uma *ação conjunta* se tenham feito todos eles *individual e separadamente responsáveis*. Uma *responsabilidade conjunta* ou *dividida* pode criar no indivíduo a *necessidade de se pôr de acordo com outros* e, portanto, *limitar* os *poderes de cada um*." (cf. Friedrich A. HAYEK, in *Los fundamentos de la libertad*, cit., págs. 105 e 119).

40. Cf. Robert NOZICK in *Anarquia, Estado e Utopia*, cit., págs. 192 a 196.

(trocas voluntárias onerosas ou não), ou ainda da *"retificação de injustiças"* (ilicitude ou fraude) na titularidade, ocorridas na corrente do tempo, de tal forma que "tudo que se origine de uma *situação justa,* tendo percorrido *etapas justas, é em si justo".* Solidamente apoiado nessas premissas irretorquíveis, o emérito Professor de filosofia jurídica da Universidade de Harvard conclui que:

> [...] os *bens* de uma pessoa *são legítimos* se ela *tem direito* a eles *por meio* dos *princípios de justiça* na *aquisição* e na *transferência,* ou pelo *princípio de retificação da injustiça* (de acordo com a especificação dos dois primeiros princípios). Se os bens de cada um forem *legítimos,* então o *conjunto total* (distribuição) de bens *será legítimo.*

Da mesma forma, ao contestar as ideias *implícitas* no *intervencionismo* estatal – no sentido de que *interferir* nos *direitos de propriedade não afetaria* a *produção* e de que consistiria tarefa do Estado *"distribuir* a renda nacional, *'equitativamente',* entre os vários membros da sociedade" –, Ludwig von Mises há mais de meio século demonstra que:

> [...] na economia de mercado, esse pretenso *dualismo* de dois *processos independentes,* o da *produção* e o da *distribuição, não existe.* Só há um processo em marcha. Os bens não são primeiro produzidos e depois distribuídos. Não existem *bens sem dono, esperando* o momento de serem distribuídos. Os produtos, quando começam a existir, já são de *propriedade* de alguém. Para *distribuí-los* é preciso primeiro *confiscá-los.* Certamente, para o *aparato* governamental de *compulsão* e *coerção,* é muito fácil *recorrer* ao *confisco* e à *expropriação.* Mas isso não que dizer que um *sistema durável de colaboração social* possa ser estruturado com base no *confisco* e na *expropriação.* [...]. Mas o capitalismo *não resiste* a essas reiteradas *incursões predatórias.* A *acumulação de capital* e os *investimentos* baseiam-se na *expectativa* de que não haverá *expropriação.* Se houver essa *expectativa,* as pessoas preferirão *consumir* o seu capital em vez de conservá-lo para que seja expropriado. Esse o *erro* inerente a todos os *planos* que pretendem fazer *coexistir propriedade privada* e *expropriação.* [41]

---

41. Cf. Ludwig von MISES in *Ação humana:* Um tratado de Economia, cit., págs

JUSTIÇA ECONÔMICA E SOCIAL

Atento às advertências da Doutrina e, no intento de *evitar* as indesejáveis *incursões coercitivas* e *predatórias* sobre a propriedade individual, o Constituinte de 1988, não somente garante a todos (nacionais e estrangeiros residentes) a *inviolabilidade* dos *direitos* à vida privada[42] e à *propriedade,*[43] esta última *adquirida* em *decorrência* dos direitos ao *livre exercício* de *trabalho, ofício* e *profissão,*[44] da *livre associação* para *fins lícitos*[45] ou de obras e *inventos* industriais, marcas e nomes de empresas,[46] como *reconhece* o direito de *sucessão patrimonial,*[47] direitos estes que não podem ser *privados* ou *restringidos* sem o *devido processo legal*[48] e as garantias de *igual proteção das leis*[49] e ampla *defesa*[50] contra possíveis *injustiças,* e cuja *discriminação*[51] ou *violação* deve ser *punida* e *indenizada.*[52]

909/910.

42. Cf. art. 5°, *caput* e inc. XI da CF/88.

43. Cf. art. 5°, *caput* e incs. XXII a XXIV e art. 170, inc. II da CF/88.

44. A Constituição expressamente estabelece, de um lado, que "é *livre o exercício* de *qualquer trabalho, ofício ou profissão,* atendidas as qualificações profissionais que a lei estabelecer" (art. 5° inc. XIII da CF/88), e de outro lado estabelece a "*proibição de distinção* entre *trabalho manual, técnico* e *intelectual* ou *entre os profissionais respectivos*" (art. 7°, inc. XXXII da CF/88).

45. Cf. art. 5°, incs. XVII a XXI da CF/88.

46. Cf. art. 5°, incs. XXVII e XXIX da CF/88.

47. Cf. art. 5°, incs. XXX e XXXI da CF/88.

48. Cf. art. 5°, inc. da LIV da CF/88.

49. A Constituição brasileira estabelece que "*todos são iguais perante a lei, sem distinção de qualquer natureza*" (art. 5°, *caput,* da CF/88).

50. Cf. art. 5°, inc. da LV CF/88.

51. A Constituição brasileira estabelece que "*a lei punirá qualquer discriminação atentatória dos direitos e liberdades fundamentais*" (cf. art. 5° do inc. XLI do da CF/88).

52. Cretella Jr. esclarece que "todo *bem inviolável, constitucionalmente* ou *legalmente,* se *objeto de violação,* acarreta *sansões* que, neste caso se traduzem *em indenizações pelos danos causados*" donde "a *lesão* [...] à *vida privada* [...] *traz necessariamente, dano material* a determinadas pessoas, pelo que o dispositivo constitucional *possibilita a indenização* pelo *dano sofrido.*" (cf. José CRETELLA JR., in *Comentários à Constituição de 1988,* 3ª Ed., Forense Universitária, 1992, Vol. I, págs. 259).

Em suma, a proteção jurídica da *vida privada* – como proteção da *existência concreta* e *individual,* fundada na *dignidade humana* e dotada de *autodeterminação individual* e *responsável* do *uso* da própria liberdade, sem qualquer *interferência* que não seja no *limite* das leis e dos direitos garantidos a todos em pé de igualdade – só faz sentido e atende aos *ideais de justiça* – de *atribuir* a cada um o que é seu (*"Justitia est constans et perpetua voluntas jus suum cuique tribuere"*) –, *se complementada* com a *proteção da propriedade* pacífica do *produto* (material ou intelectual) da própria existência, obtida através do livre exercício de trabalho, ofício, profissão, associação ou invento, ou seja, se for *garantida* a *utilidade funcional privada* (uso, gozo e livre disposição) do que foi *legitimamente produzido* ou *adquirido* durante a existência, e *sem* a *interferência* de quem quer que seja (Estado ou terceiros).

Até aqui analisamos a *justificação* ético-jurídica e econômica do *acúmulo* e *distribuição* de riquezas na economia de mercado, sob o ponto de vista da *justiça comutativa* que tem por objeto as *relações intersubjetivas* de *troca* e *distribuição de bens e direitos* entre os indivíduos entre si, ou seja, sob o ponto de vista da *responsabilidade econômica individual.* Passemos a analisar a justiça econômica, sob o ponto de vista da *justiça distributiva,* que tem por objeto as relações intersubjetivas entre o *indivíduo* e a *coletividade,* ou seja, sob o pondo de vista da justiça do *que é devido pelo indivíduo à* sociedade civil organizada no Estado (patrimônio público), e o que é devido por este ao indivíduo (patrimônio privado).

4. A responsabilidade econômica do Estado e as intervenções na propriedade privada legitimamente adquirida. A justiça econômica e as limitações dos poderes de regular, tributar e sancionar ou punir

Dos preceitos até aqui expostos, *extrai-se que o* regime econômico de livre mercado *se baseia* essencialmente na *riqueza e bens gerados pela iniciativa privada,* que são

JUSTIÇA ECONÔMICA E SOCIAL

legitimados por *princípios* e direitos de *proteção* da *liberdade econômica,* constitucionalmente assegurados, e conferem ao seu titular um *poder* de *livre eleição* e *autônoma decisão individual* de *meios* e *fins* no *plano econômico* (sobre iniciativas, necessidades, consumo, investimentos, produções e distribuição de bens e serviços), sendo que a ação do Estado *se restringe* às *funções* de *regular, incentivar, controlar* e fiscalizar a atividade econômica, bem como de *reprimir* os *abusos* do próprio mercado ou quaisquer *atos ilícitos* contrários aos referidos princípios e direitos deles decorrentes.

Como é elementar e ensina Luis Recasens Siches,[53] "o

---

53. Nesse sentido, Luis Recasens Siches demonstra que: "[...] o *Estado* e o *Direito valem* tanto e enquanto *servem* como *meios condicionantes* e *facilitadores* para que a *individualidade* possa *cumprir* os *valores superiores* a que esta avocada. [...]. Mas dentro de uma *concepção personalista* ou *humanista* na qual a *realização dos valores sociais* e *estatais* é *interpretada* como a *condição* ou o *instrumento* para que *possam ser cumpridos os individuais,* não há oposição entre estes *dois tipos* de *valores.* Certo que os *valores* próprios da *coletividade* têm uma *hierarquia inferior* que os que *se cumprem* na *vida individual.* Mas se *interpretamos* os *valores sociais* no *sentido humanista,* é dizer, como *condições* ou como *meios* para que se *possam realizar* os *individuais,* então aqueles *se harmonizam perfeitamente* com estes. A realização dos *valores sociais,* embora estes sejam *inferiores* aos da realização individual, constitui a *possibilidade,* e muitas vezes o *instrumento,* para que todos os indivíduos estejam em *condições de cumprir* os valores mais altos em sua consciência. Por outra parte, o cumprimento maior e melhor que seja possível dos valores individuais representará o mais alto êxito dos *valores sociais,* cujo *sentido* consiste precisamente em *fazer possível* a realização daqueles. Advirta-se que os *valores* a realizar pela *pessoa individual* não se referem a um único sujeito isolado ou *desligado* dos demais, antes bem a um *sujeito que é indivíduo,* mas que esta *essencialmente em sociedade,* é dizer, com *outros muitos indivíduos.* Pois bem, a *necessária convivência* e *solidariedade* dos indivíduos *entre si requer* que a *conduta* de um indivíduo, encaminhada ao *cumprimento* dos *valores* que *se conectam* com sua *pessoa, não implique* no *detrimento* à *possibilidade* para *todos os demais indivíduos* que se lhes referem. É dizer, se trata como *supremo fim* de *fazer possível, mediante a organização social,* a *realização dos valores individuais,* mas *não por um só indivíduo,* ou por *um determinado número de indivíduos,* senão *por todos.* [...]. Há uma *oposição irredutível* e *intransponível* entre as *doutrinas transpersonalistas* ou *totalistas,* por uma parte, e as *doutrinas humanistas* ou *personalistas,* por outra parte. Entre umas e outras não cabe possibilidade nenhuma de transação ou compromisso, simplesmente porque representam *polos contraditórios* e *diametralmente opostos. Ou* o *indivíduo é para o Estado* e, portanto, este vale mais que aquele; *ou o Estado* – como todos os outros *produtos da cultura* e todas as *instituições* – *é para o indivíduo,* e então o *Estado* e todas as *instituições sociais valem menos* que o *ser humano real,* é dizer, que os *indivíduos.* [...]. [...] a *diametral, irredutível* e *intransponível oposição* entre o *transpersonalismo* e *humanismo não significa* de nenhuma maneira um *antagonismo*

Estado e o *Direito valem* tanto e enquanto *servem* como *meios condicionantes* e *facilitadores* para que a *individualidade* possa *cumprir* os *valores superiores* a que esta avocada" e, portanto, não há "*antagonismo* necessário" ou "*oposição*" "entre os *valores próprios do indivíduo* e os *valores próprios da sociedade*" *eis que estes últimos devem ser interpretados* "como a *condição* ou o *instrumento* para que *possam ser cumpridos os individuais*" e não impliquem "*detrimento à possibilidade* para *todos os demais indivíduos* que se lhes referem", cuja *recíproca* "*complementação harmônica* se deve dar, outorgando aos *valores individuais* a *primazia* sobre os *coletivos*", *de tal forma que* "*as instituições sociais*, incluindo entre elas a *Nação* e o

---

necessário entre os *valores próprios do indivíduo* e os *valores próprios da sociedade.* Se pode e se deve dar *harmonia* entre *ambos*, mas bem entendido dentro de uma concepção humanista que *situa* cada um destes *dois tipos de valores* em seu *respectivo lugar.* Sem embargo, esta harmonia *não é* uma *harmonia em paridade*, senão a *distinto nível*: os *valores sociais* como *condições* e *meios* necessários ao serviço de *fazer possível* a *realização dos valores individuais.* [...]. Por outro lado, os *valores próprios da sociedade*, concebidos de acordo com a correta *doutrina humanista*, podem *realizar-se* somente *através* da *ação dos indivíduos*, já que *sociedade não é* nem um *corpo vivo* nem é tão pouco uma *alma*, senão é só um *conjunto* de *modos de vida – coletivos –* vividos por homens de carne e osso, e um *conjunto de inter-ações* (relações e processos) entre estes. [...]. A *sociedade*, que sempre é *inferior ao indivíduo*, pois consiste só num *tecido de relações*, pode *atualizar* seus *valores* tão só *através* da *conduta dos indivíduos*. Resulta, pois, que há uma *recíproca complementação*, necessária, entre os *valores individuais* e os *valores coletivos*, só que dita *complementação harmônica* se deve dar outorgando aos *valores individuais* a *primazia* sobre os *coletivos*, simplesmente porque os *valores coletivos* podem consistir tão só em *instrumentos* que *possibilitem* e *facilitem* o *cumprimento* dos *individuais.* [...]. Os *valores da coletividade* são valores, mas como a *coletividade não tem* um *ser próprio em si* nem *para si*, senão *seu ser* consiste somente na *convivência e recíproca articulação entre os indivíduos*, resulta que os valores dela serão tais *valores* só *na medida* em que sejam *utilizáveis* como *condição* e *meio a serviço* dos *indivíduos.* As *instituições sociais*, incluindo entre elas a *Nação* e o *Estado*, não *são* de modo algum *coisas sacras* em *cujo altar* devem ser *sacrificados os homens.* São tão só nobres *métodos de cooperação, utensílios coletivos*, que *tem sentido e merecem respeito* na *medida* em que *real* e *eficientemente sirvam* aos *homens vivos*, é dizer, na medida em que cumpram com sua missão. Quando um Estado *suprime* as liberdades individuais, *não merece já respeito algum*, nem tem *nenhum título ético* para *exigir a obediência* de seus súditos. Não há *nenhuma situação* na qual esteja *justificado* que o Estado *suprima* as *liberdades básicas* do homem, como a liberdade de consciência, a liberdade de *decidir* sobre seu *destino pessoal* (casar-se ou não casar-se esta ou aquela profissão etc.), porque *não pode jamais haver interesse público algum que valha mais que o devido respeito a essas liberdades*" (cf. Luis Recasens SICHES, in *Tratado General de Filosofia del Derecho*, cit., pág. 538 a 540).

Estado, não são, de modo algum, *coisas sacras* em *cujo altar* devem ser *sacrificados os homens".*

Nessa ordem de ideias, Edward Scribner Ames, ao delimitar o *conceito de confisco* nas sociedades modernas, adverte que

> é um *princípio* reconhecido por todas as nações que os direitos de propriedade *não podem* ser *transferidos* pela *ação de autoridades públicas,* de um particular para outro, nem podem ser *transferidos para o tesouro público,* a não ser para uma *finalidade* publicamente *conhecida e autorizada* pela Constituição.[54]

Assim, a propriedade e a riqueza, legitimamente adquiridas, mediante os *procedimentos legítimos* de *distribuição* do mercado retromencionados, só podem sofrer *intervenções ou restrições estatais coativas,* com base no exercício regular de cinco *poderes inconfundíveis,* constitucionalmente outorgados ao Estado, quais sejam o *poder de regulação* da atividade econômica,[55] o *poder tributário,* o *poder sancionatório,*[56] e os poderes de *requisição temporária do uso*[57] ou de *desapropriação*[58] da propriedade privada, estes dois últimos *mediante justa indenização,*[59] prévia ou posterior, conforme o caso.

---

54. Cf. Edward Scribner AMES no verbete "Confiscation" in Encyclopaedia of The Social Sciences Ed. The Macmillan Company, New York, 1937 vol. IV, pág. 187.

55. Cf. art. 174, *caput,* da CF/88.

56. Cf. art. 5º incs.XXXIX, XVI e XLVI da CF/88.

57. Cf. art. 5º, inc. XXV, da CF/88.

58. Cf. art. 5º, inc. XXIV da CF/88.

59. No mesmo sentido Carlos Maximiniano demonstra que "a *indenização* é a *substituição* de um *bem jurídico, tirado do patrimônio individual,* por *outro equivalente* [...]. A *compensação* há de ser tal que *restabeleça a igualdade* entre o *estado do patrimônio* do *expropriado antes* da *desapropriação* e depois dela. Deve, o particular, ficar *como se nada houvesse perdido* [...]. Calcula-se e *determina-se a compensação* de modo que o *proprietário não perca, nem ganhe com o desfazer-se de seu bem."* (cf. Carlos MAXIMINIANO, in *Comentários à Constituição Brasileira* Ed. Livraria Freitas Bastos S/A, 5ª Ed., 1954, vol. III, págs. 107/108). Cretella Jr., solidamente apoiado na melhor Doutrina, esclarece que "o *conceito de indenização* contem, em si, o de *reparação do dano",* eis que, significando o dano uma *diminuição patrimonial* – representada pela *perda* de uma *parte material do patrimônio* ou de uma *expectativa juridicamente firmada* –, "com a *reparação,* o que *se pretende é eliminar* essa

Vejamos quais os *limites* destas *intervenções estatais* na propriedade privada *excetuando-se* as intervenções por via de *requisição temporária* e de *desapropriação* que, embora igualmente *coativas*, têm como *pressupostos necessários* o comprovado *interesse público* e a *justa indenização* do patrimônio lesado, o que, em situações normais de legalidade, *exclui* a possibilidade de *injustiça* mediante a *justa reparação*.

a) O poder de regular e a justiça na lei: a igualdade ("na lei" e "perante a lei") e a proibição de arbitrariedade

Como é elementar, o *poder de regular* ou *disciplinar* as relações jurídicas decorrentes dos direitos constitucionalmente assegurados, determinando as *condições* e as *capacidades* das pessoas para o seu exercício, compete originalmente ao Poder Legislativo e *incide* inevitavelmente no *domínio da liberdade individual*, vez que a *eleição* dos *meios* e *instrumentos* mais adequados de *delimitar* e *possibilitar* o *exercício* dos direitos a serem regulados, *limitando, restringindo* e *sancionando* as condutas que lhes sejam contrárias, necessariamente *implica intervenção direta* no campo reservado à *iniciativa e liberdade individuais*.

Desde logo se adverte, que a expressão *poder de regular* aqui referida *não se confunde* com o *poder de polícia* – utilizado pela lei tributária para definir o fato gerador das taxas[60]

---

diminuição, restabelecendo, na medida do possível, o *patrimônio lesado*, de forma a que o *sujeito ativo* dessa *reparação* não fique nem mais pobre nem mais rico do que estaria *se não interviesse o fato danoso*". (cf. José CRETELLA JR., in "Comentários à Constituição de 1988", 3ª Ed., Forense Universitária, 1992, Vol. I , pág. 364).

60. O Art. 77 do CTN determina que as taxas *"têm como fato gerador o exercício regular do poder de polícia"*, enquanto o art. 78 do mesmo diploma legal considera "*poder de polícia atividade da administração pública que, limitando* ou *disciplinando* direito, interesse ou liberdade, *regula* a prática de ato ou abstenção de fato, em *razão de interesse público* concernente à *segurança*, à *higiene*, à *ordem*, aos *costumes*, à *disciplina da produção* e do *mercado*, ao *exercício de atividades econômicas dependentes* de *concessão* ou *autorização* do Poder Público, à tranquilidade pública ou ao *respeito à propriedade* e aos *direitos individuais ou coletivos*." (Redação dada pelo Ato Complementar nº 31, de 1966).

JUSTIÇA ECONÔMICA E SOCIAL

– pois como adverte Carlos Ari Sundfeld "o *poder de regular* originalmente os direitos é da *exclusividade da lei*", enquanto "as *operações administrativas* destinadas a *disciplinar* a vida privada apresentam-se, à semelhança de outras, como *aplicação das leis*".[61]

Os *fatores econômicos*, como *espécies* de fatos do *gênero social*, embora dotados de *características próprias*, obviamente *condicionam* e *influenciam* na regulamentação do Direito, conforme o ramo (público ou privado) e o conteúdo da *relação econômica* de que se cogita (Direito Comercial, Direito Financeiro, Direito Tributário, Direito Trabalhista e etc.), vez que o direito *não cria* realidades econômicas (financeira, produção e distribuição de bens e serviço, trabalho e etc.), mas apenas *regula* o *conteúdo* e os *efeitos jurídicos* decorrentes das respectivas *relações intersubjetivas*.[62]

Como também já demonstrado,[63] a *essência* do conceito de Estado de Direito, não somente *repousa* na *certeza, estabilidade* e *previsibilidade* do Direito aplicável (conteúdo e efeitos), mas a final *se traduz* na *possibilidade* de *controle efetivo da legitimidade*, tanto do próprio *ordenamento jurídico*, editado a partir da Constituição e das leis nela fundadas (*princípios da supremacia da constituição e da legalidade*), como da *atuação dos órgãos estatais*, estes últimos expressamente *investidos* pelo povo, na *função* de *preservar* (e sob nenhum pretexto alterar) os princípios e direitos fundamentais posteriormente regulamentados através do ordenamento jurídico editado a partir da Constituição.

---

61. Cf. Carlos Ari SUNDFELD, in *Direito administrativo ordenador*, São Paulo: Malheiros Editores, 1993, p. 17.

62. cf. Luis Recaséns SICHES *in Introducción al estudio del derecho*, 4ª ed. Porrúa S/A, México, 1977, pág. 73.

63. Cf. Fernando L. Lobo d'EÇA in *Segurança jurídica em matéria tributária*, Coordenado por Ives Gandra da Silva Martins, Pesquisas Tributárias Serie CEU – LEX/MAGISTER nº 04, Coedição CEU/LEX/MAGISTER, Porto Alegre, 2016, págs. 443/503.

Portanto, parece evidente que no cumprimento do mister de *conformação* dos direitos e liberdades econômicas constitucionalmente assegurados, para torná-los *executórios* e suscetíveis de serem *aplicados* aos *fins* para os quais foram instituídos, o Poder Legislativo é *balizado* por diversas *limitações* constitucionais *expressas* e *implícitas* – impostas por normas constitucionais de competência, de procedimentos, e outros princípios e direitos fundamentais – que, por *constituírem uma intransponível "fronteira comum a todos os Poderes do Estado"* ainda que sob os pretextos de *"interpretar"* ou de *"legislar complementarmente"* à Constituição, *desautorizam* o legislador a *modificar, adulterar* ou *substituir* os *preceitos* e *vedações* enunciados na Constituição,[64] por meio de normas que sejam *incompatíveis* com os preceitos e vedações constitucionais, hipótese em que o legislador *incide* em *abuso* ou *desvio* do poder legislativo.[65]

---

64. cf. Francisco CAMPOS in *Direito Constitucional* vol. II, Ed. Livraria Freitas Bastos S/A, 1956 pág. 224 e in parecer intitulado *Lei e Regulamento* – Direitos Individuais, publ. in *RDA* vol. 80, págs. 376 a 378; cf. tb. Carl SCHMITT in *Teoria de la Constitución*, Alianza Ed., 1ª ed. 1982, reimpressa em 1992, pág 138.

65. Nesse sentido a Suprema Corte na aplicação da *Teoria do desvio de poder* às *atividades normativas do Estado* já assentou que: "[...] todos os *atos* emanados do *poder público* estão *necessariamente sujeitos*, para *efeito* de sua *validade material*, à *indeclinável observância de padrões mínimos de razoabilidade.* – As *normas legais devem observar*, no *processo* de sua *formulação, critérios de razoabilidade* que guardem estrita *consonância* com os *padrões* fundados no *princípio da proporcionalidade*, pois todos os atos emanados do Poder Público devem ajustar-se à *cláusula* que *consagra*, em sua *dimensão material*, o *princípio do "substantive due process of law".* [...]. A *exigência de razoabilidade* qualifica-se como *parâmetro de aferição da constitucionalidade material dos atos estatais.* – A *exigência de razoabilidade* – que *visa* a *inibir* e a *neutralizar* eventuais *abusos* do *Poder Público*, notadamente no *desempenho* de suas *funções normativas* – *atua*, enquanto categoria fundamental de *limitação dos excessos* emanados do Estado, como verdadeiro *parâmetro de aferição da constitucionalidade material dos atos estatais.* Aplicabilidade da teoria do desvio de poder ao plano das atividades normativas do Estado. – A *teoria do desvio de poder*, quando *aplicada* ao plano das *atividades legislativas, permite* que *se contenham* eventuais *excessos* decorrentes do *exercício imoderado* e *arbitrário* da *competência institucional* outorgada ao Poder Público, pois o *Estado não pode*, no desempenho de suas *atribuições, dar causa* à instauração de *situações normativas* que *comprometam* e *afetem* os *fins* que *regem* a *prática* da *função de legislar*.(...)" (cf. Ac. do STF Pleno na ADI 2667 MC, em sessão de 19/06/02, Rel. Min. CELSO DE MELLO, publ. in DJU de 12/03/04, pág. 00036 EMENT VOL-02143-02 PP-00275).

JUSTIÇA ECONÔMICA E SOCIAL

Nesse sentido, a Suprema Corte já pontificou que:

[...] *impõe-se*, ao Estado, no *processo de elaboração das leis*, a observância do necessário *coeficiente de razoabilidade*, pois, como se sabe, todas as normas emanadas do Poder Público devem ajustar-se à cláusula que consagra, em sua dimensão material, o princípio do *"substantive due process of law"* (CF, art. 5°, LIV), eis que, no tema em questão, o *postulado da proporcionalidade* qualifica-se como *parâmetro* de aferição da própria *constitucionalidade material* dos atos estatais, consoante tem proclamado a jurisprudência do Supremo Tribunal Federal [...]: "O Estado *não pode legislar abusivamente. A atividade legislativa* está necessariamente sujeita à rígida observância de *diretriz fundamental*, que, encontrando suporte teórico no *princípio da proporcionalidade, veda os excessos normativos* e as *prescrições irrazoáveis* do Poder Público. O princípio da proporcionalidade – que extrai a sua *justificação dogmática* de *diversas cláusulas* constitucionais, notadamente daquela que veicula a garantia do *substantive due process of law* – acha-se vocacionado a *inibir* e a *neutralizar* os *abusos* do Poder Público no exercício de suas funções, qualificando-se como *parâmetro* de *aferição* da própria constitucionalidade material dos atos estatais. A norma estatal, que não veicula qualquer *conteúdo de irrazoabilidade*, presta *obséquio* ao *postulado da proporcionalidade*, ajustando-se à cláusula que consagra, em sua *dimensão material*, o *princípio do substantive due process of law* (CF, art. 5°, LIV). Essa *cláusula tutelar*, ao *inibir* os *efeitos prejudiciais* decorrentes do *abuso de poder legislativo*, enfatiza a noção de que a *prerrogativa de legislar* outorgada ao Estado constitui atribuição jurídica *essencialmente limitada*, ainda que o momento de abstrata instauração normativa possa repousar em *juízo meramente político* ou *discricionário do legislador*."[...].[66]

Idênticas restrições *se aplicam* ao Poder Executivo no exercício do *poder de regulamentar*, pois como já assentou a Suprema Corte "nenhum *ato regulamentar* pode *criar obrigações* ou *restringir direitos*, sob pena de *incidir* em domínio constitucionalmente reservado ao **âmbito** de *atuação material* da *lei* em sentido formal", o que consubstancia *"abuso de*

---

66. cf. Dec. Mon. na 1ª Tuma do STF no AI no RE 469559-RS, julgado em 28/03/06, Rel. Min. CELSO DE MELLO, publ. in DJU de 17/04/06, pág.59.

poder regulamentar, especialmente nos casos em que o Estado atua *'contra legem'* ou *'praeter legem'*".[67]

Dentre estas *limitações* constitucionais, conta-se o *princípio da igualdade*[68] que "se reveste de *auto aplicabilidade*" e "*vincula, incondicionalmente, todas* as *manifestações* do Poder Público"[69] sob seu *duplo aspecto* de "*igualdade perante a lei*" (formal)[70] e "*igualdade na lei*" (material ou substancial),[71] "em sua *precípua função* de *obstar discriminações* e de *extinguir privilégios*.

No seu aspecto substancial de "*igualdade na lei*" ou "*igualdade jurídica*" – que *se opera* no processo de *instituição* e *conformação* das leis de acordo com a Constituição – o princípio da igualdade pressupõe o *reconhecimento prévio* de *homogênea dignidade individual* das pessoas objeto da relação jurídica regulamentada, e constitui *exigência* destinada ao *legislador*, contra *fatores de discriminação jurídica* ou de *desigualdade* de *tratamento* jurídico, *arbitrariamente* inseridos nas leis, sem *justificação razoável* ou por mero *voluntarismo seletivo*, que *impliquem ruptura* da ordem isonômica

---

67. cf. Ac. do STF-Pleno, na ACO-QO n° 1048-RS, em sessão de 30/08/07, Rel. Min. CELSO DE MELLO, publ. in DJU de 31/10/07, pág. 77 EMENT VOL-02296-01 pág. 01; cf. tb. cf. Ac. do STF-Pleno, na ACO-QO n° 1048-RS, em sessão de 30/08/07, Rel. Min. CELSO DE MELLO, publ. in DJU de 31/10/07, pág. 77 EMENT VOL-02296-01 pág. 01.

68. Cf. art. 5°, *caput*, da CF/88.

69. cf. Ac. do STF Pleno no MI 58, em sessão de 14/04/90, Rel. Min. CARLOS VELLOSO, Rel. p/ Ac. Min. CELSO DE MELLO, publ. in DJU de 19/04/91, pág. 4580, EMENT VOL-01616-01 PP-00026 e in RTJ Vol. 140/03 pág. 747.

70. José Joaquim Gomes Canotilho esclarece que "reduzido a um *sentido formal*, o *princípio da igualdade* acabaria por *se traduzir* num simples *princípio de prevalência da lei em face da jurisdição e da administração*" (cf. José Joaquim Gomes CANOTILHO in *Direito constitucional*, 5ª Ed. refundida e aumentada Livraria Almedina, Coimbra, 1992, pág. 576) e, nesse particular, se *identifica* com o *princípio da legalidade*, posto que a *aplicação desigual* da lei necessariamente *implica* uma *negativa de vigência da lei* e, portanto, numa *violação da lei*.

71. Sobre a "*igualdade material*", Canotilho esclarece que "é *sempre* uma *igualdade relacional*, pois ela *pressupõe* uma *relação tripolar* (PODLECH): o *indivíduo 'a'* é *igual ao indivíduo 'b'*, tendo *em conta determinadas características*." (cf. José Joaquim Gomes CANOTILHO in *Direito Constitucional*, cit., 1992, pág. 576).

JUSTIÇA ECONÔMICA E SOCIAL

individual, seja por meio da *negação* ou *restrição* de direitos, seja pela *concessão* de *privilégios*,[72] seja ainda pela *imposição obrigações ou sanções desproporcionais* a determinados grupos de pessoas em *detrimento* de outras.

Por ser essencialmente *relacional e valorativo*[73], o *juízo de igualdade* necessariamente *depende* da *explicitação* de um *termo* ou *critério de qualificação e comparação* que, de um lado possibilite a justificação, aferição e controle da *razoabilidade*[74] de eventuais *classificações, equiparações* ou *diferenciações* legislativas[75] para fins de *atribuição, denegação* ou *restrição* de

---

72. Nesse sentido, a Suprema Corte esclarece que: "2. O *tratamento privilegiado* a *certas pessoas* somente pode ser considerado *ofensivo* ao *princípio da igualdade* ou da *moralidade* quando *não decorrer* de uma *causa razoavelmente justificada*. 3. A *moralidade*, como princípio da Administração Pública (art. 37) e como *requisito de validade* dos *atos administrativos* (art. 5.º, LXXIII), tem a sua *fonte* por excelência no *sistema de direito*, sobretudo no *ordenamento jurídico-constitucional*, sendo certo que os *valores humanos* que *inspiram* e *subjazem* a esse ordenamento *constituem*, em muitos casos, a *concretização normativa de valores* retirados da *pauta dos direitos naturais*, ou do *patrimônio ético e moral* consagrado pelo *senso comum* da sociedade. A *quebra da moralidade* administrativa se caracteriza pela *desarmonia* entre a *expressão formal* (= a *aparência*) do ato e a sua *expressão real* (= a sua *substância*), criada e derivada de *impulsos subjetivos viciados* quanto aos *motivos*, ou à *causa*, ou à *finalidade* da *atuação administrativa*. (cf. Ac. da 2ª Turma do STF no RE 405386, em sessão de 26/02/13, Rel. Min. ELLEN GRACIE, Rel. p/ Acórdão: Min. TEORI ZAVASCKI, in DJe-057 de 25/03/13, publ. em 26/03/13, EMENT VOL-02685-01 PP-00001).

73. Canotilho esclarece que "*igualdade material é sempre* uma *igualdade relacional*, pois ela *pressupõe* uma *relação tripolar* (PODLECH): o *indivíduo a é igual* ao *indivíduo b*, tendo *em conta determinadas características*." [...]. A *necessidade de valoração* ou de *critérios de qualificação* bem como a *necessidade* de *encontrar 'elementos de comparação' subjacentes* ao *caráter relacional* do princípio da igualdade *implicam*: (1) a *insuficiência do 'arbítrio' como fundamento* adequado de *'valoração'* e de *'comparação'*; (2) a *imprescindibilidade da análise da 'natureza'*, do *'peso'*, dos *'fundamentos'* ou *'motivos' justificadores de soluções diferenciadas*; (3) *insuficiência da* consideração do princípio da igualdade como um *direito de natureza* apenas *'defensiva'* ou *'negativa'*" (cf. José Joaquim Gomes CANOTILHO in *Direito Constitucional*, cit., pág. 576).

74. Nesse particular, o *princípio da igualdade se conecta* com a *garantia do devido processo legal* que, em seu *aspecto substantivo* (*"susbtantive due process"*), *exige* que exista uma *substancial, razoável e proporcional relação* entre a *lei* e a *finalidade* ou *motivação*, invocada pelo legislador para impor *sanções* ou *restrições às liberdades individuais* constitucionalmente asseguradas.

75. Ao referendar a consideração de algumas *diferenciações* como *imperativos de justiça*, Luis Recasens Siches demonstra que: "Se bem seja certo que se deva

direitos a determinadas pessoas ou grupos de pessoas, e de outro lado, que evidencie que os *critérios de seleção* legislativos não são arbitrários, caprichosos ou fruto de mero *voluntarismo seletivo.*

Referidos *critérios valorativos* decorrem da própria *diversidade* de direitos e das respectivas *finalidades* para as quais foram assegurados pela Constituição,[76] que se *impõem* ao legislador e, portanto, *justificam* a *diversidade* de regimes

---

estabelecer o *princípio* dessas *três igualdades* (em *dignidade* e *direitos básicos*, no *aspecto formal ante a lei*, e em *oportunidades*), não é menos certo que, no que respeita a muitas relações jurídicas, é *imperativo de justiça* tomar em *consideração* muitas *desigualdades* – de diferentes espécies – *entre os indivíduos* humanos. Recordemos que a *justiça exige* que *se dê 'a cada um o seu'*, e *não 'a cada um o mesmo'*. Porque os homens todos são *iguais* em *dignidade moral*, é dizer, *em ser 'pessoas'*, seres com *fins próprios a cumprir* que *jamais* devem ser *rebaixados à condição de meros meios*, por isso se lhes deve *reconhecer a todos* eles uma *igual dignidade jurídica*, e, portanto, os *mesmos direitos fundamentais* (tanto *individuais* como *democráticos e sociais*). Mas em virtude de que os homens são *diferentes entre si* enquanto a *aptidões*, enquanto à *laboriosidade*, enquanto à *conduta*, enquanto o *rendimento produzido* etc., precisamente por estas razões devem ser *tratados desigualmente* em *tais aspectos*. Assim o *exige a justiça*. Não igual salário para todos, senão igual *salário para igual trabalho.* Não igual recompensa para todos enquanto *benefícios sociais*, senão *igual recompensa* por *mérito igual.* Não igual tratamento para os que *delinquiram*, senão *igual castigo* por *igual delito*; não igual preço para todas as coisas, senão *igual preço* para as *coisas de igual valor econômico.*(...).Os homens são iguais por ter *igual destino e igual dignidade.* Mas com esta *igualdade da dignidade se combina* a desigualdade do *modo* e da *função. A igualdade quanto à dignidade* – e seus *corolários*, que são os *direitos fundamentais* do *indivíduo* – *não implica homogeneidade ou identidade. A ordem justa pressupõe* a *diversidade* e a *distribuição*, e, conseguintemente, a *desigualdade* dos *benefícios* e dos *encargos*, a *desigualdade nas tarefas* e nas *contribuições.* O *princípio* da *igualdade essencial* entre todos os homens – quanto à *dignidade ética* da pessoa individual e quanto aos *direitos fundamentais* – *não exclui*, pois, a *justiça de muitas diferenças* enquanto a *direitos concretos, baseadas nos fundamentos* seguintes: A) A *diversidade de condutas imputáveis ao indivíduo* (exemplos: *legalidade, delinquência, laboriosidade, ociosidade, diligência, descuido* etc.). B) *Diversidade de aptidões individuais*, as quais, embora *não imputáveis ao indivíduo*, tem um *valor social* (verbi gratia: *aptidões mentais e físicas*); C) *Diversidade de funções sociais* (como: pais, filho, marido, mulher, funcionário, particular, chefe, subordinado, e etc.)." (cf. Luis Recasens SICHES, in *Tratado General de Filosofía del Derecho*, cit., pág. 589 e 591)

76. Nesse sentido, Paulino Jacques há muito já demonstrava que, "é nos *textos das Constituições* que o *jurista deve buscar* os *elementos integrativos* do *conceito de igualdade jurídica*, porque, *fora deles*, se embrenhará numa floresta *inextrincável* de *indagações*, quase sempre *infrutíferas*" (cf. Paulino JACQUES in *Da Igualdade perante a Lei*, Rio de Janeiro: Ed. A Noite, 1947, pág. 63).

JUSTIÇA ECONÔMICA E SOCIAL

jurídicos, conforme o *ramo* (público ou privado), e o *conteúdo* da matéria regulada (Direito Comercial, Direito Financeiro, Direito Tributário, Direito Trabalhista e etc.), *desautorizando* o legislador a *aditar* as *finalidades* constitucionais, seja para artificiosamente *criar distinções* entre situações constitucionalmente *homogêneas*, seja para *unificar* situações *heterogêneas*[77] que necessariamente exigem tratamento jurídico *diferenciado*, pois como ensina Story, há mais de um século, *"jamais* se poderá *presumir* que os *autores* da Constituição, *declarada* como *suprema*, tivessem em mente *entregar seus poderes ao acaso* [...]".[78]

Por seu turno, em seu *aspecto formal* de *"igualdade perante a lei"*, por *pressupor* a *lei já elaborada*, o princípio da igualdade se volta à *universalidade* do *campo* de *aplicação da lei, de um lado exigindo* que a lei seja efetivamente aplicada *indistintamente* a todos, *sem acepção de pessoas, inclusive* ao próprio Estado, seus órgãos e funcionários; e de outro lado, a igualdade perante a lei *se destina* ao *controle* das *decisões* dos Poderes Executivo e Judiciário, respectivamente incumbidos das *funções* de *executar* e *interpretar* as leis e o Direito, que a final *se traduz* nas exigências de *imparcialidade, igual proteção* e *coerência*[79] na *aplicação equânime* da lei, que obviamente

---

77. Solidamente apoiado na Doutrina alemã, Paulino Jacques demonstra que "o *nivelamento* de todos os homens importaria na *destruição* não só de *todo o direito*, mas também da *própria sociedade*, que, [...], é toda feita de *diferenças, distinções especialidades*, que se *equilibram, compensam* e *harmonizam*, para assegurar a vida política" para concluir que; "[...] 'a *espécie nos une*, a *individualidade nos separa*. Efetivamente, perante a *espécie somos iguais*, como animais racionais; porem, *diante da sociedade, não podemos deixar de ser desiguais*, visto como cada um de nos tem *função distinta* e ocupa uma *posição diferente*. Se a *origem comum nos une, igualando-nos*, a *individualidade proteiforme* nos *separa diferenciando-nos*." (cf. Paulino JACQUES in Da Igualdade perante a Lei cit., pág. 102/103)

78. cf. Joseph STORY, in *Comentários à Constituição dos Estado Unidos*, por Joseph Story, LL. D. última Edição trad. e adapt. à Constituição Brazileira pelo Dr. Theóphilo Ribeiro" – 1ª Ed. 1894, Vol. II, pág. 200.

79. Nesse sentido, a Jurisprudência já assentou que assentou que "[...] o Poder Judiciário *deve* ao *jurisdicionado*, em *casos idênticos*, uma *resposta firme, certa e homogênea*. Atinge-se, com isso, *valores tutelados na ordem político-constitucional* e *jurídico-material*, com a *correta prestação jurisdicional*,

não pode ficar *condicionada* à *vontade fortuita* e *imprevisível*,[80] daqueles chamados a *cumpri-la*, nem daqueles chamados a *aplicá-la*, impondo-se *igualmente* a todos os sujeitos, pena de tornar sua *aplicação desigual, fortuita* e consequentemente *insegura*, o que seria um *contrassenso*, no Estado de Direito.

Em suma, a *igualdade perante a lei*, consubstancia importante *garantia individual* contra o *discricionarismo* ou *voluntarismo seletivo dos órgãos do Estado, seja* na *aplicação da lei e direitos* aos jurisdicionados, seja no fornecimento ou desenvolvimento de *políticas* e *serviços públicos* que deveriam ser *indistintamente franquiados* pela lei a todos, mas que em razão dos referidos *discricionarismo* e *voluntarismo seletivo* dos órgãos do Estado, na prática são *acessíveis* somente por alguns em *detrimento* de outros (minorias ou maiorias), em flagrante desrespeito à Constituição que, ao instituir o Estado para *promover* o *bem de todos igualmente considerados perante a lei*, obviamente *não tolera* a *distinção* de *classes de indivíduos*, e muito menos a *prevalência* de classes sobre cidadãos.[81]

---

como *meio de certeza* e *segurança* para a sociedade. Afasta-se, em consequência, o rigor processual técnico, no qual se estaria *negando a aplicação do direito material*, para *alcançar-se* a *adequada finalidade da prestação jurisdicional*, que é a *segurança* de um *resultado uniforme* para *situações idênticas*" (cf. Ac do STJ no REsp 240.449/DF, Rel. Ministro JORGE SCARTEZZINI, 5ª Turma, julgado em 09/05/2000, DJ 19/06/2000, p. 194)

80. Nesse sentido, Francisco Campos esclarece que: "[...] os *governantes não são seres sobrenaturais*. [...]. No *Estado democrático e de direito*, [...], a *vontade dos governantes não é livre* de se determinar, por *motivos quaisquer* ou por *fins estranhos* ao *interesse público*; à vontade dos governantes se impõe a *vontade dos governados*, *submetendo-a* à *obediência*, precisamente pela razão de que aquela vontade *não é uma vontade qualquer*, mas *informada* em *motivos de ordem pública* e *orientada* para os *fins* em vista dos quais lhe *foram confiados os poderes de governo*. A *vontade dos governantes não é*, portanto, uma *vontade livre ou discricionária*, mas *vinculada* às causas ou aos *fins* em virtude dos quais a *lei lhe atribui a força especial* que a *distingue* das outras *vontades individuais*. (cf. Francisco Campos in *Direito Constitucional*, vol. II, Ed. Livraria Freitas Bastos S/A, 1956 pág. 330)

81. Nesse sentido, a Constituição brasileira, de um lado estabelece que "constituem *objetivos fundamentais* da República [...] *"promover o bem de todos"*, ou seja, *igual e indistintamente*, e *"sem preconceitos de origem, raça, sexo, cor, idade e quaisquer outras formas de discriminação"* (art. 3º, inc. IV, da CF/88), de outro lado estabelece que *será punida* qualquer *discriminação atentatória* aos *"direitos e liberdades*

JUSTIÇA ECONÔMICA E SOCIAL

Nessa ordem de ideias, Rolf Stober[82] lembra que "a realização das *liberdades econômicas* individuais *pressupõe* que o Estado *trate os cidadãos de forma igual* nos *assuntos econômicos*", não no sentido de tentar estabelecer uma *igualdade econômica plena* entre os indivíduos, *impossível*[83] numa economia de mercado,[84] mas no sentido de *igual proteção das leis e direitos de liberdade econômica "contra atos de privilégio* do Estado e outras *discriminações"* que *deformam* as *oportunidades econômicas.*[85]

---

fundamentais" (art. 5º, inc. XLI, da CF/88) cujo *exercício não pode ser privado* "por *motivo de crença religiosa* ou *convicção filosófica* ou *política"* (art. 5º, inc. VIII, da CF/88), *não admite discriminação* entre os *direitos* do *homem*, da *mulher* ou de sua *filiação* (art. 5º inc. I da CF/88; art. 227, § 6º, da CF/88), *proíbe distinções* entre *classes de trabalhadores* (art. 7º incs. XXXII e XXXIV da CF/88) e estabelece *acesso universal* aos *serviços seguridade social* (art. 194, parágrafo único, incs. I e II da CF/88), de *saúde* (art. 196 da CF/88) de *educação* (art. 206, inc. I, art. 208, inc. II e § 1º, art. 211, § 4º, art. 214, inc. II da CF/88) e de *serviços culturais* (Art. 216-A, § 1º, inc. II da CF/88).

82. Cf. Rolf STOBER in *Direito administrativo econômico geral* cit., págs. 216 a 221.

83. Nesse sentido Luis Recaséns Siches lembra que "[...] no que respeita à *economia*, a *ciência* pode opinar com *absoluta certeza* que é *impossível* estabelecer *plena igualdade econômica* entre todos os *seres humanos* no *mundo*, e nem sequer dentro de um *grande país*, por causa das *diferenças pessoais* que *não podem ser igualadas* – saúde, aptidões, família etc. Estas *diferenças pessoais produzem* sempre *dimensões mutáveis* nas *condições econômicas*, o que *dissipa* qualquer *intento* de estabelecer uma *pauta* válida de *igualdade econômica*, sequer *teoricamente*, e ainda mais, de manter *na prática* esse *intento ao longo do tempo."* (cf. Luis Recaséns SICHES in *Introducción al Estudio del Derecho*, 4ª Ed. Porrúa S/A, México, 1970, pág. 320).

84. No mesmo sentido, Ludwig von MISES há muito já demonstrou que "a *desigualdade de riqueza* e de *renda* é uma *característica essencial da economia de mercado."* (Cf. Ludwig von MISES in Ação Humana: Um tratado de Economia, cit., pág. 347.

85. Nesse sentido, ao explicitar *"processo paradoxal e trágico do estatismo"* José Ortega y Gasset adverte que "o *maior perigo que ameaça* a civilização" moderna é "a *estatização da vida, o intervencionismo do Estado, a absorção* de toda a *espontaneidade social* pelo Estado", que se verifica através de uma total *inversão da ordem natural das coisas* na qual "a *sociedade cria o Estado* como um *utensílio para viver melhor"* e "logo o *Estado se sobrepõe*, e a *sociedade* tem de começar a *viver para o Estado"*, "o *homem, para a máquina do governo"* e "a *espontaneidade social* terminará frequentemente *violentada pela intervenção do Estado"*, de tal forma que "*intervencionismo do Estado"* leva o *povo* a *se converter* "em *carne e massa* que *alimenta* esse *mero artefato e máquina* que é o Estado" (cf. José Ortega y Gasset in *A Rebelião das Massas*, trad. do original *La rebelión de las masas*, por Felipe Denardi, 5ª Ed. Vide Editorial, 2016, págs. 198/200).

Realmente, partindo da premissa de que "o Estado apenas pode proporcionar *igualdade jurídica de partida* para a *realização* das *liberdades econômicas individuais*", Stober conclui que a *"ideia fundamental do princípio da igualdade em geral"* é *"impedir as decisões arbitrárias e assegurar* decisões justas" do próprio Estado, seja na *"ordenação da igualdade"* confiada ao *legislador*, na regulação e conformação das leis aos direitos assegurados na Constituição, seja na *aplicação* das leis pela Administração econômica, onde "é *maior* o *perigo* de *discricionariedade arbitrária* e de *tratamento ilegal* e *arbitrário* dos participantes na economia".[86]

Mas, como ensina Juan Carlos Cassagne,[87] "o *princípio geral* da *igualdade* é parte do *princípio maior* da *dignidade humana* e o *caráter jurídico* que *se lhe atribui* tem *sempre por objeto* o *homem*, na *forma direta* (pessoas físicas) ou *indireta* (pessoas jurídicas)", de tal forma que, "como todo direito fundamental, seu reconhecimento *não provém* do Estado nem da sociedade, senão da *própria natureza* e *dignidade* do homem", consubstanciando-se numa "garantia a favor dos particulares frente ao Estado", cujo "*conteúdo* varia em função da *finalidade* que cumpre a *igualdade* nas diferentes formas de justiça da filosofia clássica (comutativa, distributiva e legal)".

Por estas razões o festejado jurista portenho adverte que não se pode *confundir* o princípio geral da *igualdade* individual com o que geralmente se denomina *"igualitarismo social"*, ou seja, com "aquela *tendência política* que propugna o *desaparecimento* ou *atenuação* das *diferenças sociais*, cuja desmesurada aplicação na antiguidade provocou sucessivas *crises econômicas* e *políticas*, que arrastaram à ruína grandes cidades ou impérios que, por certo, têm uma raiz que pouco tem a ver com a *solidariedade social* que predica o cristianismo".

---

86. Cf. Rolf STOBER in *Direito administrativo econômico geral* cit., págs. 220 e 221.

87. Juan Carlos CASSAGNE in *Los grandes principios del derecho público constitucional y administrativo*, cit., pág. 189.

Nessa ordem de ideias, ao demonstrar a *inconsistência* e a *falácia* das tentativas de *"igualitarismo social"*, Robert Nozick lembra que:

> Há *duas maneiras* de tentar *garantir* essa *igualdade*: *piorando*, de *forma direta*, a *situação* dos que foram *favorecidos* pela sorte ou *melhorando a situação* dos *menos favorecidos*. Esta última opção *exige o uso de recursos* e, portanto, também *implica a piora* da *situação* de alguns: aqueles que *perdem* seus *bens* para que a situação dos outros melhore. Contudo, os *bens* a que as pessoas têm direito *não podem* ser *confiscados*, mesmo que isso proporcione *igualdade de oportunidades* para os demais. [...]. Não há um *processo centralizado* que *avalie o uso* que as pessoas fazem das *oportunidades* que tiveram; não é para isso que os *processos de cooperação* e *troca social* existem.[88]

b) O poder de tributar: justificação e limites

Desde os primórdios da Constituição dos Estados modernos, inaugurada pela Magna Carta de 1215, com a consequente *limitação* do *Estado pelo Direito*, observa-se uma íntima *conexão* da *tributação* com a *democracia*,[89] sintetizada na formula axiomática *"no taxation without representation"*, que implica o reconhecimento dos *direitos* do povo não só de *previamente consentir* os tributos, *conhecer* sua *justificação* e *destinação* através de seus representantes no Parlamento, mas a final se traduz na *garantia* de *fiscalização* e *controle* da legalidade de toda atividade financeira do Estado, seja quanto aos poderes de *instituir tributos* (princípio da legalidade tributária), seja quanto à sua *distribuição* ou *alocação* aos gastos públicos (princípio da legalidade orçamentária).

Depois de repassar as diversas teorias sobre o *fenômeno* das finanças públicas (se representaria um fenômeno de

---

88. Cf. Robert NOZICK in *Anarquia, Estado e Utopia*, cit., págs. 304/305.

89. Cf. Aliomar BALEEIRO in *Direito Tributário Brasileiro*, edição revista e complementada à luz da Constituição de 1988, até a EC nº 10/96, por Misabel Abreu Machado DERZI, 11ª Ed. Forense, 1999, pág. 90.

consumo, de produção, de trocas e circulação de riquezas, ou um sistema de preços políticos) Gaston Jèze,[90] há muito, já profetizava que "os *fenômenos financeiros*" do Estado nos diversos aspectos em que *se manifestam* (técnico-financeiro,[91] político,[92] social[93] e administrativo[94]) "são fatos de *repartição dos encargos* entre indivíduos",[95] seja no campo das *despesas públicas*, seja no campo das *receitas públicas*, seja no campo dos *financiamentos públicos* (empréstimos), seja ainda no campo da *aplicação* dos *recursos públicos* (orçamento).

Realmente, no caso das *finanças públicas*, o *custo* real dos *bens e serviços públicos* é integralmente suportado pelo *sacrifício* da *renda e riqueza privadas*, que poderiam ser *alternativamente desfrutadas* por seus titulares, e cujo *poder aquisitivo* é *coativamente subtraído* através das diversas *receitas públicas* (fiscais e não fiscais) obtidas mediante o exercício de diversos direitos constitucionalmente outorgados ao Estado, dentre os quais se conta o *direito de tributar*. Daí Buchanan afirmar que "todos os *ingressos fiscais* devem sair, finalmente, da *renda individual*, corrente ou antecipada" e que "as distintas instituições fiscais *se distinguem*, unicamente, em que envolvem *distribuições diferentes* da *carga fiscal global* entre indivíduos, e em que estimulam *reações* psicológicas divergentes" conforme as diversas condutas individuais.[96]

---

90. cf. Gastón Jeze in Cours de Finances Publiques Ed. Marcel Giard, Paris, 1933, pág. 5.

91. Idem, págs. 5 a 7.

92. Idem, págs. 7 a 18.

93. Idem, págs. 19 a 26.

94. Idem, págs. 26 a 27.

95. Idem, pág. 5.

96. Cf. James M. BUCHANAN, in *Hacienda Pública* cit., p. 585.

Portanto, não há dúvida que as *intervenções tributárias* – cuja *finalidade* essencial e primordial é *obter fundos* da economia *privada* de acordo com a lei, para pagar as *despesas públicas* –, evidentemente *limitam a esfera de liberdade individual* no seu *âmbito jurídico patrimonial, afetado* e *diminuído* a cada intervenção impositiva e, como há muito já advertia Pugliese,

> se a obrigação tributária fosse *justificável só* pela consideração de que o Estado pode *de fato aplicar* qualquer *tributo*, e pode *servir-se* de *meios coercitivos* para *exigir* o pagamento, *desapareceria* toda a *distinção ética e jurídica* entre *tributos* e *extorsões arbitrárias do poder público*.[97]

Por essas razões, a melhor Doutrina[98] enaltece que "a *justiça* não pode estar *ausente* em nenhuma parcela da tributação" e "em nenhuma categoria de tributo" eis que, tendo por objeto as relações intersubjetivas entre o *indivíduo* e a *coletividade*, na *repartição de encargos públicos, devidos em razão da participação e colaboração de cada membro na sociedade* civil organizada no Estado, "a *repartição da carga tributária* há de se produzir pela *normativa jurídica tributária* com *sujeição* a certos *critérios de justiça distributiva*" que *exigem obediência* aos postulados da *generalidade, igualdade* e *proporcionalidade*,[99] sem os quais a tributação não encontra *justificação*

---

97. Cf. Mario PUGLIESE in *Instituciones de Derecho Financiero – Derecho Tributário*, versão española de José Silva, Ed. Fondo de Cultura Económica, México, 1939, págs. 109/110.

98. Cf. Fernando Sainz de BUJANDA in *Hacienda y derecho estudios de derecho financiero*, Ed. Instituto de Estudios Políticos, 1966, vol. IV, págs. 461/462.

99. Juan Carlos CASSAGNE ressalta que: "[...] na *justiça distributiva* a *igualdade* que *se realiza* é *proporcional* à *condição da pessoa* e as *exigências do meio social*. Quanto à *repartição* que se opera na *justiça distributiva* há que *ter em conta* que a *medida* destas *condições* deve *guardar proporção* com a *qualidade*, a *aptidão* ou a *função de cada um dos membros* do corpo social". (Juan Carlos CASSAGNE in *Los grandes principios del derecho público constitucional y administrativo*, 1ª Ed. Thomson Reuters - La Ley, Buenos Aires, 2015, pág. 190 e 192)

ética[100] nem *jurídica,*[101] e *se converte* em um *sistema de traba-lho forçado*[102] *ou de puro confisco,*[103] *ambos incompatíveis com*

---

100. Ao discorrer sobre a ética da *tributação*, Gaston Jéze demonstra que: "Quando um *regime fiscal é no conjunto equitativo*, quando os impostos não são senão um *procedimento financeiro* para operar uma *justa repartição das despesas públicas* entre os indivíduos *na proporção de suas capacidades*, quando a *administração é imparcial e moderada* na *aplicação das leis* de impostos, a *fraude fiscal* é incontestavelmente *imoral*. É um *dever moral* para cada um, *pagar sua parte* dos encargos públicos, e aquele que *se furtar* a este dever com isso *transfere* o fardo sobre seus *concidadãos* e certamente os *despoja indiretamente*. A *fraude* não tem mais nada a ver com a *moral* quando os *governantes abusam* de sua *força passageira* e *se utilizam* do imposto para *oprimir* uma *classe social em proveito de outra classe*, ou quando o *espírito de fiscalismo* da administração traz *embaraço* para os indivíduos. Neste caso, há um *conflito de forças*, é uma *forma da guerra civil*. Os indivíduos *ameaçados de espoliação* procuram *se furtar* ao *confisco disfarçado* sob o nome de imposto, eles *não menosprezam* a nenhum *dever moral*. Eles *violam* sob sua responsabilidade, uma lei social injusta. É uma *forma de insurreição*. Juridicamente, a insurreição é sempre um *delito* ou um *crime. Moralmente*, a *insurreição* contra a *opressão política ou fiscal, é legítima*. Neste caso, a fraude fiscal é *punida pela lei*, ela não é uma *violação* de uma *regra moral* [...]." (cf. Gastón JEZE in Cours de Finances Publiques Ed. Marcel Giard, Paris, 1933, pág. 181).

101. Nesse sentido, Fritz Neumark ensina que "*somente* se pode falar de uma *tributação 'justa'* (especialmente de uma *'justa' distribuição interindividual dos impostos*) no caso em que *se cumpram* os *postulados* da *generalidade, igualdade* e *proporcionalidade*" (cf. Fritz NEUMARK in *Principios de la Imposición*, Ed. Instituto de Estudios Fiscales, Madri, 1974, págs. 103/104.

102. Nesse sentido, Robert Nozick adverte para o *perigo* de a *tributação equivaler* a *trabalho forçado* ao asseverar que: "o fato de *outras pessoas intervirem intencionalmente, violando* a *restrição contra a agressão*, para ameaçar *pela força* a *limitação* de *alternativas* – neste caso, ao *pagamento de impostos* (provavelmente a alternativa pior) ou à *simples subsistência – transforma* o *sistema tributário* em um *sistema de trabalho forçado*, diferençando-o de outros casos de *opções limitadas* em que *não existe imposição*." (cf. Robert NOZICK in Anarquia, Estado e Utopia, cit., pág. 218).

103. Nesse sentido, a Suprema Corte já assentou que "a *tributação confiscatória é vedada* pela Constituição da República" e que "a *proibição constitucional* do *confisco em matéria tributária* nada mais *representa* senão a *interdição*, pela Carta Política, de qualquer *pretensão governamental* que possa conduzir, no campo da fiscalidade, à *injusta apropriação estatal*, no *todo* ou *em parte*, do *patrimônio* ou dos *rendimentos* dos contribuintes, *comprometendo-lhes*, pela *insuportabilidade da carga tributária*, o *exercício do direito* a uma *existência digna*, ou a *prática de atividade profissional lícita* ou, ainda, a *regular satisfação* de suas *necessidades vitais* (educação, saúde e habitação, por exemplo)", sendo certo que "resulta *configurado o caráter confiscatório* de determinado tributo, sempre que o *efeito cumulativo* – resultante das *múltiplas incidências tributárias* estabelecidas pela *mesma entidade estatal – afetar, substancialmente*, de maneira *irrazoável*, o *patrimônio* e/ou os *rendimentos* do contribuinte", vez que "o Poder Público, especialmente em *sede de tributação* [...], *não pode agir* imoderadamente, pois a *atividade estatal* acha-se *essencialmente*

JUSTIÇA ECONÔMICA E SOCIAL

uma sociedade democrática, regida pelo Estado de direito.[104]

Referidos princípios de justiça distributiva são *complementares* e se destinam a *impedir* que a *tributação* e a *distribuição* da respectiva *carga tributária* sejam utilizadas com *finalidades demagógicas* de *instrumentação política* ou de *expropriação* de uma classe por outra, pois enquanto o princípio da *generalidade* define o *universo dos destinatários* da tributação – que deve ser suportada *indistintamente* por *todos* os contribuintes, *sem exceções* ou *privilégios injustificados* de certas classes ou indivíduos, ressalvadas apenas as *isenções* do *mínimo de subsistência* individual ou *instituídas no interesse* da *coletividade* – os *dois últimos* princípios da *igualdade* e da *proporcionalidade*, indicam a *medida da tributação:* o primeiro (igualdade na lei e perante) destinado a *impedir a arbitrariedade, o discricionarismo* ou *voluntarismo seletivo* por parte do legislativo e das autoridades tributárias, nas eventuais *classificações, equiparações, diferenciações,* desonerações ou regimes tributários aplicados em *detrimento* de classes ou de contribuintes; e o segundo (proporcionalidade) exige que a *instituição* e *distribuição* dos encargos tributários, ainda que *progressivos,* sejam *proporcionais à capacidade econômica*[105] de cada contribuinte, ou seja, levando em conta os *fatores pessoais relevantes* (patrimônio, renda e atividades econômicas e as respectivas perdas, plusvalias, inflação, receitas, gastos e créditos dedutíveis e etc.), conforme o tributo excogitado.

---

condicionada pelo princípio da razoabilidade" (cf. Ac. do STF Pleno, na ADI 2010 MC, em sessão de 30/09/99, Rel. Min. CELSO DE MELLO, publ. in DJU de 12/04/02, pág. 51, EMENT VOL-02064-01, pág. 86).

104. cf. art. 5º, inc. XLVI, alínea "c" e art. 150, inc. IV, da CF/88.

105. Nesse sentido, a Constituição brasileira *expressamente estabelece* em seu art. 145, § 1º que "sempre que possível, os *impostos* terão *caráter pessoal e serão graduados* segundo a *capacidade econômica do contribuinte,* facultado à administração tributária, especialmente para *conferir efetividade* a esses objetivos, *identificar, respeitados os direitos individuais* e nos *termos da lei,* o *patrimônio,* os *rendimentos* e as *atividades econômicas* do contribuinte."

Entretanto, tal como ocorreu em outros ramos do Direito há pouco lembrados, a melhor Doutrina,[106] há muito, já *alertava* para a *tendência política* ao *"igualitarismo social"*, que propugna o suposto *"desaparecimento* ou *atenuação* das *diferenças sociais" e, no caso do direito tributário, se revela através de uma "legislação fiscal de classe"* de *caráter* claramente *"demagógico"*, onde os tributos *"perdem* sua *característica* de *repartição dos encargos* de *interesse geral" (finalidade fiscal)*, para *se transformar* em *"arma de guerra social"* ou de *"transformação social" (finalidade social)*, que *convertem* os *tributos* em *"meio* para *sustentar uma parte* cada vez mais *numerosa* da população por *outras classes sociais"*, ou mais precisamente, implicam a *"noção do tributo coletado por uma classe social sobre outra classe social"*.

Na mesma linha Fritz Neumark[107] adverte para o *perigo do que denomina "dirigismo fiscal"*, consubstanciado em *"medidas* de *política tributária"* de *caráter fragmentário* e *falto* de uma *concepção geral* que, de *modo sub-reptício* e *velados* fins (políticos, sociais, econômicos, ou de mero controle),

---

106. Nesse sentido, Gaston Jèze esclarece que: "Durante todo o transcurso do século XIX, *acreditou-se* na Europa que o *voto do imposto* e das *despesas públicas* pelas *Câmaras eletivas* seria *necessário* e *suficiente* para dar *ao imposto* sua característica de *procedimento* de *equitativa distribuição* dos *encargos de interesse geral* entre os membros da coletividade. Mas desde o começo do século XX, a *evolução democrática* não cessou de se fazer em *sentido claramente demagógico*. De uma parte, as *despesas públicas* ditas *sociais* tomaram um *desenvolvimento extraordinário*: é uma *política de classe*. De outra parte, os *impostos sobre as fortunas* e os *rendimentos grandes e médios aumentaram prodigiosamente*: é, cada vez mais, uma *legislação fiscal de classe*. O resultado é que sob o *impulso demagógico*, na Europa ocidental o *imposto perde sua característica de repartição dos encargos de interesse geral*. Ele *se torna* um *meio para sustentar* uma *parte cada vez mais numerosa* da população por *outras classes sociais*. Ele tende a ser uma *arma de guerra social*. Se o *movimento demagógico* se acentua, teria havido uma *verdadeira transformação da noção de imposto*, tal como seria pouco a pouco estabelecida no transcurso do século XIX, sob a *influência dos princípios individualistas* proclamados pela Revolução Francesa. As *consequências* dessa *transformação*, se ela prosseguisse, seriam *consideráveis do ponto de vista econômico, político e social*. Isto seria a *noção do tributo coletado por uma classe social sobre outra classe social*. Essa *transformação não se produzirá*, sem dúvida, *sem resistências* e sem *perturbação"*. (cf. Gastón JÈZE in Cours de Finances Publiques cit., pág. 81/82)

107. cf. Fritz NEUMARK in "Política Fiscal Intervencionista y Dirigista" no livro Problemas económicos y financieros del Estado intervencionista cit. p. 330/340.

JUSTIÇA ECONÔMICA E SOCIAL

"pretendem exclusiva ou preferentemente *favorecer* ou *pre-judicar,* mediante a *tributação"* (ônus ou privilégios fiscais), a *determinados "grupos econômicos"* e certos *"setores* da *produção* ou do *consumo",* e *"tendem a falsear"* ou a *"deformar"* as condições de *livre-concorrência,* seja porque, quando *beneficiam* ou quando *sobrecarregam desigualmente* os competidores do mercado, *alteram artificialmente* a racionalidade e rentabilidade econômicas do mercado, seja porque *alteram* as *capacidades econômicas* individuais e a *proporcionalidade da repartição* dos *encargos públicos,* que *justificam* o *dever de contribuir.*

Embora não se ignore a *influência da tributação* nas *relações econômicas e sociais,* não se pode *confundir políticas estritamente fiscais,* instituídas obedecendo a considerações de *interesse geral ou nacional,* com *doutrinas políticas* de *viés socialista* que, *manifesta* ou *dissimuladamente,* pretendem *incluir* na *finalidade* dos tributos (original e essencialmente fiscal), o *elemento "sociopolítico"* ou o *dever de regular (poder de polícia)*[108] a *distribuição*

---

108. Nesse sentido, Edwin R. A. SELIGMAN há muito já demonstrava que "... do ponto de vista da *ciência das finanças* a *distinção* extraída entre o *poder de polícia* e o *poder de tributar* é em grande parte *uma ficção, atribuível* a certas *dificuldades do Direito Constitucional Americano* e a uma *falta de análise econômica* da parte dos *juízes.* Vamos estudar este ponto em maior detalhe. O *Poder de Polícia versus o Poder tributário.* A *distinção* comumente aceita entre estes poderes consiste em que o *primeiro destina-se à regulamentação* e o *ultimo destina-se à obtenção de receita.* [...]. De fato, se isso é para ser nossa *linha de corte,* precisamos *reconstruir* a ciência das finanças e *eliminar* da *classificação de tributos* todas as *categorias de imposições* para as quais nunca *ninguém pensou* em *negar o caráter* ou o *nome de tributo.* A *confusão no Direito Americano* é ao mesmo tempo *gratuita* e *não gratuita* para o Judiciário. É gratuita no sentido de que *juízes* diante do *conflito* entre *limitações constitucionais* e *demandas de evolução social* (ou o que é conhecido no jargão jurídico como *políticas sociais)* têm *elastecido* sua *verdadeira função* como *finais interpretes* do *progresso social.* [...]. O *poder de polícia* foi de grande e crescente importância nos Estados Unidos, largamente por causa dos *peculiares princípios* das *relações governamentais americanas,* pelos quais os *corpos locais* são considerados como tendo *só* aqueles *poderes* que lhes são *expressamente delegados,* em *oposição* ao *método Europeu* segundo o qual os *corpos locais* possuem, em certos aspectos, todos os *poderes não expressamente negados* a eles. Várias de nossas metrópoles e *Municípios não têm poder tributário;* e mesmo quando têm o poder, ele é *estritamente interpretado.* As cortes, por isso, foram *compelidas* a sustentar mais sob o *poder de polícia* do que sobre outras e mais favoráveis condições do que teriam e poderiam sustentar sob o *poder tributário.* Por outro lado, há um elemento que *não é tão*

e a *utilização* da riqueza e da *propriedade privada.*[109]

gratuito para os juízes. As *cortes,* frequentemente, *confundem impostos* (taxes) em *sentido estrito* com o *exercício do poder tributário* em *sentido mais amplo.* Como veremos, há *várias formas* sob as quais o *poder tributário* pode *se manifestar: impostos* (taxes) em *sentido mais restrito* são *só uma das formas.* [...]. Toda a *distinção,* de fato, *repousa* sobre uma *confusão.* Desse modo, novamente, enquanto *ambos, impostos e taxas, são um exercício do poder de tributar,* porque frequentemente foram julgadas necessárias para sustentar taxas de licença ("license fees") através de sua distinção dos impostos, muitas das cortes declararam taxas de licença (*"licenses fees"*) como sendo *não um exercício do poder de tributar* mas do *poder de policia,* assim *confundindo impostos com o poder de tributar.* Há, [...], uma decidida *diferença* entre uma *taxa* de licença (*"license fee"*) e um *imposto;* mas *não é aquela estabelecida pelas cortes.* Foi essa *pesquisa às cegas* sobre a *real distinção* entre *taxas* e *impostos,* [...], o que levou os *juízes, não treinados* em *economia,* a *desenhar* a linha entre *pagamentos* sob o *poder de policia* e o *poder de tributar.* A *distinção* entre *taxas* e *impostos não é sinônimo* da *distinção* entre *poder de polícia* e *poder de tributar;* pois há *várias classes de taxas,* como taxas para documentos legais e taxas escolares, que *não podem* possivelmente ser *postas sob o poder de polícia.* Embora, então, do *ponto de vista legal* possa ser *conveniente distinguir* entre *poder de policia* e *poder de tributar,* estabelecendo que o *primeiro* seja para *regulamentação* e o outro para *receita,* e embora a *importância constitucional* do *poder de polícia* especialmente nos Estados Unidos fosse, em vários aspectos, considerável, do *ponto de vista econômico e fiscal,* a *distinção* apesar disso é *inteiramente desnecessária.* Um imposto *não é menos imposto* porque seu *propósito seja regulatório ou destrutivo;* e uma *taxa* ou pagamento para *fins de regulamentação,* igualmente traz tanta *receita* quanto uma *idêntica taxa* precisamente imposta primariamente *para receita.* Do *ponto de vista financeiro,* o *teste* não é se o pagamento é para *regulamentação,* [...], se ele é *primariamente* para o *benefício especial* ou *primariamente* para o *benefício comum;* ou seja, não é uma *distinção não* entre o *poder de polícia* ou *poder de tributar,* mas entre *taxas* e *impostos.* Em outras palavras, pagamentos que são legalmente postos sob o *poder de polícia* devem ser *cientificamente classificados* sob o *poder de tributar.* [...]. Há, portanto, *alguma verdade* na base da distinção tirada pelos *juízes americanos* entre *poder de polícia* e *poder de tributar;* mas ela é para ser entendida num *sentido bem diferente* daquela usualmente adotada. [...]. A *verdade* que os *juízes vagamente viram* e que tentaram realizar em suas decisões, então, é simplesmente esta: uma *taxa* é um pagamento por um *serviço* ou *privilégio* do qual um *benefício especial mensurável* é *derivado,* e normalmente *não excede o custo do serviço;* um *imposto* é um pagamento, onde o especial *benefício se funde* no *benefício comum,* ou é convertido em um encargo (*"burden"*). Uma *taxa* ("fee") permanece uma taxa se arrecadada sob o *poder de tributar ou o poder de polícia;* e um *imposto não é menos que um imposto quando classificado sob o poder de policia que quando posto sob o poder de tributar.* (cf. Edwin R. A. SELIGMAN in Essays in Taxation, 9ª Ed The Macmillan Company, New York, 1921, págs. 402/406 e 411/412).

109. Nesse sentido, Robert Nozik demonstra que "[...] os *princípios padronizados de justiça social implicam a apropriação das ações das outras pessoas. Confiscar o resultado do trabalho* de alguém *equivale a confiscar horas de sua vida obrigando-o a exercer várias atividades. Quando as pessoas o obrigam a fazer determinado trabalho, ou trabalho não remunerado,* por certo *período de tempo,* elas *estão resolvendo o*

JUSTIÇA ECONÔMICA E SOCIAL

Entretanto, como bem lembra Klaus Tipke,[110] "a Constituição *não outorga* ao legislador *poderes em branco* para estabelecer ao *seu capricho o conteúdo das leis*", vez que e "o *poder* da *maioria parlamentar,* eleita democraticamente, está *submetido* aos *direitos fundamentais*" e "a Constituição *identifica a democracia* com o *Estado de Direito*", para advertir que "é tarefa do Tribunal Constitucional *impedir* que a legislação tenha um *conteúdo* que *abandone* de modo *injustificável* o âmbito do Direito, em concreto dos *princípios de Justiça*", pois "o legislador *atua* de modo *imoral* quando de modo *doloso* e *culposo, dita* leis *inconstitucionais* ou quando *não derroga* ou *modifica* aquelas leis que de modo fundado todos consideram *inconstitucionais*". Em razão desses elementares preceitos, Tipke, magistralmente, conclui que "no Estado de Direito, não é qualquer imposto que está *justificado,* mas *só* os *impostos justos* que *respeitam* os direitos fundamentais e em particular a igualdade" e que, "os *impostos inconstitucionais implicam* na *(sic)* inconstitucionalidade das *penas*", pois "o *não cumprimento* das *leis tributárias injustas* não pode dar lugar a uma *pena justa*", eis que "no Estado de Direito, o trabalho do Direito Penal *não pode* consistir em *garantir, proteger* ou *estabilizar* um *ordenamento jurídico injusto*".[111]

Nessa mesma ordem de ideias, nossa Suprema Corte recentemente assentou na voz do eminente Ministro Celso de Mello que "a prática das *competências impositivas* por parte

---

que você *tem de fazer* e que *propósitos seu trabalho* tem de *satisfazer, sem levar em conta suas decisões.* O *processo* por meio do qual essas *pessoas tiram a decisão de* você faz que elas *passem a ser proprietárias de parte de você;* ele *lhes dá* um *direito de propriedade sobre você.* [...] A maioria dos *princípios de justiça distributiva* – inclusive os que se *baseiam* no *estado final* – institui a *propriedade (parcial) das pessoas,* de *suas ações* e de *seu trabalho* por outras pessoas. Esses princípios *implicam* a *troca* do *conceito liberal* de *propriedade do indivíduo sobre si mesmo* pelo *conceito de direitos (parciais) de propriedade sobre outras pessoas.* (cf. Robert NOZICK in Anarquia, Estado e Utopia, cit., págs. 218, 221/222).

110. Cf. Klaus TIPKE in *Moral tributária del Estado y de los contribuyentes* – Besteuerungsmoral und Steuermoral, tradução e notas de Pedro M. Herrera Molina, Madrid: Ed. Marcial Pons, Ediciones Jurídicas y Sociales S.A, 2002, págs. 90, 99 e 100.

111. Idem, págs. 128, 130 e 131.

das *entidades políticas* investidas da *prerrogativa* de tributar *não pode* caracterizar-se como *instrumento*, que, *arbitrariamente manipulado* pelas pessoas estatais, venha a *conduzir à destruição* ou ao *comprometimento* da própria *ordem constitucional*", pois "o *fundamento* do *poder de tributar* [...] *reside*, em essência, no *dever jurídico* de *estrita fidelidade* dos entes tributantes, ao que *imperativamente dispõe* a Constituição da República", razões pelas quais, "'o *poder de tributar* não pode chegar à *desmedida* do *poder de destruir*' [...], eis que essa extraordinária prerrogativa estatal *traduz*, em essência, 'um poder que *somente* pode ser *exercido* dentro dos *limites* que o tornem *compatível* com a *liberdade* de *trabalho*, de *comércio* e de *indústria* e com o *direito de propriedade*'". E complementando a lição o emérito Ministro, conclui sintetizando que "a *prerrogativa institucional* de *tributar*, que o ordenamento positivo *reconhece* ao Estado, *não lhe outorga* o *poder de suprimir* (ou de *inviabilizar*) *direitos* de *caráter fundamental*, constitucionalmente *assegurados* ao contribuinte, pois este dispõe, nos termos da própria Carta Política, de um *sistema de proteção* destinado a ampará-lo *contra* eventuais *excessos* (ou *ilicitudes*) cometidos pelo *poder tributante* ou, *ainda*, contra *exigências irrazoáveis* veiculadas em *diplomas normativos*, editadas pelas *instâncias governamentais*".[112]

Sob o *ponto de vista* econômico, fundando-se na *premissa irretorquível* de que "*tributação só pode existir* numa *economia de mercado*", von Mises[113] lembra que por *implicar* o *poder de destruir*, o *poder de tributar paradoxalmente* "pode *ser usado* para *destruir*" a própria "*economia de mercado*", tal como tem sido utilizado por muitos *governos* e *partidos políticos* que, no propósito de *substituir* o *capitalismo* pelo *socialismo*, fazem "*desaparecer os dois domínios* de ação coexistentes" (o

---

112. Cf. voto do Min. CELSO DE MELLO em Ac. do STF Pleno, no RE n° 240.785-MG, em sessão de 08/10/14, Rel. Min. MARCO AURÉLIO, in DJe-246 DIVULG 15/12/14, publ. em 16/12/14, EMENT VOL-02762-01, pág.-00001.

113. cf. Ludwig von MISES in Ação Humana: Um tratado de Economia cit., pág. 840/841.

JUSTIÇA ECONÔMICA E SOCIAL

público e o *privado*) até que *não exista* uma "*separação* entre *recursos públicos* e *recursos privados*", nem campo para as ações individuais autônomas, e o *governo torna-se totalitário*, eis que "já não depende dos *meios extorquidos* dos cidadãos para *custear* suas despesas". Nessa perspectiva, Von Mises conclui que numa economia de mercado "os *objetivos fiscais* e *não fiscais* da tributação *são conflitantes*" e que "não há como *conciliar o conflito* entre os *objetivos fiscais* e *não fiscais* da tributação", vez que se a tributação *atingir plenamente* um *objetivo não fiscal* – por exemplo, de fazer com que as pessoas *se abstenham* de *consumir* –, a *arrecadação* torna-se zero e, portanto, *deixa de ter* um *objetivo fiscal* e seu "*efeito equivale* ao de uma *proibição*".

Note-se que a distinção entre *tributos* com *finalidade fiscal* e *finalidade extrafiscal* ou *regulatória,* "não tem mais qualquer *significação prática*", e a tal ponto é *infrutífera*, que Klaus Vogel[114] chega a afirmar que "não será surpresa se uma recentíssima investigação científica venha a *acabar de todo* com a *distinção* entre *objetivo regulatório* e *objetivo de receita*", seja porque a "*distinção* não tem *bases históricas*, não é *exequível* com *exatidão* e, portanto, não tem antes de tudo *solidez* como *ponto de partida* para um *exame constitucional*", seja porque "não há absolutamente *nenhum critério* que permita *classificar* os *diferentes 'objetivos'* de uma lei tributária como '*objetivos principais'* e '*objetivos acessórios'*", seja ainda porque, mesmo os "impostos *regulatórios* têm uma *função de gerar receitas*" e, portanto, é "*decisivo* para a *apreciação da constitucionalidade* do *imposto* e em primeiro lugar a *norma constitucional competente* para o efeito" pretendido.

Dos preceitos expostos, verifica-se que a tributação – concebida como um procedimento de *repartição equitativa* dos *custos estatais* presumidamente gastos no exercício do

---

114. Cf. Klaus VOGEL in "Tributos Regulatórios e Garantia da Propriedade no Direito Constitucional da República Federal da Alemanha", no livro *Direito Tributário – Estudos em Homenagem ao Prof. Ruy Barbosa Nogueira Coordenado por Brandão Machado. São Paulo: Saraiva, 1984, págs. 541/554.

interesse público e visando ao bem-estar geral[115] – tem como *fonte primacial* a Constituição e o sistema tributário por ela instituído, *delimitado* por *princípios* específicos de *justiça tributária* (princípios da rigidez da discriminação de competências tributárias, reserva de Lei Complementar, legalidade da tributação e da Administração tributária, da proibição de confisco, uniformidade, generalidade, igualdade, proporcionalidade, e corolários *etc.*) e por *direitos individuais fundamentais* (direitos à igualdade na lei e perante a lei, tipicidade fechada, anterioridade, devido processo legal, contraditório e corolários), cuja *supremacia, fidelidade e conformidade* não somente *limitam* e *se impõem* a todas as manifestações do fenômeno tributário a partir da Constituição, nem só *justificam* ética e juridicamente, tanto o direito do Estado de *instituir* e *cobrar* tributos dos indivíduos que o compõem, como o correlativo *direito* destes últimos de *contribuir* para os gastos públicos nos *limites* constitucionais e na *proporção* da respectiva *capacidade econômica individual*, mas *permitem aferir a justiça*, seja do *sistema tributário* como um todo, seja das diversas *relações intersubjetivas tributárias* entre o indivíduo e o Estado, na determinação do que é devido a cada qual.

Derivando diretamente da Constituição – expressão da *vontade inalienável e imprescritível* do *povo expressada pelo* Poder Constituinte –, referidos direitos e princípios de justiça tributária – por vincular igualmente *ambas as* partes da relação jurídico-tributária (Estado e contribuintes), *"igualmente*

---

115. Luis Recasens Siches demonstra que a *"expressão bem comum* se tornou *equívoca*, em virtude de algumas *interpretações torcidas* que *algumas doutrinas* lhe deram. Assim sucede que alguns *pensadores* e alguns *políticos* – sobretudo os *inspirados* por *ideias anti-humanistas*, ou *transpersonalistas* – entenderam o *bem comum* como *um bem exclusivamente* próprio *da sociedade* ou *do Estado*, aparte e *independente do bem* de seus *membros individuais, separado do bem dos seres humanos* de carne e osso, e sem relação direta com este. [...] , devemos interpretar o bem comum como a soma da *maior quantidade possível de bem* para o *maior numero possível de indivíduos* – idealmente o *desiderato* seria *para todos* –, e ademais, como o *conjunto de condições objetivas* que *façam possível* a *realização dos fins da pessoa*, e a *obtenção* daquela *máxima realização dos bens individuais.* [...] Com efeito, as palavras *'bem estar geral'* denotam melhor que *se trata de bem estar humano generalizado,"* (cf. Luis Recasens SICHES, in Tratado General de *Filosofia del derecho*, cit., pág. 597)

JUSTIÇA ECONÔMICA E SOCIAL

submetidas à lei e à jurisdição"[116]–, *obviamente* não podem ser modificados, adulterados, substituídos, aditados ou usurpados por quem quer que seja, e muito menos poderes constituídos ou por quaisquer *meios incompatíveis* com os preceitos e vedações constitucionais, hipótese em que incidem em *arbitrariedade* definida por Fernando Sainz de Bujanda[117] como o *"comportamento antijurídico dos órgãos estatais"*, nos casos em que *"a negação do Direito, se comete pelo próprio custódio das normas, é dizer, pelo próprio poder público*, no desempenho de suas respectivas atividades", conforme se trate do desempenho de função legislativa, executiva ou jurisdicional.

Atenta às advertências da Doutrina e coerente com os princípios que informam a estrutura do Estado Federal, a Constituição brasileira estabeleceu um sistema de *discriminação* de *competências tributárias*[118] (aplicável inclusive às

---

116. Cf. José Carlos BOCCHIARDO in *Tratado de Tributación* Tomo I Derecho Tributário Vol. 2 dirigido por Horacio A. García BELSUNSE, Ed. Ástrea, Buenos Aires, 2009, pág.131.

117. Ao demonstrar a conexão da segurança jurídica com o *conceito de arbitrariedade* Fernando Sainz de Bujanda ensina que: "A *arbitrariedade*, qualquer que seja o seu meio de produzir-se [...] *supõe sempre* um *comportamento antijurídico* dos órgãos estatais. Uma vez que o Direito cristaliza em *normas*, que *vinculam* tanto às *autoridades* como aos *particulares*, a *conduta* de umas e outros há de *acomodar-se* àquelas, e quando isto *não ocorre* estamos em presença de *infrações* do ordenamento. Sendo assim, quando a *negação* do Direito *se comete* pelo *próprio custódio das normas*, é dizer, pelo *poder público* e seus *distintos órgãos*, no desempenho de suas *respectivas atividades*, estamos em presença de *atos arbitrários.* 'A *arbitrariedade* – escreve Legaz – é *conduta antijurídica* dos órgãos do Estado: 1) por *alteração* do procedimento com relação ao qual deve ser estabelecida uma norma determinada; 2) por *desconhecimento do conteúdo específico* que uma norma inferior deve desenvolver pela *relação a uma norma superior*, e; 3) por *transgressão* da *esfera* da *própria competência executiva*'. O problema da arbitrariedade fica assim delineado como o *problema da regularidade* ou *irregularidade jurídica* de *determinados órgãos estatais*, é dizer, realizado por determinados órgãos do Estado. Se trata, pois de uma noção *estreitamente associada* ao *conceito de segurança jurídica*, dado que esta *resulta incompatível* com esse *tipo de situação defeituosa ou irregular do poder público*. Sobre este ponto *não há dúvida possível*: a segurança não é compatível com arbitrariedade ou, se se prefere a arbitrariedade – [...] – engendra inevitavelmente insegurança." (cf. Fernando Sainz de BUJANDA in *Hacienda y Derecho* – Estudios de Derecho financeiro, Ed. Instituto de Estudios Políticos, Madrid, 1963, vol. III, pág. 294/295).

118. cf. Amílcar de Araújo FALCÃO, in *Direito tributário Brasileiro* – Aspectos Concretos. Edições Financeiras S/A - 1960, págs. 328 a 330).

contribuições),[119] presidido pelos princípios da *"privativida-de"*[120], *"rigidez"*, *"segregação"* e *"incomunicabilidade das diferentes áreas"*[121] em que estão distribuídas tais competências, e através do qual *enumera taxativamente* quais os tributos cuja instituição é autorizada a cada ente federado, definindo-os em função de *campos de imposição, delimitados* pela referência aos *fatos econômicos* que os caracterizam,[122] de tal forma que a competência tributária dos entes federados *só pode ser exercida em relação aos tributos expressamente autorizados*, nos *estritos limites* (materiais e territoriais)[123] dos respectivos *campos de imposição,* na *forma* e nas *condições* autorizadas pela Constituição, vigorando a *parêmia* de que é *proibido o que não é expressamente autorizado ("prohibita intelliguntur quo non permissum").*

Da mesma forma a Constituição brasileira, de um lado, expressamente *proíbe* a instituição de *"tratamento desigual* entre contribuintes que se encontrem em situação equivalente", assim como "qualquer *distinção* em razão de *ocupação profissional* ou *função* por eles exercida, independentemente da denominação jurídica dos rendimentos, títulos ou direitos",[124] e de outro lado, estabelece que a concessão de "qualquer subsídio ou isenção, redução de base de cálculo", "crédito presumido, anistia ou remissão, relativos a impostos, taxas ou contribuições, só poderá ser concedido mediante lei específica, federal, estadual ou municipal, que regule exclusivamente as

---

119. cf. Amilcar de Araujo FALCÃO in *Sistema tributário brasileiro* – Discriminação de Rendas, Edições Financeiras S/A, 1ª Ed., 1965, pág. 54/55)

120. Idem, pág. 38.

121. cf. Amílcar de Araújo FALCÃO, in *Direito tributário brasileiro* – Aspectos Concretos, cit., págs. 338 e 346).

122. cf. Rubens Gomes de SOUSA, in Parecer intitulado "O sistema Tributário Federal" publ. in *RDA* vol. 72, pág. 19).

123. cf. Geraldo ATALIBA, in "Hipótese de incidência tributária", 3ª ed. . Ed. RT, ampliada, 1987, pág. 97; cf tb. Ac. do STF – Pleno no ROMS nº 16.206, voto Min. Prado Kelly, publ. in *RDA vol. 93/56, pág. 72).*

124. Cf. Art. 150, inc. II, da CF/88.

matérias acima enumeradas ou o correspondente tributo ou contribuição".[125] Como é curial, as disposições legais que concedem a isenção (total ou parcial) condicionada *integram* a lei tributária material, eis que, definindo as *hipóteses* em que o tributo será devido, desde logo enumeram aquelas em que o seu pagamento seria *dispensado* e em que *condições* e *prazos*, donde decorre que a assunção, pelo contribuinte aos *requisitos e pressupostos legais* da isenção, *não configura* uma "*conditio facti*", sujeita à livre estipulação pelas partes livremente contratada, mas sim uma "*condictio juris*", isto é, um *requisito legal* de *legitimação* previamente estabelecido pela lei, *não suscetível* de *modificação* pela vontade das partes.[126]

Portanto, no que toca aos limites do *direito de instituir os tributos*, verifica-se que ao *discriminar as competências* tributárias, a Constituição brasileira estabeleceu o que Roque Carraza[127] denomina de "*norma padrão de incidência*", através da qual aponta aos Legislativos dos entes federados, as hipóteses de incidência possíveis, os sujeitos ativos possíveis, os sujeitos passivos possíveis, as bases de cálculo possíveis e as alíquotas possíveis, das várias espécies e subespécies de tributos, de tal forma que o legislador (federal, estadual, municipal ou distrital), ao exercitar a competência tributária, seja para instituir, seja para *majorar* ou *mitigar* a tributação, *deverá ser fiel à norma padrão de incidência* do respectivo tributo pré-traçada na Constituição, da qual definitivamente *não pode fugir, sob pena de incidir em abuso ou desvio de poder e manifesta arbitrariedade.*

---

125. Cf. art. 150, § 6º, da CF/88.

126. cf. arts. 175, inc I do CTN; cf. Souto Maior BORGES in "Isenções Tributárias", 2ª Ed. Sugestões Literárias S/A, 1980, págs. 31/32, 74, 165/169 e 258; cf tb. Amilcar de Araújo FALCÃO in "Fato gerador da Obrigação Tributária" Ed. Financeiras S.A , 1964, pags. 134, 138 e 139.

127. cf. Roque Antônio CARRAZA, in *Curso de Direito Constitucional Tributário* 3ª ed. São Paulo: Ed. RT, revista, ampliada e atualizada pela Constituição de 1988 – 1991, pág. 252.

UJUCASP

Em suma, ao contrário do que ingenuamente supõem os defensores de *políticas fiscais intervencionistas*,[128] o exercício

---

128. Ludwig von MISES demonstra que: "Está *implícita* no *intervencionismo* a ideia de que *interferir* nos *direitos de propriedade não afeta a produção*. Daí porque, *ingenuamente*, se costuma *recorrer* ao *intervencionismo confiscatório*. O *fruto das atividades produtivas* é considerado um *dado* que *independe* das disposições, meramente contingenciais, da *ordem social vigente*. A *tarefa do governo* consiste em *distribuir a renda nacional*, "*equitativamente*", entre os *vários membros da sociedade*. [...]. Atualmente, o *principal instrumento* do *intervencionismo confiscatório* é a *taxação*. Pouco importa se o *imposto* sobre a *propriedade* e sobre a *renda* são arrecadados com o *objetivo alegadamente social* de *redistribuir* a *renda* ou apenas com o de *aumentar a receita do Estado*. [...]. Os impostos são necessários. Mas o *sistema de taxação discriminatória* universalmente aceito sob o *nome enganador* de *imposto progressivo* sobre a *renda* e a *herança não é um sistema de taxação*. É, mais exatamente, uma *maneira de expropriar os capitalistas e empresários bem-sucedidos*. É *incompatível* com a *preservação* da *economia de mercado*, digam o que quiserem os acólitos do governo. O mais que pode fazer é *contribuir* para o *advento do socialismo*. [...]. Os *autores e políticos intervencionistas* encaram esses *problemas* com base numa *noção arbitrária* do que seja '*socialmente desejável*'. Dizem eles que 'o *propósito da cobrança de impostos não é arrecadar dinheiro*', já que o governo 'pode obter todo o dinheiro de que precisa *imprimindo-o*'. O *verdadeiro propósito da taxação é 'deixar menos dinheiro nas mãos do contribuinte'* [...]. A *taxação confiscatória bloqueia o progresso* e o *desenvolvimento econômico*, não apenas pelo seu *efeito* sobre a *acumulação de capital*. Provoca, além disso, uma *tendência á estagnação e á perpetuação de práticas comerciais* que *não poderiam persistir* no *regime competitivo do mercado livre*. [...]. Se o sistema tributário adotado pelo governo *resulta* num *consumo de capital* ou *restringe* a *acumulação de novos capitais*, os *recursos necessários* às *novas iniciativas* ficam escassos, impedindo a *realização dos investimentos* que teriam sido *feitos se não houvesse a taxação*. [...]. A *ideia subjacente* a todas as *políticas intervencionistas* é a de que a *renda* e a *fortuna da parcela mais rica da população* é um *fundo* do qual *pode ser extraído* o necessário para *melhorar* a situação dos mais carentes. A *essência* da *política intervencionista* é *tirar de um grupo para dar a outro*. Consiste em *confiscar e distribuir*. Em última análise, *qualquer medida que exproprie os ricos em benefício dos pobres é considerada justificável*. [...]. Não é necessário argumentar com os que defendem essa *política de déficit*. É óbvio que o recurso ao *princípio da "capacidade de pagar" depende de que ainda existam rendas e fortunas suscetíveis* de serem *taxadas*. É *inútil* tentar *recorrer* a esse *método* quando os *fundos já foram exauridos por impostos e por outras medidas intervencionistas*. [...] O *intervencionismo*, ao preconizar *gastos públicos adicionais*, não tem consciência do fato de que os *fundos disponíveis são limitados*. Não percebe que *aumentar a despesa* em um departamento *implica* em (sic) *restringi-la* em outro departamento. *Imagina* que os recursos sejam *abundantes*; a renda e a *riqueza dos mais ricos* podem ser *drenadas sem limites*. [...]. Os *diletantes* e os *demagogos* são extremamente favoráveis a *sobretaxas elevadas* aplicadas *sobre os mais ricos*, mas, na verdade, o correspondente aumento de arrecadação é muito pequeno. Dia a dia se torna *mais evidente* que *grandes aumentos* dos *gastos públicos* não podem ser *financiados* "*espremendo-se os ricos*"; acabam tendo que ser *suportados pelas massas*. Já não se pode esconder o *absurdo* representado por uma *política de esbanjamento de gastos*

dos poderes estatais de *tributar* e *gastar,* exclusivamente para o *bem-estar geral,* encontra *limites intransponíveis* na própria Constituição que, ao *submeter* integralmente a atividade financeira do Estado à *supremacia constitucional* e aos *princípios de justiça distributiva,* há pouco lembrados, não só *previne* contra os *caprichos* das *maiorias políticas parlamentares* e o *discricionarismo* ou *voluntarismo seletivo* e *discriminatório* do legislativo – seja na seleção dos objetos da tributação, seja nas *classificações, equiparações, diferenciações,* desonerações ou regimes tributários aplicados em *detrimento* de classes ou de contribuintes, com a indesejável *"legislação fiscal de classe"* –, nem só previne contra a *arbitrariedade do "dirigismo fiscal"* – na utilização de privilégios ou ônus fiscais para *favorecer ou prejudicar ("alterum non laedere")* a determinados grupos econômicos e setores da produção ou consumo, falseando e deformando as condições de livre-concorrência, alteram as capacidades econômicas individuais e a proporcionalidade da repartição dos encargos públicos –, mas a final definitivamente *impede* que as entidades políticas investidas na prerrogativa de tributar arbitrariamente *manipulem* as respectivas competências impositivas, *utilizando-as* como *instrumentos de destruição* da economia de mercado ou da própria ordem constitucional.

Um exemplo eloquente de como se pode, através da técnica fiscal, resolver um problema de tributação (v.g. bitributação) e ao mesmo tempo estimular investimentos econômicos, sem favorecer ou prejudicar a quem quer que seja, é o da

---

que seriam *sempre cobertos* pelos recursos obtidos com o *imposto progressivo.* O famigerado *princípio* segundo o qual as *receitas públicas* devem ser *fixadas em função das despesas* – enquanto os *particulares são obrigados* a *conter os seus gastos* no limite de seus ganhos – *acabará por desmoralizar a si mesmo.* [...]. Os que querem *subsídios* terão eles mesmos de *pagar a conta.* Os *deficits* das *empresas estatais recairão* sobre o *grosso da população.* A *situação* das relações entre *empregador* e *empregado* será *análoga.* [...]. Um *ponto essencial* na *filosofia social* do *intervencionismo* é a *pressuposição* da *existência* de *fundos inesgotáveis* que podem ser *drenados permanentemente.* O *sistema intervencionista* entra em *colapso* quando essa *fonte seca: desmorona o mito* do papai Noel econômico." (cf. Ludwig von MISES in Ação Humana: Um tratado de Economia cit., págs. 909, 911, 912, 965 a 968).

Lei 9.249/95 (art. 10) relatado no Congresso da "International Fiscal Association de 2003",[129] que eliminando a *dupla tributação* dos lucros no momento de sua *distribuição*, possibilitou um incremento do estoque de investimentos estrangeiros diretos no Brasil que, no período compreendido entre 1995 e 2000, cresceu 147%, passando de US$ 41,695 bilhões para US$ 103,014 bilhões (64% investimentos em serviços, 33,7% investimentos na indústria e 2,3% investimentos em agricultura pecuária e extração mineral), conforme dados fornecidos à época pelo Banco Central do Brasil,[130] o que demonstra como a redução da carga tributária incidente sobre as rendas da sociedade e do acionista, pode propiciar um sensível aumento dos investimentos estrangeiros diretos no país.

Assim, pode-se concluir que a justiça da tributação – concebida como um procedimento de *repartição equitativa e racional* dos *custos estatais* de interesse público e visando ao bem-estar geral – depende *primacialmente* da *submissão do próprio Estado* aos princípios de justiça distributiva, aos direitos individuais fundamentais e procedimentos constantes da Constituição; ademais, a justiça da tributação *exige* que a lei que a *institua, majore,* ou *mitigue* a carga tributária, seja *intrinsecamente justificada* por critérios técnicos objetivos, racionais, lógicos, gerais de sua necessidade e, consequentemente, *despojada* de qualquer *conteúdo, discriminatório, arbitrário* ou *confiscatório*; finalmente a justiça impõe que a tributação deva ser, *previa regular* e *democraticamente consentida,* através de *lei formal* editada por representantes eleitos do povo no Parlamento, mediante o devido processo constitucionalmente previsto, e cuja aplicação se imponha *equânime* e *igualmente* a todos.

---

129. Cf. Fernando L. da G. Lobo d'EÇA in Cahier de Droit Fiscal Interrnational Studies on International Fiscal Law by International Fiscal Association, Ed. Klewer Law International, New York, 2003, vol. LXXXVIIIa, págs. 207/233.

130. Cf. Reportagem publicada na sessão de Economia do jornal *O Estado de São Paulo*, edição de 29/06/02, pág. B.3.

c) O poder sancionatório: as multas fiscais

Como é elementar, a *sanção*[131] é a *reprimenda jurídica* à transgressão de um dever legal ou contratual que distingue as *normas morais* das *normas jurídicas*, conferindo a estas últimas o *caráter cogente* e garantindo sua *observância independentemente* da vontade dos *interessados* na relação jurídica aos quais as normas *se impõem*. Assim não há dúvida que a sanção é ínsita e *consubstancial* ao *Direito* e à *Justiça* eis que ambos *supõem* a capacidade de *reação* (social e individual) contra as múltiplas possibilidades de *transgressão* à ordem jurídica conforme a natureza do direito infringido (civil, comercial, administrativo, tributário e etc.), que podem *vitimar* a um ou a vários indivíduos e seus bens, ou simultaneamente à própria sociedade organizada no Estado, e cuja *gravidade* determina a *extensão do perigo ou dano* (individual ou social) da transgressão que se pretende *prevenir* e *reprimir* por meio de um *sistema lógico* de sanções nas suas *diversas formas* (privação ou restrição da liberdade, perda de bens, multas, suspensão ou interdição de direitos etc.), aplicáveis *individualmente* ao transgressor, causador do dano aos bens e interesses individuais e sociais, tutelados pela ordem jurídica.[132]

---

131. Como ensina Miguel Reale *"sanção é toda consequência que se agrega, intencionalmente, a uma norma, visando ao seu cumprimento obrigatório"* e, portanto "é somente aquela *consequência* querida, desejada, posta com o *fim específico* de *tutelar* uma *regra"* (cf. Miguel REALE in *Filosofia do direito*, 10ª ed. revista e atualizada, São Paulo: Saraiva, 1983, pág. 260).

132. Nesse sentido, José Frederico Marques ensina que "a grande maioria dos penalistas contemporâneos (e sobretudo GRISPINI, ASUA, e entre nós N. HUNGIRA) entende que o Direito Penal *não é constitutivo*, opinião esta que vem de J.J. ROUSSEAU, mas *apenas direito complementar*, visto que o *ilícito penal* é sempre *um plus* em relação ao *ilícito não penal*. Quando o *ato contra o direito*, por *atingir bem de vida* que o legislador entende *fundamental à sociedade*, *exige sanção mais rigorosa*, é ele cunhado em figura típica para que adquira contornos de *infração jurídico penal*, com a *consequente aplicação*, após praticado, de *sanctio iuris específica do Direito Penal."* Complementando a lição o festejado jurista conclui que "o que *distingue* basicamente o *ilícito tributário do ilícito tributário penal*, é a *sanctio iuris*, uma vez que *este sempre pressupõe aquele*, de que é *plus e complemento"* cf. José Frederico MARQUES in *Direito Penal Tributário*, coedição IBDF/Ed. Resenha Tributária, São Paulo, 1975, pág. 15.

Desobedecida a norma primária ou pré-ativa e atingido o *bem jurídico* tutelado, nasce para o Estado o direito de penetrar no *status libertatis* do *transgressor* para *coativamente infligir-lhe* a medida sancionadora adequada destinada ao *restabelecimento* da *situação anterior* à violação da ordem jurídica, conforme as distintas possibilidades de *reparação do direito violado*, que podem ser preventivas – como a *nulidade* do ato causador da violação ou imediata *restituição* do bem ilegalmente subtraído ao seu proprietário –, ou *repressivas*, como a imposição de *penalidades físicas* (privação ou restrição da liberdade) ou *econômicas* (multas, ressarcimento e reparação por danos), estas últimas regidas pelo *critério da equivalência* na compensação dos interesses violados.[133]

O *poder sancionatório* ("power of sanction") ou *"ius puniendi"*, encontra fundamento na própria Constituição e abrange não só o poder de *instituir ou cominar sanções e penalidades* e seus pressupostos legais (elementos objetivos e subjetivos), outorgado privativamente ao *Poder Legislativo* por meio de lei e destinado a *censurar, intimidar e prevenir* as ameaças de transgressão à ordem jurídica conforme a natureza do dever legal por ela imposto (civil, comercial, administrativo, tributário, ambiental e etc.), mas abrange o poder de *aplicar coercitiva e individualmente* a sanção cabível aos eventuais transgressores, este último destinado a *fazer efetivas* as *punições e reparações* determinadas pela lei, o que obviamente *pressupõe* a regular e necessária *intervenção jurisdicional* do Estado, seja através do Poder Executivo (p. ex. no caso de multas), seja através do Poder Judiciário nos demais casos, posto que nas sociedades modernas, não se admite e está há muito *proscrita* a justiça pelas próprias mãos.

Portanto, não há dúvida que as intervenções sancionatórias coativas do Estado (físicas ou econômicas) no *status libertatis* individual, somente *se justificam* em razão da

---

133. cf. Francesco CARNELUTTI in *Teoria geral do direito*, Ed. LEJUS – Livraria e Editora Jurídica Senador, São Paulo, 1999, pág. 114/115).

comprovada ocorrência de uma *prévia transgressão* da ordem jurídica, e como uma *justa retribuição*, na *exata medida* da *gravidade* do ato transgressor e dos *prejuízos* por ele causados à sociedade ou a terceiros, estes últimos *compensáveis economicamente* pelo *critério da equivalência*, hipótese em que as referidas intervenções sancionatórias *afetam* e *limitam* a *esfera de liberdade patrimonial* do transgressor.

Embora não se ignore que um *mesmo fato* pode, em tese, *lesionar* a *interesses distintos*, protegidos e *sancionados* por *diferentes normas, formas e órgãos* dos Poderes Públicos (Poderes Executivo e Judiciário), cujas esferas de responsabilização (civil, penal e administrativa) são, em tese, *independentes*,[134] também não se pode olvidar que, inserindo-se num mesmo sistema jurídico, estas *esferas de responsabilização* devem obedecer a um *mínimo* de *coerência* e *racionalidade* na *apreciação* e *qualificação* dos *fatos tributários e aduaneiros*, não se admitindo *antinomias, desproporcionalidade, excesso* ou *decisões contraditórias*, entre os órgãos jurisdicionais e sancionadores do Estado, na aplicação dos *princípios* que *informam* as atividades tributária e aduaneira, asseguradas na Constituição.

A evidente *afinidade estrutural* e *teleológica* entre as *sanções criminais, administrativas e tributárias*, bem como a *aplicabilidade* dos *princípios* informadores do Direito Penal aos Direitos Administrativo e Tributário, já foram ressaltadas tanto pela Doutrina,[135] como pela Jurisprudência[136] e, respondendo aos que defendem a radical *autonomia* do Direito

---

134. cf. Ac. da 1ª Turma do STJ no REsp nº 677585-RS, em sessão de 06/12/05, Rel. Min. Luiz Fux, publ. in DJU de 13/02/06, p. 679.

135. cf. Nelson HUNGRIA in "Ilícito Administrativo e Ilícito Penal" publ. na *RDA* Seleção Histórica Ed. Renovar Ltda. 1991, págs. 15/21; especificamente sobre a *identidade substancial* entre *infrações e sanções penais e tributárias* cf. Fernando Sainz de BUJANDA in *Hacienda y derecho* – Estudios de Derecho financeiro, Ed. Instituto de Estudos Políticos, Madrid, 1967, vol. V, pág. 568/569.

136. cf. Ac. da 1ª Turma do STJ no REsp nº 75730-PE, em sessão de 03/06/1997, Rel. Min. HUMBERTO GOMES DE BARROS, publ. in DJU de 20/10/97, pág. 52.976.

Administrativo e do Direito Penal, e sobre da possibilidade de *múltipla penalização* de um *mesmo fato* por diversas legislações, Nelson Hungria[137] afirma que

> a única solução lógica está em fixar-se a premissa de que a ilicitude e penas administrativas e ilicitude e penas criminais são *absolutamente análogas*, não passando a separação entre o poder penal administrativo e o poder comum de um *critério meramente oportunístico ou político*. Assim, quando as *duas sanções* – a penal administrativa e a penal comum – forem cominadas para o *mesmo fato*, não padece de dúvida a *necessidade de coordenação* entre os *dois poderes*, para *evitar-se* o *bis in idem* ou a *contradição de pronunciamento* sobre a mesma matéria substancialmente idêntica.

Atenta aos perigos do *abuso do poder de punir* e à *possibilidade de seu controle jurisdicional*, a Suprema Corte assevera que "a *imputação penal* não pode ser a *expressão arbitrária* da vontade pessoal do órgão acusador" e que "a válida formulação de denúncia penal *supõe* a existência de *base empírica idônea*, apoiada em *prova lícita*, sob pena de o exercício do *poder de acusar* – consideradas as graves implicações de ordem ético-jurídica que dele decorrem – *converter-se* em *instrumento de abuso estatal*"[138] razões pelas quais *reitera* que o "*Direito de defesa* foi ampliado com a Constituição de 1988" contemplando "*todos os processos, judiciais ou administrativos*, e não se resume a um simples direito de manifestação no processo", reconhecendo que a "*pretensão à tutela jurídica*" da *defesa* "*envolve não só o direito de manifestação e de informação*, mas também o *direito de ver seus argumentos contemplados pelo órgão julgador*", donde decorre que "o *exercício pleno do contraditório* **não se limita à** *garantia de alegação oportuna e eficaz a respeito dos fatos*, mas implica a *possibilidade de ser ouvido também em matéria jurídica*".[139]

---

137. cf. Nelson Hungria in *Ilícito administrativo e ilícito penal,* cit. pág. 20.

138. cf. Ac. do STF, no HC nº 80.542-MG, Rel. Min. Celso de Mello, publ. in RTJ vol. 188/195.

139. cf. Ac. do STF Pleno no MS 24268-MG, em sessão de 05/02/04, Rel. Min. ELLEN GRACIE, Rel. p/ Acórdão Min. GILMAR MENDES, publ. in DJU de 17/09/04,

JUSTIÇA ECONÔMICA E SOCIAL

Da mesma forma, a E. Suprema Corte tem reiterado que:

> o Estado, em tema de *punições disciplinares* ou de *restrição a direitos*, qualquer que seja o destinatário de tais medidas, não pode exercer a sua autoridade de maneira *abusiva ou arbitrária*, [...], pois o reconhecimento da *legitimidade ético-jurídica* de qualquer medida estatal – que importe em *punição* disciplinar ou em *limitação de direitos* – *exige*, ainda que se cuide de *procedimento* meramente *administrativo* (CF, art. 5°, LV), a fiel observância do *princípio do devido processo legal*. A jurisprudência do Supremo Tribunal Federal tem reafirmado a essencialidade desse princípio, nele reconhecendo uma *insuprimível garantia*, que, instituída em favor de *qualquer pessoa* ou *entidade, rege* e *condiciona* o exercício, pelo Poder Público, de sua atividade, ainda que em sede materialmente administrativa, sob *pena de nulidade* do próprio *ato punitivo* ou da *medida restritiva de direitos.*[140]

Como é próprio a qualquer ramo do Direito, a *infração* à legislação tributária e aos deveres por ela impostos enseja a *aplicação de sanções ou penalidades*, dentre as quais se contam as *multas*, cuja *instituição* se encontra sob a *reserva de lei* (art. 97, inc. V do CTN), do devido processo legal (art. 5° inc. LIV da CF/88), e sob a *restrição da proibição constitucional do confisco* em matéria tributária (art. 150, inc. IV da CF/88), aplicável indistintamente às multas[141] (moratória ou

---

pág. 53, e in RTJ VOL-191-03 pág. 922.

140. Cf. Ac. da 2ª Turma do STF no Agr. Reg. em AI n° 241.201, em sessão de 27/08/02, Rel. Min. Celso de Mello, publ. in DJU de 20/09/02, pág. 109 e in RTJ vol. 183/371.

141. cf. Ac. da 2ª Turma do STF no RE n° 81550-MG, em sessão de 20/05/75, Rel. Min. Xavier de Albuquerque, em sessão de 20/05/75, publ. in DJU de 13/06/75, pág. 4181, EMENT VOL-00989-02, pág. 629; cf. Ac. da 2ª Turma do STF no RE n° 91707-MG, em sessão de 11/12/79. Rel. Min. Moreira Alves, publ. in DJU de 29/02/80, pág. 975, EMENT VOL-01161-02, pág. 512 e in RTJ vol. 96-03, pág. 1354; cf. Ac. da 1ª Turma do STF no ARE n° 637717-GO AgR, em sessão de 13/03/12, Rel. Min. Luiz Fux, publ. in DJe-065 DIVULG 29-03-2012, publ. in 30/03/12 e in RTJ vol. 220, pág. 599; cf. Ac. da 1ª Turma do STF no AI n° 482281 AgR-SP, em sessão de 30/06/09, Rel. Min. Ricardo Lewandowski, publ. in DJe-157 DIVULG 20/08/09, publ. in 21/08/09, EMENT VOL-02370-07, pág. 1390, e in LEXSTF v. 31, n. 368, 2009, p. 127-130; cf. Ac. da 2ª Turma do STF no RE 523471-MG AgR, em sessão de 06/04/10, Rel. Min. Joaquim Barbosa, publ. in DJe-071, DIVULG 22/04/10, PUBLIC 23/04/10 EMENT VOL-02398-05 pág. 915 e in LEXSTF v. 32, n. 377, 2010, p. 203-209; cf. Ac. da 1ª Turma do STF no ARE

punitiva[142]), que sempre comportam o *controle* do *"judicial review"*,[143] para torná-las compatíveis com os bens jurídicos tutelados e com os danos causados, tendo a Suprema Corte reputado *"confiscatórias* as multas fixadas em 100%[144] *ou mais*

---

n° 637717-GO AgR, em sessão de 13/03/12, Rel. Min. Luiz Fux, publ. in DJe-065, DIVULG 29/03/12, PUBLIC 30/03/12, e in RTJ VOL-00220, pág. 599.

142. cf. Ac. do STF Pleno na ADI n° 551 MC-RJ, em sessão de 20/09/91, Rel. Min. ILMAR GALVÃO, em sessão de 20/09/91, publ. in DJU de 18/10/91, pág. 14548, EMENT VOL-01638-01, pág. 117, e in RTJ VOL-00138-01, pág. 55; cf. Ac. da 2ª Turma do STF no AI n° 539833-MG AgR, em sessão 20/04/10, Rel. Min. Joaquim Barbosa, publ. in DJe-096 DIVULG 27-05-2010, publ. in 28/05/10 EMENT VOL-02403-05, pág. 1487, e in LEXSTF v. 32, n. 378, 2010, p. 95-98.

143. Nesse sentido, o STF já assentou que *"pode o Judiciário,* atendendo às circunstâncias do caso concreto, *reduzir multa excessiva* aplicada pelo Fisco" (cf. Ac. da 2ª turma do STF no RE n° 82.510-SP, em sessão de 11/05/76, Rel. Min. Leitão de Abreu, publ. in RTJ vol. 78/610) e que *"é cabível,* em sede de *controle normativo abstrato,* a *possibilidade* de o Supremo Tribunal Federal *examinar* se determinado *tributo ofende,* ou não, o *princípio constitucional da não confiscatoriedade* consagrado no art. 150, IV, da Constituição da República" (cf. Ac. do STF Pleno na ADI n° 1075 MC-DF, em sessão de 17/06/98, Rel. Min. Celso de Mello, publ. in DJU de 24/11/06, pág. 59, EMENT VOL-02257-01, pág. 156, in RTJ vol. 200-02, pág. 647, in RDDT n. 139, 2007, p. 199-211, in RDDT n. 137, 2007, p. 236-237). No mesmo sentido a Jurisprudência do E. STJ proclama que: "o Egrégio Supremo Tribunal Federal, por diversas vezes, afastou a *multa punitiva,* quando demonstrada a *boa-fé do contribuinte,* ao fundamento de que 'o *Judiciário pode graduar ou excluir a multa,* de acordo com a *gravidade da infração,* e com a *importância* desta para os interesses da arrecadação' [...]" (cf. Ac. da 2ª Turma do STJ no REsp n° 184576/SP, Reg. n° 1998/0057492-1 em sessão de 05/09/02, Rel. Min. Franciulli Netto, publ. in DJU de 31/03/2003 p. 183) e, uma vez "evidenciada *a manifesta desproporção* entre a *penalidade* imposta pelo agente administrativo e a *infração* cometida, [...], afigura-se *inequívoca a aplicação do princípio da razoabilidade* para o fim de *impor sanção compatível* com o *grau de gravidade da conduta delitiva* praticada" (cf. Ac. da 2ª Turma no Ag. Rg. no Ag. Inst. n° 421.317-SC, Reg. n° 2001/0160292-8, em sessão de 11/05/04, Rel. Min. João Otávio de Noronha, publ. in DJU de 14/06/04 p. 191).

144. cf. Ac. da 2ª Turma do STF no RE n° 657372-RS AgR, em sessão de 28/05/13, Rel. Min. Ricardo Lewandowski, publ. in DJe-108, DIVULG 07/06/13. PUBLIC 10/06/13; cf. Ac. da 2ª Turma do STF no RE n° 748257 AgR-SE, em sessão de 06/08/13, Rel. Min. Ricardo Lewandowski, publ. in DJe-162, DIVULG 19/08/13, PUBLIC 20-08-2013; cf. Ac. do STF no RE n° 472012-MG AgR, em sessão de 06/08/12, Rel. Min. Cezar Peluso, publ. in DJe-158, DIVULG 10/08/12 PUBLIC 13/08/12; cf. Ac. da 1ª Turma do STF no AI n° 830300 AgR-segundo-SC, em sessão de 06/12/11, Rel. Min. Luiz Fux, publ. in DJe-036, DIVULG 17/02/12, PUBLIC 22/02/12 e in RDDT n. 200, 2012, p. 167-170.

JUSTIÇA ECONÔMICA E SOCIAL

do valor do tributo devido" (150%,[145], 200%[146] e 300%),[147] ou ainda aquelas fixadas em *percentual* "sobre o *valor da operação*" cujo "quantum" *ultrapasse* o valor do débito principal.[148]

A par do *elemento objetivo da infração*, que se consubstancia na *transgressão* ou *violação* da norma tributária e *pressupõe* uma *relação* entre a *ação ou omissão* e a *norma jurídica violada*, para que se configure a *responsabilidade* por *infração à legislação* tributária ou administrativa, *exige-se* ainda a presença do *elemento subjetivo da infração*, consubstanciado na *imputabilidade* do ato transgressor a uma pessoa, de modo que se estabeleça uma *relação* entre a *ação* e o *agente transgressor* da norma. Em outras palavras, para que se configure concretamente a *responsabilidade* por *infração à legislação* tributária ou administrativa, é *imprescindível* que se possa *atribuir* ou *imputar* o *não cumprimento* da obrigação legal (principal ou acessória) a um *ato voluntário* (omissivo ou comissivo) do *devedor original* ou *responsável*, cujos patrimônios

---

145. cf. Decisão do STF no ARE nº 844527-BA, exarada em 05/11/14, Rel. Min. Celso de Mello, publ. in DJe-221 DIVULG 10/11/14, PUBLIC 11/11/14; cf. Dec. do STJ no RE 812063-PE, exarada em 11/06/14, Rel. Min. Ricardo Lewandowski, publ. in DJe-115, DIVULG 13/06/14, PUBLIC 16/06/2014.

146. cf. Ac. do STF Pleno na ADI nº 551 MC-RJ, em sessão de 20/09/91, Rel. Min. Ilmar Galvão, em sessão de 20/09/91, publ. in DJU de 18/10/91, pág. 14548, EMENT VOL-01638-01, pág. 117, e in RTJ VOL-00138-01, pág. 55; cf. Ac. da 1ª Turma do STF no AI nº 482281 AgR-SP, em sessão de 30/06/09, Rel. Min. Ricardo Lewandowski, publ. in DJe-157 DIVULG 20/08/09, publ. in 21/08/09, EMENT VOL-02370-07, pág. 1390, e in LEXSTF v. 31, n. 368, 2009, p. 127-130.

147. cf. Ac. do STF Pleno na ADI nº 1075 MC-DF, em sessão de 17/06/98, Rel. Min. Celso de Mello, publ. in DJU de 24/11/06, pág. 59, EMENT VOL-02257-01, pág. 156, in RTJ vol. 200-02, pág. 647, in RDDT n. 139, 2007, p. 199-211, in RDDT n. 137, 2007, p. 236-237; cf. Ac. STF no RE nº 455017-RR, em sessão de 03/12/09, Rel. Min. Cármen Lúcia, publ. in DJe-237, DIVULG 17/12/09, publ. 18/12/09.

148. cf. Ac. da 2ª Turma do STF no RE nº 754554-GO AgR, em sessão de 22/10/13, Rel. Min. Celso de Mello, em sessão de 22/10/13, publ. in DJe-234, DIVULG 27/11/13, PUBLIC 28/11/13; cf. Dec. Mon. no ARE nº 895997-PR, exarado em 06/07/15, Rel. Min. Cármen Lúcia, publ. in DJe-155, DIVULG 06/08/15, PUBLIC 07/08/15; cf. Dec. Mon. do STF no ARE nº 771921-GO, exarada em 24/10/13, Rel. Min. Celso de Mello, publ. in DJe-215, DIVULG 29/10/13, publ. 30/10/2013.

ficam expostos à pretensão fiscal correspondente à obrigação inadimplida e à respectiva *sanção*, esta última na exata *medida da gravidade* da infração (principal ou acessória).

Visando a *impedir* a *confusão* entre o poder *tributário* há pouco lembrado, e o poder *sancionatório*, a Lei Complementar faz clara *distinção* entre o *tributo* e *sanção* por *ato ilícito* (art. 3º do CTN) estabelecendo que "a imposição de penalidade *não elide* o pagamento integral do crédito tributário" (art. 157 do CTN) de tal forma que, tratando-se de *responsabilidade* por *infração à* legislação tributária, a respectiva *sanção* deve ser *imputável pessoal* e *individualmente* a cada um dos *intervenientes* nas operações tributáveis, sendo certo que o *princípio da personalidade ou da intranscendência da sanção*[149] constitucionalmente assegurado (art. 5º, XLV da CF/88), *impede* que sanção eventualmente devida pelo devedor original *se transmita* ou *se estenda* a pessoas alheias à infração, aplicando-se o adágio *"nemo punitur pro alieno delicto"*.

Da mesma forma, a Lei Complementar faz clara *distinção* entre as infrações tributárias que *independem da intenção* do *agente* ou do *responsável* e da efetividade, natureza e extensão dos efeitos do ato (art. 136 do CTN) – cuja responsabilidade se restringe ao patrimônio dos *contribuintes* e *responsáveis, diretamente vinculados ao fato gerador* da respectiva obrigação tributária (arts. 121 e 128 do CTN) –, das infrações tributárias *conceituadas* por lei como *crimes ou contravenções*, ou em cuja definição o dolo específico do agente seja elementar (art. 137 do CTN), hipótese em que a responsabilidade tributária, por ser *pessoal* do agente, *abrange* não só o patrimônio das *pessoas diretamente vinculadas* ao fato gerador da obrigação tributária (contribuinte e responsável tributários), mas se estende *solidariamente* ao patrimônio de *terceiros indiretamente vinculados* à obrigação tributária, seja nos atos em

---

149. cf. Ac. do STF Pleno na AC-AgR-QO nº 1033-DF, em sessão de 25/05/06, Rel. Min. Celso de Mello, publ. in DJU de 16/06/06, pág. 04, EMENT VOL-02237-01, pág. 021, LEXSTF v. 28, n. 331, 2006, p. 5-26.

JUSTIÇA ECONÔMICA E SOCIAL

que intervierem ou pelas omissões de que forem responsáveis (art. 134 do CTN), seja nos atos praticados com excesso de poderes ou infração de lei, contrato social ou estatutos (art. 135 do CTN).

A distinção se justifica, seja porque nem toda infração fiscal *causa danos* que justifiquem a imposição de sanção (como p. ex. erros escusáveis e falta de cumprimento de obrigações acessórias que não causem falta de recolhimento),[150] seja porque há casos de infrações tributárias de tal *gravidade*, que em face dos *danos* e *prejuízos* delas derivados, não só justifica sua conceituação por lei como *crimes ou contravenções penais*, mas igualmente justifica a responsabilização tributária *pessoal e patrimonial* dos agentes que, embora *indiretamente vinculados* à obrigação tributária, tenham *concorrido* para a sua prática.

Em qualquer caso, entende-se que "a Administração Pública deve seguir os parâmetros da *razoabilidade* e da *proporcionalidade*, que censuram o ato administrativo que não guarde uma *proporção adequada* entre os *meios* que emprega e o *fim* que a lei almeja alcançar"[151] ou com "o *princípio da finalidade da sanção*",[152] eis que no campo sancionatório tributário a "hermenêutica admite temperamentos, tendo em vista que os arts. 108, IV e 112 do CTN permitem a aplicação da *equidade* e a interpretação da lei tributária segundo o *princípio do in dubio pro contribuinte*", seja nos casos de *reconhecida boa-fé* do contribuinte, seja nos casos de comprovada "*inexistência* de qualquer *dano ao Erário* ou mesmo de *intenção* de o provocar".[153]

---

150. Cf. Ac. da 2ª Turma do STJ no REsp nº 660682-PE, Reg. nº 2004/0063862-1, em sessão de 21/03/06, Rel. Min. ELIANA CALMON, publ. in DJU de 10/05/06 p. 174.

151. Cf. Ac. da 1ª Turma do STJ no REsp nº 728999- PR, Reg. nº 2005/0033114-8, em sessão de 12/09/06, Rel. Min. LUIZ FUX, publ. in DJU de 26/10/06 p. 229.

152. Cf. Ac. da 2ª Turma do STJ no REsp nº 243491-CE, Reg. nº 1999/0119079-7, em sessão de 14/08/2001, Rel. Min. ELIANA CALMON, publ. In DJU de 01/10/01 p. 186.

153. Cf. Ac da 1ª Turma do STJ no REsp nº 699700-RS; Reg. nº 2004/0154557-1, em

5. A corresponsabilidade econômica e o princípio da subsidiariedade

Na diferenciação dos diversos regimes econômicos, já demostramos que numa economia de mercado, a ação econômica do Estado é *subsidiária (princípio da subsidiariedade)* e *se restringe* a *"proteger a concorrência* como elevado *bem jurídico* (chamada *mão visível do direito)"*, criando as *"condições mínimas* para a *concorrência econômica* de mercado ser capaz de *funcionar"* em situação de *justiça* e *harmonia*, e *limitando* "a liberdade econômica e ação apenas por razões de *prevenção" dos perigos de "falta de transparência", "mau funcionamento" ou "abuso" do mercado.*

Como ensina Juan Carlos Cassagne

> o Estado *subsidiário* condensa e combina as *funções* de *regulador* e *garantidor* com a de *promotor* da atividade econômica e *gestor* das *prestações sociais básicas*, em *limites razoáveis* quanto às disponibilidades orçamentárias e as *políticas fiscais e tributária* e o êxito da ação da Administração *depende* da *colaboração* dos cidadãos e empresas.[154]

Embora *expressamente* adotando o regime econômico da *economia de mercado* e o modelo do *Estado subsidiário*,[155] a Constituição brasileira de 1988 assume um nítido *viés social*,

---

sessão de 21/06/05, Rel. Min. FRANCISCO FALCÃO, publ. in DJU de 03/10/05 p. 140.

154. Complementando a lição o festejado mestre portenho adverte que: "Uma *deformação* do *Estado Subsidiário* é o denominado *Estado populista, atualmente vigente* na Venezuela e em menor extensão na Argentina e Bolívia, os quais *se apartam* do *modelo de economia de mercado* para adotar um *intervencionismo gradual* que finalmente *conduz* à *estatização* de toda a *economia* com a *finalidade* de *eliminar* as *desigualdades naturais* dos *setores sociais*, suprimir ou *rebaixar* a *independência* do Poder Judicial, *substituindo* a *soberania nacional* por uma *suposta soberania popular* que *aprova as decisões* de um *líder carismático* que geralmente *apoia seu poder* em uma *política distributiva de receitas e subsídios de produtos de primeira necessidade e serviços públicos.*" (cf. Juan Carlos CASSAGNE in *Los grandes principios del derecho público constitucional y administrativo*. Buenos Aires, 1ª Ed. Thomson Reuters - La Ley, 2015, pág. 111/112).

155. Cf. arts. 173, § 3º e 174, *caput*, da CF/88.

104

JUSTIÇA ECONÔMICA E SOCIAL

quando adota o *conceito lato de assistência social*, impondo ao Estado o *dever* de *assegurar a todos* os *direitos à saúde* (art. 196 da CF/88), à *educação* (*gratuita* nos estabelecimentos de ensino oficiais fundamental e médio – arts. 205, 206 e 208, da CF/88) e à *"assistência social"* (art. 203 da CF/88) – que engloba: a *proteção à família, à maternidade, à infância, à adolescência* e à *velhice*; o *amparo* às *crianças e adolescentes carentes*; a promoção da *integração ao mercado de trabalho*; a *habilitação e reabilitação das pessoas portadoras de deficiência* e a *promoção de sua integração à vida comunitária* – tudo isso *independentemente de contribuição à seguridade social*. A par desses *direitos básicos*, a Constituição impõe ainda ao Estado o *dever* de *assegurar* os *direitos à proteção, conservação e incentivo à cultura* (art. 215 da CF/88), às *criações* científicas, artísticas e tecnológicas (art. 216, inc. III da CF/88), ao *desenvolvimento científico, a pesquisa e a capacitação tecnológicas* (art. 218 da CF/88), bem como o incentivo às *práticas desportivas formais e não formais* (art. 217 da CF/88) e ao *lazer* (art. 217, § 3º da CF/88), como formas de promoção social, produção, promoção e difusão de *bens culturais*.

Embora dotando o Estado de um verdadeiro *arsenal de fontes tributárias* para financiar o elevado custo desses *direitos sociais* que está obrigado a prover, atento às advertências da Doutrina[156] – no sentido de que *"o poder de tributar compreende o poder de destruir"*, o qual *"pode nulificar o poder de criar"*, vez que *quem tributa pode constranger, limitar, reduzir, cercear, impedir, obstruir ou anular as faculdades de quem é tributado* – e, seguindo a tendência mundial, o Constituinte procurou *incentivar* a participação do denominado *"terceiro setor"*, na complementação do exercício dessas *relevantes e custosas funções sociais* constitucionalmente cometidas ao Estado. Para tanto, a Constituição *imunizou de impostos*

---

156. cf. Joseph STORY in "Comentários à Constituição dos Estados Unidos" última edição de 1891, traduzida e adaptada à Constituição Brasileira por Theófilo Ribeiro, 1ª Ed., 1895, vol II, pág. 197.

e contribuições sociais, o patrimônio, a renda e os serviços, relacionados com as finalidades essenciais das *entidades beneficentes de assistência social, instituições de educação e de assistência social que, sem fins lucrativos, exerçam subsidiariamente aquelas atividades sociais originalmente cometidas* ao Estado, e cujo notório *interesse público*, por si só, *justifica* e *legitima* a imunidade tributária concedida àquele setor.

Desde logo, registre-se que a *expressão "instituição de educação"*, empregada no texto constitucional, *não se restringe* apenas às *instituições* destinadas à *formação e ao desenvolvimento da capacidade intelectual* do indivíduo, mas *abrange* todas as *instituições* destinadas à formação e ao desenvolvimento das *capacidades físicas,*[157] *morais, intelectuais, religiosas, artísticas e culturais* do indivíduo que, suprindo as deficiências individuais (natas ou inatas) naquelas diversas áreas, o capacitam para a vida em sociedade.

No que toca às *consequências jurídicas do reconhecimento da imunidade tributária*, com inigualável poder de síntese, Mizabel Abreu Machado Derzi[158] lembra que "do *ponto de vista jurídico*, em geral, todos se põem de acordo" em que a *imunidade é "regra jurídica, com sede constitucional"*, *"delimitativa* (no *sentido negativo*) da *competência dos entes políticos da federação, ou regra de incompetência"*, que "*obsta o exercício da atividade legislativa do ente estatal*, pois *nega competência para criar imposição em relação a certos fatos especiais e determinados"* e, portanto *não se confunde* e *"distingue-se da*

---

157. Nesse sentido Ives Gandra da Silva MARTINS e André Ramos TAVARES demonstram que "as *entidades federativas ou desportivas que incrementam a cultura física, intelectual, moral e cívica da juventude e possibilitam a integração de jovens ao mercado de trabalho desportivo são, reconhecidamente, entidades de "assistência social" para fins constitucionais-tributários"*. (cf. in "A imunidade de entidades dedicadas a incrementar a cultura física, intelectual, moral e cívica da juventude, através do esporte" publ. in *RDA* vol. 131/169-191).

158. cf. Mizabel Abreu Machado DERZI in "Limitações Constitucionais ao Poder de Tributar" de Aliomar Baleeiro, 7ª, Rio de Janeiro: Forense, 1997, Nota nas págs. 225/226.

isenção, que se dá no *plano infraconstitucional* da lei ordinária ou complementar". Na mesma ordem de ideias, Fábio Fanucchi,[159] há muito, já pontuava enfaticamente que

> a imunidade, [...] só poderá transformar-se em caso de incidência quando a decisão parta de legislador maior: o constituinte. Enquanto não removida a barreira constitucional, nenhuma escolha cabe ao legislador ordinário, senão a de se conformar com o fato de a coisa, a pessoa, ou o negócio estarem absolutamente apartados do campo da incidência.

Sob o *ponto de vista subjetivo* de sua aplicação concreta, verifica-se que a imunidade tributária é concedida *"intuitu personae"* às *"instituições de educação e de assistência social sem fins lucrativos"* e, por consubstanciar uma *exceção* aos *princípios* da *generalidade*, da *igualdade*, da *uniformidade* e da *universalidade* da tributação, somente se justifica sob o *primordial "interesse público"*[160] existente nas *atividades e serviços* por elas *desenvolvidos* e *desinteressadamente prestados à coletividade*, nas respectivas áreas sociais de atuação (saúde, educação, assistência social, cultura, habilitação e reabilitação das pessoas portadoras de deficiência, desenvolvimento científico, artístico e tecnológico, desporto e lazer etc.) que, por *corresponderem* ao atendimento de *"direitos sociais"* assegurados pela Constituição, o Estado tem o *dever de prestar e de estimular* (arts. 194, 196, 205, 206, 208 e 215 a 218 da CF/88) e, se viesse a prestar com as mesmas *amplitude e eficiência* do setor privado, ou a subvencionar na mesma medida, como deveria, certamente incorreria em *custos financeiros* muito *superiores ao valor da tributação inibida.*

---

159. cf Fabio FANUCCHI in *Curso de direito tributário brasileiro*. Ed. Resenha Tributária – IBET - 4ª Ed.. 1980, vol. 1. pág. 381.

160. cf. Ives Gandra da Silva MARTINS in *RDDT* vol. 37 págs. 97/117; cf tb. Aliomar BALEEIRO in "Clínica Fiscal", pág. 127 e in "Limitações Constitucionais ao Poder de Tributar", pág. 226, *apud* Souto Maior BORGES in *Isenções Tributárias*, 2ª Ed. Sugestões Literárias, 1980. pág. 66, Nota 85 e pág. 71. Nota 97.

UJUCASP

Portanto, é inquestionável que a outorga constitucional de imunidade de *impostos e contribuições sociais*, concedida às *"instituições de educação e de assistência social sem fins lucrativos"*, *não consubstancia* nenhum tipo de *"renúncia fiscal"*, *ato de "graça"* ou *"favor"* do Estado em relação àquelas instituições,[161] mas muito ao revés, se assenta em *dupla fundamentação*, pois se de um lado contempla um específico *interesse econômico* do próprio Estado, por *aliviá-lo parcial* ou *integralmente* dos encargos financeiros da prestação de serviços que lhe são cometidos pela Constituição, de outro lado, inspira-se no *mesmo fundamento inspirador da "imunidade recíproca"* prescrita na alínea "a" do inc. I do art. 150 da CF,[162] posto que uma como a outra, visam fundamentalmente a *tutelar o interesse público* existente na *prestação desinteressada*, à coletividade, de *serviços* que são *próprios da função estatal*, ainda quando *indiretamente* prestados por entidades de Direito Privado, em *substituição* ou *complementação* à atividade estatal no mesmo setor.

Nessa ordem de ideias, a rigor a própria *expressão "instituição sem fins lucrativos"*, utilizada no texto constitucional seria *redundante*, pois há muito já se pacificaram Doutrina[163] e Jurisprudência,[164] no sentido de que o *conceito de "instituição"* é *reservado* unicamente àquelas entidades essencialmente *"no profit"*, que *desinteressadamente prestam à coletividade* os *serviços de utilidade* ou de *interesse públicos* e que ao Estado cumpre *prover e estimular*, na sua *função institucional* de *tutelar os direitos individuais e sociais* assegurados pela Constituição. Entretanto, a *especificação "sem fins lucrativos"*,

---

161. cf. Ives Gandra da Silva MARTINS in *RDDT* vol. 37 págs. 100.

162. cf. Ruy Barbosa NOGUEIRA in "Imunidades contra impostos na Constituição anterior e sua disciplina na Constituição de 1988", Coedição IBDT/ Resenha tributária, 1990, pág. 92.

163. Cf. Aliomar BALEEIRO in *Limitações constitucionais ao poder de tributar*, 6ª ed. Forense revista e atualizada por Flavio Bauer Bovelli, 1985, págs. 144-145.

164. Cf. Ac. da 2ª Turma do STF no RE nº 93.463-RJ, em sessão de 16/04/82, Rel. Min. Cordeiro Guerra, publ. in RTJ vol. 101-02, págs. 769-775.

JUSTIÇA ECONÔMICA E SOCIAL

evidencia que o Legislador Constituinte pretendeu *reforçar* que a imunidade constitucional concedida àquelas instituições, *vincula-se exclusivamente* não só ao seu *objeto social* (atividades e serviços desenvolvidos nas áreas sociais de saúde, educação, assistência social, cultura, habilitação e reabilitação das pessoas portadoras de deficiência, desenvolvimento científico, artístico e tecnológico, desporto e lazer etc.), mas à sua *finalidade institucional* ("sem fins lucrativos"), pouco importando a *forma* de pessoa jurídica que adotem (associação, sociedade civil, fundação pública ou privada, organização religiosa, organização não governamental – ONG, Organização da Sociedade Civil de Interesse Público – OSCIPS etc.), ou o *caráter* que se lhes atribua (beneficente, filantrópico, recreativo, cultural, científico, religioso etc.), evidentemente desde que forma e caráter, sejam *lícitos*, e *justifiquem* a *destinação* e *aplicação* da propriedade privada e suas instrumentalidades, às *finalidades institucionais* para as quais foram criadas.

Referendando esses ensinamentos da Doutrina, a Jurisprudência do Pretório Excelso[165] já pontificou que a *cláusula "no profit" não traduz* nenhuma *proibição* ou *exclusão* de *exercício* de *atividade econômica* e *financeira, nem de cobrança de serviços* pela instituição, mas sim a *condição* de que essas *atividades sejam exercidas como instrumentos à consecução de suas finalidades institucionais de interesse público*, condição esta cujo *adimplemento* é, à final, aferido pela *comprovação* do fato *de não destinarem os seus resultados positivos à distribuição de lucros*, e da consequente *aplicação integral no País* e *nas aludidas finalidades*, de todos os *resultados líquidos não distribuídos*.

De fato, coerente com esta linha de raciocínio, a Suprema Corte tem reiteradamente proclamado que a "*característica*" das entidades sem fins lucrativos imunizadas de tributação, "*não é a ausência de atividade econômica, mas o fato de não destinarem os seus resultados positivos à distribuição de*

---

165. cf. Acórdãos do STF: RTJ 38/182, 57/274, 66/257, 101/769, 111/694.

lucros",[166] razão pela qual *não perdem a imunidade "as instituições [...] pela remuneração de seus serviços"*[167], eis que, sendo "instituição de assistência social, [...] *goza da imunidade tributária* [...], *mesmo na operação de prestação de serviços de diversão pública (cinema), mediante cobrança de ingressos* aos [...] seus filiados e ao público em geral",[168] pois "a *finalidade pública* da entidade e a *generalidade de sua atuação, não se acham comprometidas* pelo *fato de se destinarem ao universo de beneficiários constituídos por todos quantos são ou venham a ser empregados de uma empresa ou da própria fundação".*[169] Mais recentemente, o Pleno do STF pacificou o entendimento segundo o qual "a *imunidade tributária do patrimônio* das instituições de assistência social (CF, art. 150, VI, c)" *se aplica* "de modo a *pré-excluir a incidência do IPTU sobre imóvel de propriedade da entidade imune, ainda quando alugado a terceiro, sempre que a renda dos aluguéis seja aplicada em suas finalidades institucionais".*[170]

Assim, resulta claro que a *expressão "instituição sem fins lucrativos"* utilizada no texto constitucional, para *delimitar* o âmbito ou núcleo de atuação da imunidade tributária – este último exclusivamente vinculado ao *objeto social* (atividades e serviços desenvolvidos nas mais diversas áreas sociais de saúde, educação e etc.) e à *finalidade institucional* ("sem fins

---

166. cf. Ac. STF Pleno na ADI-MC n. 1802-DF, em sessão de 27/08/1998, Rel. Min. SEPÚLVEDA PERTENCE, publ. In DJU de 13/02/04, pág. 10, EMENT VOL-02139-01 pág. 64.

167. cf. Ac. da 2ª Turma do STF no RE nº 93.463-RJ, em sessão de 16/04/82, Rel. Min. Cordeiro Guerra, publ. in DJU de 14/05/82, pág. 4568 e in RTJ vol. 101-02, pág. 769.

168. cf. Ac. da 1ª Turma do STF no RE nº116.188-SP, em sessão de 20/02/90, Rel. Min. OCTAVIO GALLOTTI, publ. in DJU de 16/03/90, pág. 1869,EMENT VOL-01573-01, pág. 162.

169. cf. Ac. da 1ª turma do STF no RE nº116631-RS, em sessão de 30/08/88, Rel. Min. OCTAVIO GALLOTTI, publ. in DJU de 23/09/88, pág. 24175, EMENT VOL-01516-04, pág. 750.

170. cf. Ac. do STF Pleno no RE nº 237.718-SP, Rel. Min. Sepúlveda Pertence, publ. in DJU de 06/09/91; no mesmo sentido cf. Ac. da 2ª Turma do STJ no REsp nº 717.308-MG, Reg. nº 2004/0168530-2, em sessão de 19/05/2005, Rel. Min. CASTRO MEIRA, publ. in DJU de 01/08/05 p. 420.

JUSTIÇA ECONÔMICA E SOCIAL

lucrativos") da pessoa jurídica – *não está* de nenhuma forma *vinculada à produção* dos recursos financeiros por ela obtidos no desempenho de suas atividades institucionais, mas única e exclusivamente *vinculada à aplicação, gestão e destinação final* dos referidos recursos financeiros (fato de não destinarem os seus resultados positivos à distribuição de lucros) e, portanto, *não pressupõe, nem impõe qualquer obrigação de gratuidade,*[171] seja na *prestação dos serviços sociais* que *desinteressadamente prestam à coletividade,* seja na *destinação ou alocação integral* de seu *patrimônio* e respectivas *instrumentalidades* nas finalidades a que se destinam.

Note-se que, a par de *não constituir pressuposto constitucional* para a imunidade tributária assegurada às instituições de educação e assistência social, a instituição de *obrigação de gratuidade na prestação de serviços* desinteressadamente por elas prestados, representaria um grave *atentado à Constituição,* eis que, ao tutelar os *"valores sociais do trabalho e da livre-iniciativa"* (CF/88, arts. 1º, IV e 170), a *"propriedade privada"* (CF/88, art. 5º, XXII e 170, II), a *"livre-concorrência"* (CF/88, art. 170, IV) e o *"livre exercício de qualquer atividade econômica,* independentemente de autorização de órgão públicos" (CF/88, art. 170, parágrafo único), o legislador Constituinte pretendeu *assegurar* o *"princípio econômico"* segundo o qual, *"a fixação dos preços das mercadorias e serviços não pode resultar de atos de autoridade,* mas sim do livre jogo das

---

171. Nesse sentido, a Suprema Corte em memorável voto do Min. Cordeiro Guerra já assentou que: *"não procede o argumento* de que a expressão '*instituição de educação* esteja empregada no texto constitucional no *sentido de prestação de serviços, sempre gratuitos, sem aferição de rendas* para a sua manutenção. A *instituição pode ter rendas e cobrar serviços.* A *condição* para a *imunidade* é que essas *rendas ou recebimento da prestação de serviços sejam aplicadas integralmente no país, para as respectivas finalidades.* Se a lei fala em *aplicação de rendas no país,* é porque *admite a existência destas,* e, consequentemente, o *ensino retribuído.* Com a imunidade, *quis o Estado atrair a iniciativa particular* para o *terreno da educação, suprindo-lhe as deficiências e secundando-lhe* a ação nesse *setor de magna importância social"* Ac. da 2ª Turma do STF no RE nº 93.463-RJ, em sessão de 16/04/82, Rel. Min. Cordeiro Guerra, publ. in DJU de 14/05/82, pág. 4568 e in RTJ vol. 101-02, pág. 769.

forças em disputa de clientela na *economia de mercado*",[172] donde resulta que *intervenção do Estado naquelas atividades*, somente se justificaria, como órgão controlador unicamente para reprimir, na forma da lei, as estritas hipóteses, de *abuso do poder econômico* que vise à *dominação de mercados*, à *eliminação da concorrência* e ao *aumento arbitrário dos lucros* (CF/88, art. 173, § 3º), mas jamais para impor-lhes qualquer *obrigação de gratuidade, incompatível com o referido princípio* adotado pelo Constituinte originário.

Em suma, a imunidade tributária assegurada às instituições *sem fins lucrativos, pressupõe apenas ausência de finalidade de lucro*, mas *não exige ausência de atividade econômica, de rendimentos ou de cobrança pelos serviços prestados*, sem os quais as referidas instituições sequer se poderiam manter, o que seria um *contrassenso*, pois como ensina Carlos Maximiniano "a *Constituição não destrói a si própria*", eis que *não* pode "a *garantia individual*, [...], a *faculdade* [...], *exarada num dispositivo, ser anulada praticamente por outro*".[173]

Portanto, conclui-se que a *expressão "instituição sem fins lucrativos"* utilizada no texto constitucional, para *delimitar* o âmbito ou núcleo de atuação da imunidade tributária, *vincula* o gozo da exoneração tributária *exclusivamente* ao *objeto social* (atividades e serviços desenvolvidos nas mais diversas áreas sociais de saúde, educação e etc.), à sua *finalidade institucional* ("sem fins lucrativos") e à *aplicação, gestão e destinação final* dos recursos financeiros (*fato de não destinarem os seus resultados positivos à distribuição de lucros*) obtidos pela instituição no desempenho de suas atividades institucionais, *sem qualquer outra restrição* quanto à *forma* de pessoa jurídica que adotem (associação, sociedade civil, fundação pública ou privada, organização religiosa, organização não governamental – ONG, Organização da Sociedade Civil de Interesse

---

172. cf. Miguel REALE, in *Aplicações da Constituição de 1988*, Rio de Janeiro: Forense, 1990, págs. 14 e 43/44.

173. cf. Carlos Maximiniano in *Comentários à Constituição de 1946* 5ª ed. atualizada, L. E. Freitas Bastos S/A, 1954, vol. I, pág. 134.

Público – OSCIPS etc.), ao *caráter* que se lhes atribua (beneficente, filantrópico, recreativo, cultural, científico, religioso etc.), ou à produção *dos recursos* financeiros por ela obtidos, desde que sejam *lícitos*, e justifiquem a destinação e aplicação da propriedade privada e suas instrumentalidades, às finalidades institucionais para as quais foram criadas.

Releva finalmente ressaltar, que esse *núcleo substancial de atuação* que *delimita e justifica* a *imunidade tributária* assegurada às *instituições de educação e de assistência social sem fins lucrativos*, por ser de índole constitucional, obviamente *não pode* ser traspassado pela *legislação infraconstitucional* (complementar ou ordinária), pois como há muito já ensinava Cooley, como regra elementar de interpretação, "*quando a Constituição define as circunstâncias sob as quais um direito pode ser exercido, [...], a especificação é uma proibição implícita contra qualquer interferência legislativa para acrescer a condição [...] a outros casos*".[174]

Nesse particular, ainda vale lembrar a *advertência* da Suprema Corte no sentido de que "o Poder Público, especialmente em *sede de tributação, não pode agir imoderadamente*, pois a *atividade estatal acha-se essencialmente condicionada pelo princípio da razoabilidade*, que traduz *limitação material à ação normativa do Poder Legislativo. O Estado não pode legislar abusivamente*. A atividade legislativa está necessariamente *sujeita à rígida observância de diretriz fundamental*, que, encontrando suporte teórico no *princípio da proporcionalidade, veda os excessos normativos e as prescrições irrazoáveis do Poder Público. O princípio da proporcionalidade*, nesse contexto, acha-se *vocacionado a inibir e a neutralizar os abusos do Poder Público no exercício de suas funções, qualificando-se como parâmetro de aferição da própria constitucionalidade material dos atos estatais. A prerrogativa institucional de tributar*, que o ordenamento positivo reconhece ao Estado, *não*

---

174. cf. Thomas Cooley, in "Constitucional Limitations" – 8ª Edição Little Brown and Company, Boston, 1927 - vol. I, pág. 139.

lhe outorga o poder de suprimir (ou de inviabilizar) direitos de caráter fundamental, constitucionalmente assegurados ao contribuinte. É que *este dispõe*, nos termos da própria Carta Política, de um *sistema de proteção destinado a amparâ-lo contra eventuais excessos cometidos pelo poder tributante* ou, ainda, contra *exigências irrazoáveis veiculadas em diplomas normativos editados pelo Estado*."[175]

Entretanto, como já demonstrado em outro estudo,[176] esse intento constitucional de inserir o *"terceiro setor"*, na complementação do exercício das funções sociais devidas pelo Estado, tem sido frustrado seja pelo *excesso de regulamentação governamental* e *acúmulo de competências de órgãos governamentais envolvidos* (Ministérios da Fazenda, Educação, Previdência Social etc.) que *postergam e impedem* o *gozo da imunidade constitucional*, onerando injustificadamente os *serviços complementares* disponibilizados pela iniciativa privada, seja ainda por uma *mentalidade estatizante e burocrata* que, a par de não cumprir seus *deveres* constitucionais de *assegurar dignamente aos cidadãos*, os impostergáveis *direitos à saúde*, à *educação e à "assistência social"*, *impede* que a iniciativa privada *complemente as funções estatais inadimplidas*, assim vitimando a sociedade, que se vê *nulificada no "poder de criar"*, tal como profetizado pela Doutrina.

6. A doutrina social da Igreja e sua influência na economia

O Capítulo II do Compêndio da Doutrina Social da Igreja[177] revela que a doutrina social da Igreja expressamente se

---

175. cf. Ac. do STF Pleno na ADI-MC-QO n° 2551-MG, em sessão de 02/04/03 Rel. Min. CELSO DE MELLO, publ. in DJU de 20/04/06, pág. 05 EMENT VOL-02229-01, pág. 25.

176. Cf. Fernando L. Lobo d'EÇA in a "Disciplina Tributária do Terceiro Setor" in *Pesquisas Tributárias Nova Série* n° 15, coordenado por Ives Gandra da Silva Martins, Coedição Ed RT e CEU, 2009, págs. 158/189.

177. Cf. Compêndio da Doutrina Social da Igreja do Pontifício Conselho "Justiça e

JUSTIÇA ECONÔMICA E SOCIAL

situa no campo da "teologia e precisamente da teologia moral" e "não no campo da ideologia", o que de plano não somente afasta qualquer pretensão de ser um "sistema ideológico ou pragmático" que vise "a definir ou compor as relações econômicas, políticas e sociais", mas revela-se uma "categoria a se", ou uma "formulação acurada dos resultados de uma reflexão atenta sobre as complexas realidades da existência do homem, na sociedade e no contexto internacional, à luz da fé e da tradição eclesial", cuja "finalidade é interpretar estas realidades, examinando sua conformidade ou desconformidade com as linhas do ensinamento do Evangelho sobre o homem e sobre a vocação terrena e ao mesmo tempo transcendente", ou seja visa a "orientar o comportamento cristão".

Nesse contexto teológico, a "doutrina social" da Igreja consolidada a partir de suas Encíclicas Sociais no longo transcurso do tempo em que foram editadas, oferece um importante instrumento de "discernimento moral" sobre complexos eventos atuais e passados, como guia para inspiração individual e coletiva, para entender os comportamentos e opções futuras, seja para fins de regulação jurídica e econômica, seja ainda para orientação do comportamento moral individual e social.

Assim, o Capítulo VIII do Compêndio da Doutrina Social da Igreja expressamente *reconhece*: a) a *relação* "necessária e intrínseca" entre moral e economia, devendo esta inspirar-se na *justiça* e *solidariedade* como *fator de eficiência*, sendo *inaceitável* "um *crescimento econômico* obtido *em detrimento* de seres humanos", eis que a atividade econômica deve ter como "sujeitos *todos* os *homens* e *povos*" (itens 331 a 333); b) "a *liberdade da pessoa* em *campo econômico* como um *valor fundamental* e um *direito inalienável*", assim como a sua "*dimensão criativa*" e a "*capacidade* de *iniciativa empresarial*" como a "*riqueza principal* do homem" (itens 336 e 337); c) a "*justa função do lucro*" e a "*legítima busca do lucro*" *equitativo* como

---

Paz", tradução da Conferência Nacional dos Bispos do Brasil, 7ª Ed. Paulinas, 2011, n° 72, pág. 51.

resultante de que os "*fatores produtivos* foram *adequadamente usados*" (itens 339 e 340); d) "os *papéis dos empresários* e do *dirigente* revestem-se de uma *importância central* do *ponto de vista social*" e seu *dever concreto e específico* de *respeito* "à *dignidade humana* dos *trabalhadores*" e suas "*famílias*" (itens 344 e 345); e) o *dever* de *conformação* do Estado com o "*princípio da subsidiariedade*", cuja *tarefa fundamental* no âmbito econômico é *definir* e *regular* as relações econômicas *salvaguardando* as *condições primárias* de uma "*livre economia*" fazendo *respeitar* "*regras equitativas e transparentes*", e *intervir* pelo "*tempo mínimo necessário*" quando o "*mercado não obtenha* os *resultados de eficiência*", *garantindo* uma "*distribuição equitativa* de alguns *bens e serviços essenciais*" (itens 351 a 354); f) o sistema econômico social deve ser caracterizado pela *copresença de ação pública e privada, incluída* a *ação privada sem finalidade de lucro*" (item 356); dentre outros.

Neste ponto do estudo, já nos encontramos em condições de responder às indagações que nos foram formuladas e passamos a respondê-las:

i) Como compatibilizar a valorização do trabalho e a liberdade de iniciativa, princípios fundamentais da ordem econômica da Lei Suprema (art. 170 "caput")?

Resposta: Numa *economia de mercado*, o aumento ou decréscimo da *renda individual* estão *eticamente justificados* e *diretamente relacionados* com a *capacidade* e *produtividade* individuais (méritos ou valores individuais) e, *juridicamente* se fundamentam nos *princípios* de *proteção* da *liberdade econômica e da propriedade privada* que *asseguram* aos indivíduos (empregados e capitalistas) a *fazer seus* os *rendimentos* procedentes da *aplicação produtiva* de recursos (humanos e não humanos) no processo de *distribuição* de riquezas mediante o *sistema de preços*, sendo certo que qualquer *desigualdade* na distribuição de renda e riqueza *se justifica* nos *talentos* e *habilidades* pessoais e na *responsabilidade individual* pelas *decisões econômicas* tomadas no *livre jogo* das *preferências*

JUSTIÇA ECONÔMICA E SOCIAL

privadas (ócio ou trabalho mais intenso; trabalho por conta própria ou alheia; *adequação* na *escolha de atividade* ou no *emprego de capital*; *segurança* ou *risco* na aplicação de recursos e etc.).

ii) **Que aspectos das Encíclicas Sociais de Suas Santidades – desde a *Rerum Novarum* do Papa Leão XIII –** são mais importantes para implantação no século XXI?

Resposta: A "doutrina social" da Igreja, consolidada a partir de suas Encíclicas Sociais no longo transcurso do tempo em que foram editadas – entendida não como sistema ideológico, mas como uma *reflexão atenta* sobre as complexas realidades da existência do homem, na sociedade e no contexto internacional, à luz da fé e da tradição eclesial –, oferece um importante instrumento de "discernimento moral" para o século XXI, sobre os complexos eventos atuais e passados, como guia para inspiração individual e coletiva, para entender os comportamentos e opções futuras, seja para fins de regulação jurídica e econômica, seja ainda para orientação do comportamento moral individual e social.

Entre os pontos mais importantes, o Capitulo VIII do Compêndio da Doutrina Social da Igreja expressamente *reconhece*: a) a *relação* "necessária e intrínseca" entre moral e economia, devendo esta inspirar-se na *justiça* e *solidariedade* como *fator de eficiência*, sendo *inaceitável* "um *crescimento econômico* obtido *em detrimento* de seres humanos", eis que a atividade econômica deve ter como "sujeitos *todos* os *homens* e *povos*" (itens 331 a 333); b) "a *liberdade da pessoa* em *campo econômico* como um *valor fundamental* e um *direito inalienável*", assim como a sua "*dimensão criativa*" e a "*capacidade de iniciativa empresarial*" como a "*riqueza principal* do homem" (itens 336 e 337); c) a "*justa função do lucro*" e a "*legitima busca do lucro*" equitativo como *resultante* de que os "*fatores produtivos* foram *adequadamente usados*" (itens 339 e 340); d) "os *papéis dos empresários* e do *dirigente* revestem-se de uma *importância central* do *ponto de vista social*" e seu *dever concreto e específico* de respeito "à *dignidade humana* dos *trabalhadores*" e suas "*famílias*" (itens 344 e345); e) o *dever* de *conformação* do Estado com o "*princípio da subsidiariedade*", cuja *tarefa fundamental* no âmbito econômico é *definir* e *regular* as relações econômicas *salvaguardando* as *condições primárias* de uma "*livre economia*" fazendo *respeitar* "*regras equitativas e transparentes*", e *intervir* pelo "*tempo mínimo necessário*" quando o "*mercado não obtenha* os *resultados de eficiência*", *garantindo* uma "*distribuição equitativa* de alguns *bens e serviços essenciais*" (itens 351 a 354); f) o sistema econômico social deve ser caracterizado pela *copresença de ação pública e privada, incluída* a *ação privada sem finalidade de lucro*" (item 356).

iii) Políticas sociais para atender famílias de baixa renda deveriam exigir contrapartida como obrigação de os filhos estudarem?

Resposta: Não, como demonstrado a*s instituições sociais*, incluindo entre elas a *Nação* e o *Estado, não são* de modo algum *coisas sacras* em *cujo altar* devem ser *sacrificados os homens*, razões pelas quais as políticas governamentais, cuja finalidade seja atender famílias de baixa renda, devem obedecer ao critério de igualdade entre as referidas famílias de baixa renda, não podendo discriminar elegendo critério (obrigação de os filhos estudarem) que refoge à referida finalidade (atender às famílias de baixa renda.

iv) É possível praticar distribuição de riquezas sem geração de rendas?

Resposta: Não. Como demonstrado a *distribuição da renda* numa *economia de mercado* se opera dentro do *campo delimitado* por *princípios* de *proteção* da *liberdade econômica* constitucionalmente assegurados, que *garantem* aos proprietários de recursos (*humanos* e *não humanos*) uma *recompensa proporcional* à sua *contribuição marginal* na *produção econômica total* de bens e serviços resultante do *emprego* destes *recursos*, cuja *utilidade individual* se traduz em *preços* efetivamente *pagos* pelos referidos *bens e serviços produtivos*, disputados pela *livre-concorrência* entre proprietários dos recursos e seus consumidores. Da mesma forma, todos os *ingressos fiscais* devem sair, finalmente, da *renda individual*, corrente ou antecipada, donde decorre que a *tributação só pode existir* numa *economia de mercado*. Consequentemente, sem a geração de rendas pela economia privada, não há como praticar distribuição de riquezas, seja nos processos de distribuição do mercado, seja através do Estado, como decorrência das políticas sociais governamentais.

v) Como estimular investimentos no país, competindo com outras nações na sua atração, cuidando simultaneamente de políticas sociais?

Resposta: Um exemplo eloquente de como se pode através da técnica fiscal resolver um problema de tributação (v.g. bitributação) e ao mesmo tempo estimular investimentos econômicos, sem favorecer ou prejudicar a quem quer que seja, é o da Lei 9.249/95 (art. 10) relatado no Congresso da "International Fiscal Association de 2003", que eliminando a *dupla tributação* dos lucros no momento de sua *distribuição*, possibilitou um incremento do estoque de investimentos estrangeiros diretos no Brasil que, no período compreendido entre 1995 e 2000, cresceu 147%, passando de US$ 41,695 bilhões para US$ 103,014 bilhões (64% investimentos em serviços, 33,7% investimentos na indústria e 2,3% investimentos em agricultura pecuária e extração mineral), conforme dados fornecidos à época pelo Banco Central do Brasil, o que demonstra como a política de redução da carga tributária, incidente sobre as rendas da sociedade e do acionista, pode propiciar um sensível aumento dos investimentos estrangeiros diretos no país.

vi) O excessivo crescimento da burocracia é ou não inibidor de reais políticas sociais?

Resposta: Sim. A experiência demonstra irretorquivelmente que a *tendência* sempre crescente do *mecanismo burocrático* de *absorver a esfera de ação privada própria do indivíduo, ocasiona um mau funcionamento do Estado* no âmbito da atividade econômica (*ineficiência* na gestão financeira da administração estatal), que falseia e deforma não só as condições de *livre-concorrência, alterando artificialmente* a racionalidade e rentabilidade econômicas do mercado, seja porque *altera* as *capacidades econômicas* individuais e a *proporcionalidade da repartição* dos *encargos públicos*, que *justificam* o *dever de contribuir*, seja ainda porque *deforma a própria função econômica subsidiária do Estado, conduzindo* à *estatização* de toda a *economia* e *substituindo* a *soberania nacional* que originalmente pertence ao povo.

Referências bibliográficas

AMES, Edward Scribner. *Encyclopaedia of The Social Sciences*. New York: The Macmillan Company, 1937. Do verbete Confiscation, vol. IV, pág. 187".

BALEEIRO, Aliomar. *Limitações constitucionais ao poder de tributar.* 6. ed. Rio de Janeiro: Forense, 1985, p. 144-145. Edição revista e atualizada por Flavio Bauer Bovelli.

_____. *Direito tributário brasileiro*, 11. ed. Rio de Janeiro: Forense, 1999, p. 90. Edição revista e complementada à luz da Constituição de 1988, até a EC nº 10/96, por Misabel Abreu Machado DERZI.

BOCCHIARDO, José Carlos. *Tratado de Tributación.* Buenos Aires: Ástrea, 2009, p. 131. Tomo I Derecho Tributário Vol. 2 dirigido por Horacio A. García Belsunse.

BORGES, Souto Maior. *Isenções tributárias.* 2. ed. São Paulo: Sugestões Literárias S/A, 1980, p. 31/32, 74, 165/169 e 258.

BUCHANAN, James M. Hacienda Pública. Madrid: Editorial de Derecho Financiero, 1968. Cap. 14, p. 193. Versão castelhana e introdução de Alfonso Rodrigues Sáinz, Serie IV Tratados de Derecho Financiero y Hacienda Pública, vol. XII,

BUJANDA, Fernando Sainz de. *Hacienda e derecho:* Estudios de Derecho financeiro. Madrid: Ed. Instituto de Estudios Políticos, 1963, v. III, p. 294/295.

JUSTIÇA ECONÔMICA E SOCIAL

_____. *Hacienda y derecho. Estudios de derecho financiero.* Madrid: Ed. Instituto de Estudios Políticos, 1967, v. V, p. 568/569.

_____. *Hacienda y derecho. Estudios de derecho financiero.* Madrid: Ed. Instituto de Estudios Políticos, 1966, v. IV, p. 461/462.

CAMPOS, Francisco. *Direito constitucional.* Rio de Janeiro: Ed. Livraria Freitas Bastos S/A, 1956, v. II, p. 224.

_____. *Lei e regulamento* – Direitos individuais: parecer. RDA, Riod e Janeiro, n. 80., p. 376-378.

_____. *Direito constitucional.* Rio de Janeiro: Ed. Livraria Freitas Bastos, 1956, v. II, p. 330.

CAMPOS, Roberto. *A Lanterna na Popa.* Rio de Janeiro: Ed. Topbooks, 1994, p. 167.

CANOTILHO, José Joaquim Gomes. *Direito constitucional.* 5. ed. ref. e aum. São Coimbra: Livraria Almedina, 1992, p. 576.

CARNELUTTI, Francesco. *Teoria geral do direito.* São Paulo: Ed. LEJUS - Livraria e Editora Jurídica Senador, 1999, p. 114-15.

CARRAZA, Roque Antônio. *Curso de direito constitucional tributário:* revista, ampliada e atualizada pela Constituição de 1988. 3. ed . São Paulo: Ed. RT, 1991, p. 252.

CASSAGNE, Juan Carlos. *Los Grandes Principios del Derecho* Público Constitucional y *Administrativo.* 1. Ed. Buenos Aires: Ed. Thomson Reuters La Ley, 2015, p. 190 e 192

COOLEY, Thomas. *Constitucional Limitations.* 8. ed. Boston: Ed Little Brown and Company, Boston, 1927, v. I, p. 139.

CRETELLA JR, José. *Comentários à Constituição de 1988.* 3. ed. Rio de Janeiro: Forense Universitária, 1992, v. I , p. 259 e 364.

DERZI, Mizabel Abreu Machado. *Limitações Constitucionais ao Poder de Tributar* de Aliomar Baleeiro. 7. ed. Rio de Janeiro: Forense, 1997. Nota nas p. 225-226.

EÇA, Fernando L. da G. Lobo de. *Trends in company/shareholder taxation:* single or double taxation? In: INTERNATIONAL FISCAL

ASSOCIATION/Cahiers de Droit Fiscal International., 88ª., 2003, Sydney p. 207-233.

_____. Segurança jurídica em matéria tributária. In: MARTINS, Ives Gandra da Silva (coord.). *Segurança jurídica em matéria tributária*. Porto Alegre: Lex Magister, 2016. P. 443-503. (Série Pesquisas Tributárias- Ceu-Lex/Magister, n. 4).

_____. A disciplina tributária constitucional do terceiro setor. In: MARTINS, Ives Gandra da Silva (coord.). *Disciplina legal tributária do terceiro setor*. São Paulo: Ed. RT/Centro de Extensão Universitária, 2009. p. 158-189. (Série Pesquisas tributárias. Nova Série, n. 15)

FALCÃO, Amílcar de Araújo. *Direito tributário brasileiro*. Aspectos Concretos. São Paulo: Edições , 1960, p. 328 a 330.

_____. *Fato gerador da obrigação tributária*. São Paulo: Ed. Financeiras, 1964, p. 134, 138 e 139.

_____. Sistema Tributário Brasileiro: Discriminação de Rendas. São Paulo. Edições Financeiras. 1. ed., 1965, p. 54-55.

FANUCCHI, Fabio. *Curso de direito tributário brasileiro*. 4. ed. São Paulo: Ed. Resenha Tributária – IBET, 1980. V. 1. p. 381.

GASSET, José Ortega y. *A Rebelião das massas*. 5. ed. Campinas: Vide Editorial, 2016, p. 198-200. Trad. do original La rebelión de las masas por Felipe Denardi.

GURVITCH, Georges. Encyclopaedia of The Social Sciences. New York: Ed. The Macmillan Company, 1932, v. VIII, p. 509-514. Do verbete "Justice".

HAYEK, Friedrich A. *Los fundamentos de la Libertad*. 8. ed. Madrid: Unión Editorial, 2008, p. 343. Tradução do original Constitution of Liberty por José Vicente Torrente.

HUNGRIA, Nelson. Ilícito Administrativo e Ilícito Penal. *RDA*, São Paulo Renovar, 1991, p. 15-21.

JACQUES, Paulino. *Da Igualdade perante a Lei*. Rio de Janeiro: Ed. A Noite, 1947, p. 63. Seleção Histórica.

JÈZE, Gastón. *Cours de finances publiques*. Paris: Ed. Marcel Giard, 1933, p. 47.

MARQUES, José Frederico. *Direito penal tributário*. São Paulo: Coedição IBDF/Ed. Resenha Tributária, 1975, p. 15.

MARTINS, Ives Gandra da Silva; TAVARES, André Ramos. A imunidade de entidades dedicadas a incrementar a cultura física, intelectual, moral e cívica da juventude, através do esporte. RDA v. 131, p.69-191

MARTINS, Ives Gandra da Silva. *RDDT*, v. 37, p. 97-17.

MAXIMINIANO, Carlos. *Comentários à Constituição* de 1946. 5. ed. atu. Rio de Janeiro: Ed. Freitas Bastos, 1954, v. I, p. 134.

_____. *Comentários à Constituição Brasileira*. 5. ed. Rio de Janeiro: Ed. Livraria Freitas Bastos, 1954, v. III, p. 107-108.

MELO, José Eduardo Soares de. *ISS* – Aspectos teóricos e práticos. 4. ed. São Paulo: Dialética, 2005, p. 136-139.

MISES, Ludwig von. *Ação Humana:* um tratado de economia. 1. ed. São Paulo: Ed. Instituto von Mises Brasil, 2010, p. 347-348. Tradução do original inglês Human Action: A Treatise on Economics, por Donald Stewart Jr.

MORAES, Bernardo Ribeiro de. *Doutrina e prática do imposto sobre serviços*. 1. Tiragem, 1. ed. São Paulo: Ed. RT, 1984, p. 517-518

NEUMARK, Fritz. "Problemas de la teoría general de la renta". Madrid: Editorial de Derecho Financiero, 1964, p. 39. Do livro Problemas económicos y financieros del Estado intervencionista.

_____. "Política Fiscal Intervencionista y Dirigista" cit. p. 330-340. Do livro Problemas económicos y financieros del Estado intervencionista

_____. "Principios de la Imposición". Madrid: Ed. Instituto de Estudios Fiscales, 1974, p. 103/104.

NOGUEIRA, Ruy Barbosa. *Imunidades contra impostos na Constituição anterior e sua disciplina na Constituição de 1988*. São Paulo: Coedição IBDT/ Resenha tributária, 1990, p. 92.

NOZICK, Robert. *Anarquia, Estado e Utopia*. São Paulo: Ed. Martins Fontes, 2011, p. 352. Tradução de Fernando Santos

PONTIFÍCIO CONSELHO "JUSTIÇA E PAZ. Compêndio da Doutrina Social da Igreja, 7. ed. São Paulo: Paulinas, 2011, n. 72, p. 51. Tradução da Conferência Nacional dos Bispos do Brasil

PUGLIESE, Mario. *Instituciones de derecho financiero derecho tributário*. México: Ed. Fondo de Cultura Economica, 1939, p. 109/110. Versão española de José Silva.

REALE, Miguel. *Filosofia do direito*. 10. ed. São Paulo: Saraiva rev. e atual.: São Paulo, 1983, p. 260.

_____. *Aplicações da Constituição de 1988*. Rio de Janeiro: Forense, 1990, p. 14 e 43-44.

SCHMITT, Carl. *Teoría de la Constitución*. 1. ed. México: Alianza Ed., 1982, p. 138. Reimpressa em 1992.

SELIGMAN, Edwin R. A. *Essays in Taxation*. 9. ed New York: The Macmillan Company, 1921, p. 402-406 e 411-412.

SICHES, Luis Recaséns. *Introducción al estudio del derecho*. 4. ed. México: Porrúa, 1977, p. 73

_____. *Tratado general de filosofia del derecho*. 6. ed. México: Porrua, 1978, p. 480-481.

STOBER, Rolf. *Direito administrativo econômico geral* – Fundamentos e princípios direito constitucional econômico. Lisboa: Ed. Universidade Lusíada, 2008, p. 10.

STORY, Joseph. *Comentários à Constituição dos Estados Unidos*.1. ed. Ouro Preto: Typografia particular do Autor, 1894, v. II, p. 200. Da última Edição trad. e adapt. à Constituição Braziliera pelo Dr. Theóphilo Ribeiro.

_____. *Comentários à Constituição dos Estados Unidos*. 1. ª ed. Outro Preto: Typografia particular do Autor, 1895, v. II, p. 197. Da última edição de 1891, traduzida e adaptada à Constituição Brasileira por Theófilo Ribeiro.

SUNDFELD, Carlos Ari. *Direito administrativo ordenador*. São Paulo: Malheiros Editores,1993, p. 17.

TIPKE, Klaus. *Moral tributária del estado y de los contribuyentes* – Besteuerungsmoral und Steuermoral. Madrid: Ed. Marcial Pons, Ediciones Juridicas y Sociales, 2002, p. 90, 99-100. Tradução e notas de Pedro M. Herrera Molina.

VOGEL, Klaus. Tributos Regulatórios e Garantia da Propriedade no Direito Constitucional da República Federal da Alemanha. In: MACHADO, Brandão (Coord.). In: *Direito Tributário*: Estudos em Homenagem ao Prof. Ruy Barbosa Nogueira. São Paulo: Saraiva 1984, p. 541-554.

JURISPRUDÊNCIA CITADA

BRASIL. SUPREMO TRIBUNAL FEDERAL

___ RE n°116631-RS, 1ª Turma. Rel. Min. Octávio Gallotti, em sessão de 30/08/88, publ. in DJU de 23/09/88, p. 24175, EMENT VOL-01516-04, p. 750.

___ AI n° 482281 AgR-SP, 1ª Turma, Rel. Min. Ricardo Lewandowski, em sessão de 30/06/09, publ. in DJe-157 DIVULG 20/08/09, publ. in 21/08/09, EMENT VOL-02370-07, p. 1390, e in LEXSTF v. 31, n. 368, 2009, p. 127-130.

___ AI n° 482281 AgR-SP, 1ª Turma, Rel. Min. Ricardo Lewandowski, em sessão de 30/06/09, publ. in DJe-157 DIVULG 20/08/09, publ. in 21/08/09, EMENT VOL-02370-07, p. 1390, e in LEXSTF v. 31, n. 368, 2009, p. 127-130.

___ AI n° 830300 AgR-segundo-SC, 1ª Turma, Rel. Min. Luiz Fux , em sessão de 06/12/11, publ. in DJe-036, DIVULG 17/02/12, PUBLIC 22/02/12 e in RDDT n. 200, 2012, p. 167-170.

___ ARE n° 637717-GO AgR, 1ª Turma, Rel. Min. Luiz Fux, em sessão de 13/03/12, , publ. in DJe-065 DIVULG 29-03-2012, publ. in 30/03/12 e in RTJ vol. 220, p. 599.

___ ARE n° 637717-GO AgR, 1ª Turma, Rel. Min. Luiz Fux, em sessão de 13/03/12, , publ. in DJe-065, DIVULG 29/03/12, PUBLIC 30/03/12, e in RTJ VOL-00220, p. 599.

___ RE n°116.188-SP, 1ª Turma, Rel. Min. Octávio Gallotti em sessão de 20/02/90, publ. in DJU de 16/03/90, p. 1869, EMENT VOL-01573-01, p. 162.

___ Agr. Reg. em AI n° 241.201, 2ª Turma, Rel. Min. Celso de Mello , em sessão de 27/08/02, publ. in DJU de 20/09/02, p. 109 e in RTJ vol. 183/371.

___ AI n° 539833-MG AgR, 2ª Turma, Rel. Min. Joaquim Barbosa, em sessão 20/04/10, publ. in DJe-096 DIVULG 27-05-2010, publ. in 28/05/10 EMENT VOL-02403-05, p. 1487, e in LEXSTF v. 32, n. 378, 2010, p. 95-98.

___ RE 405386, 2ª Turma, Rel. Min. Ellen Gracie, em sessão de 26/02/13, Rel. p/ Acórdão: Min. Teori Zavascki, in DJe-057 de 25/03/13, publ. em 26/03/13, EMENT VOL-02685-01 PP-00001).

___ RE 523471-MG AgR, 2ª Turma, Rel. Min. Joaquim Barbosa, sessão de 06/04/10, publ. in DJe-071, DIVULG 22/04/10, PUBLIC 23/04/10 EMENT VOL-02398-05 p. 915 e in LEXSTF v. 32, n. 377, 2010, p. 203-209.

___ RE n° 657372-RS AgR, 2ª Turma, Rel. Min. Ricardo Lewandowski, em sessão de 28/05/13, publ. in DJe-108, DIVULG 07/06/13. PUBLIC 10/06/13.

___ RE n° 748257 AgR-SE, 2ª Turma, Rel. Min. Ricardo Lewandowsk, em sessão de 06/08/13, publ. in DJe-162, DIVULG 19/08/13, PUBLIC 20-08-2013.

___ RE n° 754554-GO AgR, 2ª Turma, Rel. Min. Celso de Mello, em sessão de 22/10/13, em sessão de 22/10/13, publ. in DJe-234, DIVULG 27/11/13, PUBLIC 28/11/13.

___ RE n° 81550-MG, 2ª Turma, Rel. Min. Xavier de Albuquerque, em sessão de 20/05/75, em sessão de 20/05/75, publ. in DJU de 13/06/75, p. 4181, EMENT VOL-00989-02, p. 629.

JUSTIÇA ECONÔMICA E SOCIAL

___ RE nº 82.510-SP, 2ª Turma, Rel. Min. Leitão de Abreu, em sessão de 11/05/76, publ. in RTJ v. 78/610.

___ RE nº 91707-MG, Rel. Min. Moreira Alves, em sessão de 11/12/79, publ. in DJU de 29/02/80, p. 975, EMENT VOL-01161-02, p. 512 e in RTJ v.. 96-03, p. 1354.

___ RE nº 93.463-RJ, 2ª Turma, Rel. Min. Cordeiro Guerra, em sessão de 16/04/82, , publ. in RTJ v. 101-02, p. 769-775.

___ RE nº 93.463-RJ, 2ª Turma, Rel. Min. Cordeiro Guerra, em sessão de 16/04/82, publ. in DJU de 14/05/82, p. 4568 e in RTJ v. 101-02, p.769.

___ RE nº 93.463-RJ, 2ª Turma, Rel. Min. Cordeiro Guerra, em sessão de 16/04/82, publ. in DJU de 14/05/82, p. 4568 e in RTJ v. 101-02, p.769.

___ RE nº 472012-MG AgR, 2ª Turma, Rel. Min. Cezar Peluso , em sessão de 06/08/12, publ. in DJe-158, DIVULG 10/08/12 PUBLIC 13/08/12.

___ AC-AgR-QO nº 1033-DF, Pleno, Rel. Min. Celso de Mello, em sessão de 25/05/06, publ. in DJU de 16/06/06, p. 04, EMENT VOL-02237-01, p. 021, LEXSTF v. 28, n. 331, 2006, p. 5-26.

___ ADI 2667 MC, Pleno, Rel. Min. CELSO DE MELLO, em sessão de 19/06/02, publ. in DJU de 12/03/04, p. 00036 EMENT V.-02143-02 PP-00275).

___ ADI-MC-QO nº 2551-MG. Pleno, Rel. Min. Celso de Mello, em sessão de 02/04/03, publ. in DJU de 20/04/06,pág. 05 EMENT VOL-02229-01 pág. 25.

___ ADI nº 1075 MC-DF, Pleno, Rel. Min. Celso de Mello, em sessão de 17/06/98, publ. in DJU de 24/11/06, p. 59, EMENT VOL-02257-01, p. 156, in RTJ vol. 200-02, p. 647, in RDDT n. 139, 2007, p. 199-211, in RDDT n. 137, 2007, p. 236-237.

___ ADI nº 1075 MC-DF, Pleno, Rel. Min. Celso de Mello, em sessão de 17/06/98, , publ. in DJU de 24/11/06, p. 59, EMENT VOL-02257-01, pág. 156, in RTJ vol. 200-02, p. 647, in RDDT n. 139, 2007, p. 199-211, in RDDT n. 137, 2007, p. 236-237.

UJUCASP

___ ADI nº 551 MC-RJ, Pleno, Rel. Min. Ilmar Galvão , em sessão de 20/09/91, em sessão de 20/09/91, publ. in DJU de 18/10/91, p. 14548, EMENT V.-01638-01, p. 117, e in RTJ V.-00138-01, p. 55.

___ ADI nº 551 MC-RJ, Pleno, Rel. Min. Ilmar Galvão ,em sessão de 20/09/91,em sessão de 20/09/91, publ. in DJU de 18/10/91, p. 14548, EMENT V.-01638-01, 117, e in RTJ V.-00138-01, p. 55.

___MI 58, Pleno, Rel. Min. Carlos Velloso, em sessão de 14/04/90, el. p/ Ac. Min. Celso de Melo, publ. in DJU de 19/04/91, pág. 4580, EMENT VOL-01616-01 PP-00026 e in RTJ Vol. 140/03, pág. 747.

___ MS 24268-MG, Pleno, Rel. Min. Ellen Gracie, em sessão de 05/02/04, Rel. p/ Acórdão Min. Gilmar Mendes, publ. in DJU de 17/09/04, p. 53, e in RTJ V.-191-03, p. 922.

___ Ac. do STF Pleno no RE nº 237.718-SP, Rel. Min. Sepúlveda Pertence, publ. in DJU de 06/09/01.

___ ADI 2010 MC, Pleno, Rel. Min. Celso de Mello em sessão de 30/09/99, publ. in DJU de 12/04/02, p. 51, EMENT V.-02064-01, p. 86.

___ RE nº 240.785-MG, Pleno, Rel. Min. MARCO AURÉLIO , em sessão de 08/10/14, in DJe-246 DIVULG 15/12/14, publ. em 16/12/14, EMENT VOL-02762-01, p.-00001.

___ HC nº 80.542-MG, Pleno, Rel. Min. Celso de Mello, publ. in RTJ vol. 188/195.

___ACO-QO nº 1048-RS, Pleno, Rel. Min. Celso de Mello, em sessão de 30/08/07, publ. in DJU de 31/10/07, p. 77 EMENT VOL-02296-01 p. 01.

___ ACO-QO nº 1048-RS, Pleno, Rel. Min. Celso de Mello, em sessão de 30/08/07, publ. in DJU de 31/10/07, pág. 77 EMENT VOL-02296-01 pág. 01.

___ RE nº 455017-RR, Pleno, Rel. Min. Cármen Lúcia, em sessão de 03/12/09, publ. in DJe-237, DIVULG 17/12/09, publ. 18/12/09.

___ ADI-MC n. 1802-DF, Pleno, Rel. Min. Sepúlveda Pertence, em sessão de 27/08/1998, publ. In DJU de 13/02/04, pág. 10, EMENT VOL-02139-01, pág. 64.

___ RE 812063-PE, Rel. Min. Ricardo Lewandowski, exarada em 11/06/14, publ. in DJe-115, DIVULG 13/06/14, PUBLIC 16/06/2014.

___RE nº 771921-GO, Rel. Min. Celso de Mello, exarada em 24/10/13, publ. in DJe-215, DIVULG 29/10/13, publ. 30/10/2013.

___ AI no RE 469559-RS, 1ª Turma, Rel. Min. Celso de Mello, julgado em 28/03/06, publ. in DJU de 17/04/06, pág. 59.

___ ARE nº 895997-PR, Dec. Mon, Rel. Min. Cármen Lúcia, exarado em 06/07/15, publ. in DJe-155, DIVULG 06/08/15, PUBLIC 07/08/15.

___ ARE nº 844527-BA, Decisão, Rel. Min. Celso de Mello, exarada em 05/11/14, publ. in DJe-221 DIVULG 10/11/14, PUBLIC 11/11/14.

BRASIL. SUPERIOR TRIBUNAL DE JUSTIÇA

___ REsp nº 776152-PE, Reg. nº 2005/0139951-0, 1ª Turma, Rel. Min. Luiz Fux em sessão de 13/02/07, publ. in DJU de 15/03/07 p. 268, LEXSTJ vol. 212, p. 187).

___Ag. Rg. no Ag. Inst. nº 421.317-SC, Reg. nº 2001/0160292-8, 2ª Turma, Rel. Min. João Otávio de Noronha, em sessão de 11/05/04, publ. in DJU de 14/06/04, p. 191).

___ REsp nº 184576/SP, Reg. nº 1998/0057492-1, 2ª Turma, Rel. Min. Franciulli Netto, em sessão de 05/09/02, publ. in DJU de 31/03/2003 p. 183.

___ REsp nº 717.308-MG, Reg. nº 2004/0168530-2, 2ª Turma, Rel. Min. Castro Meira,em sessão de 19/05/2005, publ. in DJU de 01/08/05, p. 420.

___ REsp nº 677585-RS, 1ª Turma, Rel. Min. Luiz Fux , em sessão de 06/12/05, publ. in DJU de 13/02/06, p. 679.

___ REsp nº 75730-PE, 1ª Turma, Rel. Min. Humberto Gomes de Barros, em sessão de 03/06/1997, publ. in DJU de 20/10/97 p. 52.976.

___ REsp 240.449/DF, 5ª Turma, Rel. Ministro Jorge ScartezziniI, julgado em 09/05/2000, DJ 19/06/2000, p. 194.

TRABALHO REIFICADO E DIGNIDADE HUMANA À LUZ DA *LABOREM EXERCENS*

André Gonçalves Fernandes

Graduado *cum laude* pela Faculdade de Direito do Largo de São Francisco. Mestre, Doutor e Pós-Doutorando em Filosofia e em História da Educação pela Unicamp. Juiz de direito titular de entrância final. Pesquisador do grupo Paideia, na linha de ética, política e educação (DGP – Lattes) e professor-coordenador de metodologia jurídica do CEU Escola de Direito. Juiz Instrutor da Escola Paulista da Magistratura. Colunista do Correio Popular de Campinas. Detentor de prêmios em concursos de monografias jurídicas e de crônicas literárias. Autor de livros publicados no Brasil e no Exterior e de artigos científicos em revistas especializadas. Titular da cadeira 30 da Academia Campinense de Letras.

Resumo: O trabalho é tido, no mundo contemporâneo, como uma das características que distinguem o homem das demais criaturas e cuja atividade é relacionada com a conservação da própria *vita activa*. O trabalho vem a ser também, na Encíclica *Laborem Exercens*, "a chave da questão social". No século passado, o problema do trabalho coincidia com as questões salariais e de condições laborais entre patrões e operários.

Hoje, o mesmo problema, reconsiderado, a par das mesmas questões, ainda suscita conotações muito diferentes. Com efeito, a humanidade ruma ao fim de um ciclo civilizatório, caracterizado pela matriz energética dos hidrocarbonetos, e está apta a desencadear um outro, onde a telemática e a automação industrial darão nova cadência à produtividade laboral do homem e revolverão profundamente os tipos e as condições do trabalho humano, além de seu sentido e alcance existenciais.

Nesse novo ciclo, será de extrema importância o resgate das fontes da dignidade do trabalho em sua dimensão subjetiva: o primeiro fundamento do valor do trabalho é o próprio homem, considerado como pessoa e, por isso, convém que seja engrandecido por meio de seu regime de trabalho e não reduzido a um mero instrumento dos ditames facilmente reificáveis daquela produtividade.

Palavras-chave: Trabalho Humano – Reificação – Dignidade Humana – Sociedade.

Sumário: 1. Introdução – 2. Desenvolvimento – 3. Considerações finais – Referências bibliográficas.

1. Introdução

Podemos dizer que três são as correntes predominantes na conceituação do trabalho:

a) O pensamento clássico, representado sobretudo por Aristóteles, cuja incidência é notada ao longo de toda a Idade Média e, ainda em alguns aspectos, até os nossos dias;

b) A inflexão cartesiana, nos primórdios da filosofia moderna, em que a perspectiva clássica é alterada;

c) O aporte do Cristianismo, a partir da Encíclica *Rerum Novarum* e as subsequentes *Quadragesimo Anno, Laborem Exercens* e *Centesimus Annus*, as quais matizaram e ressignificaram os eixos estruturantes das concepções anteriores, em prol de uma estrita e real dignificação do trabalho humano.

Sabemos que o povo greco-romano nunca concedeu ao trabalho[1] a consideração social e a relevância política que nosso tempo tem demonstrado, apesar de algumas vozes dissonantes, como as de Hípias, Virgílio, Ovídio e Cícero. Para Aristóteles, principal referencial teórico desse sentir geral daquele povo, existia uma divisão bem clara: os trabalhos servis, sustento do corpo e da vida, e o ócio (*skhole*), espaço para a teoria e contemplação, a única ocupação digna do homem livre dessa época.[2]

Pieper (1993, p. 11-15) explica que

> somente nesse contexto cultural de desvalorização do trabalho podem ser compreendidas afirmações como a de Aristóteles ("Trabalhamos para ter ócio"), tão contrária à opinião corrente ("Descansamos para seguir trabalhando") e somente com esse modo de se enfocar o problema entende-se porque, no idioma grego, não exista um termo apropriado para expressar diretamente a ideia de trabalho: mais tarde, o mesmo sucederá no latim, na estipulação de sentido dos vocábulos "trabalho" e "trabalhar", sempre com um viés restrito e derivado da intepretação a *contrario sensu* da expressão "ócio". Dessa maneira, em latim, o substantivo "ócio" (*otium*), primário desde uma perspectiva

---

1. Na Hélade e em Roma, o trabalho manual ou físico constituía uma espécie de analogado principal e quase exclusivo da noção geral de trabalho. Para ambas as civilizações, a empiria social era formada por uma classe superior de cidadãos na posse e no gozo pleno dos direitos. Esses cidadãos não trabalhavam, porque os demais eram obrigados a trabalharem para eles, a fim de poderem se ocupar da guerra, da arte, da ciência e dos assuntos relativos à condução dos destinos políticos da cidade. Na mentalidade de tais povos, havia uma relação biunívoca ou de sinonímia entre trabalho e escravidão.

2. A palavra (ARENDT, 2009:23) "grega *skhole*, como a latina *otium*, significa, basicamente, isenção de atividade política (*bios politikos*) e não simplesmente lazer ou diversão, embora ambas sejam também usadas para indicar isenção do labor e das necessidades da vida, em prol da *bios theoretikos* (vida contemplativa). Excelente descrição da vida cotidiana de um cidadão ateniense comum, que goza de completa isenção de labor e de trabalho, pode ser encontrada em Fustel de Coulanges, *The Ancienty City*, (Anchor; 1956, p. 334-336). Qualquer um se convencerá de como a atividade política ocupava o tempo dos cidadãos nas condições da cidade-estado. Pode-se facilmente imaginar como essa vida política comum era cheia de preocupações, quando se recorda que a lei ateniense não permitia que um cidadão permanecesse neutro e punia com perda de cidadania aqueles que não quisessem tomar partido em disputas faccionárias".

linguística, opõem-se os derivados *"neg-otium"* e *"neg-otiare"*. Assim, essa perspectiva faz com que, na citada afirmação aristotélica, o "trabalhamos" seja melhor entendido como sendo "Estamos não ociosos", resultando o enunciado completo em "Estamos não ociosos para ter ócio". São impressionantes o sentido e o alcance do ócio – entendido como nobre atividade contemplativa e não como hoje o tomamos, representativo de repouso ou mera inatividade[3] – celebrados pelo provo greco-latino. E, ao mesmo tempo, a desvalorização do trabalho, tido como um autêntico mal, indigno do homem livre (tradução livre).

Pretendemos assinalar que a noção greco-romana de trabalho dista em muito da noção contemporânea, onde o trabalho é uma realidade quase absolutizante do cotidiano do indivíduo e, a nosso ver, aquela noção guarda relação intrínseca de causa e efeito com a deficiência epistemológica do povo grego-latino em conceber o ser humano como pessoa.

Fabro (1993, p. 15-16) acentua que

> *a categoria fundamental de pessoa, com sua peculiar dignidade, a par de sua condição de ser livre, permaneceu estranha ao mundo greco-romano que, mesmo com consciência da liberdade do indivíduo, pensava que somente alguns homens nasceram para serem livres (enquanto cidadão ateniense ou romano) e não o homem como tal, isto é, todo homem em virtude de sua humanidade e não somente em razão do censo, da força, do caráter ou da cultura e de outros fatores secundários, nomeados por Kierkegaard como a "injustiça das distinções particulares no banquete da fortuna" (tradução livre).*

A concepção madura da liberdade humana, juntamente com a de pessoa humana, surgirá apenas com o advento do cristianismo, segundo o qual todo indivíduo foi criado à imagem e semelhança de Deus. Hegel (1994, p. 63) pontua que

---

3. Não estamos aqui a depreciar o alto conceito do ócio como espaço para a contemplação, patrimônio dos clássicos e tão necessário numa época, como a nossa, em que esse conceito restou reduzido quase universalmente a sinônimo de diversão e jogo, ressignificações, muitas vezes, empobrecedoras da ideia de pessoa humana.

> certamente, o sujeito, no mundo antigo, era um indivíduo livre, mas se sabia livre somente como cidadão ateniense ou romano. Mas, para que o homem fosse livre em si e por si, segundo a própria subsistência *e em razão do simples nascimento, isto não supuseram nem Platão, nem Aristóteles, nem Cícero e nem mesmo os jurisprudentes romanos*, ainda que este conceito fosse a fonte do direito. Foi apenas com o cristianismo que, pela primeira vez, o espírito individual pessoal é essencialmente de valor infinito e absoluto (tradução livre).

Assim, somente ao cidadão greco-romano correspondiam os atributos que hoje consideramos próprios de toda pessoa, ou seja, precisamente aqueles que, naquela época, não trabalhavam, podiam exercer funções que atualmente conceituamos como as mais nobres e, paradoxalmente, como resultado da abstenção de trabalho: gerir a coisa pública e potencializar a cultura, enriquecendo-as e configurando-as.

A partir da Idade Moderna, desencadeia-se uma mudança de perspectiva que conduzirá, alguns séculos mais tarde, à inversão do paradigma clássico: exaltação do trabalho e desvalorização do ócio que, aos poucos, também vai perdendo seu sentido clássico e originário.

Tudo começa com Descartes (1996, p. 61-62), em seu *Discurso sobre o método*, o qual pretende

> substituir essa filosofia especulativa que se ensina nas escolas, *por outra radicalmente prática,* por meio da qual, conhecendo a força e as ações do fogo, do ar, dos astros, dos céus e de todos os demais corpos que nos rodeiam [...] *poderíamos empregá-los do mesmo modo para todos os usos a que sejam próprios* e, assim, *nós nos tornaremos donos e senhores da natureza* (destaques nossos).

Em outras palavras, o câmbio de interesse no objeto de estudo da filosofia, com imediatos reflexos na ciência, desde o conhecimento elementar que pode ser obtido das coisas mais elevadas até o conhecimento profundo e matemático de coisas materiais menos importantes, conduz o pensamento na busca apenas daquilo que seja dotado de uma utilidade intrínseca de transformação da natureza que nos rodeia.

A conhecimento, então, deixa a órbita da contemplação e ruma em direção da manipulação, estreitamente aparentada com aquilo que mundo greco-romano conhecia por "trabalho", ainda que dotado com uma maior pretensão de cientificidade. Segue-se, como corolário, uma linha reta (MELENDO, 2002, p. 21) entre Descartes, Bacon, Leibniz, Hume e Marx, entre outros que, cada qual a seu modo, proporcionam uma deriva maior nessa alteração de paradigma filosófico ou nesse giro copernicano epistemológico.

A afirmação cartesiana encerra três consequências revolucionárias, a julgar, pelo menos, pelos efeitos sentidos pela humanidade nos séculos posteriores:

a) A criação de uma técnica ou de um método de trabalho especulativo, capaz de assenhorar o homem frente ao mundo criado. Aqui, convém lembrar que essa técnica é herdeira direta da *techné* aristotélica, cujo fim era o de dirigir as transformações, feitas pelo trabalho (aquilo que os gregos conheciam como *poiésis*), na natureza. O fim da técnica cartesiana, bem longe de se assemelhar à *teoría* e à *techné* dos gregos, ainda que dotada com uma auréola de maior cientificidade, ao cabo, coincide com o fim último do trabalho daquele povo, qual seja, o de subsidiar as necessidades materiais humanas. No fundo, Descartes almejava a transformação da filosofia especulativa em puro saber técnico apto a (1996, p. 61-62) "não só inventar uma série de artifícios que nos permitam gozar dos frutos da terra [...], mas também para proporcionar a conservação da saúde, sem dúvida, o primeiro bem e fundamento dos demais bens dessa vida".

b) A absolutização do *homo faber*, um ser transformador por essência. Esse é o efeito da premissa contida no item anterior, uma espécie de coerente desenvolvimento lógico do princípio cartesiano. A substituição da filosofia especulativa por um pensamento estritamente prático demanda a renúncia de uma das dimensões mais radicalmente enaltecedoras do homem: sua aptidão contemplativa (a *teoría* dos gregos), na qual reside justamente a ideia do cosmos como um todo harmônico e transcendente, com a multiplicidade de repercussões que tal ideia representa para a existência particular de cada homem em sua realidade histórico-social e para a o conjunto da humanidade. Nessa guinada absolutizante, o homem tapou seu ouvido "para o ruído atento do ser das coisas" (Heráclito).

c) A redução epistemológica do ser do homem. O homem apequena-se na dignidade que lhe caracteriza, pois, ao ser mitigado somente às suas dimensões inferiores (porque envolvem o estrito trato com a matéria), resta diminuta sua aptidão para transcender esse mundo que ele justamente busca transformar e se assenhorar. Essa cegueira para as dimensões mais elevadas do espírito deixa o homem indefeso diante de si mesmo, haja vista o alto grau de poderio técnico a que a humanidade alcançou, acompanhado de uma generalizada incapacidade para uma busca de sentido existencial para tudo isso.

Entretanto, a revolução cartesiana do século XVII não consistiu somente num leque de impactos negativos. Ela propiciou ao homem uma consciência mais plena de sua superioridade sobre o orbe material e do papel que lhe compete: o de domínio que molda a realidade precisamente por meio do trabalho. Sem dúvida, a partir dessa guinada epistemológica, o trabalho humano passou a ser visto de uma forma positiva no âmbito social.

Mas não foi só. Nos séculos seguintes, o trabalho humano torna-se objeto de mercancia, suscetível de ser negociado de acordo com as leis – muitas vezes, draconianas – de oferta e procura.

Nesse quadro, ergue-se o capital que, com uma semelhança próxima à do ócio clássico, toma o lugar do trabalho manual ou físico: o trabalhador fica à completa mercê do capital e das novas técnicas industriais. Sua dignidade existencial é afetada e, ao mesmo tempo, encerra em si a semente de uma posterior exaltação social e política do trabalho humano com Marx.

Com efeito, as enormes concentrações de trabalhadores manuais, produzidas pela Revolução Industrial, fazem com que se constituam num fator de peso, o qual deve ser levado em conta no fluxo das engrenagens sociais. Por outro lado, o estado de prostração dessas concentrações de indivíduos desencadeia uma série de reações que, ao cabo, acabam por conduzir o trabalho ao privilegiado posto que até hoje ocupa no seio social.

No início, tais reações são alimentadas pela consciência natural de que todo homem tem sua dignidade pessoal e, também, pelo sentimento natural de repúdio ante a injustiça e a desigualdade injustificada. Ato contínuo, Marx alimenta ainda mais o caldo dessas reações, transformando-se no estandarte do movimento obreiro, ainda que seus pressupostos materialistas de fundo consagrem a degradação do trabalhador, dialeticamente identificado com a natureza material por ele transformada,[4] ao:

a) Galvanizar um maior espaço para anarquistas e socialistas, cujo efeito revolucionário foi mera consequência lógica;

---

4. Para o marxismo, o homem só existe na medida em que modifica o orbe terrestre por intermédio de seu trabalho. O homem é trabalho e o trabalho cria o homem. Nele, não há outra dimensão que importe que não seja a laborativa – *animal laborans*. Aliás, a promoção absolutizante do trabalho a partir de Marx (e mesmo de Adam Smith) decorre da análise estudiosa do trabalho improdutivo, assemelhado ao labor clássico (laborar significava ser subjugado pelas necessidades materiais vitais, como os escravos), e da fascinação teórica pela produtividade real e sem precedentes na história da humanidade ocidental de então. Para Marx, não é o próprio trabalho, mas o excedente da força de trabalho humana que explica a produtividade de qualquer labor e a introdução desse termo, como Engels observou corretamente, constitui o dado mais original de seu pensamento.

b) Propor uma espécie de utopia escatológica, decorrente do fato de o marxismo – teórica e aparentemente – conferir ao trabalho e ao trabalhador uma função de primeira ordem na marcha da sociedade rumo ao estágio definitivo de bem-aventurança terrestre.[5]

A mesma exaltação teorética do trabalho, por parte dos economistas clássicos, alimenta, por outro lado, o capitalismo industrial e suas sucessivas revoluções técnicas, as quais influem muito diretamente e não só por reação às demandas proletárias, cujo efeito empírico repousa na marcha progressivamente ascendente do papel social e político consignado ao trabalho humano.

Em suma, três são os fatores intimamente conectados que contribuíram para o engrandecimento contemporâneo da dimensão trabalhista:

a) O enaltecimento teórico do poder transformador do trabalho, preconizado paradigmaticamente por Descartes;

b) A verificação efetiva desse mesmo poder, encarnado, ao passo dos séculos, num progressivo e efetivo domínio sobre a natureza;

---

5. Este ponto merece uma especial atenção. Marx (MELENDO, 2002, p. 26) identifica dialeticamente o trabalhador com o produto de sua tarefa. Em virtude dessa equiparação, o labor transformador do proletário acaba por conduzi-lo a uma mutação transcendental de sua condição histórico-social. Todavia, essa mutação não se dá de maneira imediata nem repercute naqueles que a desencadearam. Assim, a perspectiva de aperfeiçoamento do trabalhador como ser humano resta ausente nessa perspectiva. O motor da ação dos trabalhadores é o câmbio profundo nas condições socioeconômicas configuradoras da sociedade e, por sua vez, as novas condições – recordemos que o materialismo marxista reduz o ser humano ao *homo economicus* – produzirão, sucessivamente, novos trabalhadores marcados pelo signo da felicidade. No fundo, o proletário exerce seu labor sempre com vistas à uma futura emancipação das contradições econômicas até o dia em que surja uma nova humanidade. Ainda que a história tenha empiricamente demonstrado a falsidade dessas previsões, não paira a menor dúvida de que elas sustentam alguns elementos que, aparentemente, desembocariam na valorização do trabalho e da classe proletária, convertidos em propulsores do progresso histórico.

c) As reações humanas ante as injustiças que a implantação desta nova concepção de homem e de natureza traz consigo num dado momento histórico.

Todos esses elementos fazem com que a figura do trabalhador, e mesmo a do trabalho, seja engrandecida e assuma perfis cada vez mais dignos. Hoje, como reflexo disso, muitos ostentam sua condição de trabalhador como o maior título de magnanimidade intrínseca.

Por isso, nos dias correntes, o trabalho é consagrado com elemento estruturador de toda a civilização ocidental: a nobreza e o *status* que dele derivam adquirem cada vez mais importância e, por isso, passam a desentranhar sua natureza íntima e sua índole profundamente pessoal.

2. Desenvolvimento

Podemos, a par de tantas outras definições – só que incompletas, porquanto não abrangem a fenomenologia laboral em sua essencialidade – conceituar o trabalho como (MELENDO, 2002, p. 104).

> um conjunto de atividades humanas, veiculadas por uma concitação de forças rumo a um concreto resultado distinto dela, necessárias como meio e tecnicamente qualificadas, por meio das quais o ser humano transforma a natureza em benefício próprio, coopera para o bem comum e se aperfeiçoa enquanto pessoa.

Nessa definição, pretendemos, na linha do título deste ensaio, analisar os vínculos orgânicos entre sua primeira parte e os fins expostos na segunda, mormente o aspecto transformador do orbe material, e que compõem, em seu conjunto, segundo a encíclica *Laborem Exercens*, a dimensão subjetiva do trabalho humano, *locus* em que reside sua dignidade específica.

Em outras palavras, procuraremos traçar os limites e as formas pelos quais a modificação da natureza material é parte da dignidade específica do trabalho humano e em que medida

JUSTIÇA ECONÔMICA E SOCIAL

e de que modo o atual estágio tecnológico de nossa civilização favorece ou impede um sadio diálogo entre o trabalho e a dimensão ontológica do homem.

Para tanto, o trabalho deve ser encarado sob o ponto de vista da humanidade como um todo, pois (BUTTIGLIONE, 1994, p. 174)

> todo trabalho particular – inclusive aqueles que, diretamente, não têm nada a ver com a transformação material da natureza – poderia ser considerado um fragmento do trabalho coletivo, por meio do qual os homens dominam a natureza e se constituem senhores dela, aperfeiçoando-se como pessoas (tradução livre).

Nessa definição, o papel conferido à transformação do universo físico, no conjunto do trabalho humano, é semelhante àquele desempenhado pelo corpo no interior da pessoa: elemento imprescindível e que participa plenamente da dignidade correspondente ao ser humano, configurado mais como condição de sobrevivência e aperfeiçoamento do que como fator que conduz à melhora pessoal.

Dessa forma, o domínio da natureza, que ao ser humano lhe compete em virtude de sua condição de pessoa, composta de corpo e alma, somente restará legitimado na medida e na proporção em que, no interior de cada indivíduo, a dimensão anímica domine efetivamente e guie os elementos corpóreos. Isto é, todo ser nascido nesse mundo deve trabalhar não somente para se manter vivo, mas também para esforçar-se por alcançar sua perfectibilidade.

Nesse afã, o ser humano acaba por buscar os três fins a que já aludimos: ao proporcionar bens e serviços necessários e úteis, o ser humano transforma a natureza em seu benefício; ao desenvolver seus talentos naturais, aperfeiçoa-se como pessoa e, ao fazer (no sentido do *facere* latino) servindo aos demais e com eles cooperando, age em prol do bem comum.

Essa tríplice função confere ao trabalho um lugar tão central na vida humana, a ponto de ser quase inconcebível uma vida sem trabalho. Como ressalta Camus (*apud* SCHU-MACHER, 2000, p. 16), "Sem trabalho, toda a vida apodrece e, quando o trabalho é anódino, a vida se asfixia e morre" (tradução livre).

Ao transformar a natureza, ou seja, ao submeter as circunstâncias materiais à ação moldadora de seu entorno, o homem não atenta contra sua dignidade se e tão somente se, nesse desafio, não renegar sua condição de imagem e semelhança do Absoluto, que constitui o fundamento definitivo de sua nobreza.

Como consequência, sendo um projeto global de domínio do universo físico, seja uma modesta transformação local da natureza por intermédio do trabalho individual, somente pode ser chancelada, no mundo do trabalho, uma perspectiva propriamente humana da existência, a incrementar a dignidade pessoal de quantos venham a intervir, quando essa perspectiva permite e auxilia o homem a dirigir-se rumo à transcendência vertical.

Sucede assim na sociedade contemporânea, uma civilização cada vez mais forjada na dura bigorna da técnica? Será que a concepção reinante de trabalho estimula o desenvolvimento da dignidade pessoal ou degrada o ser humano rumo a uma nauseante existência coisificada ou reificada?

Como técnica, entendemos (ORTEGA Y GASSET, 1992, p. 28) a alteração que o homem impõe à natureza, tendo em vista a satisfação de suas necessidades vitais. Para se compreender a amplitude epistemológica de uma civilização fundada no primado da técnica, serve-nos a advertência de Heidegger (1998, p. 19): "É precisamente a técnica moderna, e somente ela, o elemento inquietante que nos impulsiona a perguntar justamente o que é a técnica" (tradução livre).

Essa técnica a que se refere Heidegger não é a técnica abstratamente considerada, mas a configuração empírica e concreta que esse fabuloso instrumento humano assumiu desde o começo do século XIX e que marcou, indelevelmente,

JUSTIÇA ECONÔMICA E SOCIAL

o curso de nossa civilização e de nosso trabalho nessa quadra histórica, da qual somos testemunhas fenomenológicas. A técnica, como configuradora do homem contemporâneo, que se esgota no *homo faber*, e de toda uma civilização conceituada como sendo tecnológica.

O ser humano, desde seus primórdios, sempre foi um "técnico": criou, no início, lentamente e, no decorrer dos séculos, com um progresso cada vez mais rápido, passou a descobrir, inventar e produzir mais intensamente. A partir de um dado momento, a técnica, que sempre foi vista como um instrumento, tornou-se um fim em si mesmo. Virou uma espécie de credo ou ato de fé existencialista.

Depositamos, na técnica, uma inteira e irrestrita confiança como motor do progresso humano, além de a termos erigido ao *status* de artífice do bem-estar, dado que cristaliza justamente esse progresso. Logo, a técnica está profundamente vinculada com as ideias de progresso e de bem-estar e, onde uma delas é citada, as outras aparecem explicitamente ou podem ser desveladas implicitamente.

Entretanto, essa fé cega na técnica, como, de resto, na tecnologia (a ciência aplicada à técnica), sofreu um duro golpe no século XX e, de lá para cá, um certo ceticismo (e, em muitos casos, um pessimismo) tomou conta dos postulados dessa religião humanizada, porque não só a técnica, em si, já deu suficientes amostras de sua insuficiência ontológica e eudaimônica.

Mas, desde o advento desse admirável mundo novo, o homem colhe frutos amargos, sobretudo aqueles que atingem mais diretamente seu ser e, ao cabo, acabam por sugerir novas ressignificações de sentido existencial. E não necessariamente todas elas boas ou sadias para uma harmônica convivência social.

A título de exemplo, podemos indicar quatro espécies daquele gênero de frutos: o risco de conflito nuclear, a ruptura do equilíbrio ecológico, o esgotamento dos recursos naturais e as manipulações orgânicas e psíquicas do ser humano. São,

143

sem dúvida, sinais evidentes do declínio de uma civilização que fiduciou à técnica o melhor de seus recursos e esperanças.

Por cima de todos esses incômodos existenciais, paira uma certa cegueira para as realidades mais propriamente humanas, aquelas justamente ligadas às dimensões do espírito humano, provocada, segundo acreditamos, pelo radical ofuscamento que o "resplendor" deslumbrante da técnica alimenta em cada um de nós.

Aqui, repousam o maior dilema e o maior perigo do homem contemporâneo, proporcionados pela elevação da mentalidade técnica à dogma antropológico, ético e social. Heidegger (1998, p. 36) acentua esse déficit de fulgor espiritual, impeditivo de a realidade mostrar-se como é, ao apontar "que não se trata, em si mesmo, de um perigo qualquer, mas que representa, indubitavelmente, o perigo" (itálicos do autor e tradução livre).

Sua assertiva pode ser articulada em três grandes momentos:

a) A ciência moderna – irmã siamesa da técnica – matematizou a realidade, desde Descartes, com o fim de poder melhor manipulá-la e utilizá-la para seus próprios fins, reduzindo-a em suas dimensões quantificáveis. Dessa maneira, para essa ciência, (HEIDEGGER, 1998, p. 35)

> a natureza revela-se com um mero e complexo efeito de causas e forças, a autorizar comprovações exatas, porém, ao mesmo tempo, o êxito dessas pode converter-se no perigo de que a verdade desapareça no meio de toda essa exatitude;

b) O afã tecnicista esfumaça o conhecimento do ser das coisas, porque é movido sempre pelo motor utilitarista. O feitiço virou contra o feiticeiro. A ameaça (HEIDEGGER, 1998, p. 38)

> que pesa sobre o homem não provém, em primeiro lugar, das máquinas ou dos aparatos da técnica, cuja ação pode ser

eventualmente mortal. A verdadeira ameaça já colheu o homem em seu ser. O reino da técnica e a mentalidade que dele implica derivam para uma possibilidade de, ao homem, ser vedado o alcance do conhecimento da realidade mais original e que lhe permita elevar-se rumo a uma verdade mais primigênia.

c) A técnica, ao impedir a manifestação de determinadas virtualidades encerradas na realidade das coisas, revela-nos a verdade desta em sua falsa essência e impede a genuína manifestação do ser das coisas, ao não deixar que as coisas sejam. Em outras palavras, o afã tecnicista impede de se conquistar o conhecimento daquilo que a natureza – e o próprio homem – realmente é.

O diagnóstico de Heidegger (1998, p. 37), acerca da conjunção entre esses três momentos, é definitiva.

> *A essência da técnica não ameaça somente o homem em sua relação consigo mesmo e com o todo existente. Ao manifestar apenas aqueles aspectos da realidade que permitem subordiná-la plenamente à utilidade em favor do homem, exclui-se qualquer outra possibilidade de manifestação da natureza. A essência da técnica exclui, sobretudo, esse outro desvelamento que torna possível a coisa aparecer tal como ela é. Onde impera a essência da técnica, a direção e a segurança da utilidade em prol do homem assinalam todo o desenvolvimento possível. Não se deixa sequer que apareça seu atributo fundamental, a saber, o desvelamento como tal (tradução livre).*

A técnica, segundo Heidegger, por meio de seu viés epistemológico estreito e corrompido da realidade, impede o homem, inclusive, de cair em conta de que o verdadeiro rosto das coisas e do próprio homem está sendo escamoteado por suas engrenagens utilitárias. Resta impossível, até mesmo como suspeita ou indício teórico, suscitar um "mais para lá" do revelado pela técnica.

Nesse "mais para lá", podemos descobrir que as coisas são algo mais que dispositivos postos ao serviço do ser humano e que mesmo o homem é algo mais que um ensimesmado

145

homo faber contemporâneo, um estrito transformador das coisas jacentes na natureza que o cerca e em seu egoístico proveito. A técnica moderna – segue Heidegger (1998, p. 39) – "converte-se em Absoluto em função da qual devemos entender as outras realidades, sejam metapessoais ou infrapessoais" (tradução livre).

Absorvido pela técnica, que rouba sua autêntica índole pessoal e reduz o homem à (HEIDEGGER, 1998, p. 22) "tarefa de modificar o real em fundo energético", o efeito imediato será o de que

> *a revelação originada pela técnica somente pode ter lugar na medida em que o homem foi provocado a liberar as energias naturais. Quando o homem foi provocado a isso e está destinado a isso, por acaso, não forma ele também parte dessa engrenagem técnica, dos fundos energéticos e de uma maneira, inclusive, mais original que a da própria natureza? Hoje em dia, o homem não encontra verdadeiramente a si mesmo em nenhuma parte. Em outras palavras, em nenhum lugar ele pode desvendar seu próprio ser (tradução livre).*

Como chegamos à essa situação de dissolução do ser humano? Quando se produziu esse desvio antropológico que desembocou, nas palavras de Heidegger, na *perda do ser do homem*? Em primeiro lugar, desde uma perspectiva global, podemos dizer que as sementes foram plantadas por muitos pensadores da filosofia moderna, como Descartes, e a filosofia contemporânea só fez colher os frutos disso, colocando o homem no início e no fundamento radical de toda a existência, como se dá no estruturalismo e o no existencialismo, que lavraram as certidões de óbito humano e divino.

Essa deriva, além de "prometeizar" o homem, suscita, paralelamente, como efeito, a necessidade de se rechaçar qualquer apelo ao transcendente e, por mais que resulte paradoxal, a morte de Deus leva consigo a queda irremediável daquele concebido à sua "imagem e semelhança": do próprio homem, quem justamente queria se entronizar no *status* de princípio sem princípio, princípio primeiro ou motor imóvel.

No lugar de Deus, surge, então, o império absolutizante da técnica, acompanhada dessa loucura frenética que converte em objetivo prioritário e quase único de toda a vida humana o poder sobre a natureza, em benefício das necessidades individuais e coletivas. O homem, uma vez deificado, pretende erigir-se em deus de sua própria criação, dada por meio da transformação da natureza pelo trabalho altamente tecnicizado.

Voltemos, pois, ao plano cartesiano (DESCARTES, 1996, p. 61-62) de aposentação da filosofia, quando se pretendeu

> substituir essa filosofia especulativa que se ensina nas escolas, por outra radicalmente prática, por meio da qual, conhecendo a força e as ações do fogo, do ar, dos astros, dos céus e de todos os demais corpos que nos rodeiam [...] poderíamos empregá-los do mesmo modo para todos os usos a que sejam próprios e, assim, nós nos tornaremos donos e senhores da natureza.

Ao eliminar a *theorein* da *poiesis*, Descartes abriu um vasto campo para a cisão da harmonia entre o ser das coisas e a transformação material destas coisas por intermédio de uma *techné* dignificadora do ser do homem. Nesse passo, século a século, notamos a drasticidade com que inúmeros pensadores converteram em realidade os desígnios cartesianos.

Descartes almejava substituir um tipo de saber – a filosofia – por outro mais pujante, a então nascente ciência moderna. Contudo, com o tempo, essa ciência demonstrou que nada tem a dizer sobre o que as coisas são. Aliás, entendemos que, depois de Wittgenstein e Popper, não haveria mais dúvidas a respeito, porque, como esses pensadores bem captaram, a ciência só se justifica por seus resultados tecnológicos. Não é capaz de ir mais além disso.

Mas não é só. A ciência moderna já nasceu técnica e, com o advento da epistemologia técnica contemporânea, fundada na racionalidade instrumental à que alude a Escola de Frankfurt, ela tornou-se tecnicizada e tecnificante. Não tem e nunca teve sua razão de ser no saber em si que confere, mas tão somente nas vantagens que permite o homem alcançar. A ciência moderna já nasceu orientada rumo à busca de resultados materiais e a técnica contemporânea só fez conduzi-la a uma deriva epistemológica radical.

Novamente, Heidegger (1998, p. 30) esclarece que

> para a cronologia da historiografia, a ciência moderna da natureza começou no século XVII. Pelo contrário, a técnica e a propulsão de motores não haviam se desenvolvido até a segunda metade do século XVIII. Somente o que é considerado mais tardio para a verificação historiográfica, a técnica contemporânea, é essa justamente anterior para a história real, do ponto de vista da essência que ela tem e que ela rege (tradução livre).

Nesse imperialismo técnico em que vivemos, a matriz tecnicizante (ORTEGA Y GASSET, 1992, p. 83-84)

> abriu ao homem umas possibilidades – de fazer e não de ser – praticamente ilimitadas. O homem está atualmente, em seu âmago, encantado precisamente pela consciência de sua principal ilimitação. E, não por acaso, isso contribui para que ele já não seja mais quem deveria ser: porque, em princípio, ao saber-se capaz de todo o imaginável, já não sabe efetivamente o que é (tradução livre).

A técnica, em si mesma, ao aparecer, por um lado, como uma capacidade ou aptidão praticamente ilimitada, por outro (MELENDO, 2002, p. 153)

> fez com que o homem passasse a viver da fé nela e, somente com ela, a vida se faz vazia. Porque ser técnico e somente técnico é poder ser tudo e, consequentemente, não ser nada específico. Repleta de possibilidades, a técnica é mera forma oca – como a lógica formal aristotélica – e é inapta a determinar o conteúdo da vida. Por isso, nos anos em que vivemos, os mais intensamente técnicos de toda a história da humanidade, têm sido, concomitantemente, os mais vazios de sentido. *Não é de se estranhar que o homem contemporâneo* pergunte-se, com crescente angústia, "Quem sou eu?" (tradução livre).

JUSTIÇA ECONÔMICA E SOCIAL

O ser humano não se satisfaz dizendo-lhe o que ele pode fazer, por meio de metas tecnológicas, como se fossem instruções para o uso de sua vida. Quando o *homo faber* eleva-se à condição de configurador da realidade obreira de uma sociedade, a pergunta é elementar: uma realidade forjada exclusivamente por esse paradigma de trabalho é uma realidade verdadeiramente humana? Esse louvor tecnicista e tecnicizante no trabalho não podem nos levar a uma nova realidade que se volte contra o próprio homem?

Não nos esqueçamos de que a técnica não é uma atividade puramente instrumental e neutra dos pontos de vista ético e ontológico. Ela é instrumental, mas encarada como algo positivo, enquanto expressa a constitutiva superioridade do homem a respeito das inúmeras realidades infrapessoais e enquanto representa um meio indispensável para melhorar as condições materiais que rodeiam a vida humana.

Melendo (2002, p. 154) acentua que

> não obstante a técnica e nem o desenvolvimento técnico-científico sejam bens absolutos, encerram em si mesmos uma autêntica possibilidade de um valor afirmativo [...]. Mas justamente porque não se tratam de um fim radical, esse valor afirmativo converte-se em antivalor na mesma medida em que não se subordina à perfectibilidade do indivíduo enquanto pessoa, coisa que sucede quando esta se põe total e incondicionalmente ao serviço da técnica e do desenvolvimento tecnológico (tradução livre).

A técnica, assim como o trabalho ao qual se encontra vinculada, é um meio conveniente e necessário para que o ser humano alcance seu objetivo, enquanto senhor não absoluto do universo. Essa função transformadora e humanizadora está subordinada aos fins do próprio homem, dentre os quais toma assento àquele relativo à busca de seu aperfeiçoamento como pessoa.

Arendt (2009, p. 164) alerta que

> a discussão de todo o problema da técnica, isto é, da transformação da vida e do mundo pela introdução da máquina, vem

149

> estranhamente enveredando por uma concentração demasiado exclusiva no serviço ou no desserviço que as máquinas prestam ao homem [...]. Em outras palavras, o *homo faber*, o fazedor de instrumentos, inventou os utensílios e ferramentas para construir um mundo e não para servir ao processo vital humano. Assim, a questão não é tanto se somos senhores ou escravos de nossas máquinas, mas se estas ainda servem ao mundo e às coisas do mundo ou, se, pelo contrário, elas e seus processos técnicos passaram a dominar e até mesmo a destruir o mundo, o homem e as coisas.

Em última instância, o homem não se resume ao *homo faber*, mas é um ser-para-o-Absoluto. O domínio e a perícia no trato da matéria são um dos inúmeros instrumentos pelos quais o ser humano é capaz de cumprir esse radical fim. Por isso, a técnica, sobretudo no mundo laboral, pode ser qualificada como um valor-útil, ao passo que, ao homem, pode ser conferido o atributo de valor-fim.

A conversão de um valor-útil num valor-fim é (GARCÍA-MORENTE, 1996, p. 93) "um erro ou uma aberração estimativa". A inversão ou a mutação do meio em fim acarreta os funestos efeitos já preconizados por Tomás de Aquino (*apud* MELENDO, 2002, p. 155), segundo o qual "se aquilo que é para um fim, busca-se como um fim, desfaz-se e destrói-se a ordem da natureza".

Aplicada essa advertência ao trabalho humano, podemos declarar que, quando a técnica é convertida no objetivo supremo em relação ao qual o homem subordina toda sua atividade e toda sua existência, desvirtuam-se tanto a natureza da técnica quanto a natureza do ser humano. O ser humano, em sua faceta *homo faber*, acaba por restar subordinado à técnica que, nessa altura, já deixou de ser técnica e virou tecnicismo. Arendt (2009, p. 170) explica que

> a instrumentalização de todo o mundo e de toda a terra, esta ilimitada desvalorização de tudo o que é dado, este processo de crescente ausência de significado, no qual todo meio se torna um fim e que só pode terminar quando se faz do próprio homem o amo e senhor de todas as coisas [...] dá-se somente na medida em que o processo vital se apodera das coisas e as utiliza para seus

fins e a instrumentalidade da fabricação, limitada e produtiva, se transforma na reificação ilimitada de tudo o que existe.

Como efeito, a técnica, uma coisa fruto da criação do homem, assume o protagonismo do criador e o criador, por sua vez, termina por transformar-se numa coisa, a única realidade inteiramente adequada ao valor da técnica: nesse jogo de troca de cadeiras, o maior perdedor é justamente o homem, contemplado com uma existência, já que o trabalho é uma realidade contemporânea onicompreensiva, coisificada ou reificada.

A degradação existencial não termina por aí. Como a técnica, em si mesma, é um arranjo téorico-abstrato, por trás dela estão indivíduos que a criaram e, por suposto, outro efeito nefasto do imperialismo da técnica no trabalho é o de acentuar os riscos já não mais de subordinação excessiva, mas de domínio puro e simples do homem sobre o homem: de uns homens, concretos e singulares, por outros, também concretos e singulares.

Recordamos, nesse ponto, de Lewis (2012, p. 75), para quem

> cada novo poder conquistado "pelo" homem é, ao mesmo tempo, um poder "sobre" o homem. Cada avanço o deixa mais forte e, ao mesmo tempo, mais fraco. Em toda conquista da natureza pelo homem, há uma certa beleza trágica: o homem é o general que triunfa e, ao mesmo tempo, o escravo que segue o carro do exército vencedor.

A dignidade humana aponta para dimensões muito mais altas e sublimes que aquelas estritamente atreladas às coisas. Ademais, a técnica, como bem salienta Ortega y Gasset (1992, p. 42), em sua essência, consiste "num esforço para evitar o esforço" e conclui que

> em razão de o homem possuir uma tarefa muito distinta que dos animais, uma tarefa sobrenatural, não pode ele dedicar suas energias por completo, como os animais, para satisfazer suas necessidades elementares, mas, desde logo, precisa saber se poupar nessa ordem, a fim de poder ter tempo para se dedicar à improvável tarefa de realizar seu ser no meio do mundo. A missão

da técnica é justamente essa: franquear ao homem o poder de dedicar-se a si mesmo (tradução livre).

É chegada a hora de desreificar o mundo do trabalho, por meio da valorização do verdadeiro ser do homem, em prol do respeito à dignidade humana, a fim de que reinem a primazia da ética sobre a técnica, da pessoa sobre as coisas e da superioridade do espírito sobre a matéria. Dessa maneira, a técnica continuará sendo técnica e o homem continuará sendo homem.

O mundo do trabalho, colonizado pelo tecnicismo, enxerga o homem apenas sob uma perspectiva parcial de seu ser e essa inspiração tecnicizante de uma importante dimensão humana, quando alcança uma vigência prática, faz com que a parcialidade se converta em falsa verdade, a ponto de maltratar a própria realidade do ser humano.

O homem entrega-se à aventura da transformação das coisas materiais pelo trabalho para satisfazer suas carências primárias, mas deve fazê-lo seguindo um reto impulso que o conduza sempre para além dos resultados alcançados, em busca do aspecto transcendente que corresponda às suas exigências interiores mais profundas. Nesse sentido, afora o contexto execrável da máxima nazista, *das Arbeit macht frei*.[6]

3. Considerações finais

Como afirma João Paulo II (1998, p. 23), "o trabalho humano é uma chave, quiçá, a chave essencial de toda a questão social, se tratamos de vê-la verdadeiramente desde o ponto de vista do bem do ser humano, um bem digno de todos homens e de todas as mulheres".

O mundo atual do trabalho está bem longe desse ideal, porque resolvemos nos entregar, de corpo e alma, à órbita tecnicista e tecnicizante dessa epistemologia reducionista da dignidade humana. A continuar assim nessa idolatria,

---

6. Em tradução livre, o trabalho liberta.

provavelmente, seremos devorados por esta, mas antes, esse trem descarrilado e irrefreável acabará por atropelar o que o ser humano tem de mais próprio e excelso.

É preciso voltar a desenvolver as capacidades humanas relativas ao que nos é próprio e excelso na mesma proporção dessa idolatria tecnicista. Só assim nossa existência reificada será emancipada dessa aporia em que nos metemos. O exercício de uma profissão, seja um ofício eminentemente manual ou intelectual, ocupa a maior parte do dia a dia. É um campo fértil para a busca de nossas realizações pessoais e profissionais, onde desenvolvemos nossos talentos e aprimoramos nossa experiência pessoal.

Aprendemos que o homem foi feito para trabalhar, assim como a ave para voar. De acordo. Mas, trabalhar para quê? Que fim buscamos no desempenho de nossas profissões? O primeiro milhão, prestígio, rede de contatos, sustento familiar, acesso a bens materiais, poupança, responsabilidade social, fama, estabilidade econômica, diversão? Há uma finalidade intrínseca ao trabalho?

Certa vez, alguém questionou alguns pedreiros a respeito do que faziam. Um respondeu, resignadamente, que quebrava pedras. O outro, num tom mais sério, disse que tirava dali o sustento para sua família. O último, envolto num ar contemplativo, falou que estava construindo uma catedral. E para nós? O que significa o trabalho?

Buscar o significado de alguma coisa quer dizer colocá-lo numa relação intrínseca com uma "fonte de sentido". Quando uma realidade é considerada significativa por si mesma, as demais assumem sua significação por conexão a ela. Por exemplo, quando se considera importante, por si só, o dinheiro, qualquer atividade torna-se significativa, na medida em que se consegue mostrar sua conexão com o dinheiro. Até que essa conexão não se efetive, o indivíduo segue reclamando um "para quê".

A fonte de sentido autêntica tem que ser algo com a qualidade de ser valioso em si mesmo e não em função de outra coisa, ou seja, não há de ser um valor relativo, mas absoluto. Hoje, nossa fonte de sentido laboral está no endeusamento tecnicista e, como já vimos, trata-se um valor relativo ou valor-meio. O único valor absoluto ou valor-fim da criação é a pessoa humana como tal, isto é, enquanto um ser dotado de inteligência e vontade e não como mero instrumento para se fazer outras coisas.

Compreender cabalmente uma realidade é, assim, conectá-la com o ser humano enquanto tal. Com efeito, qual seria, então, a relação que o trabalho humano teria com a produção de bens de consumo e de serviços? Com a conservação do meio ambiente? Com a manutenção dos valores democráticos? Com o desenvolvimento econômico? Com a própria humanidade do homem? Como seriam estas relações? Existem efetivamente?

Ainda que o homem e a sociedade tivessem todas suas necessidades satisfeitas, o trabalho seria um imperativo categórico? Qual seria o significado do trabalho? Qualquer que seja a resposta, é necessário estabelecer uma ideia clara e suficiente para orientar a prática concreta e para dar um correto e adequado sentido à dimensão laborativa do homem.

Nesse ponto, é oportuno recordar a verdade do ser humano. Durante muito tempo, acreditou-se ser o homem uma criatura racional e, ao mesmo tempo, miserável, na acepção mais genuína do termo, a depender constantemente dos influxos do transcendente, tanto horizontal quanto vertical. Hoje, o homem deifica sua faceta técnica e absolutiza o *homo faber* no lugar do *homo rationalis*: termina como um mero *animal laborans*.

A exaltação moderna do trabalho focou sua atenção, quase exclusivamente, em seus aspectos objetivos, em razão de sua virtude manipuladora do orbe material e humano, mas o fez em prejuízo de seus componentes subjetivos e de seu valor perfectivo para a pessoa do trabalhador. Como corolário, a

JUSTIÇA ECONÔMICA E SOCIAL

capacidade técnica cresceu vertiginosamente, alcançando dimensões que teriam assombrado o próprio Descartes. Contudo, como concluiu Heidegger, por outro lado, perdeu-se o homem.

Por isso, não nos estranha que o homem atual, consciente de que a técnica não é uma bem-aventurança sequer existencial, resista-se (JOÃO PAULO II, 1998, p. 12) a se submeter a um trabalho desumanizado e carente de sentido. Deslumbrado pelo ativismo próprio de nossa cultura, entregou-se a este, como último recurso, alcançando apenas um bem-estar epidérmico, situado muito longe de uma autêntica felicidade humana.

Eis aqui a chave de mudança para uma nova epistemologia para o mundo do trabalho: a elucidação teórica de sua natureza e fins, porque um enorme desenvolvimento do trabalho humano teve lugar em nossa era, mas (BUTTIGLIONE, 1994, p. 114) à margem de uma justa concepção do trabalho.

Esse desenvolvimento desarmônico provocou o advento de dimensões abandonadas, nas quais, como evidência, surgiu um rastro de vazio justamente dos elementos que foram deixados de lado e que caracterizam o trabalho de uma maneira mais profunda e definitiva. Repetimos: a civilização reificada do trabalho objetivo deixou escapar o homem. E esse homem, no plano do trabalho subjetivo, é quem buscamos resgatá-lo em toda a plenitude do seu ser.

Referências bibliográficas

ARENDT, Hannah. *A condição humana*. Rio de Janeiro: Forense Universitária, 2009.

BUTTIGLIONE, Rocco. *Il uomo e il lavoro*. Milano: Mondadori, 1994.

DESCARTES, René. *Discurso sobre o método*. São Paulo: Martins Fontes, 1996.

FABRO, Cornelio. *Riflessioni sulla libertà*. Rimini: Maglioli, 1993.

GARCÍA-MORENTE, Manuel. *El hecho extraordinário*. Madrid: RIALP, 1996.

HEGEL, Georg Friedrich. *Geschichte der philosophie*. Berlin: Michelet, 1994.

HEIDEGGER, Martin. *Die Frage nach der Technik*. Paris: Gallimard, 1998.

LEÃO XIII. *Rerum novarum*. Roma: Libreria Editrice Vaticana, 2010.

LEWIS, C. S. *A abolição do homem*. São Paulo: Martins Fontes, 2012.

MELENDO, Tomás. *La dignidad del trabajo*. Madrid: RIALP, 2002.

ORTEGA Y GASSET, José. *Meditación de la* técnica y *otros ensayos sobre ciencia y filosofia*. Madrid: Alianza, 1992.

PAULO II, João. *Centesimus annus*. Roma: Libreria Editrice Vaticana, 2000.

_____. *Laborem exercens*. Roma: Libreria Editrice Vaticana, 1998.

PIEPER, Joseph. *El ócio y la vida intelectual*. Madrid: RIALP, 1993.

PIO XI. *Quadragesimo anno*. Roma: Libreria Editrice Vaticana, 1996.

SCHUMACHER, Ernst Friedrich. *El buen trabajo*. Madrid: Debate, 2000.

JUSTIÇA ECONÔMICA

Marilene Talarico Martins Rodrigues

Advogada em São Paulo, integrante da *Advocacia Gandra Martins*, Membro do Conselho Superior de Direito da Federação do Comércio do Estado de São Paulo, Membro do Conselho do IASP, Membro da Academia Paulista de Letras Jurídicas e Membro da UJUCASP.

Sumário: Introdução – 1. Como compatibilizar a valorização do trabalho e a liberdade de iniciativa, princípios fundamentais da ordem econômica da Lei Suprema (art. 170, *caput*)?: 1.1 Valorização do trabalho e livre-iniciativa: 1.1.1 A valorização do trabalho humano; 1.2 A livre-iniciativa; 1.3 Limitações à liberdade de iniciativa – 2. Que aspectos das Encíclicas Sociais de Suas Santidades – desde a *Rerum Novarum* do Papa Leão XIII – são mais importantes para implantação no século XXI?: 2.1 A ação social da Igreja e as Encíclicas Papais – 3. Políticas sociais para atender famílias de baixa renda deveriam exigir contrapartida, como obrigação de os filhos estudarem?: 3.1 Políticas sociais: 3.1.1 Histórico dos Programas de Transferência de Renda – 4. É possível praticar distribuição de riqueza sem geração de rendas? – 5. Como estimular investimento no país, competindo com outras nações na sua atração, cuidando simultaneamente de políticas sociais?: 5.1 Soberania nacional e princípios que regem o Brasil em suas relações internacionais – 6. O excessivo crescimento da burocracia é ou não inibidor de reais políticas sociais? – Considerações finais.

Introdução

Para o 5º livro da UJUCASP, foi escolhido o tema "**JUSTIÇA ECONÔMICA**", com as questões formuladas por seus Organizadores e aprovadas pela entidade, para serem respondidas, com importantes indagações para *reflexão, sobre o capital e o trabalho* com objetivo de alcançar a *justiça social*, considerando os *princípios gerais da atividade econômica*, estabelecidos pelo art. 170 da Constituição Federal de 1988.

O tema é de especial relevância e deve ser discutido pelos estudiosos do direito, considerando os aspectos sociais das diversas *Encíclicas*, desde a Encíclica *Rerum Novarum*, elaborada pelo *Papa Leão XIII, de 15 de maio de 1891*, e outras que surgiram posteriormente, que abordam os direitos e garantias sociais, de acordo com a Doutrina da Igreja, cada uma a seu tempo, que permanecem atuais no século XXI, devendo a *liberdade de iniciativa* ser compatibilizada com a *valorização do trabalho*, para manter o equilíbrio dos princípios fundamentais da ordem econômica, estabelecidos pela nossa Constituição Federal.

Passamos a examinar as questões propostas sobre o tema, como segue:

1. Como compatibilizar a valorização do trabalho e a liberdade de iniciativa, princípios fundamentais da ordem econômica da Lei Suprema (art. 170, *caput*)?

Os princípios gerais da Atividade Econômica estão arrolados no art. 170 da Constituição Federal, nos seguintes termos:

> *Art. 170. A ordem econômica, fundada na valorização do trabalho humano e na livre-iniciativa, tem por fim assegurar a todos existência digna, conforme os ditames da justiça social, observados os seguintes princípios:*
>
> I – soberania nacional;
>
> II – propriedade privada;

JUSTIÇA ECONÔMICA E SOCIAL

III – função social da propriedade;

IV – livre-concorrência;

V – defesa do consumidor;

VI – defesa do meio ambiente, inclusive mediante tratamento diferenciado conforme o impacto ambiental dos produtos e serviços e de seus processos de elaboração e prestação; (Redação dada pela EC 42/2003)

VII – redução das desigualdades regionais e sociais;

VIII – busca do pleno emprego;

IX – tratamento favorecido para as empresas de pequeno porte constituídas sob as leis brasileiras e que tenham sua sede e administração no País. (Redação dada pela EC 06/95)

Parágrafo único. É assegurado a todos o livre exercício de qualquer atividade econômica, independentemente de autorização de órgãos públicos, salvo nos casos previstos em lei. (grifos nossos)

A partir da Revolução Francesa, com ideias liberais, surgiu a diminuição da intervenção do Estado na economia, porém, em nenhum momento o Estado se absteve por completo de intervir na ordem econômica, sempre que necessário, para alcançar o bem comum, representado pelo interesse coletivo.

A ordem econômica brasileira regulada pelo art. 170 e seguintes da CF/88, pode ser entendida como o *"conjunto de normas de intervenção protetora ou restritiva às atividades econômicas, em consequência de certas finalidades e através de certos meios"*, num contexto em que *"os fins buscados se vinculam à garantia de uma existência digna para todas as pessoas de acordo com o que se denomina de justiça social"*.[1]

A ordem econômica estabelecida no texto constitucional de 1988, fundada na *valorização do trabalho humano* e na *livre-iniciativa*, determina a observância de *princípios* como a

---

1. NASCIMENTO, Tupinambá Miguel Castro do, "A Ordem Econômica e Financeira e a Nova Constituição", *apud* Celso Ribeiro Bastos em coautoria com Ives Gandra da Silva Martins – *Comentários à Constituição do Brasil* - art. 170 - Vol. 7 - p. 8 - nota 5 - Ed. Saraiva.

159

propriedade privada, a *livre-concorrência*, a *defesa do consumidor* e *do meio ambiente*.

De inspiração nitidamente capitalista, mas com temperamentos de *natureza social,* a nossa Lei Maior de 1988, procura *limitar a intervenção do Estado* no domínio econômico, restringindo-lhe a exploração de atividade econômica unicamente *"quando necessárias aos imperativos da segurança nacional ou a relevante interesse coletivo".*[2]

O próprio constituinte faz menção à edição de lei para reprimir o *abuso do poder econômico* que vise à dominação dos mercados, à eliminação da concorrência e ao aumento arbitrário dos lucros, o que ocorreu com a reformulação da legislação antitruste brasileira, por meio da Lei 8.884, de 11 de junho de 1994, arts. 20, I a IV e 21.[3]

Por esse mesmo diploma legal (Lei 8.884/94), a proteção da coletividade em face de infração à ordem econômica passou a ser um dos bens tutelados pela ação civil pública.[4]

LAFAYETE JOSUÉ PETTER, sobre os Princípios Constitucionais da ordem econômica na Constituição Federal de 1988 e o seu alcance, após discorrer sobre a racionalidade do homem econômico, sustenta que *"os domínios da Economia e do Direito não se confundem,* todavia ostentam íntima correlação. *Aduz a necessidade de acrescentar Direito à Economia,* para que esta *opere de maneira mais justa,* e *Economia ao Direito,* para que se *descortinem soluções eficientes". (grifos nossos)*

---

2. Art. 173, *caput*, CF/88: "Ressalvados os casos previstos nesta Constituição, a exploração direta de atividade econômica pelo Estado só será permitida quando necessária aos imperativos da segurança nacional ou a relevante interesse coletivo, conforme definidos em lei. "

3. Nota do editorial: Posteriormente, a Lei 12.529/2011, no seu art. 127, revogou expressamente os arts. 1º a 85 e 88 a 93 da Lei 8.884/94.

4. Trata-se do inciso V o art. 1º da Lei 7.347/1985, acrescentado pela Lei 8.884/1994, assim redigido: "Regem-se pelas disposições desta Lei, sem prejuízo da ação popular, as ações de responsabilidade por danos morais e patrimoniais causados: [...] V – por infração da ordem econômica."

JUSTIÇA ECONÔMICA E SOCIAL

Descreve, também, o referido autor, um panorama das principais teorias, apresentando seus reflexos "sobre a libertação (em parte) das tendências objetivas da Economia e a ideia de que o Direito Econômico não pode renunciar à realização da Justiça".[5]

Com efeito, a inserção da *justiça social* como fim da ordem econômica há de ser compreendida como o reconhecimento de que todos se encontrem em face de um destino comum, onde a coexistência deve ser vista de frente.

Nesse contexto, *a economia* se afigura como instrumental ao Direito, de forma que o fim do desenvolvimento enseja a *existência digna da pessoa humana* que deve ser valorizada.

VITAL MOREIRA nos ensina que:

> A Constituição Econômica é, pois, um conjunto de preceitos e instituições jurídicas, garantidos os elementos definidores de um determinado sistema econômico, instituem em determinada forma de organização e funcionamento da economia e constituem, por isso mesmo, uma determinada ordem econômica.[6]

O art. 170 da Constituição Federal, com a redação que lhe foi dada pela Emenda Constitucional nº 6/1995, consagrou a *Ordem Econômica*, fundada na *valorização do trabalho humano* e na *livre-iniciativa*.

Igualmente o art. 170, estabeleceu a *finalidade da ordem econômica constitucional: garantia de existência digna, conforme os ditames da justiça social.*

A Constituição Federal, no art. 3º, inciso I, deixa claro que um dos objetivos do Brasil deve ser o de *construir uma sociedade justa, livre e solidária.*

---

5. *Princípios Constitucionais da Ordem Econômica – O Significado e o Alcance do art. 170 da Constituição Federal".* São Paulo: Ed. RT, 2005 - pp. 23 e segs.

6. *Economia e Constituição.* 2ª edição – Cap. I – Coimbra – 1979.

No *caput* do art. 170, uma vez mais, menciona como *uma das finalidades da ordem econômica assegurar a todos uma vida conforme os ditames da justiça social*. A menção, portanto, não é *isolada no âmbito econômico*.

A Constituição tem como norte, em sua implementação, o objetivo maior da *"justiça social"*. A própria Constituição associa-a à solidariedade, deixando certo que o conceito envolve não apenas a prevalência *do social* sobre o *individual,* como também o compromisso de uma dependência recíproca entre os indivíduos.

Para OSCAR DIAS CORRÊA, *justiça social*

> implica melhoria das condições de vida e repartição de bens, diminuição das desigualdades sociais, com a ascensão das classes menos favorecidas. Não é objetivo que se alcance sem continuado esforço, que atinja a própria ordem econômica e seus beneficiários.[7]

Como um dos princípios expressos na Constituição de 1988, a *"justiça social"* deve ser adotada a fim de interferir no contexto da ordem econômica, com objetivo de implementar as condições de vida de todos até um patamar de *dignidade e satisfação*. É esse o caráter social da justiça que se pretende alcançar.

1.1 Valorização do trabalho e livre-iniciativa

1.1.1 A valorização do trabalho humano

A disciplina jurídica do trabalho comporta abordagens por vários ângulos. A relação de emprego fica a cargo do Direito do Trabalho que estabelece as diretrizes da relação laborial.

---

7. *A Constituição de 1988*: Contribuição Crítica. 1ª edição. Rio de Janeiro: Forense Universitária, 1991, p. 206.

Do ponto de vista constitucional, a valorização do trabalho humano consta como um dos fundamentos da República Federativa do Brasil (art. 1º, IV) e que a ordem social *tem como base o primado do trabalho, e como objetivo o bem-estar e a justiça social* (art. 193, CF).[8]

No disciplinamento da atividade econômica, por vezes impera *princípios conflitivos e antagônicos, tensão jurídica* que fica salientada quando o ângulo a ser examinado contempla um só de seus princípios, que se *contrapõem ao Estado liberal e ao Estado intervencionista,* não poderá deixar de ser considerado, que *o trabalho, direito de todos e dever do Estado, é muito mais que um fator de produção.* Diz respeito à *dignidade da pessoa humana,* devendo ser examinado, principalmente, *o aspecto humano que caracteriza essa relação.*

Valorizar o trabalho, portanto, equivale a *valorizar a pessoa humana, e o exercício de uma profissão deve conduzir à realização de uma vocação do homem.* Por esta razão, o trabalho humano não pode ser apenas um fator de produção a ser matematicamente equacionado na relação dos custos e dos lucros tão somente, não pode prescindir das consequências da valorização do trabalho humano.

LAFAYETE JOSUÉ PETTER, sobre o tema, observa que

> do ponto de vista de partida, tome-se a noção de que valorizar o trabalho humano diz respeito a todas as situações em que haja mais trabalho, entenda-se, mais postos de trabalho, mais oferta de trabalho, mas também aquelas situações em que haja melhor trabalho, nesta expressão se acomodando todas as alterações fáticas que repercutem positivamente na própria pessoa do trabalhador... (o trabalho exercido com mais satisfação, com menos riscos, com mais criatividade, com mais liberdade etc.). Por meio deste fundamento constitucional, emerge a relevância jurídica da condição de sujeitos socialmente sob proteção, pois o Estado há de se fazer mais presente, eliminando fatores de inferioridade na composição de equilíbrios sociais. Também há valorização do

---

8. "Art. 193. A ordem social tem como base o primado do trabalho, e como objetivo o bem-estar e a justiça sociais."

trabalho humano quando o trabalho não sofre *tratamento anti-i-sonômico*, como é o caso em que remunerações diferenciadas são estipuladas, única e exclusivamente, com base no gênero ou na cor dos trabalhadores, o que é de todo intolerável.[9]

Neste sentido, a remuneração do trabalho deve guardar estrita relação com o seu exercício, ou o que dele decorra, e não ser dimensionado por outros fatores, que nada lhe dizem respeito.

O texto constitucional, ao dispor sobre a *valorização do trabalho,* deve ser entendido no sentido também material que a expressão possui. *O trabalho deve fazer jus a uma remuneração justa,* de acordo com a capacidade profissional de cada um, que torne materialmente a existência digna do cidadão e alcance a *justiça social,* com isto estarão sendo atendidos (art. 3º, CF) os *objetivos fundamentais da República:* I – construir uma sociedade livre, justa e solidária; II – garantir o desenvolvimento nacional; III – erradicar a pobreza e a marginalização e reduzir as desigualdades sociais e regionais; e IV – promover o bem de todos, sem preconceitos de origem, raça, sexo, cor, idade e quaisquer outras formas de discriminação.

O direito a uma vida digna, portanto, enseja a *valorização do trabalho humano* e a *contrapartida* de receber uma remuneração justa para que possa o trabalhador se manter e manter a sua família, com dignidade, como estabelecido pela Constituição.

INGO WOLFGANG SARLET, sobre a *qualificação da dignidade da pessoa humana,* tece as seguintes considerações:

> Embora entendamos que a discussão em torno da qualificação da dignidade da pessoa como princípio ou direito fundamental não deva ser hipostasiada, já que não se trata de conceitos antiéticos e reciprocamente excludentes (notadamente pelo fato de as próprias normas de direitos fundamentais terem cunho eminentemente – embora não exclusivamente – principiológico, compartilhamos do entendimento de que, muito embora os direitos

---

9. *Princípios Constitucionais da Ordem Econômica. O Significado e o Alcance do Art. 170 da Constituição Federal".* São Paulo: Ed. RT, 2005, p. 154.

164

JUSTIÇA ECONÔMICA E SOCIAL

> fundamentais encontrem seu fundamento, ao menos em regra, na dignidade da pessoa humana e tendo em conta que – como ainda teremos oportunidade de demonstrar – do próprio princípio da dignidade da pessoa (isoladamente considerado) podem e até mesmo devem ser deduzidos direitos fundamentais autônomos, não especificados (e, portanto, também se poderá admitir que – neste sentido – se trata de uma norma de direito fundamental), não há como deixar de reconhecer que existe um direito fundamental à dignidade, ainda que vez por outra se encontre alguma referência neste sentido.[10]

Caracteriza-se, pois, aqui, a dignidade da pessoa como sendo um princípio constitucional.

Podemos dizer que a *liberdade* caminha junto com a *dignidade* e nas palavras de *André Ramos Tavares:*

> Mas o significado mais forte está na *privação de ofensas e humilhações.* No campo econômico, pois, impõe-se que a todos sejam garantidas condições mínimas de subsistência. Outro aspecto relevante da dignidade da pessoa humana é o reconhecimento daquilo que se poderia denominar como "direito à velhice". Do ponto de vista econômico, importa assinalar que da dignidade da pessoa decorrem direitos da previdência social.[11] (grifos nossos)

Muitas outras questões se inserem no exame de tão relevante fundamento da ordem econômica, como por exemplo, a crescente produtividade, originada da introdução de novos padrões de tecnologia, com alterações das rotinas de trabalho, tornando a mão de obra menos necessária e até mesmo eliminando-a, dando ensejo ao desemprego estrutural, que por certo está relacionada ao tema valorização do trabalho.

Quando se vive num contexto de alto índice de desemprego – como está ocorrendo em nosso País –, o fator trabalho é mais facilmente vulnerável, ficando cada vez mais sujeito à *livre negociação* entre as partes (patrões e empregados).

---

10. *Dignidade da pessoa humana e direitos fundamentais na Constituição Federal de 1988.* Porto Alegre: Livraria do Advogado, 2001, pp. 70/71.

11. *Direito constitucional econômico.* São Paulo: Editora Método, 2003, p. 139.

No exame da questão da valorização do trabalho humano se insere, também, a *questão do subemprego,* assim entendido como uma negação ao direito do trabalho, principalmente, para aqueles trabalhadores que não possuem mão de obra qualificada, bem como a *negação da dignidade da pessoa humana,* que a cada dia se constata na dura realidade, a distância entre o *discurso normativo* e a *realidade da vida do trabalhador.*

A *crise econômica* e de *moralidade* com que passa nosso País, com alto índice de desemprego e para preservar o direito ao trabalho, surge a discussão e projeto de lei em direção à *flexibilização das normas trabalhistas,* numa tentativa de recuperação de espaços de negociação, tanto a nível coletivo como a nível individual, em que prevaleceria a negociação entre as partes e não a rigidez das normas trabalhistas, hipótese que está encontrando resistência dos órgãos sindicais, ainda não aprovado pelo Poder Legislativo, embora em discussão o Projeto de Lei, nesse sentido, já há algum tempo, não teve solução perante o Legislativo.

1.2 A livre-iniciativa

A *livre-iniciativa,* também, constitui um dos fundamentos da Ordem Econômica. Pode ser traduzida *no direito à liberdade que todos têm de se lançarem ao mercado de produção de bens e serviços por sua conta e risco. Livre-iniciativa,* nas palavras de MIGUEL REALE:

> [...] não é senão a projeção da *liberdade individual no plano da produção, circulação e distribuição das riquezas,* assegurando não apenas a *livre escolha das profissões e das atividades econômicas, mas também a autonomia, eleição dos processos ou meios julgados mais adequados à consecução dos fins visados.* Liberdade de fins e de meios informa o princípio da livre-iniciativa, conferindo-lhe um valor primordial, como resulta da interpretação conjugada dos citados artigos 1º e 170 da CF.[12]

---

12. "Inconstitucionalidade de Congelamentos". *Folha de S. Paulo* – 19/10/1998 – p. A-3.

A *liberdade de iniciativa* econômica não se reduz à soma de outras liberdades, não se exaure no direito de propriedade e de liberdade contratual. É um poder de utilização de faculdades jurídicas, reconhecido tanto à pessoa natural quanto à jurídica, e, neste caso, manifesta-se principalmente na *atividade coletiva da empresa*, conforme o tipo de sociedade escolhida.[13]

A *livre-iniciativa* na Constituição Federal de 1988 foi disciplinada como *princípio constitucional* e, também, como *fundamento da República Federativa do Brasil,* conforme antes mencionado, inserida no inciso IV do art. 1º da Constituição, nos seguintes termos: "A República Federativa do Brasil, formada pela união indissolúvel dos Estados e Municípios e do Distrito Federal, constitui-se em Estado Democrático de Direito e tem como fundamentos: [...] *IV – os valores sociais do trabalho e da livre-iniciativa".*

Esse tratamento privilegiado da matéria enseja posição de destaque que deve ocupar ou, como afirma CELSO RIBEIRO BASTOS, coloca a livre-iniciativa como *"um dos fins de nossa estrutura política, é dizer, um dos fundamentos do próprio Estado Democrático de Direito".*[14]

Conforme mencionado anteriormente, a livre-iniciativa é também citada no *caput* do art. 170 da Constituição, que aponta como um dos fundamentos da ordem econômica e financeira, ao lado da valorização do trabalho humano. Esse enquadramento, pela Constituição, da livre-iniciativa acaba por enfatizar a relevância do princípio no ordenamento constitucional brasileiro, que consagra *uma economia de mercado de natureza capitalista.*

A livre-iniciativa a que faz menção a Constituição deve ser entendida em seu *sentido amplo,* compreendendo não apenas a liberdade econômica, ou liberdade de desenvolvimento

---

13. Francisco dos Santos Amaral Neto. "A Liberdade de Iniciativa Econômica". *Revista de Informação Legislativa* nº 92, 2003, p. 229.

14. *Direito econômico brasileiro.* São Paulo: IBDC, 2000, p. 115.

de empresa, mas englobando e assumindo todas as demais formas de organização econômica, individuais ou coletivas.

CELSO RIBEIRO BASTOS observa que:

> A liberdade de iniciativa pressupõe também da existência de uma liberdade contratual. Vale dizer que o compromisso firmado entre agentes econômicos normalmente é realizado por contratos. No nosso Direito, todos os civilistas estão de acordo sobre a vigência da ampla liberdade de contratar entre os particulares.[15]

A liberdade de contratar envolve: 1) a faculdade de ser parte em um contrato; 2) a faculdade de se escolher com quem realizar o contrato; 3) a faculdade de escolher o tipo de negócio a realizar; 4) a faculdade de fixar o conteúdo do contrato segundo as convicções e conveniências das partes; e 5) o poder de acionar o Poder Judiciário para fazer valer as disposições contratuais (garantia a Jurisdição).

A liberdade de iniciativa, entretanto, não é admitida em termos absolutos, completamente livre de condicionamentos. Aliás, como qualquer outro direito – não há direitos absolutos –, como, de forma reiterada tem decidido a Suprema Corte, a título exemplificativo, podemos mencionar a questão do sigilo bancário (Petição nº 577-DF – Tribunal Pleno – *RTJ* 148/366).

Nesse julgado, do voto do Relator, MINISTRO CARLOS VELLOSO, se lê o seguinte trecho:

> O sigilo bancário protege interesses privados. É ele espécie de direito à privacidade, inerente à personalidade das pessoas e que a Constituição consagra (CF, art. 5º, X), além de atender a uma finalidade de ordem pública, qual seja a proteção do sistema de crédito. (...) Não é ele um direito absoluto, devendo ceder, é certo diante do interesse público, do interesse da justiça, do interesse social, conforme tem decidido esta Corte RE nº 71.640-BA; MS nº 1.047; RE nº 94.608-SP; MS nº 2.172.

---

15. *Direito econômico brasileiro*. São Paulo: IBDC, 2000, p. 117.

1.3 Limitações à liberdade de iniciativa

O condicionamento à liberdade de iniciativa surge à medida em que se constata a necessidade de garantir a *justiça social* e do *bem-estar coletivo*.

Nesse sentido, a liberdade privada, ao dedicar-se a uma determinada atividade econômica, significa tão somente liberdade de desenvolvimento dessa atividade na forma estabelecida pelo Poder Público, dentro dos limites normativamente impostos a essa liberdade.

É o caso do parágrafo único do art. 170 da CF, que *"assegura a todos o livre exercício de qualquer atividade econômica, independentemente de autorização de órgãos públicos, salvo nos casos previstos em lei".* Por esta razão, podemos afirmar que a *liberdade de iniciativa* deve ser exercida dentro dos parâmetros estabelecidos por lei, desde que compatíveis com o texto constitucional e o interesse público.

A livre-iniciativa, portanto, garante a possibilidade de autodirecionamento econômico dos particulares, mas impõe também a necessidade de se submeter às limitações impostas pelo Poder Público, quando for o caso, na forma do art. 174, *caput*, da CF/88, que estabelece:

> Como agente normativo e regulador da atividade econômica, o Estado exercerá na forma da lei, as funções de fiscalização, incentivo e planejamento, sendo este determinante para o setor público e indicativo para o setor privado.

O art. 174 da CF limitou a intervenção a três funções: *fiscalização, incentivo e planejamento*, sendo certo que este é *determinante para o setor público, mas meramente indicativo para o setor privado*, na forma da lei.

Em posição sistemática absolutamente idêntica à que ocupa o *princípio da livre-iniciativa* está a *"valorização do trabalho humano"* que condiciona mais de perto a liberdade de iniciativa, indicando que embora capitalista, a ordem econômica dá prioridade aos valores do trabalho humano sobre todos os demais valores da economia de mercado. Conquanto se trate de declaração de princípio, essa prioridade tem o sentido de orientar a intervenção do Estado, na economia, para fazer valer os valores sociais do trabalho. O mesmo se diga quanto à justiça social.[16]

Conclusão: A compatibilidade da *valorização do trabalho e a liberdade de iniciativa,* princípios fundamentais da ordem econômica da Lei Suprema (art. 170, "caput"), *deve ser feita à luz da Constituição Federal,* numa interpretação sistemática de suas normas, que dará ensejo a interpretação, conforme a Constituição.

Com efeito, o tema da *justiça social* está contemplado, sobretudo, nos arts. 6°, 7°, 170 e 193 da Lei Maior. O art. 193 preceitua que "a ordem social tem como *base o primado do trabalho e como objetivo o bem-estar e a justiça sociais".* Os arts. 6° e 7° asseguram *direitos sociais trabalhistas: duração da jornada de trabalho; relação de emprego; seguro desemprego; FGTS; salário mínimo etc.* (art. 7°). *Além de direitos sociais à educação, saúde, alimentação, moradia, previdência social etc.* (art. 6°); *direito de greve* (art. 9°); *Educação, Cultura e Desporto, que dão realce para efetivar-se a justiça social* (art. 206, IV), *que assegura gratuidade do ensino público em estabelecimentos oficiais;* art. 208, I, *que preceitua sobre a oferta de ensinos fundamentais gratuitos aos que a ele não tiveram acesso na idade própria.*

O respeito à *dignidade humana* consta como um dos fundamentos da República *(art. 1°, III);* o *art. 170, III,* estabelece que a propriedade terá função social; o § 4° do art. 173 dispõe que "*a lei reprimirá o abuso do poder econômico* que vise à dominação dos mercados; à *eliminação da concorrência* e ao aumento *arbitrário dos lucros".* E o art. 170, inciso VIII, consagra como princípio da ordem econômica a *"busca do pleno emprego".*

---

16. Ver Celso Ribeiro Bastos. *Direito econômico brasileiro.* São Paulo: IBDC, 2000, p. 114.

JUSTIÇA ECONÔMICA E SOCIAL

Desta forma, não pode, validamente, existir *política econômica* que se oriente em políticas que inviabilizem as oportunidades de pleno emprego. A questão exige cautela e prudência dos governantes, principalmente, no momento atual por que passa nosso País, com grave crise e profunda recessão.

Como se constata, a Constituição Federal, em diversos dos seus dispositivos, é direcionada às *questões sociais*. A relação *capital e trabalho,* portanto, deve atender à questão social, para compatibilizar, com equilíbrio, a *livre-iniciativa,* com objetivo de alcançar a *justiça social.*

Por outro lado, a *livre-iniciativa* deve merecer dos *governantes,* igualmente, *atenção e prudência* em suas decisões *político-econômica,* mediante medidas de *incentivos à produção, facilidades nas exportações* e, principalmente, *redução dos encargos,* de forma a *não prejudicar as empresas para que possam se desenvolver e gerar cada vez mais empregos,* com a consequente *arrecadação de tributos,* e com equilíbrio possa alcançar a *justiça social e desenvolvimento do País.*

2. Que aspectos das Encíclicas Sociais de Suas Santidades – desde a *Rerum Novarum* do Papa Leão XIII – são mais importantes para implantação no século XXI?

2.1 A ação social da Igreja e as Encíclicas Papais

Segue o rol das principais Encíclicas sobre o tema:

(I) A Encíclica *Rerum Novarum* (das coisas novas), do Papa Leão XIII, de 15.05.1891, em linhas gerais, trata de questões importantes surgidas com a Revolução Industrial, sobre a condição dos operários, apoia a organização dos trabalhadores em sindicatos, defende a propriedade privada e nega o socialismo.

Tais questões, à época, foram consideradas fundamentais pela Doutrina Social da Igreja Católica, considerada a *Carta Magna do Magistério Social da Igreja*.

O Papa Leão XIII analisa o período em questão, enfatizando a necessidade de algo a ser feito, para que o movimento entre o socialismo e o liberalismo fosse contido – com coragem, chama para a Igreja essa responsabilidade.

Faz menção às formas de exploração dos operários justificando a *injustiça social* ao reconhecer a *desigualdade social*. E como forma de resolver a questão, nega o socialismo e propõe a humanização do capitalismo, afirmando:

> Como princípio e a base de tudo: não há outra alternativa senão a de acomodar-se à condição humana: *na sociedade civil não pode haver igualdade* – há baixos e altos. Nem todos são iguais em talento, inteligência, saúde e forças; e a desigualdade destes dons segue-se espontaneamente a desigualdade na fortuna, que é claramente conveniente à utilidade, quer dos particulares, quer da comunidade. (pg. 55)

A Igreja *não reconhece a luta de classes*, afirma o Papa. O discurso é para harmonização das classes, pois *sem trabalho não pode haver capital e sem capital não pode haver trabalho. A ação social da Igreja é no sentido de trazer união entre pobres e ricos*, afirmando que proletários e ricos tem funções determinadas.

A Encíclica mencionada estabelece programas gerais para a Igreja, com diretrizes de ação. É também um documento político ao fazer proposta de conciliação de classes. A consequência foi a de valorização da pessoa humana.

A importância da Encíclica *Rerum Novarum* foi a sua inovação no sentido de chamar a atenção sobre a condição dos operários, em razão do progresso das indústrias, indicando novos caminhos nas relações entre patrões e operários, passando da esfera *política* para a *economia social*.[17]

---

17. O Prof. Miguel Reale, com propriedade, escreve: "O Cristianismo veio abrir rumos totalmente diversos, dando início a uma revolução que, sendo a expressão feliz

JUSTIÇA ECONÔMICA E SOCIAL

(II) A Encíclica *Quadragesimo Anno,* elaborada pelo Papa Pio XI, de 15.05.1931, em comemoração aos 40 (quarenta) anos da Encíclica *Rerum Novarum,* considerando a sua importância e seus princípios, que permaneciam presentes na doutrina social da Igreja, surge a Nova Encíclica, tendo por objetivo a *restauração e aperfeiçoamento da ordem social,* para reflexão ao mundo e convite a todos para repensarem os problemas da sociedade, assim entendidos como *"questão social".*

Enfatiza a importância do *serviço social no mundo,* com a criação da *União Católica Internacional de Serviço Social – UCISS* e estimula a criação de escolas de serviço social.

Os marcos do período são: *Revolução Russa* (1917); *Primeira Guerra Mundial* (1914/1919); *Quebra da Bolsa de Valores de Nova York* (1929).

Destaca a importância do trabalho dos intelectuais e profissionais católicos na elaboração e divulgação da *doutrina social da Igreja,* incluídos os Assistentes Sociais:

> São os nossos amados filhos inscritos na Ação Católica que compartilham conosco, de maneira especial, o cuidado com a questão social, que compete e corresponde à Igreja enquanto instituição divina. A todos exortamos, uma e outra vez com o Senhor para que não evitem trabalho e nem se deixem vencer por dificuldades, mas que a cada dia sejam mais fortes e robustos. Certamente que é muito árduo o trabalho que lhe propomos; conhecemos muito bem os numerosos obstáculos que há de vencer. Mas não desanimeis: é próprio de cristãos enfrentar duras batalhas, como bons soldados de Cristo que suportam os mais pesados trabalhos. (pg. 64)

---

de Otto Schilling, consiste sobretudo em uma 'cultura de personalidade'. O homem deixou de valer como cidadão, para passar a valer como homem, como pessoa. Da doutrina cristã resulta que o homem é por si só um valor digno de mais alto respeito e que pelo simples fato de sermos homens, independentemente de qualquer ligação de ordem política e jurídica, somos possuidores de um núcleo indestrutível de prerrogativas que o Estado não pode deixar de reconhecer. *Dessarte, a primeira consequência do triunfo do Cristianismo foi relativa ao valor da pessoa humana".* ("O Cristianismo e os Problemas do Direito e do Estado" in *Questões de Direito Público.* São Paulo: Saraiva, 1ª edição 1997, 2ª tiragem 2010, p. 04).

Os assistentes sociais são profissionais que devem assumir o cuidado com a questão social, marcado pela caridade, espírito de sacrifício, disciplina e renúncia, que justificam o exame da injustiça social.

Dá ênfase à necessidade de formação específica desses profissionais, e à ideologia de *conciliação de classes,* principalmente da *classe trabalhadora* através de *ações evangelizadoras e programas específicos de Ação Social,* o que repercutiu diretamente na reconfiguração da luta de classes.

(III) A Encíclica *Mater et Magistra,* elaborada pelo Papa João XXIII, em 15.05.1961, volta a mencionar as *questões sociais.*

A Igreja, Mãe e Mestra de todos os povos, tem por missão educar e orientar a vida dos indivíduos com olhar materno e dos povos, defendendo a *dignidade humana.*

A preocupação com a liberdade de iniciativa encontra-se presente na doutrina da Igreja, conforme menciona a referida Encíclica.

De forma que a Igreja, apesar de ter como principal missão propagar os ensinamentos de Cristo, *não deixa de preocupar-se ao mesmo tempo com as exigências da vida cotidiana dos homens,* não só no que diz respeito *ao sustento e às condições de vida, mas também no que se refere à prosperidade e à civilização em seus múltiplos aspectos,* dentro do condicionalismo das várias épocas.

Documento da Doutrina Cristã e da ação desenvolvida pela Igreja ao longo dos séculos, deve considerar a Encíclica *Rerum Novarum,* promulgada pelo Papa Leão XIII, para formular os princípios que à época deveriam solucionar a questão operária de forma cristã.

O Estado, cuja razão de ser é a *realização do bem comum,* não pode se manter *ausente do mundo econômico,* deve intervir com o objetivo de promover a produção de uma abundância suficiente de bens materiais, para proteger os direitos de

JUSTIÇA ECONÔMICA E SOCIAL

todos os cidadãos, sobretudo dos mais fracos. De igual modo, é seu dever contribuir para melhorar as condições de vida dos operários.

Operários e Empresários devem regular as relações mútuas, inspirando-se no princípio da *solidariedade humana* e da *fraternidade cristã.*

Como princípios fundamentais, indica o regresso do mundo econômico à ordem moral e a subordinação de busca dos lucros, individuais ou de grupos, às exigências do bem comum.

E assim, como observa o Sumo Pontífice, *"a liberdade de mercado sucedeu a hegemonia, a sede de lucro, a cobiça desenfreada do predomínio:* de modo que *toda a economia se tornou horrivelmente dura, inexorável, cruel",* escravizando os poderes públicos aos interesses de grupo e desembocando no *imperialismo internacional do lucro.*

No que se refere ao trabalho, retomando um tema apontado na Encíclica Leonina, confirma que ele é simultaneamente *um dever e um direito de todos e de cada um dos homens.*

Trata, portanto, a Encíclica *Mater et Magistra,* da evolução da questão social à luz da doutrina cristã.

(IV) A Encíclica *Pacem in Terris,* elaborada pelo Papa João XXIII, de 11.04.1963, fala da *paz de todos* os povos, na base da *Verdade, Justiça, Caridade e Liberdade.*

A paz na terra, anseio profundo de todos os homens de todos os tempos, não pode estabelecer-se nem consolidar-se, senão no pleno respeito da ordem instituída por Deus. O progresso da ciência e os inventos da técnica demonstram a infinita grandeza de Deus.

Contrasta clamorosamente com essa perfeita ordem universal, a desordem que reina entre indivíduos e povos, como se as suas mútuas relações não pudessem ser reguladas senão pela força.

175

Todo ser humano é pessoa, sujeito de *direitos* e *deveres*.

Direito à existência digna, à integridade física, aos recursos correspondentes a um digno padrão de vida: tais são especialmente o alimento, vestuário, moradia, repouso, serviços sociais indispensáveis. Em consequência, a pessoa tem também o direito de ser amparada em caso de doença, de invalidez, de viuvez, de velhice, desemprego e em qualquer outro caso de privação dos meios de sustento por circunstâncias independentes de sua vontade.

Direitos que se referem aos valores morais e culturais: direito à liberdade de pesquisa da verdade e, dentro dos limites da ordem moral e do bem comum; a liberdade de manifestação e difusão do pensamento, bem como do cultivo da arte. Tem direito também à *informação* verídica sobre os acontecimentos públicos. O direito de participar dos bens da cultura e, portanto, a uma instrução de base e a uma formação técnica e profissional, conforme o grau de desenvolvimento cultural da coletividade.

Direitos inerentes ao campo econômico: no que diz respeito às atividades econômicas, cabe à pessoa não só a liberdade de iniciativa, como o direito ao trabalho, em condições adequadas.

Da dignidade da pessoa humana deriva também o direito de exercer atividade econômica com senso de responsabilidade e a remuneração do trabalho conforme os preceitos da justiça social.

Os Deveres – aos direitos acima considerados vinculam-se, no mesmo sujeito jurídico que é a pessoa humana, os respectivos deveres. *Direitos* e *deveres* encontram na lei natural que os outorga ou impõe, o seu manancial, a sua força.

A convivência entre os seres humanos deve ser fundada sobre a *verdade,* a *justiça,* o *amor* e a *liberdade.* Isso se obterá se cada um reconhecer devidamente tanto os próprios direitos, quanto os próprios deveres para com os demais. A comunidade humana será como acima delineada, se os cidadãos,

JUSTIÇA ECONÔMICA E SOCIAL

guiados pela justiça, respeitarem os direitos alheios e ao cumprimento de seus deveres, fazendo a perfeita comunhão de valores culturais e espirituais.

É função essencial dos poderes públicos o respeito aos direitos da pessoa humana, harmonizando de forma eficaz, com os deveres.

Por outro lado, exige o *bem comum* que os poderes públicos operem positivamente no intuito de criar condições sociais que possibilitem e favoreçam o exercício dos direitos e o cumprimento dos deveres por parte de todos os cidadãos. É preciso que os poderes públicos se *empenhem, para que o desenvolvimento econômico corresponda ao progresso social e que, em proporção da eficiência do sistema produtivo, se desenvolvam os serviços essenciais.*

A Encíclica *Pacem in Terris,* faz menção à Encíclica *Mater et Magistra* e *reitera* o apelo para que as nações economicamente mais desenvolvidas auxiliem por todos os meios outras nações em desenvolvimento econômico.[18]

E conclui: podemos constatar, com grande satisfação que o nosso apelo foi acolhido e, esperamos que no futuro continue a sê-lo ainda mais amplamente, para que as nações mais pobres alcancem o mais depressa possível um grau de desenvolvimento econômico que proporcione a todos os cidadãos um nível de vida compatível com a sua dignidade de pessoas.

---

18. Manoel Gonçalves Ferreira Filho evidencia: "Como reflexo da liberdade humana, a liberdade iniciativa no campo econômico *mereceu acolhida nas Encíclicas de caráter social,* inclusive nas mais recentes, como a celebre *Encíclica 'Mater et Magistra'.* Esta, textualmente, afirma que, no campo econômico, a parte principal compete à iniciativa privada dos cidadãos, quer sejam em particular, quer associados de diferentes maneiras a outros [...]".
Daí decorre que ao Estado cabe, na ordem econômica, posição secundária, embora importante, já que sua ação deve reger-se pelo chamado princípio da subsidiariedade e deve ser tal que "não reprima a liberdade de iniciativa particular, mas antes a aumente, para a garantia e proteção dos direitos essenciais de cada indivíduo." (*Curso de direito constitucional,* 17ª edição. São Paulo: Saraiva, p. 301).

(V) A Encíclica *Populorum Progressio*, elaborada pelo Papa Paulo VI, de 23.03.1967, fala sobre o *desenvolvimento dos povos*. A *questão social* abrange agora o *mundo inteiro:*

> O desenvolvimento dos povos, especialmente daqueles que se esforçam por afastar a fome, a miséria, as doenças endêmicas, a ignorância; que procuram uma participação mais ampla nos frutos da civilização, uma valorização mais ativa das suas qualidades humanas; que se orientam com decisão para o seu pleno desenvolvimento, é seguido com atenção pela Igreja. Depois do Concílio Ecumênico Vaticano II, uma renovada conscientização das exigências da mensagem evangélica traz à Igreja a obrigação de se pôr a serviço dos homens, para os ajudar a aprofundarem todas as dimensões de tão grave problema e para os convencer da urgência de uma ação solidária, neste virar decisivo da história da humanidade.

O importante é que cada um deve tomar consciência da universalidade da questão social. *O Papa João XXIII afirmou esse fato claramente e o Concílio fez-lhe eco com a Constituição pastoral sobre a Igreja no mundo contemporâneo.* Este ensinamento é importante e a sua aplicação é urgente. *"Os povos com fome dirigem-se hoje, de modo dramático, aos 'povos da opulência'. A Igreja estremece perante este grito de angústia e convida cada um a responder com amor ao apelo do seu irmão".*

Nessa Encíclica, o Papa Paulo VI relata que antes de sua elevação ao Sumo Pontificado, *teve oportunidade de fazer duas viagens:* uma à América Latina (1960), outra à África (1962), ocasião em que entrou em contato com os problemas que oprimem Continentes tão cheios de vida e de esperança e constatou as gravíssimas dificuldades que assaltam povos e civilizações antigas (em outras viagens à Terra Santa e à Índia), lutando com o problema do desenvolvimento. Enquanto decorria em Roma o Concílio Ecumênico Vaticano II, *"oportunidades circunstanciais levaram-nos a dirigirmos à Assembleia Geral das Nações Unidas, para relatar o vasto problema, como advogado dos povos pobres".*

JUSTIÇA ECONÔMICA E SOCIAL

No desejo de responder ao voto do Concílio e de concretizar a contribuição da Santa Sé para esta grande causa dos povos, em via de desenvolvimento, foi sugerida a criação entre os organismos centrais da Igreja, uma *Comissão* pontifícia encarregada de

> suscitar em todo o povo de Deus o pleno conhecimento da missão que os tempos atuais reclamam dele, de maneira a promover o progresso dos povos mais pobres, favorecer a justiça social entre as nações, a oferecer às que estão menos desenvolvidas um auxílio, de maneira que possam prover, por si próprias, ao seu progresso. Justiça e paz é o seu nome e o seu programa"

Para o desenvolvimento integral do *progresso dos povos* e das *aspirações dos homens* é necessário: *"ser libertos da miséria;* encontrar com mais segurança a subsistência à saúde; um emprego estável; ter maior participação nas responsabilidades, excluindo qualquer *opressão e situação que ofendam a sua dignidade de homens;* ter maior *instrução; numa palavra, realizar, conhecer e possuir mais, para ser mais: tal é a aspiração dos homens de hoje,* quando um grande número dentre eles está condenado a viver em condições que tornam ilusório este legítimo desejo". Por outro lado, os povos que ainda há pouco tempo conseguiram a independência nacional, *"sentem a necessidade de acrescentar a esta liberdade política um crescimento autônomo e digno, tanto social como econômico, a fim de garantirem aos cidadãos o seu pleno desenvolvimento humano e de ocuparem o lugar que lhes pertence no conceito das nações".*

O Papa Paulo VI, ao concluir, chama a atenção para uma visão cristã do desenvolvimento:

> o desenvolvimento não se reduz a um simples crescimento econômico. Para ser autêntico, *deve ser integral,* quer dizer, promove todos os homens e o homem todo, como justa e vincadamente sublinhou um eminente especialista. *Não aceitamos que econômico se separe do humano:* nem o desenvolvimento, das civilizações em que ele se incluiu. *O que conta para nós, é o homem, cada homem, cada grupo de homens, até se chegar à humanidade inteira.*

179

UJUCASP

(VI) A Encíclica *Centesimus Annus,* elaborada pelo Papa João Paulo II, de 01.05.1991, foi promulgada em *comemoração ao centenário da Encíclica Rerum Novarum,* do Papa Leão XIII.

O Papa João Paulo II, por ocasião dessa comemoração do centenário, *propõe uma releitura* da Encíclica Leonina, *por sua importância histórica.*

Assinala ser a data relevante na história presente da Igreja e também do seu pontificado. A Encíclica Leonina, *"de fato teve o privilégio de ser comemorada por documentos solenes dos Sumos Pontífices, desde o seu quadragésimo aniversário até ao nonagésimo.* Podemos, assim, dizer que o seu trajeto histórico foi ultimado por outros escritos, que simultaneamente a reenvocavam e atualizavam".

Sugere, então, que se *fizesse o mesmo no seu centenário,* atendendo à solicitação de numerosos Bispos, instituições eclesiais, centros de estudos, empresários e trabalhadores, tanto individual como na qualidade de membros de diversas associações; *acentuou,* primeiramente, *o seu desejo de satisfazer o débito de gratidão que a Igreja inteira tem para como Papa Leão XIII e o seu "imortal documento", como inspiração divina.* Acentuou que a seiva "abundante" que sobe daquela raiz, não secou com o passar dos anos, pelo contrário, tornou-se mais fecunda.

A Encíclica *Centesimus Annus* participa nestas celebrações, para agradecer a Deus, do qual *"provém toda a boa dádiva e todo o dom perfeito",* que quis servir-se de um documento emanado há cem anos da Cátedra de Pedro, para *"operar na Igreja e no mundo imenso bem e difundir tanta luz".*

A comemoração feita refere-se à Encíclica *Rerum Novarum,* mas *engloba também as Encíclicas e outros escritos dos predecessores, que contribuíram para a tornar presente e operante ao longo do tempo, constituindo a chamada "doutrina social", "ensino social",* ou ainda, *"Magistério Social"* da Igreja.

Diz, o Papa João Paulo II, que como validade de tais ensinamentos, se refere a duas Encíclicas, por ele publicadas,

JUSTIÇA ECONÔMICA E SOCIAL

nos anos do seu pontificado: a *Laborem Exercem* acerca do trabalho humano e a *"Sollicitudo Rei Socialis"*, sobre os atuais problemas do desenvolvimento dos homens e dos povos.

Propõe uma "releitura" da Encíclica Leonina, convidando *a "olhar para trás"*, ao próprio texto, *para descobrir de novo a riqueza dos princípios fundamentais,* nela formulados, sobre a solução da *questão operária.* Mas também fez um convite para *"olhar ao redor"*, às *"coisas novas"*, que nos circundam e em que nos encontramos como imersos, enfim convidou a todos a *"olhar para o futuro"*, estimulando a nossa *imaginação e criatividade,* com *responsabilidade.*

A presente Encíclica visa a pôr em evidência a fecundidade dos *princípios expressos pelo Papa Leão XIII,* relativos à doutrina da Igreja, no que se refere ao **problema** *social,* rumo às *"coisas novas".*

A comemoração da *Rerum Novarum* não seria adequada, se não olhasse também à situação de hoje. No seu conteúdo, o documento faz considerações sobre o *quadro histórico* e as *previsões nela delineadas,* à luz de quanto aconteceu no período sucessivo, surpreendentemente exatas.

A elevação dos pobres é uma grande ocasião:

> Os pobres pedem o direito de participar no usufruto dos bens materiais e de fazer render a sua capacidade de trabalho, criando assim um mundo mais *justo* e mais *próspero* para todos. A elevação dos pobres é uma grande ocasião para o crescimento *moral, cultural* e até *econômico* da humanidade inteira.

O progresso não deve ser entendido de modo exclusivamente econômico, mas num sentido integralmente humano. Não se trata apenas de elevar todos os povos ao nível que hoje gozam os países mais ricos, mas de construir, no *trabalho solidário,* uma vida mais digna, *fazer crescer* efetivamente *a dignidade e a criatividade de cada pessoa,* a sua capacidade de corresponder à própria vocação e, portanto, ao apelo de Deus.

É necessário reconhecer integralmente os direitos da consciência humana, apenas ligada à verdade, seja natural ou revelada. No *"reconhecimento destes direitos, está o fundamento principal de toda ordenação política autenticamente livre"*.

Quanto à propriedade privada na *Rerum Novarum*, Leão XIII, com diversos argumentos, insistia, fortemente, no caráter natural do direito de propriedade privada. *"Este direito, fundamental para a autonomia e o desenvolvimento da pessoa, foi sempre defendido pela Igreja até aos nossos dias"*. De igual modo a Igreja ensina que a *"propriedade dos bens não é um direito absoluto, mas, na sua natureza de direito humano, traz inscritos os próprios limites"*.

O Papa João Paulo II retomou a *mesma doutrina*, primeiramente no discurso à III Conferência do Episcopado Latino Americano, em *Puebla*, e depois nas Encíclicas *Laborem Exercem* e *Sollicitudo Rei Socialis*.

Relendo esse ensinamento relativo ao *direito de propriedade* e ao *destino comum dos bens* que sustentam a vida do homem, satisfazem as suas carências e são objetos dos seus direitos, afirmou o Papa João Paulo II, que *"a origem primeira de tudo o que é bem é o próprio ato de Deus que criou a terra e o homem, e ao homem deu a terra para que a domine com o seu trabalho e goze dos seus frutos"*.

Enfatizou que existe, em particular no nosso tempo, uma outra forma de propriedade, que reveste uma importância nada inferior à da terra: é a propriedade do conhecimento, da técnica e do saber. "A riqueza das nações industrializadas funda-se muito mais sobre este tipo de propriedade, do que sobre a dos recursos naturais".

Lembrou que o homem "trabalha com outros homens, participando num "trabalho social" que engloba progressivamente círculos cada vez mais amplos. Quem produz um objeto para além do uso pessoal, fá-lo em geral para que outros o possam usar também, depois de ter pago o preço justo, estabelecido de comum acordo, mediante uma livre negociação".

JUSTIÇA ECONÔMICA E SOCIAL

A moderna economia de empresa comporta aspectos positivos, cuja raiz é a liberdade da pessoa, que se exprime no campo econômico e em muitos outros campos. "A economia, de fato, é apenas um setor da multiforme atividade humana, e nela, como em qualquer outro campo, vale o direito à liberdade, da mesma forma que o dever de a usar responsavelmente [...]. Se outrora o fator decisivo da produção era a terra e mais tarde o capital, visto como o conjunto de maquinário de bens instrumentais, hoje o fator decisivo é cada vez mais o próprio homem, a sua capacidade de conhecimento que se revela no saber científico, a sua capacidade de organização solidária, a sua capacidade de intuir e satisfazer a necessidade do outro".

Neste contexto, conservam a sua validade – em certos casos é ainda uma meta a ser alcançada –, àqueles mesmos objetivos indicados pela *Rerum Novarum*, para evitar a redução do trabalho humano e do próprio homem ao nível de simples mercadoria: o "salário suficiente para a vida da família, seguros sociais para a ancianidade e o desemprego, a tutela adequada das condições de trabalho".

A Igreja reconhece a

> *justa função do lucro como indicador do bom funcionamento da empresa:* quando esta dá lucro, isso significa que os fatores produtivos foram adequadamente usados e as correlativas necessidades humanas devidamente satisfeitas. Todavia o lucro não é o único indicador das condições da empresa. Pode acontecer que a contabilidade esteja em ordem e simultaneamente os homens, que constituem o patrimônio mais precioso da empresa, sejam humilhados e ofendidos em sua dignidade. Além de ser moralmente inadmissível, isso não pode deixar de se refletir futuramente de modo negativo na própria eficiência econômica da empresa. Com efeito, o objetivo desta não é simplesmente o lucro, mas sim a própria existência da empresa como comunidade de homens que, de diversos modos, procuram a satisfação de suas necessidades fundamentais e constituem um grupo especial ao serviço de toda sociedade. *O lucro é um regulador da vida da empresa, mas não é o único; a ele se deve associar a consideração de outros fatores humanos e morais que, a longo prazo, são igualmente essenciais para a vida da empresa. (grifos nossos)*

Em conclusão, podemos dizer que os aspectos mais importantes das Encíclicas, desde a *Rerum Novarum* e as demais que a sucederam, como acima demonstrado, para implantação no século XXI, são os *aspectos sociais*. A valorização do homem como pessoa humana.

A ação social da Igreja é direcionada para a *existência digna do ser humano*, como um direito fundamental, *realizada mediante o trabalho com remuneração justa, para o seu sustento e da sua família*.

O Estado, cuja razão de ser é a realização do bem comum, não pode se manter ausente do mundo econômico; deve intervir com objetivo de promover a produção, gerando empregos, para proteger os direitos de todos os cidadãos, principalmente, os mais fracos. Igualmente, é seu dever contribuir para melhorar as condições de vida do trabalhador.

Empregados e Empregadores devem regular as relações mútuas, inspirando-se no princípio da solidariedade humana e da fraternidade cristã.

Da *dignidade da pessoa humana* resulta também o direito de exercer *atividade econômica com senso de responsabilidade* e a *remuneração do trabalho* conforme os preceitos da *justiça social*.

Há um apelo para que as Nações economicamente mais desenvolvidas auxiliem por todos os meios, outras Nações em desenvolvimento econômico, para que as Nações mais pobres alcancem um grau de desenvolvimento econômico que proporcione a todos os cidadãos um nível de vida compatível com a sua dignidade pessoal.

Um dos problemas graves do nosso tempo é a fome, a miséria, as doenças endêmicas, a ignorância, que exigem uma participação mais ampla nos frutos da civilização, uma valorização mais ativa das suas qualidades humanas, que se orientam com decisão, para o seu pleno desenvolvimento, é seguido com atenção pela Igreja.

184

O importante é que cada um deve tomar consciência da *universalidade da questão social.*

Os princípios estabelecidos pela Encíclica *Rerum Novarum,* tais como, valorização do trabalho humano, livre-iniciativa, existência digna e garantia da propriedade, permanecem atuais e devem ser aplicados com uma releitura, como proposto pelo Papa João Paulo II, na sua Encíclica *Centesimus Annus* por sua importância histórica, convidando todos a *"olhar para trás"* ao próprio texto, para descobrir a riqueza dos princípios fundamentais, nela formulados. Mas também fez um convite para *"olhar ao redor",* às *"coisas novas",* que nos circundam e convidou todos a *"olhar para o futuro",* estimulando, em todos, a imaginação e criatividade com responsabilidade, no que se refere aos problemas sociais, para alcançar a *justiça social.*

3. Políticas sociais para atender famílias de baixa renda deveriam exigir contrapartida, como obrigação de os filhos estudarem?

A resposta é afirmativa. O fim do desenvolvimento econômico é a existência digna e assim alcançar a *justiça social,* mas devem ter uma contrapartida, quando o objetivo é exclusivamente uma ajuda financeira – transferência de renda – que não decorre do trabalho.

3.1 Políticas sociais

3.1.1 *Histórico dos Programas de Transferência de Renda*

As políticas sociais no Brasil foram alteradas durante o período do Governo de *Fernando Henrique Cardoso.* Anteriormente, predominavam auxílios variados, quase sempre realizados pelo poder público local, mediante doações de cestas básicas, leite, distribuição de água no período de seca. Posteriormente, foi estruturada uma rede de *proteção social* para combater a pobreza, mediante ações públicas coordenadas contra suas causas estruturais e transferências diretas de renda aos cidadãos.

A estrutura da rede de proteção social construída no período governamental de *FHC* dependeu, inicialmente, da estabilização da economia. Com o fim do período inflacionário que penalizava os mais pobres, pôde-se alcançar um novo patamar de combate à exclusão social, atacando as fontes geradoras da miséria. O relatório à época do *PNUD (Programa das Nações Unidas para o Desenvolvimento)* sobre a Evolução do *IDH* (Índice de Desenvolvimento Humano), relativo a 2012, confirma que a transformação brasileira começou em 1994, *"quando o governo implementou reformas macroeconômicas para controlar a hiperinflação, com o Plano Real e concluiu a liberalização do comércio que começou em 1998, com a redução de tarifas e de restrições comerciais"*.

Na verdade, desde a Constituição de 1988, foram definidos novos marcos para as políticas sociais no País. Ao ser estabelecido que nenhum benefício poderia ser inferior que o salário mínimo, o antigo FUNRURAL foi modificado e ampliado, pela Lei 9.032/1995, que regulamentou a aposentadoria plena no campo. De forma semelhante, a LOAS (Lei Orgânica de Assistência Social – Lei 8.742/1993), considerou a *assistência social* como um *"direito do cidadão e dever do Estado"*. Faltava avançar para concretizar esse direito.

A regulamentação de fundos de financiamento para os programas governamentais foi decisiva no processo de combate à pobreza. O Fundo Nacional de Assistência Social (FNAS), instituído pela LOAS, assegurou os *benefícios sociais aos idosos e pessoas com deficiência*.

Como fonte principal para assegurar os recursos dos programas de *transferência de renda*, foi instituído o *Fundo Nacional de Combate à Pobreza* (EC 31/2000, regulamentada pela LC 111/2001), *beneficiando famílias abaixo da linha de pobreza*.

JUSTIÇA ECONÔMICA E SOCIAL

Além desses recursos – após discussão com a sociedade civil –, foi criado o *Programa Comunidade Solidária*, presidida desde 1995, por *Ruth Cardoso*, esposa de *FHC*, nascido sob a ideia do empreendedorismo social, com a participação de vários segmentos da sociedade, empresariais e do terceiro setor, que através de sua atuação, priorizou um conjunto de 20 programas executados por *nove* Ministérios (Agricultura, Educação, Esportes, Fazenda, Justiça, Planejamento e Orçamento, Previdência e Assistência Social, Saúde e Trabalho). Tais ações governamentais, com o apoio da sociedade, permitiram modificar o conteúdo e o caráter das políticas sociais.

O resultado foi que ao final de 2002, cerca de 6,5 milhões de famílias estavam sendo atendidas nos programas de *transferência de renda,* estabelecidos no Governo de FHC. Outros 6,5 milhões de trabalhadores rurais foram beneficiados com aposentadoria. Cerca de 1,5 milhão de pessoas idosas ou com deficiência recebiam o benefício continuado de 1 (um) salário mínimo. Consequência: entre 1994 e 2001, a participação dos gastos sociais no orçamento federal passou de 23% para 28,3%, elevação real de quase 70%. Os dispêndios na área social atingiram 3% do PIB Nacional.[19]

Bolsa-Escola

Durante o Governo *Fernando Henrique Cardoso* (1995-2003), foi instituído, em 2001, o Programa Bolsa-Escola, que consistia em transferência de recursos para manutenção das crianças nas escolas. O objetivo era que a criança não precisasse trabalhar para ajudar os pais, uma vez que o benefício era recebido.

A *condição para receber o benefício era a criança estar na escola para usufruir dos direitos da bolsa,* era preciso apresentar frequência na sala de aula de no mínimo 85% e

---

19. Fonte: Programas de Transferência de Renda (Instituto Fernando Henrique Cardoso).

possuir renda inferior a R$ 90,00. O programa foi baseado, *originalmente, em proposta realizada por Cristovam Buarque, então Reitor e Professor da UNB* – Universidade de Brasília, no ano de 1986.

O Programa *Bolsa-Escola* federal implementado pelo Governo **FHC**, chegou a beneficiar mais de 5 milhões de famílias em todo o Brasil, obrigando os pais a matricularem os filhos nas escolas e a frequentá-las, contribuindo para a erradicação do trabalho infantil. O programa estimulou a inserção das crianças nas escolas e contribuiu para evitar o analfabetismo das crianças, filhos de famílias de baixa renda, tornando a educação um objetivo para o crescimento dos jovens e o exercício de sua dignidade humana.

Em 2003, no Governo Luiz Inácio Lula da Silva, o Programa Bolsa-Escola foi incorporado ao Programa *Bolsa-Família*.

O *Bolsa-Família* é um programa de transferência de renda do Governo Federal, para auxiliar as famílias em situação de pobreza e de extrema pobreza.

Em 2002, milhares de pessoas já se beneficiavam de programas sociais como o "Cartão-Alimentação", "Auxílio-Gás" e "Bolsa-Escola". O *"Bolsa-Família"* foi criado para unificar esses diversos programas e organizar os processos de serviços sociais para a população carente. Para usufruir de todos esses benefícios, o Governo fornecia o Cartão Cidadão, que passou a ser chamado de "Cadastro Único" e os pagamentos eram feitos pela Caixa Econômica Federal.

Há tempos, o Brasil trabalha com a erradicação da pobreza e da fome. Porém, as medidas foram melhor aproveitadas em governos anteriores.

Na Constituição Federal de 1988, o constituinte se preocupou com que todas as crianças tivessem ensino básico garantido e também a todos os que a ela não tiveram acesso na idade própria, na forma do art. 208, I, assim disposto:

JUSTIÇA ECONÔMICA E SOCIAL

Art. 208 - O dever do Estado com a educação será efetuado mediante a garantia de:

I – educação básica obrigatória e gratuita dos 4 (quatro) aos 17 (dezessete) anos de idade, assegurada inclusive sua oferta gratuita para todos os que a ela não tiveram acesso na idade própria." (Redação dada pela EC n° 59, 2009)

[...].

Ainda no Capítulo dedicado à Educação, a Constituição de 1988, estabeleceu em seu art. 205, que:

Art. 205. A educação, direito de todos e dever do Estado e da família, será promovida e incentivada com a colaboração da sociedade, visando ao pleno desenvolvimento da pessoa, seu preparo para o exercício da cidadania e sua qualificação para o trabalho.

E o art. 213, dispõe que:

Art. 213. Os recursos públicos serão destinados às escolas públicas, podendo ser dirigidos a escolas comunitárias, confessionais ou filantrópicas, definidas em lei, que:

I – comprovem finalidade não lucrativa e apliquem seus excedentes financeiros em educação;

II – assegurem a destinação de seu patrimônio a outra escola comunitária ou confessional, ou ao Poder Público, no caso de encerramento de suas atividades.

[...].

Da leitura dos dispositivos constitucionais acima, percebe-se que embora a "educação seja um direito de todos e dever do Estado", o constituinte pediu a *colaboração da sociedade, visando ao pleno desenvolvimento da pessoa e o seu preparo para a cidadania,* assim como abriu a possibilidade de destinação de recursos às escolas comunitárias, confessionais ou filantrópicas, definidas em lei.

Como se constata, o Governo sozinho não tem condições de atender às demandas na área da educação e necessita da colaboração da sociedade e das entidades filantrópicas, que aliás não só na atuação da área de *educação,* como nas áreas da saúde e *assistência social.*

Em contrapartida, a Constituição concede desoneração tributária a essas entidades, na forma do art. 150, VI, "c" e art. 195, § 7º, que preceituam:

> Art. 150. Sem prejuízo de outras garantias asseguradas ao contribuinte, é vedado à União, aos Estados e aos Municípios:
>
> [...]
>
> VI – instituir impostos sobre:
>
> c) patrimônio, renda ou serviços dos partidos políticos, inclusive suas fundações, das entidades sindicais dos trabalhadores, das instituições de educação e de assistência social, sem fins lucrativos, atendidos os requisitos de lei.
>
> Art. 195. [...]
>
> § 7º. São isentas de contribuição para a seguridade social as entidades beneficentes de assistência social que atendam às exigências estabelecidas em lei.

É o que ocorre em relação às entidades educacionais de assistência social, sem fins lucrativos, que recebem desoneração de tributos, para incentivá-las a colaborarem com o Estado em atividades essenciais, como educação, saúde e assistência social.

É relevante o papel dessas entidades, denominadas do terceiro setor, de suprir as dificuldades do Estado no cumprimento de suas obrigações para com a *educação, saúde* e *assistência social,* conforme é demonstrado pelo estudo desenvolvido ao longo de 13 meses pelo *FONIF* – Fórum Nacional de Instituições Filantrópicas, constatou que *em cada R$ 100,00 que o Estado deixa de arrecadar, pela desoneração de Contribuições Sociais relativas à cota patronal, em contrapartida as entidades de saúde investem R$ 735,00 no atendimento à população. Na Assistência Social, o retorno à sociedade é de R$ 573,00, e na Educação o retorno é de R$ 388,00, por meio de concessão de bolsas de estudo, por exemplo,* além de gerarem 1.300.000 empregos.

O estudo revelou, também, o fato preocupante que em quase 1.000 Municípios brasileiros, o único hospital é filantrópico.

É importante que essas entidades continuem a colaborar com o Governo, mantida a desoneração como contrapartida ao trabalho prestado por elas nas áreas da saúde, educação e assistência social.

Em conclusão: Todas as políticas sociais devem ser condicionadas a uma contrapartida do Estado em atividades essenciais – educação, saúde e assistência social.

4. É possível praticar distribuição de riquezas sem geração de rendas?

A implementação dos direitos humanos fundamentais depende do desenvolvimento e aplicação dos ideais de justiça social, econômica e política decorrentes do pleno reconhecimento pelo Estado dos preceitos próprios da lei positiva que devem ser consolidados, para poderem ser amplamente efetivados em favor de toda sociedade.

A Constituição Econômica corresponde ao sistema jurídico norteador da ordem econômica, consagrado em nível constitucional.

VITAL MARTINS MOREIRA adverte que:

> A elaboração de um conceito jurídico de constituição econômica não pode ser *levada a cabo sem que se tenha em conta a específica estrutura econômica em que aquela encontra as suas raízes e que pretende garantir e dirigir. Sem essa ligação à estrutura econômica, os preceitos econômicos da constituição nunca poderão ser compreendidos no seu alcance prático-jurídicos, muito menos ser objeto de elaboração teórica.*[20]

---

20. *Economia e Constituição.* Coimbra: Ed. Coimbra, 1974, pp. 14/15.

Assim temos de um lado a prática de distribuição de riquezas, representada por *programas sociais*, para assegurar a todos uma vida digna, conforme os ditames da *Justiça Social*, nos termos do *caput* do art. 170 da CF. Também menciona o art. 193, que constitui objetivo da ordem social, a *Justiça Social*. A menção, portanto, não é isolada no âmbito econômico. Em diversos dispositivos, a Constituição menciona a implementação, como objetivo maior, a *Justiça Social*, conforme determina o art. 3º, I, da CF, deixando claro que o conceito envolve não apenas o social sobre o individual, como também o compromisso de uma *dependência recíproca entre os indivíduos*.

A expressão *"Justiça Social"* foi consagrada pelo Papa Pio XI, em sua Encíclica *Quadragesimo Anno*, antes referida.

De outro lado, a liberdade de iniciativa garantida constitucionalmente, não se restringe à liberdade de iniciativa econômica. A livre-iniciativa mencionada pela Constituição há de ser, realmente, entendida em seu *sentido amplo*, compreendendo à liberdade de desenvolvimento da empresa, englobando as diversas formas de organizações econômicas, individuais ou coletivas.

O postulado da livre-iniciativa tem uma conotação normativa positiva, significando a liberdade garantida a qualquer cidadão, e uma outra conotação que assume viés negativo, impondo a "não intervenção estatal, que só pode se configurar mediante atividade legislativa que, acrescente-se, há de respeitar os demais postulados constitucionais e não poderá anular ou inutilizar o conceito mínimo de livre-iniciativa".

Uma das principais características de um País desenvolvido é o bom funcionamento de suas *instituições políticas*.

Em nosso País, esse ideal ainda não se concretizou. Podemos dizer que a eficácia do aparelho estatal depende da funcionalidade de suas instituições para cumprimento de suas atribuições.

JUSTIÇA ECONÔMICA E SOCIAL

A profunda crise econômica por que passa o País, em razão dos altos índices de desemprego, resultado de políticas econômicas desastrosas de governos anteriores, aliados à corrupção e crise de moralidade, resultaram em *desequilíbrio fiscal* que interferiram na economia, estão a exigir do governo medidas necessárias para conter os gastos públicos. No plano constitucional, foi estabelecido um teto para as despesas públicas.

Outras reformas, de natureza tributária, trabalhista e previdenciária, estão em discussão no Poder Legislativo. Não será simples resolver os problemas. Os agentes econômicos esperam por sinais de recuperação econômica, que os estimule a investir, com a progressiva confiança, nos rumos do País.

Assim, o desenvolvimento que se pretende, deve ser amplo, não apenas econômico. Nas palavras de AMARTYA SEN,

> há de compreender o desenvolvimento como liberdade: o crescimento econômico não pode sensatamente ser considerado um fim de si mesmo. O desenvolvimento tem de estar relacionado sobretudo com a melhoria da vida que levamos e das liberdades que desfrutamos.[21]

Para tanto, é necessário medidas que estimulem o setor produtivo, para desenvolvimento econômico das empresas e geração de emprego.

É preciso repensar a *carga tributária* que recai sobre o setor produtivo, o comércio e os serviços, para que possam gerar rendas.

Concluindo: Sem gerar rendas não é possível praticar a distribuição de riquezas.

---

21. *Desenvolvimento como Liberdade*. tradução de Laura Teixeira Motta. São Paulo: Cia. das Letras, 2000, p. 29.

5. Como estimular investimentos no país, competindo com outras nações na sua atração, cuidando simultaneamente de políticas sociais?

A questão envolve o *Desenvolvimento Nacional* e a *Justiça Social*.

Como antes mencionado, o art. 3º, inciso I da CF/88, deixa claro que um dos objetivos do Brasil deve ser o de *construir uma sociedade justa e solidária*. E no *caput* do art. 170, estabelece como uma das finalidades da ordem econômica que o *Estado assegure a todos uma vida conforme os ditames da "Justiça Social"*. Também constitui objetivo da ordem social (art. 193) a Justiça Social. Pode-se, portanto, afirmar que a Constituição, tem como objetivo maior a *Justiça Social*.

Em síntese, a "Justiça Social" deve ser adotada como "um dos princípios e finalidades comunitárias expressas na Constituição de 1988 a interferir no contexto da ordem econômica, visando a implementar as condições de vida de todos até um patamar de dignidade e satisfação, de Justiça Social".[22]

À luz da Constituição Federal, portanto, para que a Justiça Social seja implementada torna-se necessário garantir o *Desenvolvimento Nacional*. A meta do desenvolvimento do País, insere-se no contexto econômico, mediante *projetos de desenvolvimento que implicam o exame do sistema econômico do País,* que terá possibilidade de implementar *políticas públicas* devendo ser avaliadas pelo governo.

OTTO NOGAMI e CARLOS ROBERTO MARTINS PASSOS, sobre o tema, observam que:

> o desenvolvimento econômico não deve ser analisado tomando-se por base somente os indicadores, tais como o crescimento do produto global ou o crescimento do produto per capita. Outros

---

22. TAVARES, André Ramos. "Dos Princípios Fundamentais", obra coletiva *Constituição Federal*. Avanços, Contribuições e Modificações no Processo Democrático. Coord. Ives Gandra da Silva Martins e Francisco Rezek. São Paulo: Ed. RT, coedição CEU – 2008, p. 20.

indicadores, que refletem mudanças na qualidade de vida devem ser levados em conta. Como exemplo, podemos citar: analfabetismo, educação, mortalidade infantil, consumo real per capita etc.[23]

O modelo de desenvolvimento nacional deve ser avaliado de forma a aperfeiçoar os planos nacionais, com dados conhecidos da realidade estrutural do País.

De tal forma que o Desenvolvimento que se pretende deve ser amplo, não apenas econômico, porque este decorre de outros itens que devem igualmente ser avaliados. É o que AMARTYA SEM, com propriedade, observa: *"sem desconsiderar a importância do crescimento econômico, precisamos enxergar muito além dele"*.[24]

É preciso avaliar a *"melhoria das condições humanas"*, que deve compreender o desenvolvimento da liberdade.

Assim, o *desenvolvimento econômico* deve estar relacionado sobretudo com a *melhoria de vida das pessoas e das liberdades que elas desfrutam.*

5.1 Soberania nacional e princípios que regem o Brasil em suas relações internacionais

A Constituição Federal, em seu art. 4º determina entre os princípios das relações internacionais que o Brasil deverá observar: I – a *independência nacional.*

No âmbito econômico, a Soberania Nacional pressupõe que o Brasil esteja desvinculado de outros Estados. Tanto que o art. 170, I, da CF/88, expressamente, prevê a Soberania Nacional como um dos princípios gerais da ordem econômica.

Ocorre que a absoluta independência do Brasil em relação a outros países *não se verifica na prática*, principalmente em virtude da dimensão que hoje assume o processo de

---

23. *Fundamentos da Economia*. São Paulo: Ed. Terra, 1994, p. 456.

24. Obra citada: *Desenvolvimento como Liberdade*, p. 28.

globalização, que impõe novos limites à soberania dos Estados na determinação de sua vida econômica, tendo em vista o plano internacional.[25]

Com a globalização, surgiram questões que afetam diretamente a noção clássica de soberania nacional, que precisam ser repensadas, especialmente no campo econômico, impondo a necessidade de uma nova concepção de soberania, pela qual seja possível a preservação da capacidade de autodeterminação do Estado, da livre-concorrência no mercado nacional e o respeito simultaneamente às normas e práticas supranacionais relativas à atividade econômica.

Tendo em vista o plano internacional, é precisa a lição de THEMÍSTOCLES BRANDÃO CAVALCANTI, ao ponderar que *"os problemas econômicos já ultrapassaram os limites nacionais. Nenhum País pode se isolar dentro dos princípios de sua economia interna isolada: as economias são, evidentemente, internacionais".*[26]

A necessidade de revisão da noção de soberania estatal absoluta também pode ser vista sob a ótica da internacionalização dos direitos humanos.

A nossa Lei Maior, adotando padrões internacionais concebidos de proteção dos direitos humanos, *determina que estes deverão prevalecer nas relações internacionais do Brasil* (art. 4º, II).

Ao assim determinar, o constituinte limitou a soberania do Estado brasileiro, submetendo-a aos princípios humanitários, embora não haja uma definição universalmente aceita de soberania, nem é ela estanque no tempo. Como afirma ANDRÉ RAMOS TAVARES, "trata-se, tecnicamente falando, de uma delimitação daquilo que o País considera assunto relacionado à soberania e daquilo que não é assim considerado;

---

25. Ver André Ramos Tavares, obra citada, p. 24.

26. *Manual da Constituição.* 3ª edição. Rio de Janeiro: Zahar, 1977, p. 246.

por ter sido excluído expressamente dessa dimensão de independência do Estado brasileiro pela Constituição".[27]

Em conclusão: À luz da Constituição Federal, para que a *justiça social seja implementada torna-se necessário garantir o Desenvolvimento Nacional, estabelecendo metas de desenvolvimento* no contexto econômico do País, mediante políticas públicas, que devem ser avaliadas pelo governo.

O modelo de desenvolvimento nacional deve ser avaliado de forma a aperfeiçoar os planos nacionais, com dados conhecidos da realidade estrutural do País, de forma ampla. Não apenas em seus aspectos econômicos, pois este decorre de outros itens que devem, igualmente, ser avaliados, como indicadores que reflitam mudanças na qualidade de vida: analfabetismo, educação, mortalidade infantil, consumo real per capita etc., de forma ampla.

O estímulo *de investimentos no País deverá* ser *feito com desenvolvimento* nacional, mediante medidas de retomada da economia, com geração de empregos e confiança do investidor na retomada de crescimento do País.

6. O excessivo crescimento da burocracia é ou não inibidor de reais políticas sociais?

A resposta é positiva. No Brasil, vivemos um período de insegurança de grande recessão. Seguindo um caminho de muitas democracias em recessão, temos uma profunda ineficiência do Estado em cumprir as obrigações básicas no campo da segurança pública, educação, saúde e infraestrutura urbana.

O aumento de desigualdade potencializou a desconfiança na política e na corrupção a partir do financiamento eleitoral e do vasto esquema imoral dela decorrente.

---

27. André Ramos Tavares, obra citada, p. 24.

Por outro lado, as políticas sociais são praticadas mais pela sociedade privada do que pelo governo. De tal forma que a sociedade brasileira não poderia funcionar sem a participação da sociedade, mediante as entidades denominadas do Terceiro Setor.

De tal forma que a sociedade brasileira não poderia funcionar sem a participação da sociedade, mediante as entidades denominadas do Terceiro Setor.

Embora a prestação de serviços públicos essenciais seja suportada pelos recursos que o Estado retira da sociedade por meio de tributos, tais recursos sempre são insuficientes, não podendo o governo prescindir da colaboração dessas entidades do terceiro setor, que prestam relevantes serviços, sem finalidades de lucro.

O excesso de burocracia, entretanto, tem dificultado essas políticas públicas, em sua inteireza.

O problema do excesso de burocracia no Brasil vem de longa data, tendo chegado a ponto de o Governo do Presidente João Batista Figueiredo, instituir o Programa Nacional de Desburocratização, mediante o Decreto 83.740, de 18 de julho de 1979, destinado a dinamizar e simplificar o funcionamento da Administração Federal.

Surge, então, o *Ministério Extraordinário para a Desburocratização* que, na verdade, foi uma Secretaria do poder executivo federal, que existiu de *1979* a *1986* com objetivo de diminuir o impacto da estrutura burocrática na economia e vida social brasileiras. Os Ministros que exerceram a pasta foram: *Hélio Beltrão, João Geraldo Piquet Carneiro* e *Paulo Lustosa.*

O Ministro *Hélio Beltrão* foi o mentor intelectual do Programa Nacional de Desburocratização, notável conhecedor dos problemas gerados pelo excesso de burocracia e incansável defensor de uma maior *racionalidade e simplificação da administração pública.* O seu projeto inovador tinha por objetivo a *redução dos formalismos burocráticos,* que, segundo ele,

198

tiravam o homem simples da condição de cidadão e o colocava na condição de súdito. Para o Ministro, o excesso de burocracia estatal com exigências, muitas vezes redundantes, de papéis, carimbos e comprovações para conseguir algum documento ou qualquer serviço relativo à administração pública constituíam o grande entrave ao desenvolvimento do País.

Em relação ao tema, à época, vários autores que trataram da formação da sociedade brasileira tiveram uma visão semelhante à de *Hélio Beltrão*, em especial *Raymundo Faoro*, que escreveu o clássico livro *"Os Donos do Poder".* Nele, o autor "classifica o Brasil como uma sociedade patrimonialista, cuja estrutura foi herdada de Portugal. Neste tipo de sociedade, não haveria uma distinção clara entre as esferas pública e privada, sendo a primeira uma espécie de "extensão" dos interesses particulares dos governantes. No patrimonialismo, quem governa, de fato, é um "estamento burocrático", uma espécie de "casta" que está acima mesmo das elites políticas e econômicas e, a despeito de qualquer modernização formal no sistema de governo, sempre imprime sua "marca tradicional" às ações do Estado".[28]

No Brasil, durante a existência do Ministério da Desburocratização, foram criados os *Juizados de Pequenas Causas* e o *Estatuto da Microempresa.*

Ao ser extinta a pasta, foi absorvida pelo Ministério da Administração e Reforma do Estado.[29]

A burocracia, entretanto, continua a imperar em nosso País, de forma a inibir políticas públicas, que por falta de vontade política, tornou-se sem função.

Mediante o recente *Decreto de 07 de março de 2017* (publicado no D.O.U. de 08.03.2017), o atual Governo Michel Temer decidiu criar o *Conselho Nacional para a Desburocratização*

---

28. FAORO, Raymundo. *Os Donos do Poder* – Formação do patronato político brasileiro. Porto Alegre: Editora Globo, 1958, 1ª edicao, reeditada em 1975.

29. Fonte: Portal do Planalto.

– *Brasil Eficiente*, com a finalidade de assessorar o Presidente da República na *"formulação de políticas voltadas ao desenvolvimento sustentável, para promover a simplificação da gestão pública e a melhora da prestação de serviços públicos às empresas, aos cidadãos e à sociedade civil"* (art. 1º).

O Conselho será presidido pelo Ministro da Casa Civil e vai reunir, ainda, os Ministérios da Fazenda, Planejamento, Ciência e Tecnologia, Controladoria Geral da União e o Chefe da Secretaria de Governo, e terá a colaboração de todos os Ministérios, que devem elaborar e encaminhar ao grupo de Ministros, até o dia 31 de março de cada ano, *suas propostas de desburocratização.* Cada Ministério deve manter um comitê para identificar as ações e os projetos que *favoreçam a simplificação na gestão pública.*

Conclusão: O excesso de burocracia é inibidor de reais políticas públicas. Nosso grande desafio é superar a burocracia, superar os problemas criados pelo próprio Estado, para melhoria de condições de vida do cidadão, de desenvolvimento econômico e de bem-estar social.

Considerações finais

I) A compatibilidade da *valorização do trabalho e a liberdade de iniciativa,* princípios fundamentais da ordem econômica da Lei Suprema (art. 170, "caput"), *deve ser feita à luz da Constituição Federal,* numa interpretação sistemática de suas normas, que dará ensejo à interpretação, conforme a Constituição.

II) Os aspectos mais importantes das Encíclicas, desde a *Rerum Novarum* e as demais que a sucederam, para implantação no século XXI, são os *aspectos sociais.* A valorização do homem como pessoa humana em sua dignidade.

III) Todas as políticas sociais devem ser condicionadas a uma contrapartida do Estado em atividades essenciais – educação, saúde e assistência social.

JUSTIÇA ECONÔMICA E SOCIAL

IV) Sem gerar rendas, não é possível praticar a distribuição de riquezas. É preciso a realização de políticas públicas de incentivos fiscais às empresas, para que possam gerar empregos e distribuir lucros.

V) À luz da Constituição Federal, para que a *justiça social* seja implementada torna-se necessário *garantir o Desenvolvimento Nacional*, estabelecendo metas de desenvolvimento no contexto econômico do País, mediante políticas públicas, que devem ser avaliadas pelo governo.

VI) O excesso de burocracia é inibidor de reais políticas públicas. Nosso grande desafio é superar a burocracia, superar os problemas criados pelo próprio Estado, para melhoria de condições de vida do cidadão, de desenvolvimento econômico e de bem-estar social.

POLÍTICA ECONÔMICA E DOUTRINA SOCIAL: CONSIDERAÇÕES PRELIMINARES E QUESTÕES ATUAIS

João Bosco Coelho Pasin

Doutor em Direito pela *Universidad de Salamanca*, USAL, Espanha (título homologado pela PUC/SP). Tem Pós-Doutoramento em Direito Tributário e Financeiro pela *Universidad de Valladolid*, UVA, Espanha. Tem Pós-Doutoramento em Filosofia do Direito pela *Universidad Rey Juan Carlos*, URJC, Espanha. Mestre em Direito Político e Econômico pela Universidade Presbiteriana Mackenzie, UPM. Especialista em Direito Tributário pelo CEU, IICS; e em Direito Financeiro e Tributário pela USAL, Espanha. Membro Titular e Perpétuo da Academia Paulista de Letras Jurídicas, APLJ. Membro Titular do Instituto Histórico e Geográfico de São Paulo, IHGSP. Membro do Instituto dos Advogados de São Paulo, IASP. Membro Associado da Academia Brasileira de Direito Tributário, ABDT. Membro associado da União dos Juristas Católicos de São Paulo, UJUCASP. Atua como consultor, avaliador e membro de Conselhos Editoriais de Periódicos no Brasil e no exterior. É autor de livros e artigos publicados no Brasil e no exterior. É professor da Faculdade de Direito da Universidade Presbiteriana Mackenzie, UPM. Desde 2001, lidera o Grupo de Estudo "Teoria Geral do Direito Tributário: Crítica à Codificação e Imposição", que integra o Grupo de Pesquisa "Estado e Economia no Brasil" na UPM. No biênio 2017/18, preside a Comissão Especial de "Direito à Inovação e Nanotecnologia" da OAB SP. É Advogado e consultor em São Paulo.

UJUCASP

Rodrigo Rabelo Lobregat

Doutorando em Direito do Estado pela Universidade de São Paulo, onde também se graduou. Especialista em Justiça Constitucional pela Universidade de Pisa – Itália. Foi bolsista da Universidade Paris II, em conjunto com o Ministério da Justiça francês. Membro associado da União dos Juristas Católicos de São Paulo, UJUCASP. Advogado e professor universitário.

Sumário: Introdução – 1. Como compatibilizar a valorização do trabalho e a liberdade de iniciativa, princípios fundamentias da ordem econômica da Lei Suprema (art. 170, *caput*)? – 2. Que aspectos das Encíclicas sociais de Suas Santidades – desde a *Rerum Novarum* do Papa Leão XIII – são mais importantes para implantação no século XXI? – 3. Políticas sociais para atender famílias de baixa renda deveriam exigir contrapartida, como obrigação de os filhos estudarem? – 4. É possível praticar distribuição de riquezas sem geração de rendas? – 5. Como estimular investimentos no país, competindo com outras nações na sua atração, cuidando simultaneamente de políticas sociais? – 6. O excessivo crescimento da burocracia é ou não inibidor de reais políticas sociais? – 7. Conclusão.

Introdução

Desde os tempos da "questão social" – movimento ideológico lançado no século XIX em prol da formulação de políticas públicas socioeconômicas de combate à pobreza e concentração da renda, justamente, num momento no qual a classe operária vinha perdendo seu poder aquisitivo à sombra da Revolução Industrial, iniciada na segunda metade do século anterior –, quando houve risco real e manifesto ao futuro da Europa – e, de modo mais genérico, toda a civilização judaico-cristã (capitalista, em geral) – fosse tomada pela ameaça real do marxismo – naquele momento, precedendo à Revolução Russa de 1917 e, portanto, à posterior implantação do comunismo em vários países aliados da URSS (Polônia, Romênia, Bulgária, Hungria, China, Cuba, Coreia do Norte etc.) –, a Igreja Católica Apostólica Romana vem refletindo, através de seu pontifício magistério, sobre os meios de se obter uma

JUSTIÇA ECONÔMICA E SOCIAL

sociedade civil menos injusta e mais igualitária, consoante os ditâmes do direito natural.

Neste contexto, surgiu a denominada Doutrina Social da Igreja Católica Apostólica Romana, que vem procurando auxiliar a salvação das almas, sem interferir em questões laicais e tornando as relações supervenientes mais humanas, sempre de modo a sustentar o ânimo da ação dos homens no campo socioeconômico em prol da Justiça e da concecussão do bem comum.[1]

À evidência, quanto ao *modus operandi* do cristão, a doutrina social da Igreja Católica Apostólica Romana tem duplo papel:

1) evangelizador; e

2) transformador.

Desta forma, a função da doutrina social da Igreja Católica Apostólica Romana é *a priori* formar apóstolos – sempre e em todos os momentos, em especial desde a primeira infância no seio da família – e *a posteriori* fomentar o progresso

---

1. Nas palavras do próprio *Compêndio da Doutrina Social da Igreja*, a propósito, temos o seguinte:

"Aos homens e às mulheres do nosso tempo, seus companheiros de viagem, a Igreja oferece também a sua doutrina social. De fato, quando a Igreja "cumpre a sua missão de anunciar o Evangelho, testemunha ao homem, em nome de Cristo, sua dignidade própria e sua vocação à comunhão de pessoas, ensina-lhes as exigências da justiça e da paz, de acordo com a sabedoria divina". Tal doutrina possui uma profunda unidade, que provém da Fé em uma salvação integral, da Esperança em uma justiça plena, da Caridade que torna todos os homens verdadeiramente irmãos em Cristo. Ela é expressão do amor de Deus pelo mundo, que Ele amou até dar "o seu Filho único" (Jo 3, 16). A lei nova do amor abrange a humanidade toda e não conhece confins, pois o anúncio da salvação de Cristo se estende "até aos confins do mundo" (At 1, 8).
Ao descobrir-se amado por Deus, o homem compreende a própria dignidade transcendente, aprende a não se contentar de si e a encontrar o outro, em uma rede de relações cada vez mais autenticamente humanas. Feitos novos pelo amor de Deus, os homens são capacitados a transformar as regras e a qualidade das relações, inclusive as estruturas sociais: são pessoas capazes de levar a paz onde há conflitos, de construir e cultivar relações fraternas onde há ódio, de buscar a justiça onde prevalece a exploração do homem pelo homem. Somente o amor é capaz de transformar de modo radical as relações que os seres humanos têm entre si. Inserido nesta perspectiva, todo o homem de boa vontade pode entrever os vastos horizontes da justiça e do progresso humano na verdade e no bem." Disponível em: < https://goo.gl/bmh9gp>. Acesso em: 06 jun. 2017.

sustentável do mundo por meio da humanização das relações socioeconômicas.

Neste plano da humanização buscada pela ação cristã, o conceito de "dignidade humana" e o conceito de "mínimo vital"[2] decorrem do processo de "secularização do direito natural", da sua "racionalização" – notadamente, a partir do século XVI, segundo destaca Francisco Carpintero Benitez[3] – e, ainda, da devida aproximação à ideia de "alma", que por constituir um "valor" – inato ao ser humano, individual e universal – deve ser tutelado e defendido pela doutrina da Igreja Católica Apostólica Romana. Aliás, para tanto, a instituição adotou o equilíbrio em suas reflexões de cunho socioeconômico reconhecendo o seguinte brocardo: *virtus in medium est*. Afinal, ao mesmo tempo em que a Igreja nega as doutrinas de matiz socialista – neste sentido, céleres são as encíclicas *Qui pluribus*[4] e *Divinis redemptoris*,[5] das lavras, respectivamen-

---

2. No Direito Financeiro e Tributário, o Princípio da Capacidade Contributiva objetiva fazer com que todos contribuam à cobertura dos gastos públicos, desde que se respeite o "mínimo vital ou existencial", que consiste na riqueza necessária para uma pessoa – ou família – sobreviver de forma digna (Cf. COELHO PASIN, João Bosco. *Derecho tributario y Ética:* La moral de la justa imposición. Buenos Aires: Heliasta, 2010).

3. Vid. *Del derecho natural medieval al derecho natural moderno,* de Fernando Vázquez de Menchaca. Salamanca: Universidad de Salamanca, 1977.

4. Daquele documento doutrinal, extraímos, por exemplo que: "Para aqui (tende) essa doutrina nefanda do chamado comunismo, sumamente contrária ao próprio direito natural, a qual, uma vez admitida, levaria à subversão radical dos direitos, das coisas, das propriedades de todos e da própria sociedade humana".

5. Diz o Santo Padre que "[...] o comunismo despoja o homem da sua liberdade na qual consiste a norma da sua vida espiritual; e ao mesmo tempo priva a pessoa humana da sua dignidade, e de todo o freio na ordem moral, com que possa resistir aos assaltos do instinto cego. E, como a pessoa humana, segundo os devaneios comunistas, não é mais do que, para assim dizermos, uma roda de toda a engrenagem, segue-se que os direitos naturais, que dela procedem, são negados ao homem indivíduo, para serem atribuídos à coletividade. Quanto às relações entre os cidadãos, uma vez que sustentam o princípio da igualdade absoluta, rejeitam toda a hierarquia e autoridade, que proceda de Deus, até mesmo a dos pais; porquanto, como asseveram, tudo quanto existe de autoridade e subordinação, tudo isso, como de primeira e única fonte, deriva da sociedade. Nem aos indivíduos se concede direito algum de propriedade sobre bens naturais ou sobre meios de produção; porquanto, dando como dão origem a outros bens, a sua posse introduz

JUSTIÇA ECONÔMICA E SOCIAL

te, de Suas Santidades, os Papas Pio IX e Pio XI –, afasta de seu magistério perene o ideário do liberalismo econômico, ao reconhecer a existência de deveres mútuos entre patrões e operários, e a limitação ao modelo de atuação daqueles, que "não devem tratar o operário como escravo, mas respeitar nele a dignidade do homem, realçada ainda pela do Cristão".[6] Em uma limitação ainda mais concreta, afirma Leão XIII, de forma taxativa, que é proibido, aos patrões, "que imponham aos seus subordinados um trabalho superior às suas forças ou em desarmonia com a sua idade ou sexo".[7] Ora, o Papa em sua encíclica, apresenta evidente proposta de regulação social da relação capital-trabalho, reconhecendo que o excesso de liberdade em uma relação pautada pela desigualdade e disparidade de forças implica a submissão de um pelo outro e em um conflito incondizente com os valores cristãos.

Portanto, o Magistério Social da Igreja não apresenta respostas concretas para todas as questões que lhe são apresentadas. Por outro lado, é valoroso norte, a ser seguido e estudado a fim de se buscar uma moralização das políticas públicas econômicas e de se obterem relações mais humanas e dignas. É, pois, neste contexto que se busca contribuir, ainda que de forma tímida, com o presente estudo, propondo-se atender às perguntas colocadas a seguir.

1. Como compatibilizar a valorização do trabalho e a liberdade de iniciativa, princípios fundamentais da ordem econômica da Lei Suprema (art. 170, *caput*)?

Os valores atinentes à proteção do trabalho humano e à livre-iniciativa são caros ao constituinte originário, de tal

---

necessariamente o domínio de um sobre os outros. E é precisamente por esse motivo que afirmam que qualquer direito de propriedade privada, por ser a fonte principal da escravidão econômica, tem que ser radicalmente destruído."

6. *Rerum Novarum*, parte X.

7. Idem, idem.

maneira que os mesmos se repetiram no texto magno em duas oportunidades. De início, apresentam-se logo no art. 1º da Constituição Republicana que, em seu inciso IV, estabelece os valores sociais do trabalho e a livre-iniciativa como fundamentos do Estado Democrático de Direito. Por meio de análise topográfica da Lei Máxima, percebe-se que, em razão do título em que se insere o dispositivo em questão, a livre-iniciativa e o valor social do trabalho são ainda tidos como *princípios fundamentais*. Consequentemente, são basilares e centrais na conformação atual do Estado pátrio, de tal sorte que a busca pela máxima efetividade dos mesmos se afigura como um dos mais importantes objetivos almejados pelo legislador constituinte. Neste sentido, também se encontra o texto constitucional italiano, que trata da mesma questão – arts. 1º e 4º – e, talvez, tenha inspirado o constituinte brasileiro.

Mais adiante, uma vez mais os valores em questão são positivados sob a forma de princípios, de tal modo a fazê-los integrar a Ordem Econômica na condição de fundamentos da mesma. Senão vejamos o que estabelece o texto constitucional em seu art. 170, *caput*:

> Art. 170. A ordem econômica, fundada na valorização do trabalho humano e na livre-iniciativa, tem por fim assegurar a todos existência digna, conforme os ditames da justiça social, observados os seguintes princípios: [...].

Assim, uma vez mais ganham carga normativa no texto constitucional os valores da livre-iniciativa e da valorização do trabalho humano. Todavia, haja vista que uma análise *prima facie* indica aparente contradição entre o conteúdo de um e de outro dos princípios estudados, como tornar possível uma compatibilização entre ambos?

Parece-nos que a fim de melhor explicitar a aparente contraposição supramencionada, é razoável definir os conceitos que são objetos da presente análise. De um lado, temos que a liberdade de iniciativa – ao menos quando percebida de maneira plena e ideal – corresponde à faculdade humana de empreender em prol de seu próprio desenvolvimento socioeconômico, se utilizando, para tanto, dos meios que entender cabíveis, sem que nelas haja ingerência ou restrições por parte do Estado ou de outros particulares. É dizer, conforme já mencionado em trabalhos anteriores, corresponde ao:

> [...] espectro de liberdade, no qual o indivíduo (ou, mais especificamente, o indivíduo como empresário) pode atuar na economia a fim de gerir o próprio negócio e buscar lucro; evidencia-se como um pressuposto para o desenvolvimento econômico-social em uma economia de mercado e permite aos agentes agir da maneira que melhor lhes convier para obter a maximização de lucros.[8]

Sobre a nitidez, temos que a liberdade de iniciativa se caracteriza pela possibilidade de atuação e escolha autônoma do indivíduo, no que se refere à forma de organização dos meios que pretende utilizar para obter sua subsistência. Tal conceito engloba não apenas a possibilidade de gestão do próprio tempo e trabalho, como também a administração dos recursos necessários para a produção de riquezas. E, dentro deste contexto, permite a adoção de livre negociação de condições laborais entre particulares, sem qualquer ingerência estatal. Afinal, em uma situação de liberdade de iniciativa plena, teríamos tanto contratante quanto contratado lidando com seus próprios espectros de autonomia para, independentemente de qualquer *justiça* por trás dos termos avençados, fixar o que entenderem adequado.

A dificuldade do modelo em questão decorre do fato de que a liberdade negocial plena pode, no mais das vezes, decorrer de uma "autonomia da vontade viciada": a necessidade de sobrevivência imporia ao hipossuficiente a necessidade de se adequar às condições que lhe seriam oferecidas, independentemente de anuir ou não com elas, bem como de achá-las ou não justas e razoáveis. Ou seja, assim,

---

8. LOBREGAT, Rodrigo Rabelo; SIQUEIRA, Bernardo Gonçalves. Limitações e restrições à liberdade de iniciativa: uma análise sob o ponto de vista dos direitos sociais. In: *Revista Direito Mackenzie*, v. 8, n. 2, pp. 118 e 119.

> [...] o capitalismo, sem intervenções externas capazes de limi-
> tá-lo, tende a uma abusiva exploração do homem, uma vez que
> tem como finalidade principal a obtenção do lucro, e não a maxi-
> mização dos direitos humanos fundamentais.[9]

A valorização do trabalho humano, por outro lado, entende que o trabalho, enquanto meio de subsistência capaz de
gerar e garantir dignidade ao homem, tem um valor intrínse-
co; e, por conta disso, merece tutela, permitindo uma intervenção a fim de estabelecer critérios eventualmente distintos
daqueles que convém às partes (ainda que com manifestação
viciada de vontade) estipular.[10]

Neste sentido, na medida em que pressupõe a necessidade de uma valorização absoluta do trabalho, sem os relativis-
mos que envolveriam circunstâncias atinentes a negociações
casuísticas, a valorização do trabalho humano impõe verdadeiro dever de regulação social ao Estado. Afinal, a valorização do trabalho se coloca como projeção da própria dignidade
humana, contextualizada em um ambiente de relação laboral
e, por conseguinte, implica a necessidade de tutela e proteção.

Igualmente, uma interpretação que leve em conta a livre-
-iniciativa em sua plenitude implica, a princípio, uma incompatibilidade com a valorização do trabalho humano. Afinal, esta
importa na restrição da liberdade negocial, inviabilizando a aplicação conceitual daquela. Mediante tal panorama, como proceder com a compatibilização hermenêutica destes preceitos?

De início, é de bom alvitre recordar que inexiste hierarquia entre valorização do trabalho humano e livre-iniciativa. Afinal, a obra do constituinte originário não permite ser
controlada, nem tem parâmetros para tanto, de tal sorte que

---

9. *Idem, idem*, p. 119

10. Afinal, temos: "A *vida econômica* tem, sem dúvida, necessidade do contrato,
para regular as relações de transação entre valores equivalentes; mas precisa igualmente de *leis justas* e de *formas de redistribuição* guiadas pela política, para além de
obras que tragam impresso o *espírito do dom*. (Grifos no original). In: Bento XVI,
Caritas in veritate, parte 37.

JUSTIÇA ECONÔMICA E SOCIAL

– como regra[11] – todos os preceitos nela incluídos são dotados de igual dignidade normativa. Assim, tanto a valorização do trabalho humano quanto, igualmente, a livre-iniciativa têm idêntica dignidade normativa, não havendo que se falar em ab-rogação ou sub-rogação de uma ou de outra.

Desde Ronald Myles Dworkin, temos que a interpretação dos princípios jurídicos permite maior flexibilidade, permitindo que os fatos atinentes ao caso concreto se amoldem à realidade jurídica para determinar, em maior ou menor grau, quais seriam os princípios a ele aplicáveis.[12] Por outro lado, as regras se submeteriam a um critério de "tudo ou nada", sendo ou não aplicáveis ao caso de acordo com uma análise de subsunção, segundo Herbert L. A. Hart.[13] No mesmo sentido, parece-nos estar apoiada a teoria de Robert Alexy, que concebe princípios como mandamentos de otimização, de tal sorte que devem ser aplicados ao caso concreto a fim de fruir da maior eficácia possível, limitando-se tão somente em razão do choque com outros princípios que devessem incidir naquela situação.[14]

Desta forma, podemos identificar que a limitação de princípios é casuística e *ex post facto*. Inobstante tal critério de aplicação, que por si só já nos permite inferir que a

---

11. Evidencia-se que tal assertiva não tem o condão de afastar os critérios hermenêuticos profundamente enraizados no modelo de pensamento jurídico ocidental, que pressupõem a existência de técnicas de elaboração legislativa capazes de indicar a correlação hierárquica entre um e outro dispositivo. Neste sentido, hipoteticamente, ainda que ambos sejam obra do constituinte originário, por óbvio que determinado inciso deverá ter sua aplicação subordinada àquilo que determina o *caput* da norma onde está inserido. Assim, temos que apenas o Constituinte Originário, por técnica de redação, poderá indicar os critérios hermenêuticos determinantes para se extrair, de um dispositivo, a norma dele emanada, não subsistindo, porém, hierarquia normativa diversa daquela por ele indicada em sua composição textual.

12. Vid. *O Império do direito*. Trad. Jefferson Luiz Camargo. São Paulo: Martins Fontes, 1999. *Uma Questão de Princípio*. Trad. Luís Carlos Borges. São Paulo: Martins Fontes, 2000.

13. Vid. *O conceito de direito*. 2ª. ed., tradução de A. Ribeiro Mendes. Lisboa: Fundação Calouste Gulbenkian, 1994.

14. Vid. *Teoría de los derechos fundamentales*. Col. El Derecho y la Justicia. Madrid: Centro de Estudios Políticos y Constitucionales, 2002.

compatibilização da livre-iniciativa com a valorização do trabalho humano haverá de se dar no caso concreto, de tal sorte a se proceder com a menor restrição possível de um e de outro dos princípios, temos que o próprio *caput* do art. 170 da Constituição Federal direciona, por meio de seu texto, a forma de compatibilização da livre-iniciativa e da valorização do trabalho humano.

Aliás, façamos uma interpretação gramatical do dispositivo em comento: ao se afirmar que "A ordem econômica, fundada na valorização do trabalho humano e na livre-iniciativa, tem por fim assegurar a todos existência digna, conforme os ditames da justiça social", o Constituinte não indica que os princípios em comento sejam fins em si mesmo; pelo contrário, claramente demonstra que os mesmos são meios de obtenção de um bem jurídico maior. Senão vejamos: tanto livre-iniciativa como valorização do trabalho humano são fundamentos (ou seja, partes integrantes e essenciais) da ordem econômica. Esta, por sua vez, é implementada como *instrumento* para a obtenção de um *fim particular*: a existência digna das pessoas, conforme os ditames da justiça social, que com toda a sua carga axiológica deve servir de critério definidor da compatibilização entre a "livre-iniciativa" e a "valorização do trabalho", na medida em que estes valores são positivados e incorporados ao texto constitucional na condição de meros instrumentos capazes de implementá-lo. Em outras palavras, o valor "justiça social" tem, perante a obra do constituinte, valor deontológico ou dignidade jurídica própria, na medida em que é protegido *per se*; por outro lado, a valorização do trabalho humano e a livre-iniciativa são tidas como instrumentos hábeis para a concretização da "justiça social" e, por conseguinte, acabam constitucionalmente positivados. Sua interpretação, contudo, é condicionada, permitindo uma compatibilização entre conceitos antagônicos: a "justiça social" traz os contornos hermenêuticos capazes de determinar a preponderância de um ou de outro dos conceitos, servindo de fiel no equilíbrio entre os mesmos. Assim, é na medida em que concretizam a "justiça social" que os princípios da "livre-iniciativa" e da "valorização do trabalho humano" têm, conforme o indigitado art. 170 da Constituição Federal, força normativa; e, enquanto instrumentos para a viabilização de uma finalidade específica clara, não podem ser considerados como incompatíveis.

Desta forma, a Constituição Federal abarca a ideia de que a "justiça social" precisa, necessariamente, da liberdade de mercado para se concretizar, fazendo desta liberdade um instrumento próprio para a promoção da "dignidade humana"; considerando-se, contudo, que o pleno exercício da liberdade negocial se afigura contrário àquela "justiça social", uma vez que acaba por gerar distorções decorrentes do desequilíbrio entre a relação capital-trabalho, reconhece-se a imprescindibilidade de intervenções sociais, que permitam relações jurídicas balanceadas e condizentes com a fraternidade e dignidade humanas.

Parece-nos, por conseguinte, que a compatibilização dos conceitos de "livre-iniciativa" e de "valorização do trabalho humano", nos moldes do que preconiza o art. 170 da Constituição, passa pela necessidade de um reconhecimento amplo da autonomia individual que, embora tido como regra, merece ser temperado e balanceado por meio de intervenções regulatórias capazes de fazer valer a dignidade do trabalhador, de tal sorte a permitir uma "justiça social" que não seria possível em um ambiente totalmente desregulado.

2. Que aspectos das Encíclicas Sociais de Suas Santidades – desde a *Rerum Novarum* do Papa Leão XIII – são mais importantes para implantação no século XXI?

Os ensinamentos contidos nas Encíclicas Sociais de Suas Santidades, que compreendem parcela substancial e mais importante da Doutrina Social da Igreja, têm importância perene, de tal sorte que a implementação parcial dos mesmos, priorizando alguns aspectos em detrimento de outros, se afigura como disfuncional e nociva ao bom desenvolvimento do tecido social. Ora, vimos que as lições sociais da Igreja têm, para além da finalidade catequética e salvífica, o objetivo de humanização das relações, objetivando a ampliação da Justiça e a obtenção do bem comum. Assim, ao selecionarmos determinados aspectos doutrinários como primordiais para implementação neste século XXI, não temos o condão de negligenciar os demais temas contidos na doutrina social. Pelo contrário: temos que diferentes contextos históricos importam em diferentes problemas e, consequentemente, diferentes formas de realizar o enfrentamento destes.

Dentro das condições socioeconômicas existentes na atualidade, e dos vícios e virtudes arraigados no quotidiano presente, parece oportuno rememorar dois tópicos de fundamental importância na doutrina social da Igreja. O primeiro deles, classicamente abordado pela doutrina social trazida pelos Santos Padres, diz respeito à fuga dos extremos, e à necessidade de compatibilizar autonomia individual com a moralização das escolhas, permitindo a maximização da dignidade humana e a melhoria das condições sociais. A busca por uma solução de compromisso que compatibilize ambas as vertentes determinadas não permite a adoção de "ismos", nem de respostas prontas que, como regra geral, negligenciam a dignidade humana, no que se refere à autonomia da vontade ou às necessidades sociais mais comezinhas. Neste sentido, inclusive, é que se realiza a já mencionada busca da Justiça Social, cuja concretização deve ser realizada em prol de uma integração mais razoável e fraterna da família humana, diminuindo-se as marginalizações e exclusões sociais. Outrossim, ocorre que a análise da realidade social parece dividir a sociedade em dois grupos, cujas ideologias, se aplicadas sem temperança e reflexão, levam a uma desumanização das relações e, por conseguinte, criam conflitos e perturbações que desnaturam, senão inviabilizam, o bom convívio social. Ignora-se, portanto, o equilíbrio, imprescindível para a concretização dos ideais de Justiça. E, nesta lógica aparentemente disfuncional, temos os liberais que, de forma cínica

JUSTIÇA ECONÔMICA E SOCIAL

e desiludida com a atuação estatal, preveem a necessidade de preponderância das relações privadas, com pouca ou nenhuma intervenção ou mediação de conflitos por parte do Estado – estes, ao contrário, entendem o Estado como um mal quase absoluto, que (por melhor intencionado que esteja) ensejará uma piora nas condições socioeconômicas e uma redução de eficiência de mercado que, no limite, trará prejuízos de forma geral e indiscriminada.

Contudo, esta visão de mundo, ignora por completo as distorções inerentes a um mundo de liberdade plena, deixando de se ater ao fato de que o Estado é importante para regular relações nas quais exista um desequilíbrio de faculdades ou de condições. Deixa de se ater, outrossim, à fraternidade, lição vertida pela tradição judaico-cristã e deixada como legado para o mundo ocidental, na medida em que ignora aqueles que – mal integrados à lógica de mercado e incapazes de, em um ambiente de busca por eficiência, obterem sua própria subsistência – ficam marginalizados, apartados do progresso e do desenvolvimento humano obtido em uma comunidade de pessoas que não conseguem absorver aqueles que nada têm a oferecê-la (ou seja, o mundo moderno que, dentro de um complexo sistema de trocas e transações, inclui na lógica de mercado apenas aqueles que tem alguma utilidade para oferecer). Ora, pois, evidencia-se que dentro de um escopo caritativo e de humanização das relações humanas que, como bem se sabe, devem ser imbuídas de espírito fraterno, não se pode marginalizar de maneira fria e utilitarista aqueles que, por qualquer razão que seja, não lograrem êxito em se agregar ao sistema produtivo de mercado. Neste sentido, é do Papa Emérito Bento XVI, em sua *Caritas in veritate*, a constatação de que a

> convicção da exigência de autonomia para a economia, que não deve aceitar "influências" de carácter moral, impeliu o homem a abusar dos instrumentos económicos *(sic)* até mesmo de forma destrutiva. Com o passar do tempo, estas convicções levaram a sistemas económicos *(sic)*, sociais e políticos que espezinharam a

liberdade da pessoa e dos corpos sociais e, por isso mesmo, não foram capazes de assegurar a justiça que prometiam.[15]

Aliás, é do mesmo documento a constatação de que "a caridade supera a justiça, porque amar é dar, oferecer ao outro do que é 'meu'; mas nunca existe sem a justiça, que induz a dar ao outro o que é 'dele', o que lhe pertence em razão do seu ser e do seu agir".[16]

Por conseguinte, um sistema que sonega do outro o básico, que dele é por direito decorrente da sua própria dignidade – desde o momento da concepção, assegurada por sua condição humana de ser vivo –, não pode promover a Justiça Social, sendo, neste sentido, incondizente com a moral e com o bem comum.

Ocorre que, se o capitalismo é insubstituível e, de forma inegável, o melhor modelo de produção já desenvolvido, deve haver instituições – destaca-se a Igreja e o Estado – externas à lógica econômica, e a ela capazes de se contrapor, a fim de garantir aos que ficam para trás um mínimo de condições e de dignidade. Desta forma, permite-se uma mitigação das falhas decorrentes do egoísmo típico do mercado, possibilitando-se atingir a Justiça Social por meio de um método de atuação que preze pela liberdade e autonomia individuais. No outro vértice do debate, encontram-se os indivíduos que, descrentes na capacidade de articulação da sociedade civil em bem produzir aquilo que necessita, enxergam, no Estado, o meio de superar as desigualdades e os problemas econômico-sociais. Os "ideais socializantes" desta vertente de pensamento entendem que o dirigismo estatal se coloca como imprescindível para a implementação de políticas sociais capazes de satisfazer as necessidades do coletivo, forçando que as pessoas se submetam de forma plena à vontade do ente estatal. Inobstante a ineficiência produtiva deste modelo de pensamento,

---

15. BENTO XVI, *Caritas in veritate*, parte 34.

16. *Idem, idem*, parte. 6.

JUSTIÇA ECONÔMICA E SOCIAL

que implica escassez e miséria, temos que a pior das sequelas decorrentes da implementação deste ideário é a restrição às liberdades. A contenção destas, a fim de permitir uma atuação totalitária do Estado, torna letra morta a autonomia e impede que o indivíduo atinja toda sua plenitude e potencialidade, tutelado e restrito que é por um instrumento de coerção que sobre ele se impõe.[17]

Mediante tais panoramas, evidencia-se que qualquer solução à questão social deve ser extraída de um diálogo qualificado, intransigente em relação à "verdade", mas aberto às opiniões do outro e às soluções dela decorrentes, possibilitando-se almejar um mundo mais justo, humano e solidário.

Neste sentido, está o próprio desenvolvimento da Doutrina Social da Igreja Católica Apostólica Romana.

Por outro lado, a divisão social entre visões de mundo ideologicamente distintas, da qual decorrem choques e conflitos onde cada uma das partes se remete à outra em modelos de pensamento verdadeiramente schmittianos, vai contra a lógica agregadora e universal da Doutrina Social. Afinal, decreta Leão XIII que o equívoco

> [...] capital na questão presente é crer que as duas classes são inimigas natas uma da outra, como se a natureza tivesse armado os ricos e os pobres para se combaterem mutuamente num duelo obstinado. Isso é uma aberração tal, que é necessário colocar a verdade numa doutrina contrariamente oposta, porque assim como no corpo humano, os membros, apesar da sua diversidade, se adaptam maravilhosamente uns aos outros, de modo que

---

17. Outrossim, destacamos: *"La libertà non sono dunque limiti eventuali ad um potere potenzialmente omnicomprensivo, ed è invece vero l'inverso: le libertà sono potenzialmente indefinite, salva la loro legittima limitazione da parte della legge. In una parola, le libertà, e non il potere pubblico di coazione, sono il prius, il valore primariamente costitutivo".* In: FIORAVANTI, Maurizio. *Appunti di storia delle costituzioni moderna: le libertà fondamentali.* 2ª edição. Turim: G. Giappichelli, 1995, p. 34. Ora, não é a liberdade que nos tira do espectro de atuação do Estado, mas sim o Estado que restringe nossa liberdade. A liberdade, por conseguinte, é anterior ao Estado, e em alguma medida, a ele superior. Um sistema político-econômico que falhe na compreensão desta questão é, por essência, socialmente injusto, e deverá, por conseguinte, ser rechaçado.

> formam um todo exatamente proporcionado e que se poderá chamar simétrico, assim também, na sociedade, as duas classes estão destinadas pela natureza a unirem-se harmoniosamente e a conservarem-se mutuamente em perfeito equilíbrio. Elas têm imperiosa necessidade uma da outra: não pode haver capital sem trabalho, nem trabalho sem capital.[18]

Desta forma, como primeira lição a ser destacada, temos que a Doutrina Social nos demonstra, valiosamente, que é pela compatibilização da liberdade individual e do respeito aos direitos sociais mínimos de cada ser humano, que se permite a obtenção de uma sociedade justa e humana. A adoção de extremos desnatura e desumaniza as relações sociais, implicando uma degradação do homem (seja por impedir os socialmente excluídos de obter apropriadamente sua subsistência ou por restringir a liberdade e autonomia que foi conferida a todo e qualquer ser humano) que é incondizente com o conceito de dignidade humana. A liberdade é imprescindível para o bom desenvolvimento comunal, mas seu exercício deverá se dar de forma fraterna, voltando-se à inclusão e à satisfação da necessidade de todos os que estão sujeitos àquela determinada forma de organização social. Um segundo ponto que, embora secundário em relação ao fio condutor do presente estudo, merece atenção e destaque em razão das dificuldades que circundam o corrente século diz respeito à preocupação com o meio ambiente. Este tópico, que é trazido à doutrina social de forma mais recente, se coloca como imprescindível, haja vista o contexto de uma degradação ambiental cada vez mais intensificada, que destrói o mundo que nos foi legado e, no limite, inviabiliza a continuidade da vida humana no planeta.

Não à toa, o Papa Francisco, numa de suas mais recentes encíclicas, *Laudato Si*, discute questões relacionadas às mudanças climáticas e à necessidade de preservação daquele que é o lar compartilhado de toda a humanidade. Igualmente,

---

18. LEÃO XIII, *Rerum Novarum*, parte 9.

e não sem crítica de alguns setores minoritários da Igreja – mormente, aqueles que não enxergam na doutrina social semente e substrato de doutrinação salvífica e de propagação da fé –, é que a Campanha da Fraternidade deste ano de 2017 se volta à preservação do meio ambiente, voltando-se, especialmente, aos biomas brasileiros.

Evidencia-se que a relação entre indivíduos tem, dentro do contexto evangelizador da Igreja, um papel de destaque e preponderância. Contudo, na medida em que o progresso econômico vem ocorrendo de forma a inviabilizar um desenvolvimento integral, e considerando-se que a ganância de alguns tem trazido como consequência a destruição da casa comum de todos, é dever da Igreja, enquanto universal e comprometida com a humanidade, se utilizar de sua autoridade moral para, a partir de seu magistério, impor diretrizes e determinações que permitam viabilizar o bem comum, para esta e para as gerações futuras.

Há que se perceber, de todo modo, que os temas inseridos na doutrina social se entrelaçam: o respeito ao próximo, garantido a ele um tratamento verdadeiramente fraterno, implica a preservação do ambiente no qual estamos envoltos, considerando-se que uma vida verdadeiramente boa necessita de um ambiente saudável e adequado ao seu desenvolvimento. No mais, inexiste justiça social sem preservação do meio ambiente, uma vez que é direito do próximo, enquanto humano, a preservação do ambiente que o circunda, sendo certo que a inobservância de tal direito implica, inegavelmente, uma evidente e manifesta injustiça. Desta forma, dentro do contexto de neutralização dos conflitos sociais está implicada a questão de preservação do meio ambiente.

Impende reiterar uma vez mais que tais abordagens são compatíveis com o escopo e objeto da Igreja, inexistindo assunto pertinente ao gênero humano que a ela seja vedado. Contextualizada em seu amor à humanidade, fundamenta seus ensinamentos na autoridade moral que há muito lhe é reconhecida, e que a torna legítima para se pronunciar naquilo que é afeto e importante ao homem, isto porque, o amor deve ser inato e

> [...] tem diante de si um vasto campo de trabalho e a Igreja, nesse campo, quer estar presente também com a sua doutrina social, que diz respeito ao homem todo e se volve a todos os homens. Tantos irmãos necessitados estão à espera de ajuda, tantos oprimidos esperam por justiça, tantos desempregados à espera de trabalho, tantos povos esperam por respeito: "Como é possível que ainda haja, no nosso tempo, quem morra de fome, quem esteja condenado ao analfabetismo, quem viva privado dos cuidados médicos mais elementares, quem não tenha uma casa onde abrigar-se?" E o cenário da pobreza poderá ampliar-se indefinidamente, se às antigas pobrezas acrescentarmos as novas que frequentemente atingem mesmo os ambientes e categorias dotadas de recursos econômicos, mas sujeitos ao desespero da falta de sentido, à tentação da droga, à solidão na velhice ou na doença, à marginalização ou à discriminação social. [...] E como ficar indiferentes diante das perspectivas dum desequilíbrio ecológico, que torna inabitáveis e hostis ao homem vastas áreas do planeta? Ou em face dos problemas da paz, frequentemente ameaçada com o íncubo de guerras catastróficas? Ou frente ao vilipêndio dos direitos humanos fundamentais de tantas pessoas, especialmente das crianças? [...] O amor cristão move à denúncia, à proposta e ao compromisso de elaboração de projetos em campo cultural e social, a uma operosidade concreta e ativa, que impulsione a todos os que tomam, sinceramente a peito, a sorte do homem a oferecer o próprio contributo. A humanidade compreende cada vez mais claramente estar ligada por um único destino que requer uma comum assunção de responsabilidades, inspirada em um humanismo integral e solidário: vê que esta unidade de destino é frequentemente condicionada e até mesmo imposta pela técnica ou pela economia e adverte a necessidade de uma maior consciência moral, que oriente o caminho comum. Estupefatos pelas multíplices inovações tecnológicas, os homens do nosso tempo desejam ardentemente que o progresso seja voltado ao verdadeiro bem da humanidade de hoje e de amanhã.[19]

---

19. *Compêndio de doutrina social da Igreja*, parágrafos 5 e 6.

JUSTIÇA ECONÔMICA E SOCIAL

3. Políticas sociais para atender famílias de baixa renda deveriam exigir contrapartida, como obrigação de os filhos estudarem?

No contexto de uma humanização das políticas sociais, em conformidade com a lógica preconizada pela Doutrina Social da Igreja Católica Apostólica Romana,[20] a instituição de modelos de distribuição de renda se afigura como importante instrumento político. Afinal, ao mesmo tempo em que o sistema econômico permanece atrelado à lógica de mercado, possibilitando elevada autonomia no âmbito das escolhas individuais, a incorporação de modelos distributivos possibilita garantir um mínimo existencial àqueles que, independentemente de razões ou motivos, acabaram por não se integrar de forma plena ao regime de produção em vigência. É dizer, a implementação de políticas de renda mínima permite uma correção de excessos do regime de produção capitalista, pois possibilita a manutenção do regime de mercado, ao mesmo tempo em que garante um padrão mínimo de direitos e dignidade para os indivíduos que sofrerem marginalização econômico-social.

Frise-se que o modelo de atendimento social para famílias de baixa renda, nos moldes do que ocorre, por exemplo, no Bolsa-Família, consiste em método de regulação econômica da relação capital-trabalho, na medida em que permite uma intervenção econômica na curva de preço do trabalho, implicando um aumento dos níveis salariais. Outrossim, o trabalho, como qualquer outro insumo ou custo atrelado à produção, tem um preço que, dentro de uma dinâmica de capitalismo de mercado, é fixado de acordo com o equilíbrio entre oferta e demanda. Quanto maior a demanda por trabalho, em comparação a uma menor oferta de mão de obra, menor será a

---

20. Neste sentido, da *Rerum Novarum* se extraí que: "Certamente, se existe algures uma família que se encontre numa situação desesperada, e que faça esforços vãos para sair dela, é justo que, em tais extremos, o poder público venha em seu auxílio, porque cada família é um membro da sociedade. [...] Não é isto usurpar a atribuição dos cidadãos, mas fortalecer os seus direitos, protegê-los e defendê-los como convém."

hipossuficiência do trabalhador; em contrapartida, em situações nas quais ocorrer excesso de oferta de mão de obra, com escassez de demanda para tanto (situações de crise econômica, por exemplo), maior será a necessidade de uma regulação social das relações laborais, de tal sorte a se justificar a imprescindibilidade das políticas de valorização do trabalho humano.

Ocorre que ao se realizarem políticas sociais de redistribuição de receitas para famílias de baixa renda, altera-se a curva de oferta do insumo trabalho, o que implica a ocorrência de um novo equilíbrio de preços, com níveis salariais mais elevados do que anteriormente. Afinal, ao se garantir minimamente a dignidade humana, por meio da implementação de uma renda governamental, permite-se ao indivíduo valorar, efetivamente, se as ofertas de trabalho que lhe foram feitas são ou não compatíveis com a contraprestação laboral por ele oferecida. A vontade manifestada na relação contratual tem menor chance de estar viciada, já que o indivíduo não se vê obrigado a aceitar algo que lhe é manifestamente desvantajoso. Visto por outro ângulo, o indivíduo, em situação de hipossuficiência, somente se submeterá a uma relação laboral se as condições nela implicadas forem minimamente justas e superiores ao distribuído pela política pública vigente. Passa a ser a dignidade, e não as necessidades decorrentes da fisiologia humana, que pautam a escolha de contratação do indivíduo enquanto empregado, de tal sorte que, ao se ver livre de um constrangimento social decorrente de sua hipossuficiência, o trabalhador tem sua autonomia ampliada.

Por conseguinte, políticas redistributivas, em que pese consistirem em uma manifesta intervenção do Estado no domínio econômico, acabam por serem instrumentos de ampliação da liberdade, e não de restrição da mesma, uma vez que reduzem distorções ocorridas em um mercado totalmente desregulado e equilibram a vontade das partes envolvidas em determinada relação jurídico-econômica.

JUSTIÇA ECONÔMICA E SOCIAL

Dentro desta lógica de ampliação da liberdade e de integração no sistema de mercado daqueles que estão dele alijados, é razoável e proporcional a determinação de exigências que determinem aos beneficiários de políticas redistributivas a matrícula de seus filhos no ciclo de ensino obrigatório.

A questão, contudo, deve ser vista como uma condicionante, e não como um requisito dentre outros a serem preenchidos a fim de se obter eventual benefício social. O acesso à política de redistribuição de renda por uma família não é contrapartida à participação escolar dos filhos, mas sim modelo institucional desenhado para permitir maior inclusão econômica e, consequentemente, ampliar a dignidade humana dos integrantes do público alvo do programa governamental. Mais do que isso, uma vez que os métodos de distribuição de renda importam em concretização da lógica de *justiça comutativa*, é coerente supor que apenas restrições e condições inerentes a esta modalidade de *justiça* possam ser impostas. Neste sentido, por conseguinte, o benefício não implica um *preço* recebido por aqueles que matricularem seus filhos na escola, mas sim obriga que estes filhos sejam também submetidos à *justiça*, recebendo uma educação que é de direito deles, a fim de se possibilitar o rompimento e a superação das barreiras sociais às quais sua situação familiar os faz submetidos.

Portanto, dentro da lógica de inclusão, a capacitação educacional das camadas economicamente marginalizadas reflete uma escolha natural do gestor de políticas públicas: se o objetivo é o aumento da autonomia individual e o fim do alijamento social de pessoas mal integradas ao sistema de produção econômica de mercado existente, a capacitação e a ampliação de oportunidades. Mais do que isso, importa, à luz do Direito Natural, num dever moral imposto aos pais que, excluídos e marginalizados do modelo de produção vigente, mas sujeitos a uma política de justiça comutativa mínima, devem garantir, à prole, condições de superação das situações econômicas adversas e, por conseguinte, de maior integração ao modelo econômico-social existente.

4. É possível praticar distribuição de riquezas sem geração de rendas?

Tomando por base as explicações anteriormente citadas, o atingimento da "justiça social" se afigura como o fim da Ordem Econômica. A existência de políticas distributivas, neste sentido, se coaduna com a lógica do sistema, uma vez que permite a concretização da justiça. Ora, como já afirmou Paulo VI e repetiu Bento XVI, a justiça é a medida mínima da caridade.

Todavia, por outro lado, a concretização da Justiça Social tem que contemplar, para além da modalidade distributiva, também uma lógica retributiva comutativa. Ou seja, é justo que cada indivíduo receba contraprestação àquilo que produziu e criou.

Se analisarmos que toda produção decorre tanto da atuação individual do empresário, que age para garantir a administração e gestão dos insumos necessários para tal, quanto da forma de organização social, que é capaz de garantir ao empresariado as condições necessárias para a sua atuação. Neste sentido, o resultado de um bem produzido, do ponto de vista de retribuição e de justiça comutativa deverá recair tanto sobre o empresário (que ficará com a maior parte da contraprestação daquela produção *in concreto*) quanto igualmente para a sociedade como um todo (que se organiza de modo a permitir o exercício das liberdades e a facilitar a atuação econômica dos indivíduos). É esta segunda contraprestação, normalmente obtida por meio de instrumentos tributários, que será parcialmente revertida àqueles que estiverem em situação de vulnerabilidade. Em outras palavras, a concretização de políticas distributivas só é possível porque a sociedade, como um todo, é destinatária de contraprestações à produção nela realizada, recebendo prestação comutativa advinda daquilo que ofereceu para a criação de riquezas.

Assim, a obtenção de receitas pelo Estado, capazes de possibilitar políticas distributivas, decorrem de sua própria

JUSTIÇA ECONÔMICA E SOCIAL

atuação que, uma vez participante e integrante direta ou indireta dos sistemas de produção, é recebida como contraprestação à produção de riquezas ocorridas em determinado território.

A falta de geração de rendas, por sua vez, implica a impossibilidade de contraprestação ao Estado. Ora, se nada é produzido, este em nada participou nem fez jus para receber quaisquer quantias capazes de serem repassadas, na modalidade distributiva, àqueles que dependerem de programas assistenciais.

A extração de recursos da sociedade civil, em uma situação de inexistência de produção e geração de receita, ainda que tais recursos sejam destinados a uma concretização da Justiça Social na modalidade de Justiça Distributiva, implicam a mais absoluta injustiça. Afinal, importam em uma inobservância dos preceitos comutativos para com aquela sociedade civil: sem que tenha havido produção e geração de receita, se extrai do estoque patrimonial dos indivíduos valores a serem distribuídos àqueles que deles necessitarem, ignorando-se que tal estoque patrimonial é decorrente, por justiça de contraprestação, à produção anteriormente prestada e, por conseguinte, por direito daqueles que o possuem. Desta forma, se a obtenção de recursos para distribuição em momentos de produção e geração de renda é tida como contraprestação ao papel do Estado na organização social e, por conseguinte, tida como parcela cabível ao social por comutatividade, a mesma obtenção sem produção de riquezas é inegável e evidente expropriação dos particulares, que se vêm forçados a dispor de valores legitimamente obtidos por contraprestação à sua atuação econômica pretérita, não recebendo aquilo que comutativamente lhes pertence pelo trabalho, que por eles fora prestado.

Por conseguinte, apenas através do incentivo à produção econômica e pela implementação de uma lógica de mercado capaz de gerar produção de receitas e riqueza, é possível a realização legítima de políticas distributivas, sendo necessário, portanto, para a resolução dos problemas sociais, a adoção de um sistema que preserve a autonomia individual e possibilite um crescimento econômico eficiente.

5. Como estimular investimentos no país, competindo com outras nações na sua atração, cuidando simultaneamente de políticas sociais?

A atração de capital internacional, que implica a competição com outras nações, é imprescindível, em especial no contexto de países em desenvolvimento, para que ocorra a implementação de políticas sociais. Isso, pois, se a geração de riquezas é decorrência da administração e gestão conjuntas do capital e do trabalho, bem como se os países em desenvolvimento, como regra geral, carecem de capital próprio suficiente para garantir o crescimento econômico, temos que a falta de atração de divisas internacionais inviabiliza ou ao menos prejudica a produção interna e, por conseguinte, a produção. É dizer, temos que políticas de atração de investimentos externos acabam por implicar o crescimento de receitas e riquezas internas, o que possibilita a criação de políticas sociais voltadas às classes menos favorecidas e, por conseguinte, a maior concretização de uma Justiça Social.

Por outro lado, a globalização econômica tem ocasionado em uma "destilação" das políticas públicas internas, implementando uma cartilha, no mais das vezes, neoliberal e contrária a métodos distributivos. A competição por recursos internacionais implica garantir a segurança de retorno daquele capital, bem como a instituição de regramentos favoráveis à produção e ao retorno esperado por aquele capital. Cada vez menos, portanto, há margem para a implementação de grandes Estados, uma vez que estes acabam por se tornar caros e ineficientes, ocasionando uma incapacidade de competição por recursos externos.

Não é por outro motivo, aliás, que a maior parte das decisões econômicas, atualmente travadas dentro de um país, acabam por ser "blindadas" da lógica de democracia e de deliberação popular. Neste sentido, inclusive, é a criação de organismos tecnocráticos, que tomam decisões, alheios à lógica política e representativa. Como exemplo disso, temos a proliferação de agências reguladoras que, ao contrário de se submeterem à vontade popular e à deliberação parlamentar, se pautam em decisões técnicas, alinhadas a padrões internacionalmente estabelecidos, de tal maneira a se obter uma homogeneização das normas nacionais em consonância com as determinações e recomendações internacionais que, por sua vez, costumam estar alinhadas às melhores práticas sob o prisma e perspectiva do capital internacional.[21]

No entanto, se é fato que o capital internacional acaba por reduzir o escopo e o âmbito de atuação da política interna, isso não significa que não seja possível uma atuação político-social capaz de integrar as camadas alijadas do modelo produtivo vigente, através da implementação de modelos capazes de permitir uma justiça distributiva.

Há que se frisar, sobre este propósito, que a própria integração dessas camadas socialmente vulneráveis e alheias à lógica produtiva acabam por ser diferenciais que podem, eventualmente, ser positivamente valorados. Ora, o crescimento chinês se sustenta, primordialmente, pela inclusão gradual de camadas sociais estranhas à dinâmica capitalista, na medida em que tal movimento permite um crescimento tanto do mercado interno quanto, igualmente, da oferta de mão de obra. A mesma lógica pode, com alterações e adaptações, ser implementada no Brasil: a inclusão dos extratos sociais excluídos à lógica de consumo acarreta ampliação do mercado interno, bem como dinamiza a economia de regiões que, anteriormente, eram completamente periféricas e marginalizadas. Com

---

21. Vid. ZAGREBELSKY, Gustavo. *Contro la dittatura del presente. Perché è necessario un discorso sui fini*. Roma: Laterza, 2014.

isso, ocorre que a implementação de políticas sociais acarreta como externalidade um incentivo ao desenvolvimento econômico, dinamizando relações sociais anteriormente periféricas e permitindo ampliação do mercado econômico.

Assim, a estipulação de parâmetros externos, ditados pelo capital internacional e pelas organizações a ele vinculadas, se afigura como real, e não pode ser minimizada nem desconsiderada. Por outro lado, tal situação não inviabiliza a criação de políticas sociais, que, pelo contrário, podem ensejar um crescimento de mercado até mesmo desejável, de tal sorte a não implicar uma inviabilização da atração do capital internacional.

6. O excessivo crescimento da burocracia é ou não inibidor de reais políticas sociais?

Conforme observado no tópico anterior, o crescimento da burocracia se justifica, em parte, por uma tentativa de universalizar condutas e normas internas, através de uma implementação de critérios técnicos em detrimento das escolhas políticas.

Neste sentido, ao menos parcela da nova burocracia decorre de uma implementação da cartilha neoliberal, voltada para regulações setoriais internacionalmente homogêneas, que criam uma situação de segurança negocial e contratual simpática ao capital internacional.

Por outro lado, parcela da burocracia, ao menos no Brasil, é decorrente de um Estado inchado e ineficaz, que traz para si um sem número de atividades que, rigorosamente falando, seriam melhor desempenhadas pela iniciativa privada.

Se a política de distribuição de renda há de ocorrer, necessariamente do recebimento de recursos pelo Estado, decorrentes da produção e da geração de riquezas, temos que um aumento significativo na burocracia estatal implica, necessariamente, a diminuição dos recursos disponíveis para as políticas públicas.

JUSTIÇA ECONÔMICA E SOCIAL

Em outras palavras, na medida em que parcela da produção econômica é, por meio dos tributos, apropriada pelo Estado e compõe receitas vinculadas ao Tesouro Nacional, temos que todos os dispêndios ocorridos com os recursos do Tesouro concorrem entre si. Afinal, a parcela financeira que cabe ao Estado é escassa, e necessita ser distribuída entre os vários setores que dela dependem. Por conseguinte, o crescimento da burocracia implica a utilização de recursos que, de outra forma, estariam disponíveis para serem dispendidos em outros gastos governamentais. E, dentre estes gastos, se encontram as políticas sociais.

Não se quer dizer, aqui, que a burocracia estatal é desnecessária ou supérflua. Pelo contrário, a mesma é imprescindível para possibilitar um desenvolvimento humano, tanto no campo econômico quanto no social. Ora, vimos que os recursos estatais são a ele destinados como contrapartida à organização social desenvolvida, sem a qual se inviabiliza, ou ao menos dificulta, a ocorrência da geração de riquezas. Neste sentido, por exemplo, temos que apenas por meio de um Judiciário responsável e comprometido é que existe legítima expectativa de cumprimento das determinações legais e contratuais, o que ocasiona ambiente propício aos negócios e amplia a segurança jurídica das partes ao estabelecer relações de matiz econômica.

No mais, a própria gestão de políticas públicas sociais depende, necessariamente, de uma burocracia, capaz de determinar e traçar as demandas existentes, bem como os públicos alvos aos quais se direcionam cada um dos projetos sociais, bem como de executar as determinações e diretrizes previamente determinadas.

Assim, não é a burocracia, por si própria, que acaba por se colocar contrária ao crescimento das políticas sociais; o crescimento desordenado da burocracia, contudo, gera um Estado inchado e ineficaz, pelo que se dispendem recursos públicos sem que haja retorno proporcional àquele gasto e, por conseguinte, se inviabilizam investimentos e políticas de inclusão social.

229

7. Conclusão

Portanto, é através da gestão responsável do Estado, apta à garantir o uso eficaz dos recursos, bem como o incentivo da produção e da geração de riquezas com a preservação da liberdade e da autonomia individuais, que se possibilita a integração das camadas sociais periféricas e a implementação de uma verdadeira justiça social, responsável por reduzir as desigualdades e ampliar, de forma substantiva, a concretização efetiva da dignidade humana.

JUSTIÇA ECONÔMICA: UM DIÁLOGO ENTRE O CAPITALISMO DEMOCRÁTICO DE MICHAEL NOVAK E A ECONOMIA COLABORATIVA DE JEREMY RIFKIN

Angela Vidal Gandra da Silva Martins

Sócia da Advocacia Gandra Martins. Doutora em Filosofia do Direito – UFRGS

Resumo: Este estudo visa a apresentar uma breve análise filosófica sobre novas tendências que buscam superar o *deficit* de justiça que impera hoje em um mundo globalizado, a partir de uma perspectiva antropológica fundamentada na liberdade constitutiva do ser humano. Para tal, em primeiro lugar, delimitaremos os conceitos com os quais trabalharemos. Em seguida, apresentaremos as propostas de Michael Novak e Jeremy Rifkin, para confrontá-las, evidenciando seus pontos convergentes. Concluiremos, positivamente, procurando demonstrar que uma correta abordagem ontológica, que respeita a completude humana, pode gerar iniciativas eficazes e remover obstáculos na implementação progressiva de uma justiça econômica verdadeiramente enraizada em uma vontade constante de dar a cada um o devido.

Palavras-Chave: Justiça Econômica – Capitalismo Democrático – Economia Colaborativa – Michael Novak – Jeremy Rifkin

Abstract: This essay aims to present a brief philosophical analysis about two new tendencies which search to overcome the deficit of justice that reigns today in a globalized world, departing from an anthropological perspective based on human beings´constitutive freedom.

For this target, we will first delimitate the concepts we will work with. Then, we will present Michael Novak and Jeremy Rifkin proposals to confront them, highlighting the convergent points. We will conclude positively, attempting to demonstrate how much a correct ontologic approach which respects the human completeness can generate efficacious initiatives and remove obstacles to foster a progressive economic justice truly embedded in the constant will of giving each person what is due.

Keywords: Economic Justice – Democratic Capitalism – Collaborative Economy – Michael Novak – Jeremy Rifkin.

Sumário: 1. Introdução – 2. Delimitação de conceitos – 3. O capitalismo democrático de Michael Novak – 4. A economia colaborativa de Jeremy Rifkin – 5. Interação entre as propostas de Novak e Rifkin – 6. Conclusão – Referências bibliográficas.

1. Introdução

> "A é capaz de pensar em B pelo interesse por B e é capaz de pensar em seu próprio bem-estar por interesse de B". (JOHN FINNIS)

O termo justiça econômica pode ser contraposto ao que hoje se denomina *"The Economics of Justice"*, baseado na teoria de Richard Posner,[1] o pai da Análise Econômica do Direito[2] (*"Law and Economics"*), onde o ser humano é concebido como um maximizador autointeressado das próprias preferências e a justiça calculada matematicamente, a partir de ganhos e perdas monetárias, através de um enfoque pragmático-político.[3]

---

1. POSNER, Richard. *The Economics of Justice.* Cambridge: Harvard University Press, 1983.

2. POSNER, Richard. *The Law and Economics Movement.* The American Economic Review, 1987, n. 77.

3. POSNER, Richard. *Social Norms and the Law. An Economic Approach in Law and Economics.* Edited by Nicholas Mercuro, Volume IV. New York: Routlege, 2007.

JUSTIÇA ECONÔMICA E SOCIAL

Em oposição a essa visão do Direito, partimos da assertiva de John Finnis destacada na epígrafe, que frisa a capacidade de alteridade – sem a qual não poderia haver efetivamente justiça, já que está se refere essencialmente ao outro –, afirmando ainda que "o egoísmo é uma forma de automutilação: um desvio mortal do florescimento humano integral".[4]

Ainda que estejamos banhados em uma cultura individualista autointeressada, não se pode subestimar a força da natureza humana em sua vertente relacional. Hoje, encontramos várias teorias que frisam a saída do *self* rumo ao outro como as propostas de reconhecimento de Charles Taylor,[5] Paul Ricouer,[6] Axel Honneth[7] etc., originando até mesmo a vertente denominada de Direito e Fraternidade.[8]

Por outro lado, diante da conjuntura nacional e mundial, onde vamos colhendo os frutos do autointeresse conscientemente assumido e justificado – a mais profunda raiz da corrupção institucional –, é preciso buscar soluções práticas, porém fundamentadas filosoficamente, para que efetivamente criem convicções e sustentem a ação a longo prazo.

Por essa razão, escolhemos dois autores cujas teorias possuem um embasamento filosófico-antropológico sustentável e atual, para refletir sobre teoria e prática na busca de um equilíbrio econômico mais justo.

---

4. FINNIS, John. *Natural Law. The Classic Tradition* in Coleman, Jules and Shapiro, Scott. The Oxford Handbook of Philosphy of Law. Oxford University Press, 2002, p. 41 *et seq.*

5. TAYLOR, Charles. *Philosophical Arguments.* Harvard University Press, 1995; *Multiculturalism:* Examining the Politics of Recognition, 1994 e *The Sources of the Self. The Making of Modern Identity.* Cambridge: Cambridge University Press, 1992 etc.

6. RICOUER, Paul. *The Course of Recognition.* Harvard University Press, 1995.

7. HONNETH, Axel. *Reification:* A Recognition-Theoretical View. Oxford: Oxford University Press, 2007.

8. CURY, Afif; MOTA DE SOUZA, Carlos Alberto e outros. *Direito e fraternidade.* Rio de Janeiro: Forense, 2008.

2. Delimitação de conceitos

> "Para Aristóteles, o homem liberal (*eleuteriotes*) era o generoso".[9]
> (RICARDO CRESPO)

Devido ao pragmatismo reinante hoje, tendemos a substituir a pergunta "O que" pela pergunta "Como",[10] o que acaba gerando primeiramente um *"deficit"* na compreensão da realidade, e, como consequência, insuficiência na completude da ação.

Por essa razão, desejamos iniciar nosso breve, mas denso, trabalho, delineando os conceitos com os quais trabalharemos para facilitar a penetração no tema, já que o método próprio do Direito e das ciências sociais requer que "as explicações e descrições sejam guiadas pelo mesmo critério ao julgar o que seria bom para a sociedade".[11]

Nesse sentido, destacamos cinco conceitos básicos:

---

9. CRESPO, Ricardo F. *Liberalismo Econômico y Libertad*. Ortodoxos y Heterodoxos en las Teorias econômicas actuales. Madrid: Ediciones Rialp, 2000.

10. MOORE, Sally Faulk. *Legal Pluralism*. Palestra ministrada na Harvard Law School em 16/04/2015.

11. [...] *with desire to restore the primacy of certain conceptions which are in danger of disappearing from our modern thinking* [...]. ORMOND, Alexander Thomas. *Basal Concepts in Philosophy*: an inquiry into being, non being and becoming. New York: Scribner, 1894, Prefácio. (tradução nossa)

JUSTIÇA ECONÔMICA E SOCIAL

a) o *ser humano* definido como sujeito individual de natureza *racional* e *relacional*,[12] onde sublinhamos não somente o racional, ou seja, a capacidade de intelectualizar sua conduta para deliberar e projetar, mas principalmente sua vertente relacional, no sentido de que como afirma Hannah Arendt, o homem é uma pluralidade de seres únicos.[13]

b) a *justiça* é compreendida segundo a filosofia aristotélico-tomista como a vontade constante de dar a cada um o que é devido, sendo a esta concebida como a essência da vida em sociedade.[14]

c) a economia – também baseada na doutrina aristotélica, – é concebida como a ciência humana que versa sobre a correta administração dos bens, o que não depende somente de cálculos, mas da efetiva satisfação das necessidades do ser humano em sua totalidade, o que supõe a intermediação de outros conceitos antropológicos que transcendem a necessidade dos bens materiais, atingindo a finalidade de seu uso, tais como a liberdade, a sociabilidade e o exercício das virtudes, já que a realidade econômica envolve escolhas de caráter tanto subjetivo como social.[15]

Nesse sentido, destacamos que ao tratar da *"oikonomiké"* tanto na *Política*[16] como em sua *Ética à Nicômaco*, Aristóteles associa o necessário ao útil, tanto para a casa como

---

12. SPAEMANN, Robert. *Persons:* The difference between "someone" and "something". Oxford: Oxford University Press, 2006, p. 167 *et seq.*

13. ARENDT, Hannah. *The Human Condition.* Chicago: University of Chicago Press, 1998.

14. AQUINO, Thomas. *Comentários à Etica à Nicômaco de Aristóteles*, I-III, Livro V. Rio de Janeiro: Mutuus Editora, 2015.

15. CRESPO, Ricardo. *Philosophy of Economy:* an Aristotelean Approach. New York: Springer, 2013, p. 13-21; p. 25-38 e p. 39-52.

16. Ibidem.

para a *polis*, no que se refere também ao uso da riqueza para atingir a boa vida. O conceito de Economia (*oikonomiké*) é diferente da *chrematistique*, que se refere à aquisição de bens em sentido técnico. O valor imanente da economia como ação intrinsicamente moral é superior ao valor da crematística instrumental.[17] A economia deve portanto facilitar a *"good life"*, que é melhor traduzida como vida plena, ou, como afirma o filósofo Millan Puelles, "a economia conta com nossa capacidade de ultrapassá-la".[18]

d) O capitalismo democrático é conceituado como um sistema social pluralístico capaz de compor capital e trabalho visando ao florescimento humano.[19]

e) A solidariedade colaborativa é entendida como o fruto de uma escolha livre a partir da alteridade, gerando ações concretas em relação ao próximo e fomentando a cooperação mútua bem como a interdependência na consecução do bem, com sentido de copertença.[20]

O entrelaçamento desses conceitos ajudará a refletir sobre a justiça econômica que nos cabe promover: "para continuar vivendo, temos de criar um mundo próprio para nós, e a atividade de elaborá-lo é nossa tarefa fundamental".[21] E, ainda que uma era autointeressada possa nos desafiar e inibir, podemos nos ancorar na máxima agostiniana que nos interpela: "os tempos somos nós".

---

17. ARISTOTLE. *Nichomachean Ethics/Politics*. New York: Walter J. Black, 1943, p. 247 *et seq*.

18. MILLAN-PUELLES, A. *Economia y Libertad*. Madrid: Rialp, 1993.

19. NOVAK, Michael. *The Spirit of Democratic Capitalism*. Nova York: Simon & Schuster, 1982.

20. YEPES, Ricardo e ARANGUREN, Javier. *Fundamentos de antropologia*. Un ideal de la excelencia humana. Pamplona: Eunsa, 2001, p. 371 *et seq*.

21. MILLAN-PULLES, 1993, p. 202.

JUSTIÇA ECONÔMICA E SOCIAL

Nesse sentido, embora o terceiro milênio procure reduzir o dom e a grandeza da liberdade humana ao pobre e sufocante livre-arbítrio, submetido ao critério neutro do autointeresse, tergiversando, por sua vez, o conceito de liberalismo, que passa a ser praticamente identificado com o libertarianismo, buscamos fundamentar o estudo na raiz aristotélica dessa corrente cuja base antropológica é autotranscendente, como bem expressado pelo filósofo Leo Strauss:

> Os verdadeiros liberais de hoje em dia não tem outra obrigação mais urgente que contrapor-se ao liberalismo pervertido que sustenta que o fim supremo, ainda que simples, do homem é só viver segura e alegremente, protegido mas não regulado", esquecendo-se da qualidade, excelência ou virtude.[22]

Entre elas, destaca-se socialmente, a virtude cardeal relacional da justiça, sobre a qual ponderaremos através das teorias que passamos a apresentar.

3. O capitalismo democrático de Michael Novak

> "É fato que a dinâmica dos "ismos" combate com os valores humanos quotidianamente". (João Paulo II)

Preliminarmente, desejamos acentuar que os "ismos" radicalizados podem falsificar teorias. Se, porém, tomados aristotelicamente, segundo o meio termo próprio da virtude, podem contribuir efetivamente, oferecendo ideias capazes de promover o florescimento humano. No caso, se enfocarmos o capitalismo a partir da liberdade e na medida em que o direito das pessoas (*right of persons*) englobe sempre o direito sobre as coisas (*right over things*),[23] destacando essencialmente as relações entre seres humanos, poderemos encontrar, no sistema,

---

22. STRAUSS, Leo. *Liberalism Ancient and Modern.* Chicago: The University of Chicago Press, 1968, p. 64 *et seq.*

23. FINNIS, 2002, p. 51-52.

saudáveis soluções, fundamentadas na interdependência e diversificação de talentos, próprios da vida econômica e social.

Feitas estas considerações, passamos a apresentar Michael Novak, um filósofo e jornalista americano, de tradição católica, que serviu como Embaixador dos Estados Unidos na Comissão de Direitos Humanos da ONU e publicou inúmeros estudos em torno do capitalismo, da religião e de políticas de democratização. Foi ainda o primeiro católico apostólico romano a lecionar *"Humanities"* na *Stanford University*. Sem priorizar sua teoria sobre outras, pareceu-nos interessante refletir sobre propostas liberais personalistas como possíveis soluções para a instauração de uma economia mais justa. Enquanto adentrávamos nestas considerações, tivemos a notícia de que Michael Novak falecera aos 83 anos, após uma acirrada luta contra o câncer. Nos destaques sobre a notícia, foi apontado com um defensor dos princípios da Doutrina Social da Igreja.

Em seus escritos, Novak procurou demonstrar, desde o início, o perigo da utopia marxista, que não combate mas causa alienação, vazio e desenraizamento,[24] postulando ainda que a família é a maior defesa contra a utopia,[25] a partir da Santíssima Trindade, uma comunhão de Pessoas Divinas que "convoca os seres humanos a serem seus amigos, infundindo neles seu próprio Amor para que possam, por sua vez, amarem-se entre si".[26] O que Novak procurou efetivamente através de sua vida acadêmica foi atingir as questões transcendentais, "ultrapasando os limites das certezas da pesquisa, da produção e do consumo.[27]" Entre seus principais escritos encontram-se – além do *"The Spirit of Democratic Capitalism"* (1982), ao qual nos dedicaremos mais especialmente –,

---

24. NOVAK, Michael. *The Experience of Nothingness*. Piscataway: Transactions Publishers, 1970.

25. NOVAK, 1982.

26. NOVAK, Michael. *The Love that moves the Sun* in *A Free Society Reader:* Principles for the New Millenium. Boston: Lexington Books, 2000.

27. NOVAK, Michael. *God in Colleges* in *A New Generation:* American and Catholic. 1964.

"Catholic Social Thought and Liberal Institutions" (1984) *"Will it liberate? Questions about Liberation Theology"* (1986); *"Free Persons and the common Good"* (1988) e *"Social Justice isn´t what you think it is"* (2015)".

No que se refere à sua proposta de um capitalismo democrático, sublinha primeiramente sua perspectiva como filósofo e como teólogo, e não como economista ou cientista político. Como comenta, o capitalismo foi colocado em prática, mas sua teoria não foi suficientemente explorada filosoficamente, de modo que o humanismo inerente foi sufocado por aqueles que a assumiram parcialmente, de acordo com seu autointeresse. Em seu entendimento, se capitalismo e democracia interagissem corretamente poderiam chegar a construir a *"City of God"* agostiniana.[28]

Em uma entrevista, Novak chegou a comentar que uma das razões pela qual adentrou nesse tema foi o amor a seu país. Nesse sentido, quis aprofundar-se nas raízes dos valores preconizados por sua nação, a partir de uma perspectiva humanista, submetendo-os ao critério de uma verdade transcendente, para que de fato pudesse promover não só um real desenvolvimento social, mas o florescimento integral de cada membro da comunidade. Esta também foi uma das razões pelas quais escolhemos este autor, aplicando, *mutatis mutandis*, suas palavras ao momento que vivemos em nosso Brasil.

O principal valor destacado pelo autor é o da liberdade constitutiva do ser humano, e não de seu sucedâneo negativo que seria o livre-arbítrio ou a independência do outro, que levam, por sua vez, à maximização dos próprios interesses e à indiferença. Portanto, o capitalismo de Novak apresenta um forte fundamento moral e visa também a combater esse tipo de pobreza.[29] Nesse sentido, também os direitos de propriedade não são o motor do capitalismo democrático.[30]

---

28. NOVAK, 1982, p. 16 *et seq.*

29. *"moral poverty"* in Ibidem, p. 51 *et seq.*

30. Ibidem, p. 57 *et seq.*

Novak entende que o ser humano e, em consequência a sociedade, crescem a partir de sua autodeterminação, e que, somente através da Liberdade – que permite também a expontaneidade, o mérito à mobilidade social –, cada um pode contribuir com sua criatividade e com seu talento próprio e exclusivo.[31] A seu ver, as criaturas foram projetadas para o alto, mas não forçadas a tal, de modo que formando-as e dando-lhes espaço, podem atingir seus propósitos. Como afirma poeticamente: *"The Lord of History is purposive. Through his word, human existence aspires upward."*[32]

Por outro lado, frisa que o ser humano é relacional e que, nesse sentido, qualquer sistema econômico deveria procurar libertar os demais de entraves que também limitem sua capacidade de contribuir efetivamente para o bem comum.[33] Ao longo de seus estudos, busca demonstrar a incompletude do socialismo nesse sentido, pois não só empobrece as ações por lhes retirar a liberdade através de uma "legitimada tirania", mas também a população, pela pobreza material que gera.[34] Porém, ao contrapô-lo ao capitalismo, não exalta este sistema como algo perfeito, já que respeita a liberdade de organização social. O que, efetivamente deseja demonstrar é a deficiência congênita, muitas vezes oculta, do socialismo e a virtude antropológica, também muitas vezes oculta, de um capitalismo humanista[35] que se projeta além[36] (*beyond this earth*).

Ao estudar o capitalismo a partir da liberdade e da relacionalidade, realça que, colocar o capital a serviço do desenvolvimento econômico é pensar também no crescimento

---

31. Ibidem, p. 17 *et seq.*

32. Ibidem, p. 17.

33. Amartya Sen, Prêmio Nobel de Ciências Econômicas (1998) apresenta uma proposta econômica similar em sua obra *Desenvolvimento como Liberdade,* porém mais pragmática.

34. NOVAK, 1982, p. 28.

35. Ibidem.

36. *"Beyond this earth" in* Ibidem p. 53-54.

JUSTIÇA ECONÔMICA E SOCIAL

das pessoas, criando oportunidades, empregos e somatória de distintos esforços, capazes, por sua vez, de superar a pobreza. Nesse sentido, o capital deveria estar em função da pessoa e também a serviço dos direitos humanos como expansão da prosperidade.

Ao tocar o tema da democracia, que sustenta o capitalismo, prefere substituí-lo em realidade por república, onde a soberania se refere aos cidadãos. Nesse sentido, o pluralismo cultivado refere-se mais a propósitos relativos ao desejo compartilhado de *"common good"* do que o confronto e a prevalência de grupos de interesse.[37]

Por essa razão, em sua proposta, a educação é fundamental. O exercício da liberdade é incompatível com a ignorância e a justiça é impossível, sem a abertura à verdade. Por essa razão, o verdadeiro capitalismo democrático exige adultos bem formados e disciplinados, com amor à liberdade e à comunidade, que "entendem o que significa *social*".

Essa liberdade, para Novak, é o que sustenta a criatividade, que promove e é promovida pelo capitalismo. Esta seria, para o autor, a principal característica do sistema e não o mercado livre. O que destaca, portanto, é a diversidade de talentos, otimizada através do mercado a partir da relacionalidade humana, do que propriamente o mercado tomado como um jogo impessoal de oferta e procura. Em realidade, parece que a frase de Hayek é oportuna para ilustrar parte de sua proposta: "Acabar com o Mercado seria como acabar com a conversa entre as pessoas."[38] Porém, Novak, partindo do princípio que origina o mercado, vai além na projeção de seus frutos em termos de benefícios sociais.

O capitalismo de Novak não é um mero sistema econômico, visando a uma integração moral onde o valor do dinheiro

---

37. Ibidem, p. 60 *et seq.*

38. HAYEK, Friedrich. *Direito, Legislação e Liberdade*. Uma Nova Formulação dos Princípios Liberais de Justiça e Economia Política. A Ordem Política de um Povo Livre. Vol. II. São Paulo: Editora Visão, 1995, p. 69 *et seq.*

e sua multiplicação não é a meta, mas sim a concatenação livre entre os membros da sociedade, através de um saudável pluralismo,[39] cada qual oferecendo sua contribuição para que todos possam criar e crescer juntos. Não objetiva o consumo, mas a qualidade de vida, porém não somente em termos materiais, ou seja, sua meta é viabilizar um real florescimento individual, familiar e social.[40]

O que podemos destacar, portanto, em sua teoria são os seguintes pontos:

a) a projeção da liberdade constitutiva do ser humano como único caminho para uma verdadeira prosperidade econômica;

b) a interação criativa entre capital e trabalho[41] – o que não supõe que o capitalista não trabalhe e nem que se permita qualquer tipo de servidão ou trabalho forçado por não se ter outra opção![42] – como meio de desenvolvimento econômico;

c) o sentido social do progresso econômico a partir da solidariedade livremente assumida;

d) a importância fundamental da educação para que a liberdade seja bem exercida e leve efetivamente ao florescimento individual e social;

e) o papel do regime de governo adequado que favoreça a formação do cidadão por respeitar sua conformação antropológica, promovendo em consequência sua liberdade.

Como afirma Rafael Gomez Perez:

---

39. NOVAK, 1982, p. 29 *et seq.*

40. Ibidem, p. 32 *et seq.*

41. *"Reason is central to Capitalism (...). It is not a matter of adventure or piracy but of continuous enterprise (...)".* in Ibidem, p. 43.

42. Ibidem, p. 43 *et seq.*

JUSTIÇA ECONÔMICA E SOCIAL

Se o Estado através do Direito, garante a liberdade pessoal de todos cumpre seu fim ético supremo e, por isso, o mais rico e denso em determinações. O progresso político deveria ser visto não de forma negativa, onde o exercício da liberdade de um impede o exercício da liberdade de outro, mas de forma positiva, onde a liberdade de um potencializa o exercício da liberdade de outros.[43]

Por fim, na visão de Novak, o capitalismo pode ser cristianizado.[44] Fala claro sobre a capacidade humana de cometer pecados e que por dificultarem a consecução da justiça não podem ser ignorados.[45] Nesse sentido, trabalha a intencionalidade das ações rumo ao outro.[46] Porém, Novak é realista:

> *Most social revolutions promise a reign of saints. Most promise a new type of moral man. And most intend to produce this higher type of morality through the coercive power of the State. This is precisely the impulse in the human breast which democratic capitalism finds to be the most productive evil.*[47]

Por isso, conta com a formação pessoal para que o sistema possa crescer como um todo. De qualquer forma, a democracia que sustenta o pluralismo não impõe uma religião. O autor apenas convoca os cristãos que sejam coerentes no exercício profissional e da própria cidadania.

Se considerarmos a justiça como uma virtude, podemos perceber que a teoria de Novak é muito apropriada para refletir sobre a preparação de uma sociedade capaz de promovê-la no plano político-econômico, a partir da liberdade pessoal de cada cidadão bem formado. Pode parecer uma proposta

---

43. GOMEZ PEREZ, Rafael. *Represión y Libertad*. Pamplona: EUNSA, 1975, p. 182, tradução nossa.

44. Refere-se também a Jacques Maritain, destacando o que denomina de *"Civic Faith"* pela unidade daquele que crê e atua de forma coerente na sociedade civil. *In* NOVAK, 1982, p. 75 *et seq.*

45. Dedica um Capítulo da obra comentada ao que denomina *"SIN"* in Ibidem, p. 83 *et seq.*

46. Ibidem, p. 85 *et seq.*

47. Ibidem, p. 86.

243

capilar e, portanto, com única possibilidade de ser efetivamente aplicada com êxito a longo prazo. Porém, o bem é difusivo e radicalmente mais eficaz do que o mal, por ser uma afirmação da própria natureza, e sua projeção pode ser potencializada pela atração e eficiência da proposta. De qualquer forma, tijolo a tijolo bem acimentado, se pode edificar com maior solidez uma Nação, como era o desejo de Novak com relação a seu próprio país.

4. A economia colaborativa de Jeremy Rifkin

"Lucro a qualquer preço não é lucro". (ROGÉRIO AMATO)

O autor em destaque é um cientista politico-econômico americano que vem estudando o impacto das mudanças tecnológicas em termos de consequências laborais e sociais, bem como com relação ao meio ambiente. Suas obras de maior projeção são: *"The Empathic Civilization"* (2010) e *"The Third Industrial Revolution"* (2014). Tem exercido o papel de consultor na União Europeia desde 2000.

A visão de Rifkin é macro no sentido de preservar a sustentabilidade a longo prazo sem deixar de implementar a economia e o desenvolvimento. Acredita na capacidade humana de visualizar seus recursos e empregá-los para o bem comum através de um planejamento eficaz que leve em consideração também as consequências para a comunidade. Nesse sentido, atém-se, por exemplo, a questões importantes como a mudança climática, o uso da energia, a organização da sociedade civil, o aproveitamento eficaz e saudável da tecnologia etc.

Rifkin é também um pacifista em sua concepção de um mundo globalizado, buscando alternativas para otimizar a interação. Desde sua juventude, apresentou-se como um *"anti-war activist"*. É ainda contrário ao mau uso da biotecnologia, chegando a publicar um estudo denominado *"Who would play*

God", atento aos riscos substanciais referentes à engenharia genética.[48]

O autor apresenta também uma interessante visão das relações humanas a partir da entropia, aplicando a teoria à "energia armazenada" nos seres humanos e da "desorganização" própria da diversificação fundamentada na liberdade, em busca de equilíbrio, porém com uma proposta mais prática do que filosófica,[49] ainda que neste breve artigo desejemos oferecer somente uma consideração antropológica de seu projeto, rico principalmente em determinações referentes ao emprego de energia.[50] O autor se preocupa ainda com as questões éticas relacionadas à automatização e à canalização das forças laborais e busca otimizar a capacidade tecnológica para impulsionar a economia a partir de uma base desvinculada da propriedade.[51] Suas propostas têm sido também aproveitadas tanto na China como na Coreia do Sul e em geral, têm agradado também o mundo acadêmico e político do continente americano, por enfrentar questões éticas essenciais para a reta consecução da ordem social diante das inegáveis mudanças ocasionadas pela tecnologia.

O que chama a atenção em seu trabalho é oferecer soluções práticas sem perder o ponto de vista ético. De qualquer forma, ressaltamos também que não compartilhamos totalmente com a completude de sua obra, mas sua abordagem parece trazer algumas luzes para o tema em questão. Por outro lado, ainda que alguns tenham tergiversado sua proposta, apresenta de fato uma via ética para a justiça econômica em um mundo que vai, de certa forma, sendo absorvido pela tecnologia, a qual, por sua vez, desenvolve-se em descompasso

---

48. RIFKIN, Jeremy. *The Biotech Century*. London: Penguin Books, 1998.

49. RIFKIN, Jeremy. *Entropy: a New World View. The Foundations on Economic Trends*, February, 2012.

50. RIFKIN, Jeremy. *The Third Revolution*. London: Palgrave MacMillan, 2011.

51. RIFKIN, Jeremy. *The Age of Acess* (2000) (www. casscity.ac.uk).

com o amadurecimento do ser humano, encontrando-o despreparado e desprovido de virtude para assimilá-la de forma saudável e realmente se beneficiar dela de uma forma justa.

Nesse sentido, Rifkin tem procurado estruturar o que chamou de *"The Internet of Things"*, porém com a preocupação de que este mercado não sufoque a atividade humana, mas, que promova as relações e, por outro lado, que os algoritmos não controlem o ser humano retirando-lhes a liberdade. Daí a importância de que haja normas e princípios a serem respeitados nessas novas relações sociais.

Por outro lado, a partir da rede, Rifkin estimula as comunidades colaborativas que irão intercambiar serviços, sem uma necessária base material, beneficiando-se mutuamente, tanto micro como macroeconomicamente e tornando o mundo globalizado um mercado integrado. Nesse sentido, refere-se à sua teoria como um capitalismo distributivo sustentável capaz de estimular o empreendedorismo e a iniciativa com foco tanto nos problemas atuais como nas futuras gerações.[52]

A base de seu sistema não é a propriedade mas a interação, onde se pode também compartilhar produtos e serviços sem necessariamente comprá-los, visando ao bem-estar geral e não necessariamente o consumo, como, por exemplo, compartilhar uma van em vez de ter um carro. Por essa razão, se opõe ao capitalismo selvagem movido pelo autointeresse:

> Enquanto o mercado capitalista baseia-se no interesse próprio e é guiado pelo ganho material, os bens comuns sociais são motivados por interesses colaborativos e guiados por um profundo desejo de se conectar com os outros e de compartilhar.[53]

Nesse sentido, Rifkin busca soluções para enfrentar a fome, padecida por um sétimo da população mundial, como afirma.

---

52. *"A new Narrative"* in RIFKIN, 2011.

53. RIFKIN, Jeremy. *Sociedade com custo marginal zero*. São Paulo: Saraiva, 2015, Caspítulo 1.

Preocupa-se, ainda, especificamente, com a criação de empregos e novas oportunidades e tem auxiliado Angela Merkel e outros estadistas da União Europeia em seus planos econômicos, visando também à assimilação de refugiados. Por essa razão, o autor fala de uma Terceira Revolução distinta da industrial, que também precipitou-se através de profundas transformações acarretadas pela tecnologia e o que chama de democratização da manufatura através dos empreendedores 3-D, porém, o seu diferencial é que realmente está procurando adiantar-se para não injustiçar o ser humano ao tratar das *"rerum novarum"*.

Por essa razão, Rifkin não trata do trabalho em oposição ao capital, mas promove o empreendedorismo social, gerador de oportunidades e novos tipos de empregos,[54] através também de empréstimos como a figura dos "anjos investidores", por exemplo.

Sua proposta é arrojada e inovadora, mas se presta também a tergiversações anticapitalistas. Porém, se estudada com abertura, pode oferecer luzes para uma economia mais humana capaz de absorver corretamente o mundo tecnológico. Nesse sentido, o autor cria um novo estilo de vida, que denomina de bioesférico, a partir de uma concepção antropológica relacional, onde o ser humano é reconhecido como *homo empaticus*, tanto com o outro como com o seu entorno.

Portanto, o que destacamos na proposta de Rifkin é:

a) a abertura racional, prática e saudável às transformações tecnológicas;

b) preocupação com sua assimilação ética;

c) ampla visão comunitária e interativa;

d) projeção com relação à sustentabilidade;

e) promoção da liberdade e da relacionalidade humana para a consecução da economia em um mundo globalizado.

---

54. Ibidem, Parte IV, n. 14.

5. Interação entre as propostas de Novak e Rifkin

There is a natural friendship, affectively thin but real and intelligent, of every person with every other person. Thus, friendship and justice meet, or share a common intelligibility.[55] (JOHN FINNIS)

Respeitando a completude humana, os dois autores partem de uma mesma origem antropológica para apresentar duas propostas enfocadas de forma diversificada. Ambas sublinham a liberdade; a extraordinária extensão da capacidade social da pessoa humana; sua motivação familiar, a especificação de talentos a serem compartilhados e o caráter comunitário de um sistema saudável, diferente das ideologias individualistas.[56]

Para ambos, também a igualdade não se identifica com a justiça[57] nem a autonomia e exercício da própria liberdade como afirmação sobre o outro.[58] Por outro lado, a sociedade é entendida mais de forma horizontal do que vertical.[59]

O que nos parece é que Novak traz um embasamento filosófico que pode servir para a aplicação da proposta de Rifkin e de outras que possam surgir para encontrar novos caminhos de desenvovimento rumo à consecução do bem comum através da promoção da justiça econômica, enfrentando o utilitarismo autointeressado que instrumentaliza seres humanos de forma a obter vantagens pessoais, de grupos ou nações.[60]

A interação apresentada, porém, tem um intuito específico de fazer refletir sobre a necessidade de um embasamento

---

55. FINNIS, 2002, p. 41.

56. NOVAK, 1982, p. 94.

57. Ibidem, p. 127 *et seq.*

58. Ibidem, p. 129 *et seq.*

59. RIFKIN, 2015, Parte I.

60. LLANO, Alejandro. Liderazgo y humanismo en la nueva economia in *Otro modo de pensar*. Pamplona: Eunsa, 2016.

antropológico adequado para refletir a respeito de qualquer solução prática. Nesse sentido, ambas teorias rejeitam a visão reducionista e materialista do *homo economicus*. Por outro lado, partindo de uma base ontológica sólida, abre também a mente a soluções não simplesmente pragmáticas, mas realmente adequadas, e, portanto eficazes rumo à consecução estável do justo político e econômico.

A liberdade criativa pleiteada por Novak pode gerar muitas propostas como as de Rifkin, da mesma forma que outras reflexões similares às de Novak podem estimular respostas práticas em busca da tão desejada justiça econômica, conquanto cada uma delas respeite a natureza humana em sua integralidade, principalmente no que se refere à sua liberdade constitutiva e à sua inerente sociabilidade, onde a capacidade de alteridade – fundamento da virtude da justiça – não deve ser nem negada, nem subestimada ou sufocada, mas devidamente estimulada.

6. Conclusão

> "Todo homem tem direito ao trabalho, à livre escolha de emprego, às condições justas e favoráveis de trabalho e à proteção contra o desemprego". (DECLARAÇÃO UNIVERSAL DOS DIREITOS HUMANOS, artigo XXIII, nº 1)

Este estudo almejava simplesmente demonstrar quão importante é a reflexão antropológico-jurídica para encaminhar corretamente qualquer solução que vise implementar a justiça econômica. Nesse sentido, buscamos oferecer a partir de uma breve análise, duas distintas possibilidades, entre outras, também capazes de orientar novos empreendimentos para projetar, com segurança, a consecução do ideal proposto por esta obra, como meio de ponderação.

Efetivamente, o numerador pode ser diversíssimo, a partir da criatividade humana, se respeitado o denominador comum próprio do compartilhamento de uma mesma natureza, essencialmente racional e relacional, e, portanto, livre, e necessariamente responsável, também socialmente. Como Novak destaca, em seu desejo de excelência, o ser humano busca, ainda que mesmo inconscientemente, imitar o Pai Celestial em sua Providência, não no sentido monetário ou na forma de um Estado providente todo poderoso, mas de tirar o melhor partido da realidade factual, com uma visão de conjunto.

Como advertia o filósofo Martin Heidegger: "O mais grave de nossa época é que ainda não pensamos". Talvez até pensemos, mas não refletimos o suficiente para encontrar as soluções mais adequadas – *all things considered*! – e implementá-las com tenacidade, superando obstáculos ideológicos, pessoais e práticos para efetivamente dar a cada membro o que lhe é primeiramente devido de acordo com sua dignidade racional e relacional, como recentemente destacou o Papa Francisco: "criar oportunidades de trabalho", primeiro passo para um verdadeiro desenvolvimento pessoal, familiar e social.

Referências bibliográficas

AQUINO, Thomas. *Comentários à Etica à Nicômaco de Aristóteles*, I-III, Livro V. Rio de Janeiro: Mutuus Editora, 2015.

ARENDT, Hannah. *The Human Condition.* Chicago: University of Chicago Press, 1998.

ARISTOTLE. *Nichomachean Ethics/Politics.* New York: Walter J. Black, 1943.

CRESPO, Ricardo F. *Liberalismo Econômico y Libertad.* Ortodoxos y Heterodoxos en las Teorias económicas actuales. Madrid: Ediciones Rialp, 2000.

CRESPO, Ricardo. *Philosophy of Economy:* an Aristotelean Approach. New York: Springer, 2013.

CURY, Afif; MOTA DE SOUZA, Carlos Alberto e outros. *Direito e fraternidade.* Rio de Janeiro: Forense, 2008.

FINNIS, John. *Natural Law.* The Classic Tradition in Coleman, Jules and Shapiro, Scott. The Oxford Handbook of Philosphy of Law. Oxford University Press, 2002.

GOMEZ PEREZ, Rafael. *Represión y libertad.* Pamplona: EUNSA, 1975.

HAYEK, Friedrich. *Direito, Legislação e Liberdade.* Uma Nova Formulação dos Princípios Liberais de Justiça e Economia Política. A Ordem Política de um Povo Livre. Vol. II. São Paulo: Editora Visão, 1995.

HONNETH, Axel. *Reification:* A Recognition-Theoretical View. Oxford: Oxford University Press, 2007.

LLANO, Alejandro. Liderazgo y humanismo en la nueva Economia in *Otro modo de pensar.* Pamplona: Eunsa, 2016.

MILLAN-PUELLES, A. *Economia y Libertad.* Madrid: Rialp, 1993.

NOVAK, Michael. God in Colleges in *A New Generation:* American and Catholic. 1964.

_____. *The Experience of Nothingness.* Piscataway: Transactions Publishers, 1970.

_____. *The Love that moves the Sun* in *A Free Society Reader:* Principles for the New Millenium. Boston: Lexington Books, 2000.

_____. *The Spirit of Democratic Capitalism.* Nova York: Simon & Schuster, 1982.

ORMOND, Alexander Thomas. *Basal Concepts in Philosophy:* an inquiry into being, non being and becoming. New York: Scribner, 1894.

POSNER, Richard. Social Norms and the Law. An Economic Approach in Law and Economics. Edited by Nicholas Mercuro, Volume IV. New York: Routlege, 2007.

_____. *The Economics of Justice.* Cambridge: Harvard University Press, 1983.

_____. *The Law and Economics Movement*. The American Economic Review, 1987, n. 77.

RICOUER, Paul. *The Course of Recognition*. Harvard University Press, 1995.

RIFKIN, Jeremy. *The Age of Acess*. (2000). (www.casscity.ac.uk).

_____. *Entropy:* a New World View. The Foundations on Economic Trends, February, 2012.

_____. *Sociedade com custo marginal zero*. São Paulo: Saraiva, 2015.

_____. *The Biotech Century*. London: Penguin Books, 1998.

_____. *The Third Revolution*. London: Palgrave MacMillan, 2011.

SPAEMANN, Robert. *Persons:* The difference between "someone" and "something". Oxford: Oxford University Press, 2006.

STRAUSS, Leo. *Liberalism Ancient and Modern*. Chicago: The University of Chicago Press, 1968.

TAYLOR, Charles. *Philosophical Arguments*. Harvard University Press, 1995.

_____. The Sources of the Self. The Making of Modern Identity. Cambridge: Cambridge University Press, 1992.

YEPES, Ricardo e ARANGUREN, Javier. *Fundamentos de antropologia*. Un ideal de la excelencia humana. Pamplona: Eunsa, 2001.

A VISÃO CATÓLICA SOBRE JUSTIÇA ECONÔMICA

OS PRINCÍPIOS ÉTICOS-SOCIAIS SEGUNDO A VERDADE E APLICADOS PARA O BEM COMUM

Paulo Henrique Cremoneze

Mestre em Direito Internacional Privado. Pós-graduado em formação teológica. Membro da UJUCASP – União dos Juristas Católicos do Estado de São Paulo. Advogado.

"À luz da centralidade de Cristo de Cristo, à Gaudium et Spes interpreta a condição do homem contemporâneo, a sua vocação e dignidade, assim como os âmbitos da sua vida: a família, a cultura, a economia, a política e a comunidade internacional. Esta é a missão da Igreja ontem, hoje e sempre: anunciar e dar testemunho de Cristo, para que o homem, todo homem, possa realizar plenamente a sua vocação."

Papa Bento XVI, Angelus, 20 de novembro de 2005.

"Aí onde estão nossos irmãos, os homens, aí onde estão as nossas aspirações, o nosso trabalho, os nossos amores, aí está o lugar do nosso encontro cotidiano com Cristo, Deus nos espera cada dia: no laboratório, na sala de operações de um hospital, no quartel, na cátedra universitária, na fábrica, na oficina, no campo, no seio do lar e em todo o imenso panorama do trabalho."

São Josemaria Escrivá de Balaguer, *Homilia: Amar o mundo apaixonadamente.*

Sumário: Introdução – 1. Como compatibilizar a valorização do trabalho e a liberdade de iniciativa, princípios fundamentais da ordem econômica da Lei Suprema (art. 170, *caput*)? – 2. Que aspectos das Encíclicas sociais de Suas Santidades, desde a *Rerum Novarum* do Papa Leão XIII, são mais importantes para a implantação no século XXI? – 3. Políticas sociais para famílias de baixa renda deveriam exigir contrapartida como a obrigação de os filhos estudarem? – 4. É possível praticar distribuição de riqueza sem geração de rendas? 5. Como estimular investimentos no país, competindo com outras nações na sua tração, cuidando simultaneamente de políticas sociais? – 6. O excessivo crescimento da burocracia é ou não inibidor de reais políticas sociais? – Conclusão.

Introdução

As duas citações acima, a do Papa Bento XVI e a de São Josemaria Escrivá, apontam bem o trabalho como via de santidade e autêntica vocação cristã, razão pela qual caem como luvas às mãos ao assunto central do presente estudo: a busca da simetria entre economia e justiça.

A vida do homem tem muitas dimensões e todas se relacionam intimamente. Assim, o cristão tem que dar o testemunho de sua fé em muitos cenários, sempre com vigor e coerência. Não há, portanto, como excluir a economia desse contexto, sendo também ela – ou, melhor, sobretudo ela – um campo vasto e importante para o exercício da fé e todos os seus valores.

O tema "Justiça Econômica" é complexo e poliédrico, afinal não são poucas as formas de abordagem, uma vez que amplo seu conteúdo.

Quando o mesmo tema é tratado à luz da fé cristã e da sã doutrina católica, a complexidade alarga-se e o nível de dificuldade é igualmente dilatado.

Não obstante, o amor pelo assunto é simetricamente proporcional ao grande desafio.

Felizmente, a União dos Juristas Católicos de São Paulo facilitou um pouco a tarefa dos seus membros, oferecendo um inteligente e oportuno roteiro para melhor orientação dos que aceitaram, como eu, o desafio de escrever a respeito.

Um roteiro formado por indagações muito importantes, mais do que hábeis para o esquadrinhamento de uma linha de abordagem inteligente e prática.

Assim, meu trabalho, mesmo que marcado pelo signo da modéstia, consistirá em responder fielmente às indagações, entrelaçando-as na forma de um artigo que, espero em Deus, seja útil e proveitoso.

Antes de tudo, convém dizer que Deus, Nosso Senhor Jesus Cristo, nunca criticou o dinheiro em si, a riqueza fruto do trabalho honesto, mas o seu uso iníquo e a busca desenfreada, imoral ou, mesmo, ilícita do seu acúmulo.

Isso parece óbvio, mas não raro é erradamente divulgado em muitos meios católicos, especialmente nestes tempos em que ideologias têm sido indevidamente incorporadas ao exercício da fé.

A economia não é inimiga da Cristandade, mas poderosa aliada, já que o dinheiro é meio para a dignidade da pessoa e o bom convívio social, ou seja, um instrumento da Justiça.

No Antigo Testamento, vemos muitas vezes Deus abençoar aqueles que Se lhe são fiéis com abundância de bens e riquezas, exigindo dos aquinhoados, em contrapartida, a Sabedoria no uso dos bens, emprestando ao uso o selo da justiça.

Longe de comungar de uma forma errada de ver e viver a fé cristã, caracterizada pela "teologia da prosperidade" (uma chaga no seio da fé quase da mesma negativa envergadura da neo-heresia da "teologia da libertação"), as menções bíblicas sobre o sucesso econômico e a fartura de bens aos justos devem ser entendidas de duas formas: 1) retribuição dos esforços de quem trabalha e empreende idoneamente e 2) uma espécie de antecipação do verdadeiro prêmio ao homem justificado pela fé e pela correição de vida, o Reino do Céu.

Demonizar o dinheiro, a riqueza, é algo tão errado quanto endeusá-lo.

Por isso, é preciso maturidade de fé para entender bem o que o Senhor disse ao alertar-nos sobre a impossibilidade de servir a Deus e ao dinheiro em Mateus 6,24: *"Ninguém poderá servir a dois senhores. Com efeito, ou odiará um e amará o outro, ou se apegará ao primeiro e desprezará o segundo. Não se pode servir a Deus e ao Dinheiro".*

De se notar que o Evangelho enfatiza o verbo "servir". Uma vez que o serviço é dedicado exclusivamente a Deus, incompatibilidade alguma haverá na fruição do dinheiro como o fruto de um trabalho legítimo.

Não se pode emprestar ao comando bíblico uma exegese binária ou maniqueísta. Não, pelo contrário. Análise em boa-fé revela que o Senhor foi claro ao dizer que não se pode fazer do dinheiro, um deus.

Logo, ao contrário do que pregam muitos, eivados mais pela ideologia do que pela teologia, o dinheiro não é algo essencialmente mal, ruim, mas que pode ou não assumir tais características dependendo do uso que se lhe emprega alguém ou um grupo de pessoas.

O homem há de se servir do dinheiro, não se fazer dele servo.

O dinheiro, muito aproveita repetir, não é em si mesmo essencialmente ruim, mas assume essa feição quando, no coração do homem, ocupa a primazia reservada somente a Deus.

Se, contudo, o dinheiro é encarado de forma ordenada, como o fruto justo e bendito de um empreendimento pio ou de um trabalho retamente exercido, ele será algo bom, voltado para o bem e ligado a uma das formas mais diretas de santificação da vida, o trabalho.

JUSTIÇA ECONÔMICA E SOCIAL

Também para o dinheiro e seu bom uso temos a questão fundamental do livre arbítrio no centro de tudo.

O desafio, penso, é como equilibrar a busca do dinheiro, em si legítima, com as coisas da fé e o esvaziamento que se exige do cristão bem formado.

Em princípio, a resposta é fácil e clara: com a rigorosa observação dos valores fundamentais que informam a fé católica.

Mas, somente em princípio isso é fácil, porque a efetiva aplicação desses mesmos valores é algo desafiador e que reclama exercício heroico das virtudes, constante meditação, esforço pela ordenação dos afetos, combate férreo aos vícios e mais um arsenal de coisas.

Não podemos nos deslembrar dos efeitos do pecado original e da constante fraqueza humana, muito bem retratada nas palavras de São Paulo (Romanos 7,19): *"Não faço o bem que quereria, mas o mal que não quero."*

Muito aproveita, para se combater essa fraqueza endêmica e visceral, lembrarmos sempre do que efetiva e verdadeiramente habita nossos corações.

Assim, a passagem do Evangelho segundo São Mateus (6,24) há de ser especialmente analisada, como a própria Bíblia propõe, em harmonia com outra, precedente: *"(...) pois onde está o teu tesouro aí estará também o teu coração".* (6,21)

Quando se tem, encastelado, no espírito, valores elevados e quando o coração vive voltado ao alto o uso do dinheiro assume uma dimensão maior e o bem comum, não segundo falsas ideologias, mas conforme a Verdade, é o tesouro que permeia toda a existência.

Daí a importância de se estudar a justiça econômica, uma das formas de justiça que surge ao sabor da mãe de todas as justiças, a lei de Deus.

A busca da justiça econômica, coirmã da justiça social, não é algo que pertence aos discursos políticos e ao rol de

257

ideologias, sobretudo as de esquerda, essencialmente falsas, mas ao acervo moral do cristianismo.

A fé cristã é a que tem o coração ao alto, mas os pés bem fincados no chão.

A Igreja católica, a grande construtora da civilização ocidental, sempre se preocupou com a economia e a justiça econômica, de tal modo que o tema é mais católico do que de qualquer ideologia ou corrente de pensamento.

Aliás, por pertinência máxima ao tema, permito-me um breve aposto, justamente para comentar essa condição inquestionável da Igreja de grande construtora da civilização ocidental, a mais importante do mundo.

Temos por certo que a economia e a justiça a ela atrelada sempre foram temas de interesse da Igreja, de tal modo que tratar da justiça econômica é, sim, uma questão de fé, como é toda e qualquer questão.

Por isso, a importância de se bem dimensionar o emprego dos valores cristãos na atividade econômica.

Em um mundo interconectado e cada vez menor, cheio de paradoxos e contradições, é cada vez mais importante à Igreja reocupar espaços que sempre foram seus, impedindo o avanço de ideologias falsas e nocivas.

A tecnologia e o desenvolvimento das ciências permitem o desenvolvimento humano e promovem o crescimento, desde que orientadas por sólidos valores. Quando essa orientação inexiste ou, pior, vê-se deformada, o que antes poderia servir para o bem comum converte-se na ruína de muitos e na conquista imoral de poucos.

A base de uma justiça econômica não reside em outra coisa senão o constante emprego do valor em todos os aspectos sociais.

As questões abaixo propostas pela União dos Juristas Católicos de São Paulo são orientadoras desse modesto estudo e suas respostas formam o corpo do trabalho.

JUSTIÇA ECONÔMICA E SOCIAL

A opção pelo método perguntas e respostas há de ser entendida como zelosa preocupação com o desejo da instituição em orientar o trabalho e uma modesta homenagem ao estilo de São Tomás de Aquino.

A saber:

1. Como compatibilizar a valorização do trabalho e a liberdade de iniciativa, princípios fundamentais da ordem econômica da Lei Suprema (art. 170, *caput*)?

Sabemos todos que o modelo socialista é errado e infecundo, além de ser ideologia fundamentalmente anticristã.

O fracasso do socialismo foi escancarado com o colapso da antiga União das Repúblicas Socialistas Soviéticas.

Não é preciso formação em economia para enxergar o despropósito do socialismo. Assim como o bem se impõe por si mesmo, o que é falso se apresenta como tal, ainda que por muito tempo consiga enganar muitas pessoas.

Diante disso, não podemos fugir do modelo vigente em boa parte do mundo: a economia de mercado, o capitalismo.

Aceitar a economia de mercado não significa, de modo algum, fingir não ver as mazelas e as distorções do capitalismo.

Uma coisa, afinal, é defender a liberdade econômica, outra, bem diferente, é aceitar injustiça ou a subcultura do desvalor.

Quando se tem o dinheiro como medida de tudo e a razão de ser de qualquer coisa, o terreno para os erros encontra-se aplainado negativamente.

Todavia, quando se dá ao dinheiro a medida exata e nele se enxerga apenas a recompensa justa de um empreendimento lícito e ordenado ou a justa contraprestação por um trabalho executado, inegável o seu benefício.

É exatamente essa ordenação que a Igreja sempre buscou, influenciando os muitos ordenados jurídicos do mundo ocidental.

Não há, pois, essencialmente, incompatibilidade alguma entre a valorização do trabalho e a liberdade de iniciativa.

Muito menos incompatibilidade há entre a atividade empresarial e a fé cristã. Com efeito, o Papa Paulo VI disse que o

> fato de ser cristão e empresário não deveria constituir de nenhum modo um peso ou dar lugar a sentimento de culpa; pelo contrário, deveria representar um compromisso e um dinamismo interior em prol da integridade moral, da responsabilidade, da submissão e da abertura social.[1]

Sendo certa a perfeita simetria da fé e da atividade econômica, observa-se também que o Direito respeita essa ordem, tutelando-a devidamente.

O sistema legal brasileiro, aliás, apresenta isso com singular excelência, uma vez que a Constituição Federal contém princípios e garantias fundamentais voltadas tanto ao trabalho quanto à livre-iniciativa.

Com efeito, por mais que existam distorções e injustiças no campo fático, a verdade é que, na arena jurídica, a harmonia entre o trabalho e o empreendedorismo se mostra possível e, até mesmo, incentivada e garantida.

Tomemos, sem excluir outras regras legais espalhadas no texto constitucional, o conteúdo do art. 170, *caput*, como sugerido na indagação da própria União dos Juristas Católicos de São Paulo, acima reproduzida.

O enunciado da regra em apreço é cristalino:

> Art. 170. A ordem econômica, fundada na valorização do trabalho humano e na livre-iniciativa, tem por fim assegurar a todos existência digna, conforme os ditames da justiça social, observados os seguintes princípios.

---

1. *Apud* Rentabilidade dos Valores, Uniapac latino-americana, São Paulo: Nova Bandeira Produções Editoriais, 2008, p. 9.

E logo depois, seguem-se nove incisos com princípios-garantias como a iniciativa privada, a livre-concorrência, a defesa do consumidor e a redução das desigualdades regionais e sociais, entre outros.

Vê-se, pelo conteúdo da regra constitucional, que o problema do Brasil não é, mesmo, normativo, mas prático.

Infelizmente, dói-nos reconhecer o distanciamento endêmico entre o Brasil legal e o Brasil real; todavia, ao menos aquele é digno de elogios e, ousamos dizer, agasalha bem a essência da doutrina social da Igreja.

E por mais que o artigo tenha um enfoque social, exatamente com vistas à justiça econômica, ninguém poderá acusá-lo de desprestigiar a economia de mercado, porque além do que consta do *caput* e de alguns incisos, tem-se ainda e com destaque no parágrafo único: *"é assegurado a todos o livre exercício de qualquer atividade econômica, independentemente da autorização de órgãos públicos, salvo nos casos previstos em lei"*.

O que se pode afirmar é que o excesso de burocracia imposto pelas regras legais infraconstitucionais e pela pesada e onerosa carga tributária em muito dificultam a eficácia, ainda que contida, no parágrafo único, mas também é possível afirmar que o Brasil é um Estado que garante, a um só tempo, a livre-iniciativa, o empreendedorismo, sem descuidar do trabalho e dos direitos sociais.

De todo o modo, muito importante que o sistema legal brasileiro, a começar pela Constituição, tenha demonstrado preocupação com a ordem econômica, nela vislumbrando a conexão com a justiça.

A existência de um título destinado à "ordem econômica", ensina **Manoel Gonçalves Ferreira Filho,**

> revela bem claro ter o constituinte visão de que a democracia não pode desenvolver-se a menos que a organização econômica lhe seja propícia. Não é praticável a democracia política, cujos

valores fundamentais são a liberdade e a igualdade, onde a organização da produção e do consumo reduza a liberdade e a igualdade a afirmações solenes e vãs.[2]

Prossegue, na mesma obra, Ferreira Filho, sustentando que o estabelecimento de uma autêntica democracia reclama *"um regime econômico onde se satisfaçam todas as exigências fundamentais do indivíduo, onde se abram oportunidades relativamente iguais"*.

Eis aí o desafio do Estado contemporâneo: a correção das distorções vivenciadas no mundo dos fatos, sem, contudo, palmilhar os caminhos tortuosos da parolagem ideológica ou desconsiderar o mérito de cada indivíduo relativamente ao sucesso econômico.

A Santa Sé tem-se mostrado muito vigilante, zelosa e atuante nesse sentido, especialmente pelo Conselho Pontifício Justiça e Paz.

O Conselho Pontifício da Justiça e Paz, observando atentamente os muitos ordenamentos jurídicos de todo o mundo e os movimentos da economia, tem dedicado muito tempo e muita energia no estudo e no desenvolvimento de ações concretas com vistas à defesa da dignidade da pessoa humana, valorização do trabalho, promoção social e a atuação do empresariado, com especial atenção ao que se pode chamar vocação do líder empresarial.

Os líderes empresariais, diz o **Cardeal Peter K. A. Turkson**, presidente do Conselho Pontifício Justiça e Paz:[3]

> são chamados a comprometer-se com o mundo econômico e financeiro contemporâneo à luz dos princípios da dignidade humana e do bem comum. Esta reflexão oferece aos líderes empresariais, aos membros das suas instituições e aos diversos interessados (stakeholders) um conjunto de princípios práticos

---

2. *Curso de direito constitucional* – 18. ed., rev. e atual. – São Paulo: Saraiva, 1990, p. 297.

3. *A vocação do líder empresarial:* uma reflexão, Conselho Pontifício Justiça e Paz, Roma/Lisboa, 2013, p. 1.

JUSTIÇA ECONÔMICA E SOCIAL

que os podem guiar no seu serviço do bem comum. Entre estes princípios, recordamos o de satisfazer as necessidades do mundo com bens que sejam verdadeiramente bons e sirvam verdadeiramente, sem esquecer, num espírito de solidariedade, as necessidades dos pobres e dos vulneráveis; o princípio de organizar o trabalho no interior das empresas de modos que respeitem a dignidade humana; o princípio da subsidiariedade, que promove o espírito de iniciativa e aumenta a competência dos empregados, que são consequentemente considerados como "compreendedores" e, finalmente, o princípio da criação sustentável de riquezas e sua justa distribuição entre os diversos interessados.

Pelo teor do texto acima reproduzido, observa-se claramente a preocupação da Igreja em oferecer exatamente aquilo que é indagado pela União dos Juristas Católicos de São Paulo, ou seja, os meios de compatibilização entre o valor do trabalho e o pleno vigor à livre-iniciativa.

O empresário não é mais importante do que o trabalhador, como nos ensina a Bíblia e a Encíclica *Rerum Novarum*, mas é investido de especial responsabilidade, pois foi e é o próprio Senhor quem diz-nos: "A quem muito foi dado, muito será exigido; e a quem muito foi confiado, muito será pedido" (Lc 12,48). Essas palavras de vida eterna servem tanto para os bens e dons espirituais, como para os materiais, todos circundados de grande responsabilidade.

Àqueles que atuam no mundo dos negócios foram dados grandes recursos e exatamente por isso que o Senhor lhes pede grandes esforços, pede que façam grandes coisas. Nisso, reside sua vocação. A grandiosidade do empreendedor católico não reside apenas no sucesso do seu empreendimento, mas sobretudo como ele faz com que esse mesmo sucesso seja voltado ao bem comum, muito além das boas relações com os empregados.

O dinamismo tecnológico e o desenvolvimento científico têm que promover o bem comum, sob pena não de diminuir as desigualdades sociais e erradicar a pobreza, mas de aumentar tudo isso, acentuando os problemas.

A Igreja em sua missão profética e dimensão prática não é insensível a essas demandas, mas se posiciona firmemente, hoje, no passado e sempre, apontando caminhos e disseminando valores.

O mesmo **Cardeal Turkson**, na citada reflexão, também afirmou com singular precisão:

> Estes são tempos difíceis para a economia mundial, durante os quais muitos empresários e empresárias sofreram as consequências de crises que reduziram profundamente os rendimentos das suas empresas, puseram em risco a sua sobrevivência e ameaçaram muitos empregos. Todavia, a Igreja mantém a esperança de que os líderes empresariais cristãos, apesar da escuridão presente, recuperem a confiança, inspirem a esperança, e deixem acesa a luz da fé que alimenta a sua procura diária do bem. De fato, vale a pena recordar que a fé cristã é não só a luz que permanece acesa no coração dos crentes, mas a força propulsora da história humana.

Em suma, não existe assimetria entre o valor do trabalho e a livre-iniciativa quando o signo do valor se faz presente e une esses itens, faces de uma mesma realidade.

2. Que aspectos das Encíclicas Sociais de Suas Santidades – desde a *Rerum Novarum* do Papa Leão XIII – são mais importantes para implantação no século XXI?

Os documentos oficiais da Igreja são mais do que suficientes para direcionar o mundo no século XXI, incluindo a justiça econômica.

Desses documentos, merecem destaque as Encíclicas com abordagens sociais.

E, quando se fala em Encíclica com abordagem social, a primeira que se destaca é a famosa *Rerum Novarum*, do Papa Leão XIII.

De forma simples, mas não simplista, é possível dizer que a *Rerum Novarum* constituiu firme contraponto ao capitalismo sem freios e ao crescimento da ideologia socialista.

JUSTIÇA ECONÔMICA E SOCIAL

Embora preponderantemente direcionada ao operário, a Encíclica *Rerum Novarum* é, por via reflexa, também um guia principiológico ao empresário. Se, por um lado, alerta o operário acerca da falsidade ideológica socialista, por outro adverte o empresário e o faz cônscio de sua enorme responsabilidade social, de sua vocação.

Sim, pode-se dizer que a atividade empresarial constitui uma vocação.

A vocação do empresário, alerta-nos o **Conselho Pontifício Justiça e Paz**, é

> um chamamento humano e cristão genuíno. A sua importância na vida da Igreja e na economia mundial dificilmente pode ser sobrestimada. Os líderes empresariais são chamados a conceber e desenvolver bens e serviços para clientes e comunidades através de uma forma de economia de mercado.[4]

Ainda sobre essa autêntica e cada vez mais importante vocação, via de santificação, prossegue o Conselho:

> Os líderes empresariais têm um papel especial a desempenhar no desenrolar da criação. Não só fornecem bens e serviços e constantemente os melhoram através da inovação e aproveitando a ciência e a tecnologia, mas também ajudam a moldar organizações que estenderão este trabalho em direção ao futuro.[5]

Colocações tão significativas como essas do Conselho Pontifício Justiça e Paz não foram construídas a esmo, da noite para o dia, mas nasceram da constante meditação e aplicação das chamadas Encíclicas Sociais, com destaque, como já mencionado, à paradigmática *Rerum Novarum*.

Ela, a famosa Encíclica, ao tratar da questão do operário com especial cuidado, enaltecendo o invulgar valor do trabalho, apontou os caminhos para o exercício saudável da

---

4. Op. Cit., p. 5.

5. Idem, ibidem.

atividade empresarial, plantando as sementes do que, tempos depois, se viu como autêntica vocação cristã.

Talvez o atributo mais importante da Encíclica Rerum Novarum foi o de, logo na sua primeira parte, rotular a ideologia socialista como um "falso remédio", afirmando expressamente que a chamada "solução" socialista era e é inaceitável pelos operários.

Não só porque o socialismo é essencialmente anticristão, mas porque, ao se mostrar anticristão, mostrou-se e mostra-se também algo incompatível com a verdade.

O **Papa Leão XIII** é muito claro ao falar sobre o socialismo:

> Mas semelhante teoria, longe de ser capaz de pôr termo ao conflito, prejudicaria o operário se fosse posta em prática. Outrossim, é sumamente injusta, por violar os direitos legítimos dos proprietários, viciar as funções do Estado e tender à subversão completa do edifício social.

Impressionante os termos duros empregados por Sua Santidade ao tratar do socialismo, emprestando-lhes adjetivos como inaceitável, injusto, viciante, subversivo.

Duros, porém, absolutamente verdadeiros.

Incompreensível, portanto, a adesão de muitos católicos, clérigos ou leigos, ao socialismo, velada ou escancaradamente, com destaque à neo-heresia, conhecida como "teologia da libertação".

O socialismo, seja o "clássico", seja o "cultural" é algo enganador e que corrói o tecido social, fingindo combater distorções econômicas ou problemas diversos.

Finge ser remédio, mas em verdade é uma doença ainda pior do que a que ela supostamente enfrenta. Também no texto da *Rerum Novarum*, o Papa Leão XIII adverte: *"Mas, e isso parece ser mais grave, o remédio proposto está em oposição flagrante com a justiça, porque a propriedade particular e pessoal é, para o homem, de direito natural."*

JUSTIÇA ECONÔMICA E SOCIAL

A dignidade do trabalho e a promoção social não se dão, portanto, com ideologias, discursos políticos, muito menos com lutas de classes, mas com a inculcação os valores cristãos em todo o seio social, nas relações de trabalho, nas atividades empresariais, nas políticas públicas.

Não é exagero imaginar que a profundidade filosófica da *Rerum Novarum* tenha, de algum modo, influenciado o **Papa Pio XII** na edição do famoso *"Decreto contra comunismo"* que determina: *"Todo católico que apoia o movimento comunista está automaticamente excomungado"*.

O decreto do Papa Pio XII confirma oficialmente aquilo que o **Papa Pio XI** já havia afirmado com o necessário rigor, imerso em grande zelo apostólico: *"Socialismo religioso, socialismo cristão, são termos contraditórios: ninguém pode ser ao mesmo tempo ser bom católico e socialista verdadeiro"*.

Ora, diante disso, é absolutamente correto dizer que os católicos que se filiarem em partidos comunistas (socialistas) ou votarem em seus candidatos, escreverem livros filosoficamente comunistas ou, de algum modo apoiarem o comunismo, estão excluídos dos sacramentos.

Igualmente, os que defenderem, propagarem ou declararem o materialismo dos comunistas e dos socialistas também estão excomungados automaticamente.

O Decreto do Papa Pio XII, que foi confirmado por são João XXIII em 1959, continua válido e eficaz.

Tal condenação explícita, formal e oficial do comunismo se soma às condenações feitas por outros Santos Padres, como Pio IX, Leão XIII, São Pio X, Pio XI, João XXIII e Paulo VI.

O próprio Concílio Vaticano II condenou o comunismo, quando reiterou as condenações precedentes e São João Paulo II não só condenou como marcou sua vida pelo combate ao comunismo e ao socialismo.

O que se infere disso tudo?

267

Infere-se que faz mais de cem anos que a Igreja Católica condena o comunismo, socialismo e qualquer tipo de materialismo e igualdade material plena. A pena para os que desobedientes na proibição de ajudar o comunismo (ou qualquer uma das suas variantes) é a excomunhão automática.

Muito importante ter isso em mente quando se resolve abordar um tema complexo como justiça econômica, especialmente à luz da Doutrina Social da Igreja e das chamadas Encíclicas Sociais.

Muito distante do que alguns, senão muitos, tentam fazer crer, nenhum documento oficial da Igreja apoia o socialismo.

Embora a *Rerum Novarum*, como qualquer Encíclica Social, tenha, sim, uma forte dimensão política, há de se observar que seu conteúdo é preponderantemente voltado para a fé e para a ordem moral, oferecendo uma forma diferenciada de se tratar um assunto tão cotidiano, unindo, de alguma forma, os planos natural e sobrenatural.

Quem, por ignorância ou má-fé, distorce um texto Bíblico ou um documento oficial da Igreja com o fito de se lhe emprestar uma vertente político-ideológica, sobretudo uma expressamente condenada pela Igreja, age contra a fé e não a seu favor, incidindo na excomunhão automática do Decreto do Papa Pio XII.

Qualquer que seja a abordagem da justiça econômica para o século XXI ela não poderá de forma alguma contemplar, sequer flertar, mínima ideia socialista.

Descartada a chamada solução socialista e qualquer discurso dela derivada ou que a incentive, há que se buscar a abordagem moral para a economia.

A economia é um caminho produtivo, de geração e circulação de riquezas. Um caminho a ser trilhado por todos os seus atores, os agentes políticos do Estado, os empreendedores e os trabalhadores, tendo-se sempre como alvo o bem comum.

JUSTIÇA ECONÔMICA E SOCIAL

Basicamente, ao Estado compete a regulamentação das atividades econômicas, fazendo-o da forma menos intervencionista possível, ao passo que aos empreendedores se exige uma visão sempre de longo prazo e que não se apequene jamais apenas na busca do lucro; por fim, aos trabalhadores, a missão de justificar sua paga com o serviço reto e a defesa dos seus legítimos direitos e interesses, não pelas ideologias que se lhes tolhe a liberdade em nome de uma falsa proteção, mas à luz da Verdade, que, sabemos todos, tem uma só fonte: Jesus Cristo.

Não se trata, aqui, da defesa da imposição da santa fé, mas da introdução dos valores sociais que essa fé, experimentada e amadurecida ao longo de vinte séculos, tem a oferecer.

Todos, absolutamente todos, são chamados a participar do trabalho da Criação que, hoje, muito se dá no plano das relações sociais.

Mesmo os não crentes têm muito a ganhar quando os valores da fé, explicitados de forma prática, como o são por meio das Encíclicas Sociais, são aplicados concretamente.

A *Rerum Novarum* começa com uma forte oposição ao socialismo e termina com uma orientação, ainda mais robusta, aos governantes e aos empreendedores acerca de como concretizar a justiça econômica e a estabelecer relações fundadas na boa ordem e na moral cristã com os trabalhadores em geral e a sociedade como um todo.

Toda política pública há de ser levada a efeito com vistas a garantir direitos fundamentais que não são antagônicos, salvo nos discursos ideológicos, como o de propriedade, fundado no Direito Natural, e o que protege a dignidade do trabalho, certamente o mais importante no plano social, até porque, afirma a *Rerum Novarum*, o *"direito de propriedade é fruto do trabalho humano"*.

Defende-se o uso das Encíclicas Sociais como a *Rerum Novarum* como guias seguros para o século XXI, porque não se limitam aos aspectos imediatamente ligados à atividade econômica e ao labor, mas mergulham nas outras dimensões da vida, com orientações muito sólidas.

O Papa Leão XIII não deixou de tratar da família quando optou por abordar um tema econômico, mostrando-nos que o sentido de toda e qualquer atividade econômica ou ação política é, em primeiro e últimos casos, proteger a família.

Ao discorrer sobre a Família e o Estado e, mais detidamente, sobre o Estado e sua intervenção na família, o grande Papa Leão XIII adverte, profeticamente: *"Querer, pois, que o poder civil invada arbitrariamente o santuário da família é um erro grave e funesto"*.

Já naquela época, o Papa demonstrava preocupação com as reiteradas tentativas de o Estado intervir negativamente na família.

Uma coisa é ajudar famílias em situação de desespero, outra, bem diferente, é mudar o conceito de família, ameaçando sua integridade e sua identidade.

Em todo o mundo o que se vê, hoje, são sucessivos ataques às famílias.

Grupos muito bem articulados, politicamente organizados, atacam sistematicamente e por meios diversos o conceito de família, buscando, com isso, dinamitar a base moral judaico-cristã da civilização ocidental.

Paradoxalmente, os supostos inimigos do passado uniram esforços para a defesa dos seus inconfessáveis interesses e a erosão moral social.

O capitalismo desenfreado e que não deseja limites éticos e morais tornou-se o patrocinador de grupos ideológicos de esquerda que empreendem esforços espúrios em defesa da subcultura da morte (descriminalização do aborto) e da "desconstrução" da família.

JUSTIÇA ECONÔMICA E SOCIAL

Ora, sem a defesa da família, tal como ela é, sentido algum haverá em se tratar da justiça econômica e a estrada para os abusos, para o materialismo, para desfiguração da dignidade do homem completamente aberta.

Daí a importância invulgar das chamadas Encíclicas sociais dos Santos Padres, porque dirigidas não apenas aos católicos, mas aos homens todos de boa vontade.

E é a boa vontade, por mais subjetiva que possa parecer sua aplicação concreta, a grande arma orientadora das políticas do novo século e da busca da justiça econômica.

A *Rerum Novarum* propõe como remédio para os males sociais e os abusos econômicos, aliás, propõe como verdadeiro remédio para a necessidade da redução das desigualdades sociais, a união das associações e, a partir dessa união, como desdobramentos naturais, a harmonização dos interesses, o exercício dos valores e a busca autêntica do bem comum.

As relações entre as classes sociais devem ser orientadas pela justiça e pela caridade, pois que promotoras da fraternidade e a verdadeira utilidade das riquezas. A difusão dos valores da fé cristã muito aproveitará para a busca dessa harmonização e a renovação da sociedade como um todo.

Tudo isso porque impossível se falar em justiça econômica senão pela voz do acervo de valores morais e diretores da fé cristã.

3. Políticas sociais para atender famílias de baixa renda deveriam exigir contrapartida como obrigação de os filhos estudarem?

A pergunta é muito importante, pois carrega em si um dos grandes problemas do Brasil atual: o populismo.

O que se iniciou na metade do primeiro governo do ex--Presidente Fernando Henrique Cardoso e se acentuou dramaticamente nos governos do ex-Presidente Lula e da

271

ex-Presidente Dilma, tem, hoje, as cores cinzentas de um drama vulgar e pesaroso.

Os programas sociais foram transformados em programas eleitorais e esvaziados em sua essência, porque não transformadores da sociedade.

Certo estava o saudoso Presidente dos Estados Unidos da América, Ronald Reagan (quem, ao lado do Papa João Paulo II, derrubou o regime comunista vigente na antiga União das Repúblicas Socialistas Soviéticas e no leste europeu), ao cunhar uma das mais memoráveis sentenças sobre o assunto: *"o melhor programa social é o emprego"*.

A experiência revela que poucos foram e são os programas sociais em todo o mundo realmente capazes de promover o desenvolvimento humano em todos os sentidos. Muito pelo contrário, esses programas apenas fizeram acutilar a dignidade da pessoa humana e a dilatar os espaços para manobras políticas de governantes nada bem-intencionados.

Programa social sem contrapartida, sobretudo no campo da educação, nada mais é do que um salvo-conduto para a indolência e o comodismo.

Em vez de promover o salto de qualidade de milhões e milhões de brasileiros, os programas sociais dos últimos anos no país escancararam a face negativa de boa parcela da população de baixa renda no Brasil que é vítima de si mesma, não de um sistema econômico supostamente injusto e concentrador.

Não que o sistema econômico brasileiro não seja merecedor de críticas, mas a verdade é que enorme contingente dos que são rotulados como excluídos assim o são mais por conta de sua falta de vontade de transformar a própria realidade do que por qualquer outra causa, sem deixar de lado, evidentemente, a vergonhosa culpa dos agentes políticos do Estado por não cumprirem dignamente suas funções, sobretudo no uso do dinheiro público.

JUSTIÇA ECONÔMICA E SOCIAL

Particularmente, posiciono-me contra programas sociais porque neles enxergo o vício lamentável da manipulação política.

Pouquíssimos beneficiários do "Bolsa-Família", por exemplo, fizeram uso do dinheiro recebido das mãos do Governo Federal para um salto de qualidade em suas vidas.

Ao contrário, as notícias são exatamente no sentido contrário: muita gente deixou de trabalhar, acomodando-se com o valor recebido, ainda que pouco, do Governo.

A educação, familiar sobretudo, é o elemento realmente incentivador do trabalho; ora, quando isso carece, o programa social não é encarado como algo transitório e motivador de mudança, mas simplesmente uma espécie de muleta para a acomodação.

E a falta de educação familiar guarda alguma, senão toda, simetria com a falta de educação formal, em uma espécie de ciclo vicioso e improdutivo que faz com que enorme parte do povo se torne literalmente um ônus para outra parte e se faça, voluntaria ou involuntariamente, massa de manobra dos políticos e governantes eivados de má-fé.

A indagação feita acima é apenas em relação ao dever de os pais cuidarem para seus filhos estudarem a fim de serem beneficiários de algum programa social, ao que, certamente, ninguém oferecerá resposta diversa da positiva, mas ouso ir além.

Mesmo reconhecendo tratar-se de ideia antipática e polêmica, entendo que os beneficiários de programas sociais deveriam ficar com seus direitos políticos suspensos.

O beneficiário de um programa social não poderia votar (e, por razões óbvias, nem ser votado) porque inegável o viciamento de sua vontade.

Isso, aliás, seria importante para revestir de legitimidade moral o programa e a ação governamental. Como negar a sinceridade de um governante no empreendimento de um programa social se o beneficiário desse mesmo programa não poderia ser seu eleitor?

Certamente, a vedação em questão retiraria o signo do assistencialismo do programa social e o imantaria de uma dignidade que hoje não tem.

Com isso, o Governo selecionaria melhor os beneficiários e empreenderia esforços na transitoriedade, motivando o verdadeiro crescimento pessoal e moral de cada selecionado.

Hoje, não sinto constrangimento algum em afirmar que todo e qualquer programa social nada mais do que uma compra de voto legalizada.

Obrigatoriedade dos filhos na escola, suspensão justificada e justificável dos direitos políticos e exigência de pequenas contrapartidas, acompanhadas de contínua informação e sincero monitoramento do Governo, deveriam ser condições inafastáveis das concessões de benefícios sociais por meio de programas.

Sem esse pequeno conjunto, os programas sociais são e sempre serão instrumentos lamentáveis de assistencialismo, sistemas ineficientes quanto à promoção da dignidade da pessoa humana, mas máquinas eficazes de trituração da democracia.

Hoje, os programas sociais são as ferramentas que transformam a Democracia em uma ditadura às avessas, por isso são muitos perigosos.

Os programas sociais, portanto, quando realmente necessários, devem ser sempre transitórios e voltados para a promoção integral do beneficiário, atrelados a sólidas políticas educativas e imantados pelos mesmos valores tão comentados em tópicos precedentes.

Sem isso, todo e qualquer programa social nada mais será do que um mal travestido de um falso bem.

274

4. É possível praticar distribuição de riquezas sem geração de rendas?

Não. A distribuição de riquezas exige geração de rendas. Quando o então Ministro da Economia, Delfim Netto, nos anos setenta, disse que era necessário o bolo crescer para ser repartido, muitos o ironizaram. E, até hoje, ironizam. Quem assim o faz não leva em consideração máximas conhecidas de qualquer pessoa que se interessa mínima e responsavelmente por economia.

Sem geração de rendas não há circulação de riquezas e, portanto, a distribuição.

O que se pode fazer para melhorar a vida de todos antes mesmo de se pensar em geração de rendas e posterior distribuição de riquezas é comprometimento com o dinheiro público e aplicação inteligente e idônea dos recursos originários dos tributos.

O dinheiro do povo, corretamente aplicado, não implica, evidentemente, distribuição de riquezas, mas permite bons e imediatos frutos relativamente à qualidade de vida de todos, especialmente dos mais pobres. Fala-se, aqui, em Saúde, Educação, Segurança, Urbanização, enfim tudo aquilo que impacta diretamente nas vidas das pessoas e que configuram, senão elementos de distribuição de riquezas, reflexos positivos da boa aplicação de riquezas adquiridas pelo Estado por meio do empreendedorismo e do trabalho do seu conjunto de cidadãos.

A boa aplicação do dinheiro do povo em mãos do Estado já seria, como de fato é, mais do que suficiente para a satisfação de boa parte das necessidades das pessoas economicamente necessitadas.

Garantido isso, a distribuição de riquezas, orientada pela verdadeira justiça social, aquela que não se submete ao sabor das ideologias, mas ao império saudável da verdade, se mostra o passo seguinte e necessário.

Um Estado capaz de fomentar a produção de riquezas é um Estado, também, capaz de promover a distribuição dessas riquezas, sem intervencionismo, sem ofensa ao direito de propriedade, sem opressão tributária.

Isso porque, assim como o Bem se difunde por si mesmo, os bons frutos da economia também são difundidos e, de um modo ou de outro, repartidos.

Nesse sentido, sem deixar de cuidar de pilares sociais mínimos e necessários, o Estado deve incentivar, constante e continuamente, a geração de riquezas.

Cuidar da infraestrutura, da desburocratização e da idoneidade das estruturas político-econômicas se mostra muito mais importante e efetivamente necessário do que impor desastrosas intervenções na economia e insalubres protecionismos.

Os esforços entre o poder público e a iniciativa privada devem ser no sentido de se favorecer o ambiente de negócios, o único e verdadeiro promotor da distribuição de riquezas.

5. Como estimular investimentos no país, competindo com outras nações na sua atração, cuidando simultaneamente de políticas sociais?

Ouso responder à indagação de forma absolutamente sumária, sem ser simplista: *mudança de mentalidade.*

Sim, o Brasil necessita, em termos gerais, mudar sua mentalidade, dilatando os espaços da Verdade e permitindo um ambiente negocial favorável, base do fortalecimento da economia como um todo e da efetivação da justiça.

O cuidado com as políticas sociais cabe ao Estado e a alguns setores da sociedade civil. E esse cuidado, a parte que cabe ao Estado, se materializa pela reta e boa aplicação do dinheiro haurido por meio dos tributos. Cabe também, ao poder público, o desenvolvimento de ações concretas que facilitem investimentos e animem empreendedores.

Os métodos específicos pelos quais os estímulos possam ser levados a efeito são muitos e não faltam especialistas para apontá-los, mas a base comum para sua eficácia reside no mesmo ponto até aqui comentado: a difusão e a aplicação dos valores.

Essa base comum é especialmente importante quando se tem em mente o desafio de compatibilizar investimentos para aumentar a competividade internacional e o cuidado interno com políticas sociais.

Talvez, a solução resida em dois princípios éticos fundamentais para a atividade econômica: dignidade humana e bem comum.

O Conselho Pontifício da Justiça e Paz orienta agentes públicos, empresários (cristãos) e trabalhadores geral coordenarem esforços[6]

> numa articulação entre os princípios ético-sociais, quer a nível dos fundamentos quer ao nível prático, e uma visão da empresa como uma comunidade de pessoas. Em conjunto, facultam a orientação para a verdadeira excelência empresarial, uma vez que assentam no que é a pessoa humana, e no que o florescimento humano pode ser na empresa, na comunidade mais ampla e no mundo.

Por mais que essas palavras possam parecer "abertas" e "subjetivas", nelas reside um verdadeiro conteúdo programático e que muito se ajusta ao que se indaga neste item, porque a presença viva de princípios ético-sociais é o que efetivamente faz a diferença na hora de se impulsionar um negócio sem se descuidar daquilo para o qual ele verdadeiramente serve: ao bem das pessoas.

---

6. Op. Cit., p. 11.

6. O excessivo crescimento da burocracia é ou não inibidor de reais políticas sociais?

Não é de hoje que se sabe que um dos males crônicos do Brasil é a burocracia. O Brasil tem um dos sistemas econômicos mais engessados pela burocracia de todo o mundo e isso impacta negativamente no cenário econômico nacional.

A burocracia é inimiga visceral do ambiente de negócios e prejudica as relações sociais derivadas.

Não há como negar que a burocracia prejudica o pleno desenvolvimento da economia e inibe não somente as reais políticas sociais, como, também, a própria justiça.

O Brasil caminha na contramão porque enquanto a maioria dos países tenta simplificar suas leis para facilitar o ambiente de negócios, o Brasil só faz aumentar os penduricalhos normativos e prejudiciais ao mesmo ambiente.

Ninguém nega a importância de marcos regulatórios na atividade negocial, mas, igualmente, não se nega que o excesso de burocracia atrofia essa mesma atividade e prejudica visceralmente toda a cadeia de atos sucessivos.

Além das urgentes reformas tributária, previdenciária e trabalhista, o país precisa mudar urgentemente as normas que atrofiam o empreendedorismo e dificultam a produção e circulação de riquezas.

Conclusão

É possível concluir este modesto estudo, construído com base em perguntas e respostas, com a seguinte ideia: a atividade econômica é fundamental para o homem e a cada dia se torna mais importante para o desenvolvimento global. O dinheiro, quando não transformado na medida de todas as coisas, é algo útil e bom, fruto do trabalho e do empreendimento honestos, imprescindível para a promoção do bem. Sua fruição, portanto, deve ser orientada por valores muitos sólidos, os quais também reclamam incidência nas atividades empresariais e, mais ainda, nas políticas. Todos os protagonistas da economia precisam buscar o fim maior de suas movimentações, ou seja, o bem comum. E esse bem comum não é conceituado pelas ideologias, quase sempre falsas, mas pela Verdade, cuja depositária fiel, mãe e mestra, é a Igreja. Assim, a doutrina social da Igreja, fundada nas Sagradas Escrituras e no seu próprio magistério, é o guia seguro para informar as relações político-econômico-sociais e garantir, não sem muito esforço e alguns sobressaltos, a justiça econômica.

JUSTIÇA ECONÔMICA

DIGNIDADE E VALORAÇÃO

Prof. Dr. Pe. José Ulisses Leva

Doutor em História da Igreja pela Pontifícia Universidade Gregoriana de Roma. Professor na Pontifícia Universidade Católica de São Paulo – PUC/SP. Capelão na Capela de Nossa Senhora de Sion – Higienópolis.

Nossos tempos são marcados pela onda avassaladora da mundialização e da virtualização das crenças e valores; é forte a tendência a sujeitar tudo à lógica do mercado, até mesmo as propostas religiosas e crenças; os arquétipos sociais e culturais contemporâneos sofrem constantes transformações para se adaptarem às exigências fugazes da moral e das conveniências do pensamento dominante.

Para nós, é tempo de formar comunidades de fé viva, onde os cristãos sintam a Igreja como seu lar e sua família. A referência às raízes profundas da Patrística nos dá identidade, estabilidade e serenidade para vivermos e anunciarmos a mensagem de Jesus Cristo, Filho de Deus, nosso Salvador.[1]

Sumário: Considerações preliminares – 1. Introdução – 2. Justiça Econômica: 2.1 Valoração do ser humano; 2.2 A Igreja e a questão social; 2.3 As famílias se encontram no coração da Igreja; 2.4 Alguns aspectos

---

1. SCHERER, Odilo Pedro. Apresentação do Cardeal Arcebispo de São Paulo, no Livro: *Patrística* – caminhos da tradição cristã.

da vida econômica; 2.5 O desenvolvimento econômico a serviço do Homem; 2.6 Solução definitiva: a caridade – 3. Conclusão – Referências bibliográficas.

Considerações preliminares

Nas Sagradas Escrituras, encontramos orientações seguras para a nossa vida. Assim nos fala a Profecia de Sofonias "Buscai o Senhor [...] praticai a justiça." (Sf 2, 3). Na Primeira Carta de São Paulo aos Coríntios, lemos:

> Considerai vós mesmos irmãos, como fostes chamados por Deus [...] É graças a Ele que vós estais em Cristo Jesus, o qual se tornou para nós da parte de Deus, sabedoria, justiça, santificação e libertação, para que, como está escrito, "quem se gloria, glorie-se no Senhor" (1 Cor 1 26.30-31).

Os Padres da Igreja nos inspiram, porque eles sempre buscaram respostas aos problemas enfrentados no dia a dia de suas vidas e das comunidades cristãs, junto às Sagradas Escrituras.

> O conhecimento da teologia e da mística dos Padres da Igreja primitiva nos permite atualizar seus conhecimentos para as nossas comunidades na catequese e nos novos púlpitos de nossas pregações [...] O conhecimento dos escritos primitivos nos dá a consciência de não crermos sozinhos; fazemos parte de um povo que crê e professa a mesma fé, com a Virgem Maria, Mãe de Deus e os apóstolos, com uma multidão de mártires, de sábios e santos, missionários e teólogos, gente simples e homens ilustres, que nos precederam na fé e já fazem parte da Igreja celeste. Cremos com eles e como eles creram; como eles no passado, somos chamados hoje a ser discípulos e missionários de Jesus Cristo.[2]

Chegaram, até os nossos dias, os relatos perpetuados pelos Padres da Igreja e que muito nos motivam nossas reflexões.

Lembra-nos Santo Ambrósio de Milão:

---

2. SCHERER, Odilo Pedro. Apresentação do Cardeal Arcebispo de São Paulo, no Livro: *Patrística* – caminhos da tradição cristã.

JUSTIÇA ECONÔMICA E SOCIAL

Dê ao trabalhador o salário ao qual tem direito. Não lhe tire a recompensa da fadiga dele. Pois também você mesmo é um lavrador de Cristo. Este levou-o a seu vinhateiro. E a sua recompensa fica depositada no céu. Por isso, não prejudique o empregado, que está empenhando-se, nem o trabalhador que está fatigando-se. Não despreze o pobre, que tem de cansar-se a vida toda para ganhar o salário com que se sustenta. Quando você lhe nega ajuda devida, então está assassinando esse homem![3]

Recorda-nos São João Crisóstomo:

Você poderia dizer-me como é que você é rico? De quem recebeu essa riqueza? E este, de quem a recebeu? De um antepassado, você dirá. E assim podemos continuar até o princípio. Mas você não consegue demonstrar que a sua riqueza seja justa. Não se pode negar que tudo começou com uma injustiça. Por quê? Porque Deus no início não criou a um rico e a outro pobre. E não deixou que um descobrisse tesouros, ao passo que escondeu estes para outros. Deus deu a todos a mesma terra para ser cultivada [...] Deus distribuiu tudo a todos como se todos fossem irmãos dele.[4]

São Basílio de Cesareia nos adverte:

Se cada um guardasse apenas o indispensável para suas necessidades ordinárias, deixando o supérfluo para os indigentes, a riqueza e a pobreza seriam abolidas. O que é um avarento? É alguém que não se contenta com o necessário. O que é um ladrão? É alguém que arrebata o bem alheio. E tu não és um avarento? Não és um ladrão? Os bens te foram confiados para serem administrados. Mas te apoderas deles. Quem despoja a um homem de suas vestes, deve ser chamado de ladrão. E aquele que não veste a nudez de um mendigo, quando pode fazê-lo, merecerá outro nome? O pão que guardas pertence ao faminto. O manto que conservas no guarda-roupa pertence ao homem nu. O calçado que apodrece contigo pertence ao descalço. O dinheiro que reténs escondido pertence aos miseráveis. O número de oprimidos é igual ao número daqueles que poderias ajudar.[5]

---

3. BOGAZ, A. S. *et ali*, p. 151.

4. BOGAZ, A. S. *et ali*, p 151.

5. BOGAZ, A.S. *et ali*, p 151-152.

Admoesta-nos São Gregório de Nissa:

> Um homem que quisesse guardar tudo para si e impedisse seus irmãos de tocar sequer na terça ou quinta parte da herança, este homem seria um tirano brutal, um bárbaro intratável, uma besta esfaimada, sempre de bocarra aberta para devorar. Que digo eu? Seria incomparavelmente muito mais feroz que todas as bestas do reino animal. Pois um lobo tolera a outro a seu lado para estraçalhar a presa. Os cães se reúnem para devorar a mesma caça. Mas ele sempre insaciável recusa repartir o mínimo com seu semelhante. A casa está em festa, enquanto milhares de Lázaros ficam pelas portas.[6]

O Magistério da Igreja tem-se pronunciado, reiteradamente, sobre as questões sociais. Em 15 de maio de 1891, o Papa Leão XIII brindou à Igreja e à sociedade com a Carta Encíclica *Rerum Novarum*.

> Esta Encíclica sobre a "questão operária" é a mais popular do papado dos últimos tempos, como a chamada 'questão social' foi a mais ardentemente debatida de há um século para cá. A *Rerum Novarum* pode colocar-se ao lado das grandes definições conciliares e das Encíclicas Pontifícias mais importantes pela ressonância social produzida e pelo influxo que ainda exerce, porque definem uma posição da Igreja docente em horas críticas de desorientação e controvérsia e assinalam uma orientação segura que há de perdurar durante gerações e gerações.[7]

Ecos do Concílio Ecumênico Vaticano II (1962-1965) nos chegam a todo instante para nos debruçarmos ante os acontecimentos da sociedade contemporânea e responder, adequadamente, aos homens e mulheres do nosso tempo.

> O progresso econômico deve permanecer sob a deliberação do homem. Não pode ser abandonado ao só arbítrio de poucas pessoas, ou de grupos economicamente muito poderosos, nem só da comunidade política, nem de algumas nações mais ricas. Ao contrário, é preciso que em qualquer nível numerosas pessoas, e

---

6. BOGAZ, A.S. *et ali*, p 152.

7. Comentário de Igino Giordani da Carta *Encíclica Rerum Novarum* de SS. Leão XIII, p. 5.

JUSTIÇA ECONÔMICA E SOCIAL

quando se trata de relações internacionais, todas as nações participem ativamente da sua direção. É igualmente necessário que as iniciativas espontâneas dos indivíduos e dos grupos privados sejam coordenadas com a ação dos poderes públicos e se ajustem e se harmonizem entre si.[8]

Em 2015, o Papa Francisco presenteou-nos com a Carta Encíclica *Laudato Sì*.[9]

Espero que esta carta encíclica, que se insere no magistério social da Igreja, ajude-nos a reconhecer a grandeza, a urgência e a beleza do desafio que temos pela frente [...] Podemos assim propor uma ecologia que, nas suas várias dimensões, integre o lugar específico que o ser humano ocupa neste mundo e as suas relações com a realidade que o rodeia.[10]

Dr. Ives Gandra da Silva Martins, no seu Livro intitulado *Reflexões sobre a vida*,[11]expõe sua maturidade nos seus 81 anos de idade e comunica-nos seus pensamentos em torno de várias temáticas, e, sobretudo, sobre a justiça.

Os justos não poucas vezes não agradam os poderosos. Por não serem covardes e defenderem a justiça são perseguidos. Cristo promete-lhes o Reino dos Céus, pois ninguém foi mais justo do que Ele e os ímpios perseguiram-no até a morte. (*Reflexões sobre a vida* n° 929).

Quem ama a justiça não se cala perante a injustiça, mas denuncia-a, mesmo que isto possa custa-lhe a vida. (*Reflexões sobre a vida* n° 930).

Quantos justos não são presos, condenados, nos dias atuais, nos regimes totalitários, por não se acovardarem? (*Reflexões sobre a vida* n° 931).

---

8. GS, n° 65.

9. Papa Francisco. *Carta Encíclica Laudato Sì*. São Paulo: Edições Paulinas-Paulus, 2015.

10. Laudato Sì, n. 15.

11. MARTINS, Ives Gandra da Silva. *Reflexões sobre a vida*. 2ª edição ampliada. São Paulo: Paz Spes, 2016.

Muitas vezes é mais fácil fingir que a injustiça que se vê não é com a pessoa que a vê e por isto pode ser ignorada. Tal comportamento pusilânime é incompatível com um justo. (*Reflexões sobre a vida* n° 932).

1. Introdução

Justiça Econômica – Dignidade humana e Valoração determinando a qualidade do trabalho e do justo salário. "Eu vim para que tenham vida, e a tenham em abundância." (Jo 10,10). Entendo que todos devem ser agraciados, para que o bem seja realizado ao Homem e Mulher aos olhos de Deus.

Deus quer a felicidade da pessoa humana. Na obra da Criação fomos feitos, homem e mulher, para a plena felicidade junto ao Altíssimo e Onipotente. Como cristãos, somos chamados a anunciar as maravilhas do Sempiterno. Desde sempre, as Sagradas Escrituras nos ajudaram a iluminar nossas ações.[12]

"E Deus viu tudo quanto havia feito e achou que era muito bom" (Gn 1,31). Podemos dizer que o tudo para Deus, em última análise, significa que é para todos? Como conciliar o tudo de Deus para todos os homens e mulheres sobretudo no binômio Justiça e Economia, onde todos sejam beneficiados.

Como compreender Justiça Econômica à luz da Sagrada Escritura? Como entendê-la sob a ótica dos Padres da Igreja? Como assegurá-la, tendo o Magistério da Igreja, bispos, teólogos e juristas na defesa incondicional dos homens e mulheres do nosso tempo, mormente, dos mais necessitados?

2. Justiça econômica

2.1 Valoração do ser humano

---

12. LEVA, José Ulisses. *Ideologia de gênero*, p. 182.

Como compatibilizar a valorização do trabalho e a liberdade de iniciativa, princípios fundamentais da ordem econômica da lei suprema (art. 170, *caput*)?

Lemos no art. 170 da Lei Suprema:

> A ordem econômica, fundada na valorização do trabalho humano e na livre-iniciativa, tem por fim assegurar a todos existência digna, conforme os ditames da justiça social, observados os seguintes princípios.

Dr. Ives Gandra da Silva Martins concedeu entrevista ao jornalista Edcarlos Bispo, do *Semanário O São Paulo da Arquidiocese de São Paulo*, e, assim, expôs seu posicionamento.

> Defendo que se prestigie a negociação coletiva, como mandam as Convenções 98 e 154 da Organização Internacional do Trabalho e nossa Constituição Federal, em seu artigo 7, inciso, XXVI. E, no momento em que vivemos, ela está bastante desprestigiada. Ao conversar com parlamentares, empresários e sindicalistas, tenho sugerido que se adote um critério bem claro nesse tema. Que os direitos trabalhistas flexibilizados por acordo ou convenção coletiva tenham, no próprio instrumento normativo, cláusula expressa da vantagem compensatória do direito temporariamente reduzido em sua dimensão econômica, de modo que o patrimônio jurídico do trabalhador, no seu todo, não sofra decréscimo.[13]

A reflexão da Igreja, em torno da Questão Social, assim se delineia.

> Quanto à riqueza, o Papa recorda a distinção entre a posse e o seu uso. A posse é particular, o uso é universal. Quanto à pobreza, e ao seu trabalho inseparável dela, ele reivindica a sua dignidade. O exemplo da ação da Igreja, para quem todos os homens de todas as classes são iguais, porque filhos do mesmo Pai, orienta para a solução da justiça e da caridade, na concorde colaboração das classes. Também o Estado deve concorrer para a solução desejada. Não deve absorver a iniciativa particular e a vida

---

13. MARTINS, Ives Gandra. Entrevista no *Jornal O São Paulo,* 1 a 7 de fevereiro de 2017, p. 17.

familiar, mas proteger os legítimos direitos e as atividades de todos, com especial cuidado com os pobres e fracos; salvaguardar a propriedade particular [...].[14]

Por ocasião dos 15 anos do seu Ministério Episcopal, Dom Odilo Pedro Scherer, postulou sua opinião no *Jornal O São Paulo*.

Muitas vezes, a Igreja é confundida com um empreendimento econômico, um partido político, um movimento social inspirado por alguma ideologia, uma espécie de fundação cultural, patrocinadora e protetora de patrimônios artísticos e culturais... E isso pode estar na cabeça dos que estão à frente das Igrejas, nas expectativas dos que a procuram ou na ideia de quem, de fora e de longe, fala da Igreja. [...] Portanto, para ser fiel a si mesma e à missão recebida, a Igreja, corpo vivo de Cristo na história, não poderia jamais ser identificada com nenhum governo, partido político ou sistema econômico, com nenhum movimento social ou cultural, nenhuma ideologia ou corrente filosófica. Ela é diferente de tudo isso, embora esteja misturada a tudo isso. Em sua maneira de ser, de agir e estar no mundo, a Igreja é o "Corpo de Cristo" na história e, por isso, deve ter sempre diante dos olhos Jesus Cristo, "Senhor da Igreja". Tudo deve fazer em memória dele – *"in meam commemorationem"*.[15]

Aos olhos de Deus, o bem é universal. Todos devem ser contemplados, sobretudo, pela dignidade do trabalho e na valoração do seu salário. A Palavra de Deus assegura as benesses as suas criaturas. O Magistério da Igreja defende os legítimos direitos a todo homem e mulher, mormente, os mais frágeis. Os bispos agem conforme o mandato de Cristo Jesus, anunciando ao mundo as maravilhas do Evangelho, proporcionando vida para todos.

A Lei Suprema do País, de 1988, não deve fugir à regra em proteger e amparar todos os cidadãos que vivem sob a sua tutela, sem protecionismo, paternalismo, mas assegurando digno trabalho e justo salário.

---

14. GIORDANI, I. p 7.

15. Dom Odilo Pedro Scherer. *Jornal O* São Paulo, 1 a 7 de fevereiro de 2017, p. 3.

2.2 A Igreja e a questão social

Que aspectos das Encíclicas sociais de Suas Santidades – desde a *Rerum Novarum* do Papa Leão XIII – são mais importantes para implantação no século XXI?

O Papa Leão XIII escreveu na Carta Encíclica *Rerum Novarum:*

> Em todo o caso, estamos persuadidos, e todos concordam nisto, de que é necessário, com medidas prontas e eficazes, vir em auxílio dos homens das classes inferiores, atendendo o que eles estão, pela maior parte, numa situação de infortúnio e de miséria imerecida. O século passado destruiu, sem as substituir por outra coisa, as corporações antigas, que eram para eles uma proteção; os princípios e o sentimento religioso desapareceram das leis e das instituições públicas e, assim, pouco a pouco, os trabalhadores, isolados e sem defesa, têm-se visto, com o decorrer do tempo, entregues à mercê de senhores desumanos e à cobiça duma concorrência desenfreada. A usura voraz veio para agravar ainda mais o mal. Condenada muitas vezes pelo julgamento da Igreja, não tem deixado de ser praticada sob outra forma por homens ávidos de ganância, e de insaciável ambição. A tudo isso deve acrescentar o monopólio do trabalho e de papéis de crédito, que se tornaram o quinhão dum pequeno número de ricos e de opulentos, que impões assim um jugo quase servil à imensa multidão de proletários.[16]

O Papa Francisco deixou expresso o posicionamento do Magistério da Igreja na Carta Encíclica *Laudato Sì.*

> Mais de cinquenta anos atrás, quando o mundo estava oscilando sobre o fio de uma crise nuclear, O Santo Papa João XXIII escreveu uma encíclica na qual não se limitava a rejeitar a guerra, mas quis transmitir uma proposta de paz [...] "Nesta encíclica, pretendo especialmente entrar em diálogo com todos acerca da nossa casa comum".[17] [...] oito anos depois da *Pacem in terris*, em 1971, o Beato Paulo VI referiu-se à problemática ecológica, apresentando-a como uma crise que é "consequência dramática" da

---

16. RN, nº 2.

17. *Laudato Sì*, nº 3.

atividade descontrolada do ser humano."[18] São João Paulo II debruçou-se. Com interesse sempre maior, sobre esse tempo. Na sua primeira encíclica, advertiu que o ser humano parece "não se dar conta de outros significados do seu ambiente natural, para além daqueles que servem somente para os fins de um uso ou consumo imediato". [...] Deus confiou o mundo ao ser humano."[19] O meu predecessor, Bento XVI, renovou o convite de "eliminar as causas estruturais das disfunções da economia mundial e corrigir os modelos de crescimento que parecem incapazes de garantir o respeito do meio ambiente [...] "o livro da natureza é uno e indivisível" [...] "O homem não se cria a si mesmo. Ele é espírito e vida, mas é também natureza".[20]

A primeiríssima Carta Encíclica sobre a questão social nos foi dada pelo Papa Leão XIII, *Rerum Novarum*, em 1891. O último desses Documentos Pontifícios garantiu-nos o Papa Francisco, *Laudato Sì*, em 2015. Passados todos esses anos, o eixo central dos documentos passa pelo Homem e sua dignidade à luz da Palavra de Deus e a Obra da Criação. Reiteradamente, os Pontífices elaboram seus escritos com olhar paternal aos homens e mulheres de sua época, observando suas dores e esperanças, registrando, de forma magistral à luz da Revelação, o bem de todos.

2.3 As famílias se encontram no coração da Igreja

Políticas sociais para atender famílias de baixa renda deveriam exigir contrapartida, como obrigação de os filhos estudarem?

As relações mais profundas do amor de Deus aos homens e mulheres se encontram na Família, querida e protegida pelo Altíssimo.

---

18. *Laudato Sì*, n° 4.

19. *Laudato Sì*, n° 5.

20. *Laudato Sì*, n° 6.

Num instante de amor, Deus nos criou. Deus disse: "Façamos o ser humano à nossa imagem e segundo à nossa semelhança" (Gn 1, 26). A Misericórdia, o carinho e o afeto de Deus são imensos. "Quando Deus criou o ser humano, ele o criou à semelhança de Deus. Criou-os homem e mulher, e os abençoou" (Gn 5,1). No Mistério da Encarnação (cf. Lc 1, 35), Jesus Cristo nasceu na Sagrada Família de Nazaré (cf Lc 1, 27) para nos salvar. A Igreja sempre esteve atenta às tristeza e angústias do nosso tempo. O Concílio Ecumênico Vaticano II aponta para Deus, mas coloca o homem como referência das preocupações e indica a todos as alegrias e as esperanças (GS 1). Assim, nossa centralidade está em Deus Uno e Trino e nosso diálogo se dá com a humanidade.[21]

A Igreja fala ao coração de cada homem e mulher. Procura fazer chegar sua mensagem, diretamente, ao coração da pessoa humana. Porém, sem sombra de dúvidas, a Família, Igreja doméstica é, também, uma pequena célula da sociedade. Todo homem deve ser beneficiado, assim como todas as famílias devem ser contempladas, quer seja com o trabalho digno e salário justo, como também no processo educacional.

Sem nenhum favorecimento ou paternalismo, ou troca, escambo ou barganha, as famílias e toda a sociedade devem participar e ter acesso ao melhor da Educação. As pessoas não são mercadoria nem mesmo vitrine para debates interesseiros, mas são o dom mais precioso de Deus.

A Igreja tem, na Educação, uma das suas ferramentas como meio de evangelizar.

O Anuário Estatístico da Igreja contabiliza [...] escolas católicas no mundo [...] enquanto em 2014 já eram 216.670 [...] Em relação ao número de estudantes, houve um crescimento de mais de 2,7 milhões de alunos em todo o mundo, o que significa um total de 60,3 milhões.[22]

---

21. LEVA, José Ulisses. As famílias se encontram no coração da Igreja. *Jornal O São Paulo*, 2015.

22. *Jornal O* São Paulo, 8 a 14 de fevereiro de 2016, p. 24.

Educadores e Educadoras religiosos garantem a presença da Trindade Santa, nas relações humanas e no processo formativo humano cristão, através do ensino de competência e excelência. A sociedade deve garantir as mesmas habilidades, para com a Educação, asseguradas na Lei Suprema.

2.4 Alguns aspectos da vida econômica

É possível praticar distribuição de riquezas sem geração de rendas?

A Igreja, permanentemente, exorta a todos, e em particular, aos cristãos católicos, para um posicionamento evangélico, transparente e de coerência.

> Contudo, não faltam motivos de inquietação. Não poucos homens, sobretudo das regiões economicamente desenvolvidas, parecem como que dominados pela realidade econômica, de tal modo que toda a sua vida pessoal e social é impregnada de um certo espírito de lucro, tanto nas nações que favorecem a economia coletivista quanto nas outras. No momento em que o progresso da vida econômica, dirigido e coordenado de maneira racional e humana, poderia mitigar as desigualdades sociais, com muita frequência se torna o agravamento das desigualdades sociais ou também cá e lá o regresso da condição social dos fracos e o desprezo dos pobres. Enquanto uma enorme multidão tem falta ainda das coisas absolutamente necessárias, alguns, mesmo em regiões menos desenvolvidas, vivem na opulência ou esperdiçam os bens. O luxo e a miséria existem simultaneamente. Enquanto poucos gozam do máximo poder de deliberação, muitos carecem de quase toda a possibilidade de iniciativa pessoal e de responsabilidade de ação, encontrando-se muitas vezes mesmo a pessoa humana em condições indignas de vida e de trabalho.[23]

Deus criou o mundo para todos. A Terra deve produzir riquezas para que todos possam viver e bem. A maior riqueza para o ser humano é a felicidade em trabalhar dignamente e receber seu salário justo, para suprir suas necessidades e

---

23. GS, n° 63.

JUSTIÇA ECONÔMICA E SOCIAL

aos de sua família. Quem tem o direito de prover a riqueza e, supostamente, gerar e dividir a renda? Quando alguns têm bens e muitíssimos não possui, certamente, os valores estão desconexos e fragilizados.

2.5 O desenvolvimento econômico a serviço do Homem

Como estimular investimentos no país, competindo com outras nações na sua atração, cuidando simultaneamente de políticas sociais?

A Igreja quer o desenvolvimento social e econômico, mas que seja garantido o bem universal aos homens e mulheres.

> Hoje, mais do que antes, atendendo-se ao aumento da população e às crescentes aspirações da humanidade, procura-se com razão incrementar a produção de bens agrícolas, industriais, e o volume de serviços prestados. Por isso, deve-se encorajar o progresso técnico, o espírito de renovação, a criação e a ampliação das empresas, a adaptação dos métodos de produção, os diligentes esforços de todos os que participam nos setores produtivos, enfim, todos os elementos que possam contribuir a este progresso. A finalidade fundamental desta produção não é o mero aumento dos produtos, nem o lucro ou a dominação, mas o serviço do homem e do homem completo, atendendo à hierarquia das exigências de sua vida intelectual, moral, espiritual e religiosa; de todo homem, dizemos, de qualquer comunidade humana, sem distinção de raça ou região do mundo. Assim, a atividade econômica, de acordo com os métodos e as leis próprias, deve ser exercida dentro dos limites da ordem moral de tal modo que se cumpra o plano de Deus a respeito do homem.[24]

O Papa Francisco, na sua Carta *Encíclica Laudato Sì*, insistiu dizendo que a Terra é nossa casa comum. O que dizer da Globalização? O que pensar num mundo sem fronteiras? Como imaginar um Pentecostes, diversa de uma Babel? Sonhos possíveis ou realidades improváveis?

---

24. GS, n° 64.

Devemos pensar num desenvolvimento sustentável e globalizante. Há muitas diferenças entre os seres humanos, sobretudo na etnia e na crença, mas somos filhos e filhas do único Deus. Como católicos, aceitamos e anunciamos Deus Uno e Trino. O Papa Francisco lembra que precisamos construir pontes e não muros, mesmo que, na contramão da História, os países e seus mercados se fechem em torno de si mesmos.

2.6 Solução definitiva: a caridade

O excessivo crescimento da burocracia é ou não inibidor de reais políticas sociais?

Cristo Jesus propõe o amor e a perfeição no Evangelho da Vida "Sede, portanto, perfeitos como o vosso Pai celeste é perfeito" (Mt 5, 48). A Igreja estabelece a caridade cristã como meio para superar o fosso entre ricos e pobres, sem causar disputas e rixas. Orienta para a plena vivência humana "Amar a Deus de todo o coração, com toda a mente e com toda a força, e amar o próximo como a si mesmo, isto supera todos os holocaustos e sacrifícios" (Mc 12, 33).

> Vede, veneráveis irmãos, por quem e por que meios esta questão tão difícil demanda ser tratada e resolvida. Tome cada um a tarefa que lhe pertence, e isto sem demora, para que não suceda que, diferindo-se o remédio, se torne incurável o mal, já de si tão grave. Façam os governantes uso da autoridade protetora das leis e das instituições; lembrem-se os ricos e os patrões dos seus deveres; tratem os operários, cuja sorte está em jogo, dos seus interesses pelas vias legítimas; e, visto que só a religião, como dissemos a princípio, é capaz de arrancar o mal pela raiz, lembrem-se todos de que a primeira coisa a fazer é a restauração dos costumes cristãos, sem os quais os meios eficazes sugeridos pela prudência humana serão pouco aptos para produzir salutares resultados. Quanto à Igreja, a sua ação jamais faltará por qualquer modo, e será tanto mais fecunda, quanto mais livremente se possa desenvolver. Nós desejamos que compreendam isto sobretudo aqueles cuja missão é velar pelo bem público. Empreguem neste ponto os ministros do santuário toda a energia de sua alma e generosidade do seu zelo, e guiados pelo vossa autoridade e pelo vosso exemplo, veneráveis irmãos, não se cansem de

JUSTIÇA ECONÔMICA E SOCIAL

> inculcar a todas as classes da sociedade as máximas do Evange-
> lho; façamos tudo quanto estiver ao nosso alcance para salvação
> dos povos e, sobretudo, alimentem em si e acendam, nos outros,
> nos grandes e nos pequenos a caridade, sem hora e rainha de to-
> das as virtudes [...] "A caridade é paciente, é benigna, não cuida
> do seu interesse; tudo sofre; a tudo se resigna" (1 Cor 13, 4-7).[25]

Burocracia se identifica com muros e barreiras, e, consequentemente, gera inibição e morte. Para uma eficiente e madura convivência são importantes normas e Leis, tais como
nossa Constituição, vigente desde 1988. Porém, devemos dar
passos largos, criando pontes e nos abrindo à ação de Deus,
infinitamente misericordioso. "A letra mata, o Espírito é que
dá a vida" (2 Cor 3,6). O Papa Leão XIII, em 1891, profeticamente intuiu que nenhum governo, nenhum partido, nenhum
sistema garantiria o bem universal aos homens e mulheres
do seu tempo e quaisquer outro tempo. Ele nos apontou a caridade universal da mensagem salvífica da Palavra de Deus
como meio e eficácia para o bem maior. Os sucessivos Papas
continuaram com a mesma perspectiva do Evangelho de Cristo Jesus. Quanto mais engessamos nossas relações tanto mais
difíceis se tornam endurecidas nossas práticas.

3. Conclusão

De Leão XIII a Francisco, os Pontífices sempre se posi-
cionaram sobre as questões sociais. Da Carta Encíclica *Rerum
Novarum* (1891) à Carta Encíclica *Laudato Sì* (2015) são 124
anos de presença marcante da Igreja na História. Desde o primeiro documento pontifício, sugerindo a Caridade como referência para solucionar os conflitos, até, recentemente, tendo a
Terra como a casa comum, onde o tempo e o espaço são temas
para a fraternidade universal, muitos fatos e acontecimentos,
posturas partidários e inúmeros regimes passaram, e pouco
ou quase nada fizeram para diminuir o fosso entre trabalho e
capital e a distância entre ricos e pobres.

---

25. RN, n° 37.

A Igreja, inserida no mundo, mas que não se confunde com o mundo, convida ao diálogo entre as partes interessadas, para o efetivo entendimento. O Magistério da Igreja à luz da Sagrada Escritura e da Tradição Apostólica, busca reunir, congregar e elucidar, no espaço e no tempo, oportunidades favoráveis ao bem comum. Os bispos, em suas dioceses, cercam-se dos instrumentos eclesiais para o discernimento para o bem coletivo. É tempo propício para que todos, sobretudo, teólogos e juristas, busquem luzes para o entendimento em que a Economia seja justa e que haja Justiça Econômica.

Referências bibliográficas

BOGAZ, A.S; COUTO, M.A.; HANSEN, J.H. *Patrística, caminhos da tradição cristã*. 4ª reimpressão. São Paulo: Paulus, 2012.

Compêndio do Vaticano II. Constituições, decretos e declarações. 18ª ed. Petrópolis: Vozes, 1986.

Constituição de 1988 da República Federativa do Brasil. 2ª Tiragem. São Paulo: Ltr Editora Ltda, 1989.

O São Paulo. Semanário da Arquidiocese de São Paulo. Ano 62, Edição 3137, 8 a 14 de fevereiro de 2016.

LEVA, José Ulisses. As famílias se encontram no coração da Igreja. *Semanário Arquidiocesano O São Paulo*. Ano 60, Ed. 3075, 28 de outubro a 03 de novembro de 2015.

_____. In: Ideologia de Gênero, p 181-193. São Paulo: NOESES, 2016.

MARTINS, Ives Gandra da Silva. *Reflexões sobre a vida*. 2ª ed. e ampliada. São Paulo: Pax Spes, 2016.

Papa Francisco. *Carta Encíclica Laudato Sì*. São Paulo: Edições Loyola- Paulus, 2015.

Papa Leão XIII. *Carta Encíclica Rerum Novarum*. São Paulo: Edições Paulinas, 1980.

SCHERER, O.P. *In meam commemorationem*: A propósito dos meus 15 anos de Bispo. *Semanário Arquidiocesano O São Paulo*. Ano 62. Ed. 3136, 1 a 7 de fevereiro de 2017.

PERSPECTIVA EVOLUTIVA DO MAGISTÉRIO SOCIAL

Pe. Luiz Gonzaga Scudeler

Membro da Congregação do Santíssimo Redentor com doutorado em teologia pela Academia Alfonsiana de Roma e professor no Instituto São Paulo de Estudos Superiores e Faculdade Católica de Pouso Alegre.

Sumário: Introdução – 1. Como compatibilizar a valorização do trabalho e a liberdade de iniciativa, princípios fundamentais da ordem econômica da Lei Suprema (art. 170, *caput*)? – 2. Que aspectos das Encíclicas Sociais de Suas Santidades – desde a *Rerum Novarum* do Papa Leão XIII – são mais importantes para implantação no século XXI? – 3. Políticas sociais para atender famílias de baixa renda deveriam exigir contrapartida, como obrigação de os filhos estudarem? – 4. É possível praticar distribuição de riquezas sem geração de rendas? – 5. Como estimular investimentos no país, competindo com outras nações na sua atuação, cuidando simultaneamente de políticas sociais? – 6. O excessivo crescimento da burocracia é ou não inibidor de reais políticas sociais?

Introdução

Quando me propuseram algumas questões que enlviam a visão do magistério da Igreja católica romana, aflorou-me a ideia de ressaltar três aspectos importantes. Em primeiro lugar, o pensar sobre a realidade social do ser humano é uma elemento fundamental do que se entende hoje ser a ação salvífica de Deus. Um segundo elemento, o magistério eclesial não constitui uma instância desligada do conjunto do pensamento e do movimento evolutivo da humanidade. E o terceiro elemento é a compreensão de que a ação no social requer do cristão: consciência critica do real vivido (*Mater et Magistra*). Requer também disposição, coragem e competência (*Octogesima Adveniens*). Por fim, requer uma caridade que tenha como fundamento a verdade do amor de Deus para com cada um dos seres humanos (*Caritas in Veritate*).

Portanto, a chave que ofereço para compreender as respostas que são bastante sintéticas é que elas se projetam num pensamento social que foi sendo explicitado, corrigido, ampliado ao longo do período que se compreende como doutrina social da Igreja ou, como preferem alguns, ensinamento social. Seja doutrina, seja ensinamento, ambos os termos dizem menos do que se quer com esse corpo de pronunciamentos papais.

Pois, a sua proposta é que o ambiente natural e o social sejam de tal modo conservado ou construído que o nosso mundo seja um ambiente que possibilite qualidade de vida a quem é chamado a se realizar em sua plena dignidade humana (*Laudato Si'*).

PERGUNTAS E RESPOSTAS

1) Como compatibilizar a valorização do trabalho e a liberdade de iniciativa, princípios fundamentais da ordem econômica da Lei Suprema (art. 170, *caput*)?

Segundo a *Laboris exercens* de João Paulo II, é fundamental ter presente que o trabalhador deve se sentir como sujeito do trabalho: "É como pessoa, pois, que o homem é sujeito do trabalho" (LE, n. 8). O trabalho humano, visto na

JUSTIÇA ECONÔMICA E SOCIAL

sua dimensão subjetiva, se insere em três esferas de valores: a dignidade do próprio trabalhador, a família, a nação (Cf. LE, n. 9-10).

2) Que aspectos das Encíclicas Sociais de Suas Santidades – desde a *Rerum Novarum* do Papa Leão XIII – são mais importantes para implantação no século XXI?

A *Rerum Novarum* propõe que se busque tratar o problema socioeconômico a partir do complexo fenômeno social evidenciado pelas transformações globais introduzidas pela modernidade (industrialização e urbanização).

A *Quadragésimo Anno* postula e reivindica que a Igreja tem o direito e o dever de se pronunciar sobre as realidades sociopolíticas, ou seja, não pode ser indiferente à vida e ordem sociais.

A *Mater et Magistra* acentua a necessidade de se desenvolver a consciência social dos cristãos, sendo importante o método do ver a realidade social, ajuizá-la à luz da Fé e atuar na busca da justiça e paz, mas múltiplas relações da convivência social.

A *Pacem in Terris* postula ações eficazes para que se promovam os direitos da pessoa humana com a consciência de que a eles correspondem deveres para com o bem comum nos diversos níveis: pessoal, familiar, comunitário, nacional e internacional; na base da verdade, da justiça, da caridade e da liberdade.

A *Gaudium et Spes* vai dizer expressamente: a atuação no campo social é parte integrante da dinâmica salvífica. "O cristão que descuida os seus deveres temporais, falta aos seus deveres para com o próximo e até para com o próprio Deus, e põe em risco a sua salvação eterna" (n. 43).

A *Populorum Progressio* visa não só à consciência, mas à disposição para os cristãos atuarem na busca do desenvolvimento integral do ser humano e solidário para com todos os seres humanos.

301

A *Octogesima Adveniens* é explícita em dizer que a Igreja não tem soluções prontas que emanariam da Fé, mas que a atuação eclesial se faz através da atuação dos cristãos leigos no mundo. Pela fé, o cristão atua como fermento na massa.

A *Laborem Exercens*, além do que foi dito, propõe a necessidade de uma espiritualidade do trabalho em três vertentes: trabalho como cooperação humana na obra da criação; trabalho como parte da redenção, porque Jesus foi um homem do trabalho; o trabalho na dinâmica da ressurreição como transformação "de novos céus e nova terra".

A *Sollicitufo Rei Socialis* contém a afirmação contundente que em toda propriedade pesa uma hipoteca social e não apenas por razão de que há nela uma intrínseca razão social, mas pela compreensão de que "os bens deste mundo são originariamente destinados a todos" (cf. n. 42). A *Centesimus Annus* dispõe acerca da necessidade de se construir uma convivência com espírito democrático. Isso requer, além de uma reta concepção da pessoa humana, a promoção da subjetividade da sociedade pela criação de estruturas de participação e corresponsabilidade (cf. n. 46).

A *Caritas in Veritate* demonstra a necessidade de ser verdadeiro (autêntico) na caridade, ou seja, a ação social (*Caristas in veritate in rei socialis*). Pois, somente a verdade do amor autêntico é que possibilita ao desenvolvimento e ao bem-estar social o encaminhamento adequado para os graves problemas socioeconômicos que afligem a humanidade (cf. n. 5).

A *Laudato Si* revela a importância de um diálogo na política internacional, nacional e local em vista de uma ecologia integral e com transparência nas decisões para superar a crise ecológica.

3) Políticas sociais para atender famílias de baixa renda deveriam exigir contrapartida, como obrigação de os filhos estudarem?

A atuação social proposta pela Igreja não pode ser mais paternalista, mas promotora do desenvolvimento integral da pessoa humana envolvendo não só os indivíduos humanos, mas os países de modo geral e dos países em desenvolvimento de modo especial. "Um sistema de solidariedade social melhor comparticipado e organizado, menos burocrático sem ficar menos coordenado, permitiria valorizar muitas energias, hoje adormecidas, em benefício também da solidariedade entre os povos" (*Caritas in Veritate*, n. 60).

4) É possível praticar distribuição de riquezas sem geração de rendas?

Para o pensamento social da comunidade cristã, riqueza não se reduz na materialidade econômica, nas o envolvimento de todos e de cada indivíduo humano no desenvolvimento dos seus dons para o bem comum. Tanto o afã de ter quanto um ser como saber estão em função do conjunto, e o exercício do poder é sempre prestação de serviço em vista do bem comum (*res pública*).

5) Como estimular investimentos no país, competindo com outras nações na sua atração, cuidando simultaneamente de políticas sociais?

Assim como não se pode demonizar o lucro, é importante ter presente que na posse de bens ou propriedade particular (seja individual, seja nacional) pesa uma hipoteca social (SRS, n. 42 f).

6) O excessivo crescimento da burocracia é ou não inibidor de reais políticas sociais?

A realidade da burocracia na organização da sociedade, em todos os níveis, é um fato. Mas, não uma fatalidade. Sem dúvida, todos os governos querem acabar com o problema social, como se lê a seguir no art. 170 da Constituição Federal de 1988:

> Constituição Federal de 1988:
>
> Art. 170. [...]
>
> I – soberania nacional;
>
> II – propriedade privada;
>
> III – função social da propriedade;
>
> IV – livre-concorrência;
>
> V – defesa do consumidor;
>
> VI – defesa do meio ambiente, inclusive mediante tratamento diferenciado conforme o impacto ambiental dos produtos e serviços e de seus processos de elaboração e prestação; (Redação dada pela EC 42/2003)
>
> VII – redução das desigualdades regionais e sociais;
>
> VIII – busca do pleno emprego;
>
> IX – tratamento favorecido para as empresas de pequeno porte constituídas sob as leis brasileiras e que tenham sua sede e administração no País. (Redação dada pela EC 06/95)
>
> Parágrafo único. É assegurado a todos o livre exercício de qualquer atividade econômica, independentemente de autorização de órgãos públicos, salvo nos casos previstos em lei.

Creio que aqui basta a citação do número 412 do Compêndio da Doutrina Social da Igreja (CDSI): *"A administração pública, em qualquer nível – nacional, regional, municipal –, como instrumento do Estado, tem por finalidade servir os cidadãos:* Posto ao serviço dos cidadãos, o Estado é o gestor dos bens do povo, que deve administrar tendo em vista o bem comum".

"Contrasta com esta perspectiva o *excesso de burocratização*, que se verifica quando 'as instituições, ao tornarem-se complexas na organização e pretendendo gerir todos os espaços disponíveis, acabam por se esvaziar devido ao funcionalismo impessoal, à burocracia exagerada, aos interesses privados injustos e ao desinteresse fácil e generalizado' (GS n. 75). O papel de quem trabalha na administração pública não se

JUSTIÇA ECONÔMICA E SOCIAL

deve conceber como algo de impessoal e de burocrático, mas como uma ajuda pressurosa para os cidadãos, desempenhado com espírito de serviço" (Ibidem, n. 412).

É de se considerar aqui também a importância que a DSI dá ao princípio de subsidiariedade desde a *Quadragesimo Anno* (n. 5) e *Mater et Magistra* (n. 53). Ver o Item V: A Comunidade Política a Serviço da Comunidade Civil do Capítulo VIII: A Comunidade Política do Compêndio da Doutrina Social da Igreja, nn. 417-420.

Concluindo, pode-se dizer o que nos fica é a sensação de que cada uma das questões poderia ser desenvolvida alinhavando melhor os diversos tópicos segundo o que aparece nos documentos. Contudo, o objetivo que quisemos dar às respostas foi contribuir para que, ao sentir a insatisfação, o leitor possa se interessar em aprofundar o conhecimento do pensar social do magistério eclesial. Ao expor esse pensamento, destacando o aspecto evolutivo nele contido, a reação é sempre a tomada de consciência de que talvez valesse a pena um conhecimento aprofundado desses documentos.

305

APLICAÇÃO DA ENCÍCLICA *RERUM NOVARUM* NO SÉCULO XXI

José de Ávila Cruz

Doutor em direito canônico pela Pontifícia Universidade Lateranense de Roma. Mestre em Processo Civil. Professor da Faculdade de Direito Canônico São Paulo Apóstolo. Advogado.

Resumo: Este artigo tem por finalidade demonstrar a importância dos princípios contidos na Encíclica *Rerum Novarum* do Papa Leão XIII. Trata-se de um documento pontifício perfeitamente aplicável no sistema atual de proteção dos trabalhadores, do justo salário, bem como ressaltar a concepção econômica moral em perfeita harmonia com o os princípios cristãos.

Palavras-chave: Encíclica – Trabalho – Justo salário – Problemas sociais – Tributação.

Abstract: This article is intended to demonstrate the importance of the principles contained in Pope Leo XIII's encyclical *Rerum Novarum*. It is a pontifical document perfectly applicable in the present system of protection of workers for just salary, as well as it emphasizes the moral economic conception in perfect harmony with Christian principles.

Key-words: Encyclical letter – Work – Salary – Taxation.

UJUCASP

Sumário: 1. Introdução – 2. Leão XIII – 3. Da aplicação da *Rerum Novarum* no século XXI – 4. Conclusão.

1. Introdução

Devemos ter sempre em mente que há certos princípios já consagrados, úteis à sociedade, mas infelizmente deparamos ainda com as expressões "superado", "ultrapassado", antiquado", expressões essas que acabam destruindo princípios sadios, imprescindíveis ao convívio social.

A Encíclica *Rerum Novarum* de Leão XIII contém princípios imutáveis de proteção ao trabalhador, mais do que os decantados defensores do socialismo. Aliás, essa expressão, socialismo, surgiu para substituir o comunismo, sistema combatido justamente por não satisfazer os interesses dos obreiros.

A burocracia internacional do socialismo, com sua concepção toda mecânica dos problemas sociais, resultou numa ilusão que o bom senso repele.

Leão XIII encontrou a verdadeira solução dos problemas sociais na prática das virtudes cristãs tradicionais. As questões relacionadas entre ricos e pobres estudadas pelos economistas. Esse grande Pontífice regula, magistralmente, os interesses dos trabalhadores fazendo desaparecer as terminologias socialista e comunista. As suas intervenções sociais resultaram de situações provenientes dos países industrializados através da *Rerum Novarum,* publicada aos 15 de março de 1891, com os seguintes incentivos:

Veneráveis irmãos, não se cansem de inculcar a todas as classes da sociedade as máximas do Evangelho; façamos tudo quanto estiver ao nosso alcance para a salvação dos povos, e, sobretudo, alimentem em si e acendam, nos outros, nos grandes e nos pequenos, a caridade, senhora de todas as virtudes.[1]

---

1. Papa Leão XIII, Encíclica *Rerum Novarum*, sobre a condição dos operários. Pe-

308

JUSTIÇA ECONÔMICA E SOCIAL

Este documento foi o primeiro do magistério eclesiástico concernente ao estudo do problema social ocasionado pelo desenvolvimento industrial e sua característica é marcadamente antissocialista. Surgiu quarenta e quatro anos depois do manifesto de Marx, corrigindo as confusas conceituações do filósofo alemão sobre o capital, refutando o clamoroso erro comunista que incentivava hostilidade entre patrões e empregados, atiçando a inveja dos cidadãos uns contra os outros, delações mútuas e recriminação perpétua. Ora, isto seria uma fonte perpétua de intrigas, de maldições, de queixumes e de ódios de toda a espécie na sociedade, a qual, composta de socialistas ateus, não seria por certo de santos nem de anjos, nem sequer de religiosos abnegados ou cristãos amigos da mortificação e da penitência. Por isso, Leão XIII ressalta na encíclica a caridade como senhora de todas as virtudes.

2. Leão XIII

Leão XIII, antes de sua eleição, era Joaquim Pecci. Nasceu em Carpineto, cidade da Itália em 1810. Muito cedo, revelou a sua vocação sacerdotal, ingressando no seminário e assumindo cargo de responsabilidade como delegado de Benevento. Mais tarde, foi arcebispo de Perugia, dedicando-se à organização de dioceses, tornando-se cardeal em 1853 e nomeado camerlengo em 1878.

É digna de nota a galhardia com que enfrentou as facções liberais e anticlericais em meados do século XIX, pois durante os vinte e cinco anos de seu pontificado, exerceu uma autoridade moral, procurando manter a missão histórica universal do papado e resolver a questão romana, refutando o liberalismo, sem, contudo, deixar de estabelecer, na sua Encíclica, os princípios básicos de proteção ao trabalhador, sem se afastar dos ensinamentos tradicionais da Igreja, demonstrando sempre muita energia e austeridade em sua vida, destacando-se,

---

trópolis/RJ: Editora Vozes Ltda., 1961, p. 38.

309

também, por sua habilidade na administração, bem como pela sua alta sabedoria.

Estabeleceu boas relações entre os Estados Unidos e a Santa Sé. Exaltou o valor de Santo Tomás de Aquino, considerando-o filósofo e teólogo máximo da Igreja, além de ter constituído uma comissão bíblica e abriu os arquivos da biblioteca do vaticano à pesquisa histórica. Suas encíclicas, não só a *Rerum Novarum* que estamos tratando neste artigo, mas também a *Arcanum Dei*, que trata do matrimônio cristão, a *Diuturnum*, pela qual demonstra que a Igreja sempre foi amiga da liberdade honesta, reprovando veementemente a tirania, a encíclica *In Plurimis*, condenando o comércio de escravos, enfim, todos seus documentos são de repercussão universal. A *Rerum Novarum*, que trata de problemas sociais, é citada por grandes juristas e por grandes economistas. João Papaterra Limonge, doutor em economia política, assim se expressou:

> A doutrina social católica remonta de Leão XIII a Santo Tomás e de Santo Tomás ao Evangelho. Razão pela qual o pontífice da Rerum Novarum, concluída a sua análise da economia moderna, preconiza como remédio uma abundante efusão de caridade. E a caridade, como o sabemos, é a sublimação da justiça.[2]

Efetivamente, a autoridade filosófica de Santo Tomás foi apresentada como um contraveneno eficaz das doutrinas subversivas, dos valores tradicionais desde o ponto de vista familiar, social e político.

No plano de reconquista de Leão XIII, o sistema tomista tornou-se a pedra fundamental. Reorganizou a Academia de Santo Tomás, concedendo, à entidade, meios econômicos e incentivou a revista *Divus Thomas*, notando-se, ainda, que o grupo de tomistas romanos fez com fosse restaurada a escolástica, deixando claro que a alta filosofia de Santo Tomás

---

2. LIMONGI, João Papaterra. *Economia Política*. São Paulo: Livraria Freitas Bastos S/A. 1959, p. 398.

JUSTIÇA ECONÔMICA E SOCIAL

tinha como lema a firmação de que o único objetivo da filosofia era busca imparcial da verdade.

Em 1892, a fundação da *Revue Neoscholastique* resultou numa concepção de um tomismo aberto a um órgão que acrescentou sua projeção internacional.[3]

Realmente, a encíclica *Rerum Novarum* teve projeção internacional, tanto é assim que renomados juristas citam-na em compêndios de direito constitucional como, por exemplo, o *Tratado de direito constitucional* de Ives Gandra, onde se lê:

> As questões sociais decorrentes da industrialização das populações nas cidades, com sensível exploração da parte mais fraca (o empregado), levaram as diversas teorias socialistas, culminando com o diploma máximo para a solução de tais embates, a Encíclica *Rerum Novarum* do Papa Leão XIII.[4]

No dia primeiro de maio de 1991, o centenário da *Rerum Novarum* foi comemorada por São João Paulo II com a Encíclica *Centesimus Annus,* onde recapitula os sábios princípios que protegem o trabalhador, estabelecendo que "é estrito dever de justiça e verdade impedir que as necessidades humanas fundamentais permaneçam insatisfeitas e que pereçam os homens que sofrem a sua pressão".[5]

O beato Papa Paulo VI retomou o que foi mencionado por Leão XIII, por ocasião do octogésimo aniversário da *Rerum Novarum* com a Carta apostólica *Acta Advenians,* documento que contém severas críticas ao Marxismo e ao liberalismo, deixando claro que não é lícito ao cristão admitir a ideologia marxista ou o materialismo ateu.

---

3. *História de la Iglesia Católica*, V Biblioteca de Autores Cristianos (BACO p. 189).

4. Ives Gandra da Silva Martins, Celso Bastos, Carlos Valder do Nascimento, *Tratado de Direito Constitucional*, Volume I, Saraiva, 2012, p. 48/49.

5. Papa João Paulo II, Encíclica Centesimus Annus, Denzingir – Hunermann , Compêndios dos Símbolos e Declarações de Fé e Moral. Paulinas. São Paulo: Edições Loyola, p. 1.161.

Quanto à adoção dos princípios contidos nesses documentos, eles são necessários, tanto é assim que Frei Boaventura Kloppenburg, OFM, foi categórico ao afirmar que a Encíclica *Rerum Novarum* é atualíssima. A propósito, o canonista Edson Sampel, comentando o cânon 225 do Código Canônico latino, explica que o apostolado do leigo (católico comum) tem de estar embasado nesses princípios, vale dizer, na Doutrina Social da Igreja, de um modo geral:

> A humanização da sociedade é um fator *sine qua non* para a construção do reino de Deus. Os agentes políticos, com fulcro na lei civil e nos ensinamentos da Igreja [...] podem e devem animar a ordem das realidades temporais com o espírito do evangelho.[6]

3. Da aplicação da *Rerum Novarum* no século XXI

É uma Encíclica que deverá ser aplicada durante o século XXI e mais: em caráter perpétuo, pois vem sendo aplicada com as constantes legislações em defesa do operário.

Efetivamente, se analisarmos os respectivos conteúdos das leis trabalhistas promulgadas depois da publicação da *Rerum Novarum*, nada mais são do que complementos dos princípios nela contidos.

Vejamos, por exemplo, a lei que impede que um operário receba como salário quantia inferior ao salário-mínimo. Trata-se de lei de ordem pública de proteção ao trabalhador, pois mesmo que um trabalhador proponha ao empregador salário inferior ao mínimo exigido por lei, o contrato não poderá ser realizado, pois está obedecendo ao princípio contido na mencionada Encíclica:

> Ainda que o operário e o patrão façam livremente um contrato e cheguem inclusive a combinar o preço do salário, sempre subjaz algo que vem da justiça natural, maior e mais antiga que

---

6. Edson Luiz Sampel, *A responsabilidade cristã na administração pública* – Uma abordagem à luz do direito canônico, São Paulo: Paulus, 2011, p. 159.

JUSTIÇA ECONÔMICA E SOCIAL

a livre vontade dos contratantes, a saber que o salário não deve ser insuficiente para assegurar a subsistência do operário sóbrio e honrado.[7]

Consta, também do referido documento, proteção ao trabalho da mulher, trabalho infantil, trabalho noturno, descanso semanal remunerado, servindo de base para regulamentar indenização por demissão por justa causa, horário de trabalho, horas extras. Portanto, os princípios contidos na Encíclica estão sendo aplicados desde 1981, e muitos ignoram que as legislações trabalhistas que se seguiram no século XX e no século XXI estão atreladas à *Rerum Novarum*.

Leão XIII não foi um pontífice moderno, pelo menos não aceitou o liberalismo que tantos males causou à sociedade com o famoso *"laisser faire laisser passer"*, lema que levou às últimas consequências como a extinção das corporações de ofício, solução tecnológica proveniente da Igreja Católica.

Combatendo as facções liberais, introduziu, com frequência, considerações positivas sobre o mundo moderno, conseguiu muitas estruturas e esclareceu ideias antigas, adaptando-as a novas posições.

O renascimento da ideia corporativa, que a *Rerum Novarum* de Leão XIII encorajou poderosamente, é hoje um fato consumado. Prenunciou-o este grande Papa, quando se findava o século XIX. E o século XX é chamado por Manoilesco, o Século do Corporativismo.[8]

Leão XIII teve também o cuidado de alertar, pela referida Encíclica, que o capital privado não seja esgotado pela exorbitância de tributos e impostos.

Com efeito, como o direito de propriedade privada não emana das leis humanas, mas da natureza, a autoridade

---

7. *Leão XIII, Rerum Novarum Denzinger* – Hunermann, Paulinas. São Paulo: Edições Loyola, 2007, p. 697.

8. LIMONGI, Joaõ Papaterra. *Op. cit.*, p.195, onde cita Manoilesco.

pública não o pode abolir, mas somente regulá-lo e conciliá-lo com o bem comum.

Por isso, ela age de modo injusto e inumano quando, sob o nome de tributos, subtrai demais dos bens dos particulares.[9]

4. Conclusão

A Encíclica *Rerum Novarum* é atualíssima e deverá ser aplicada não só no século XXI, mas por todos os Séculos, pois Leão XIII, na questão social da Igreja, disse textualmente:

> É com toda confiança que Nós abordamos este assunto, e em toda plenitude do nosso direito; porque a questão de que se trata é de tal [10] natureza, que, a não se apelar para a religião e para a Igreja, é impossível encontrar-lhe uma solução eficaz. Ora, como é principalmente a Nós que estão confiadas a salvaguarda da religião e a dispensação do domínio da Igreja, colocamo-nos seriamente aos olhos de todos, sob pena de trair o Nosso dever.

---

9. Denzinger Hunermann, *Op. cit.*, p. 697.

10. Leão XIII, Sobre a Condição dos Operários, *Encíclica Rerum Novarum*. Petrópolis: Editora vozes, 1961, p. 11.

314

O EXCESSIVO CRESCIMENTO DA BUROCRACIA É OU NÃO INIBIDOR DE REAIS POLÍTICAS SOCIAIS?

Dávio Antonio Prado Zarzana

Bacharel em Direito pela USP. Bacharel em Economia e Contabilidade pela UNIMAR. Ex-professor de Planejamento Tributário do curso de pós-graduação da FGV. Autor de inúmeros verbetes da Enciclopédia Saraiva de Direito, autor dos Livros O País dos Impostos, Desaposentação passo a passo e coautor do livro sobre Direito de Família. Palestrante e articulista de temas de Direito em geral. Membro da AASP e UJUCASP – União de Juristas Católicos de São Paulo. Membro participativo da American Chamber of Commerce. Coordenador de Comitês de Planejamento Tributário. Advogado em São Paulo há 50 anos e trabalhos jurídicos em Ohio – USA.

Sumário: 1. Introdução – 2. Excessivo crescimento da burocracia – componentes básicos: 2.1 Pensamentos para fonte e ilustração desse tema, que é também político – 3. O Estado – Políticas sociais – algumas outras constatações – 4. A pergunta que não quer calar: 4.1 O caso do Cartão do Idoso; 4.2 As políticas sociais reais – citação exemplificativa e ponderações – Referências bibliográficas e de mídia.

1. Introdução

A Justiça e a Economia podem ser influenciadas de formas brandas ou muito sérias pela Burocracia.

Aqui agora vamos tratar do que pode acontecer com o excesso de Burocracia e sua influência inibidora sobre políticas sociais reais.

A *Burocracia* é palavra que nos chegou originada da língua latina, impregnada de significados pelo francês, podendo ser até chamada, num primeiro momento, de *escritório*. Um "bureau" seria um local ou organização destinados a prestar serviços em determinada atividade ou para determinada porção, determinado setor de uma instituição ou governo.

Falamos de "Agência", "Departamento", ou sistema organizacional.

Depois, entendemos logo como conjunto de procedimentos obrigatórios a cumprir, ou grupo de pessoas que devem aprovar ou produzir projetos, documentos, diretrizes, papéis e conformidades, envolvendo o indivíduo e a sociedade, por força de ocuparem determinados cargos que têm de agir e fazer tramitar o que lhes é submetido, *mas* que costumam atrasar a execução ou obtenção de registros, documentos, prestação de serviços e obtenção de documentos essenciais aos cidadãos, ao meio social.

Quando recorremos a dicionários, encontraremos a burocracia significando um sistema de execução da atividade pública, mais específica à administração pública, executada por servidores com cargos bem definidos, e que se pautam por um regulamento fixo, determinada rotina e hierarquia, com linhas de autoridade e responsabilidade bem demarcadas.

Dizemos também mais popularmente, que é toda a "papelada, documentos, 'xeroxes' de documentos, provas, setores diversos a percorrer, prazos para cumprimento de tarefas, filas de espera, checagem eletrônica ou exames de dados e

JUSTIÇA ECONÔMICA E SOCIAL

objetos, enfim, controles diversos para obtenção de documentos e situações de permissão ou admissão".

Dessa forma, já num primeiro momento, verificamos que a burocracia é algo que acaba sendo um instrumento, possui normas de funcionamento, mas não contém em si, necessariamente, qualquer sentido especial valorativo, quer dizer, existe e acontece independentemente de a que áreas se aplica, qual a urgência de atuação do sistema e apenas determina quem comanda, quem deve fazer o que e onde.

Ou seja, o sentido de valor pode até estar friamente na execução de tarefas quando direcionadas a idosos, grávidas ou indivíduos portadores de deficiência física. Pode ser daí orientada para execução, selecionando esses indivíduos como preferenciais, mas isso por vezes nem é obedecido, porque frequentemente falha a consciência coletiva ou a própria instituição. Desaparece, em um instante, a preferência, porque a burocracia não contém em si a "marca" de respeito. Ela simplesmente faz acontecer como der.

Quando a máquina burocrática é aplicada em muitas áreas atendidas pelo Estado, inclusive a área social, sem considerar os efeitos dos atos praticados, onde serão executados, que tipo de público-alvo será atendido, enfim qual o alcance social do funcionamento, já temos um problema estrutural e de possível falha, consistente em não ser adequada em prazos, qualidade e quantidade de atendimentos.

Em consequência, numa primeira acepção, a chamada Burocracia pode se tornar um conceito relativo ao predomínio desproporcionado do aparelho administrativo, no conjunto da vida pública ou dos negócios privados.

Pode-se tornar um meio mal construído e ineficaz para o povo que deveria ser atendido ou considerado.

Porém, lógico, em muitos entes públicos funciona como deve, principalmente quando é apenas meio interno e de escritório de registros, com servidores suficientes e capacitados.

Outra visão que existe provém da experiência com Governos ou Órgãos cujos servidores são "tiranos implacáveis" sem criatividade, ou cercados de regras defensivas, que vêm o público como uma massa amorfa, suscetível de ser transformada em números e expedientes. A sua razão de existência baseia-se em esquemas do imaginariamente "correto", meticuloso e até fora da realidade.

Quando algo é difícil ou diferente é melhor negar e inventar algo mais para ser preenchido e portanto afastar o incômodo causado pelo "intruso".

Mas vamos adiante – é cedo para dizer só isso. Vamos avançar um pouco mais e ousar examinar com maior abrangência, as características e formas burocráticas.

Já numa aplicação muito comum, constatamos que para abrir uma empresa, é necessário muitos documentos, esforços e expedientes e para fechá-la é totalmente "impossível"!

Isto já configura um desarranjo de funcionamento estrutural muito grave.

Recorramos ao autor alemão Max Weber, que escreveu sobre a "Teoria da Burocracia", tendo definido burocracia "como uma organização baseada em regras e procedimentos regulares, onde cada indivíduo possui sua especialidade, responsabilidade e divisão de tarefas."

Max Weber considerava sete princípios: "formalização das regras, divisão do trabalho, hierarquia, impessoalidade, competência técnica, separação entre propriedades e previsibilidade de cada funcionário".

Como ideias gerais sobre servidores públicos, entendeu-os como "os contratados de acordo com a sua competência técnica e qualificações específicas, que cumpram tarefas que são de acordo com regras e regulamentos escritos, cumprindo regras hierárquicas e códigos internos". Isto deveria funcionar bem, mas a inflexibilidade e adaptação errônea e distorcida de conceitos pertinentes, inclusive o uso de Poder

JUSTIÇA ECONÔMICA E SOCIAL

para o exercício de função ou ligação política obrigatória, solapam e acabam inviabilizando em muito o exercício de funções por parte desses *"servidores"*, que acabam se servindo do cargo e direcionando serviços por interesse, ainda mais grave, com remuneração mais alta do que o justo e ainda por cima desviando-se de suas funções ou usando artifícios, para justificar e auferir ganhos altos.

No Brasil, creio firmemente que a burocracia de Weber se aplica, mas com os defeitos citados, e embora se procurasse um sistema ideal para a regulamentação do Estado, viu-se o Sistema em muitos setores deteriorar-se, fragilizar-se, até massacrar por outro lado servidores bons, obrigados a obedecer à máquina estatal maculada por vícios.

Esses vícios incluem não se importar com processos não serem encerrados, administrativos ou judiciais, não prestarem nenhuma atenção ao desejo de celeridade processual, promovendo uma desigualdade perversa de oportunidades, na prestação de serviços.

Não a desigualdade de tratar desigualmente os desiguais, mas sendo artífices do tratamento desigual dos que devem ser tratados como iguais na aplicação dos sistemas e, por outro lado, tratando igualmente os que podem ter outras fontes de atendimento, ou recursos para serem atendidos em outros locais, ou seja: os que realmente deveriam ser tratados como desiguais – mais abastados e esclarecidos. Isto emperra e inutiliza ou piora em muito a máquina estatal.

A burocratização, entre nós, criou uma personalidade pejorativa ao termo Burocracia, porque criou a imagem de demora e ineficiência do Estado.

Também ficou manchada com a possibilidade de realização de atos irregulares, às custas até de propinas, ou taxas adicionais sem justificativa, para exercício de atividades a que deveria ter direito o cidadão, justamente porque acenou com a possibilidade de obter o ilícito, pagando, ou mesmo do que é lícito, pagando.

319

Finalmente e primordialmente, tida como falha e demorada em atendimentos de políticas de governo ou setoriais, ou em sua maior parte, *as importantes políticas sociais*, sobre as quais mais adiante falaremos.

Já à esta altura afirmamos o seguinte: uma política social de Estado só pode ser entendida como existente e em plena, real e eficaz vigência, se tiver enunciados de forma clara, objetiva e fundamentado seu propósito, sua abrangência esperada e limites mínimos e máximos colimados. Ainda, deve conter e explicitar como será gerenciada, o planejamento para tal e finalmente os controles e mecanismos para buscar evitar corrupção dos agentes executores ou direcionamento de propina a estes, recorrendo a auditorias independentes em tempos oportunos e devidos para avaliação de sua aplicabilidade, resultados e ações dos executores.

*Ainda dentro deste contexto temos de afirmar neste tópico inicial, que a **burocracia crescente pode inibir sim**, os passos sociais essenciais e exigidos legitimamente pelos cidadãos.*

2. Excessivo crescimento da burocracia – componentes básicos

Vamos examinar o que significou e significa concretamente o crescimento da burocracia no Brasil, desde o século XX até os dias de hoje, usando dados e fatos.

Comecemos pelos Órgãos de alto escalão do Poder Executivo, *os Ministérios.*

Quanto menos Ministérios e mais e mais funções sendo executadas por agentes competentes atuando com eficiência e interligados por métodos válidos, mais proveito, menos custos para o País, mais coerência em políticas públicas, tratadas em conjunto harmônico – mais aplicação de reais políticas sociais válidas.

JUSTIÇA ECONÔMICA E SOCIAL

Em tempos do início da República, mais precisamente no início do século XX, havia sempre Governos com número reduzido de Ministros; apenas exemplificando: no Governo do Presidente Rodrigues Alves de 1902 a 1906 havia: o Ministério do Exterior com o notável José Maria da Silva Paranhos Júnior – o "barão do Rio Branco, o Ministério da Fazenda com Leopoldo Bulhões, do Interior e Justiça – José Joaquim Seabra, Viação, Indústria e Obras Públicas, Lauro Muller, Ministro da Guerra, o General Francisco de Paula Argolo, da Marinha, o almirante Júlio César de Noronha, sem pasta com *status* semelhante ao de Ministro Pereira Passos, Oswaldo Cruz e Paulo de Frontin.

Notáveis particularmente para o desenvolvimento e saneamento do Rio de Janeiro Oswaldo Cruz e Paulo de Frontin. Valha-nos hoje quanto à febre amarela o eminente Dr. Oswaldo Cruz.

No começo da República, e antes da ditadura de Getúlio Vargas, eram, em geral, poucos os Ministérios (em torno de 10, se tanto).

Durante a ditadura de Getúlio Vargas, havia 10 Ministérios e em seu Governo como eleito, antes de suicidar-se, havia 11 Ministérios. Não mudou muito até 1964, com Eurico Gaspar Dutra, Juscelino Kubistchek, Jânio Quadros e João Goulart (no máximo 14 Ministérios).

Depois veio outra ditadura, entre 1964 e 1979.

Após o pleno vigor democrático, tivemos a explosão de Ministérios, de 16 com Fernando Collor até 39 com Dilma Roussef e agora tentativa de ficarmos com pouco mais de 15, não chegando a 30.

Para sermos exatos, a situação dos Ministérios foi a seguinte, desde o fim da última ditadura, por Presidente da República:

João Figueiredo (ainda da ditadura)	15
José Sarney	23
Fernando Collor	16
Itamar Franco	21
Fernando Henrique	21
Lula	24
Dilma (primeiro governo)	24

Fonte: http://www.biblioteca.presidencia.gov.br/

A Presidente ou Presidenta *Dilma Roussef "conseguiu inflar para 39"*, absurdamente, o número de Ministérios, inclusive tornando com *status* de Ministério algumas Secretarias ou Órgãos que não o eram, o que não se justifica sob argumento técnico ou político algum, a não ser aquele de querer contemplar com cargos e *status* os apadrinhados do Poder:

Ministério Dilma 2015	
Advocacia-Geral da União	Minas e Energia
Agricultura, Pecuária e Abastecimento	Pesca e Aquicultura
Banco Central	Planejamento, Orçamento e Gestão
Casa Civil	Previdência Social
Cidades	Relações Exteriores
Ciência, Tecnologia e Inovação	Saúde
Comunicações	Secretaria da Micro e Pequena Empresa

JUSTIÇA ECONÔMICA E SOCIAL

Controladoria-Geral da União	Secretaria de Assuntos Estratégicos
Cultura	Secretaria de Aviação Civil
Defesa	Secretaria de Comunicação Social
Desenvolvimento, Indústria e Comércio Exterior	Secretaria de Direitos Humanos
Desenvolvimento Agrário	Secretaria de Políticas de Promoção da Igualdade Racial
Desenvolvimento Social e Combate à Fome	Secretaria de Políticas para as Mulheres
Educação	Secretaria dos Portos
Esporte	Secretaria de Relações Institucionais
Fazenda	Secretaria Geral da Presidência
Gabinete de Segurança Institucional	Trabalho e Emprego
Integração Nacional	Transportes
Justiça	Turismo
Meio Ambiente	

Até quando digito esta relação, fico abismado e nem sei como ousou criar tantos e daí a "máquina burocrática" inchou, mais comissionados, mais modelos criativos para Estados e Municípios.

Em decorrência, já é possível inferir-se uma explicação primeira, de como o Brasil quase foi à falência total e uma "justificativa até para afastar a "Presidenta", antes que tudo desmoronasse completamente e voltássemos a ser uma "República das Bananas", de bolivariana aparência, e talvez conteúdo.

323

E fazendo uma espécie de parênteses, cito o fato de que o Presidente Lula e depois a Presidenta Dilma (do PT), obtiveram o poder presidencial, para mim, porque o Governo anterior, de Fernando Henrique Cardoso, distanciou-se tanto do povo, errou em não diagnosticar o crescimento da chamada "esquerda", afastou-se muito do povo eleitor pela falta de criação eficaz e bem direcionada de políticas sociais reais, em razão principal de assumir academicamente como foco, um sentido de governo do tipo político-econômico, deixando de lado aspirações sociais do povo "distante", mormente das classes trabalhadoras e rurais.

Isso tudo foi prato cheio para a atuação dos partidos comunistas (que nem deveriam poder existir numa democracia autêntica, porque eles pregam justamente a destruição dos valores democráticos, portanto contêm em si a bomba relógio com tempo certo para explodir). Daí um passo facilitado para a atuação dos Sindicatos e entidades de esquerda, a pregarem o *Fora FHC* e ficarem como que "donos" de um moralismo e honestidade que eles diziam ter e hoje, com horror, vemos que não era nada disso e acabamos descobrindo neles o maior escândalo do mundo em corrupção e organização criminosa institucionalizada.

Mas para auxiliar a conformação de uma mais razoável burocracia considero um modelo de possíveis atividades ideal, o que é informado por diversas fontes e praticado por muitos países, do tipo:

i. Casa Civil

ii. Chancelaria ou Relações Exteriores

iii. Defesa

iv. Justiça

v. Fazenda

vi. Planejamento

vii. Interior

viii. Educação e Cultura

ix. Saúde

x. Agricultura e Pesca

xi. Indústria e Comércio

xii. Trabalho e Previdência Social

xiii. Transportes

xiv. Energia e Comunicações

xv. Meio Ambiente

A burocracia em demasia torna complexas as ações em quaisquer campos de atividade do Governo, mormente de seus Órgãos e das entidades que se dedicam aos programas sociais, pois prejudica muito a indispensável atenção aos mais carentes, aos mais necessitados,– por vezes anulando, na totalidade, o atendimento e a execução dos casos abrangidos, bem como os passos essenciais de atendimento. Outra consequência é a de que muitos Ministérios e suas burocracias servem de modelo a Estados e Municípios, inchando a máquina operacional destes, com a tendência de nem se saber ao certo quem atende o que, em casos concretos.

A partir dos Ministérios e das correspondentes Secretarias de Estado e Municipais, temos, como já dissemos, a proliferação de cargos comissionados em demasia, muitos para atender anseios partidários, que criam suas próprias burocracias para ficarem importantes e se fazerem de essenciais para justificar a criação de seus cargos e "ocorre inibição de políticas reais sociais".

Depois, vem a grande quantidade de Departamentos separados que deveriam estar em outros de melhor identificação, a proliferação de Delegacias de órgãos em vários Municípios sem justificativa plausível, a criação de Divisões de Departamentos também sem justificativa, o mau uso e equivocado de pessoal nesses Órgãos, o despreparo de servidores, as ordens mal definidas e a falta de critério em decisões internas desses Órgãos.

Descambamos para exigência de muitos selos, carimbos, exigência de impressões, de documentos que não seria lícito pedir, validações especiais, cópias de documentos antigos, seguindo-se a *distribuição indiscriminada de locais, tipos de prédios, acesso ou distância equivocados para a obtenção do atendimento, práticas mal atribuídas de atividades em edifícios públicos, condições lamentáveis higiênicas e sanitárias, escadas em demasia, inexistência de elevadores em boas condições, falta de preparo de agentes, falta de informações e sinalização, tudo atuando como fatores impeditivos ou dificultadores dos serviços e providências que o cidadão almeja.*

Concluindo, além dessas estruturas, *a exigência constitucional ou legal ou departamental de cumprimento de muitas exigências para prática de atos da vida humana ou obtenção de documentos e benefícios é inibidora da execução desejável e mais célere de políticas, determinações a serem alcançadas e pretensões válidas e desejadas pelos cidadãos.*

2.1 Pensamentos para fonte e ilustração desse tema, que é também político

Para ilustrarmos essa dissertação sobre burocracia e seu aumento, chamo "à nossa reflexão" pensarmos um pouco sobre o que somos, o que proclamaram sermos, ou o que entenderam como finalidades e características de nossa existência, ou seja, o que é bom e justo para o social – para nós, enquanto vivendo em sociedade.

Vamos brevemente a pensamentos de pessoas famosas, ousando eu mesmo aplicá-las a nossas ideias sociais.

Para **Aristóteles** "O homem é um animal político".

Nesse sentido, o homem inserido na "polis" (cidade) tem de se adequar a ditames e condições inerentes, a fim de conviver consoante as regras de ser e estar na "polis", interagir com os semelhantes com astúcia, ponderação e criatividade.

Para **Immanuel Kant**: "Se o homem faz de si mesmo um verme, ele não deve se queixar quando é pisado".

"Pegando pesado" aqui, temos um Kant exprimindo a não respeitabilidade de cidadãos que não se deixam respeitar, nem reclama da submissão ao errado e nada faz para mudar. Lembro-me das eleições no Brasil e na votação dos que são eleitos.

Para **Jeremy Bentham**: "A maior felicidade do maior número é o fundamento da moral e da legislação". Nesse sentido, vamos entender que para ele se muitos são ou se consideram felizes, é porque existe um forte fundamento moral (também ético) e estaria comprovado o acerto e a eficácia da legislação vigente. Talvez então a burocracia devesse ser facilitadora e colaboradora ao extremo. Problema grande é a aferição dessa felicidade...

Para o filósofo **Confúcio**: "Espere fidelidade e sinceridade como primeiros princípios". Aqui encontramos a prevalência de princípios definidos como fidelidade, honestidade, sinceridade, transparência. Mas do ponto de vista estatal, a identificação e vigilância deveriam ser muito grandes para a identificar a real ocorrência de fidelidade, honestidade, também a educação e o testemunho, para se tornarem princípios reais o que não o são, infelizmente.

Para **René Descartes**: "Cogito, ergo sum" ("Penso, logo existo"). Uma verdade fundamental e que nos lembra de que o existir deveria derivar do pensamento mas eu digo, não de qualquer pensamento ou forma de existir. No sentido público, social, deveríamos acolher e procurar identificar os bons pensamentos edificantes, para existirmos em melhores condições e os outros que temos são complemento de nosso ser em diversas situações, sem se aplicarem ao nosso tema social aqui tratado.

Para **Thomas Hobbes**: "A vida de um homem (em um estado de natureza) é solitária, pobre, sórdida, brutal e curta". Eis uma intensa e grave indicação de que temos de viver em sociedade. Bem, exageros à parte, é fato que "juntos somos mais" e que realmente o ser humano é por natureza social, quando em uso correto de suas faculdades mentais.

Voltando a **Immanuel Kant**, que aqui se aplica e complementa: "A felicidade não é um ideal da razão, mas da imaginação". Ou seja, a felicidade é um bem tão precioso, imaterial e dos sentimentos individuais, que só abstratamente mostra-se como fruto do atingimento imaginado que se concretiza.

Quanto **a John Stuart Mill**: "A liberdade consiste em fazer o que se deseja". Certamente esse tipo de liberdade, com todo o respeito, é um passaporte para a destruição, para a liberalidade impossível de ser implementada. Sim é um primeiro conceito dizendo que, se faço o que quero, estou livre. Mas livre, como? Os outros e a natureza vão nos impedir, cobrar, responder violentamente, até nos destruir, assim que em pequeno ou grande ato, formos contra a liberdade oposta deles. Nem se fale quanto a Deus e seus mandamentos!

Chegou a vez de **Platão**: "Quem comete uma injustiça é sempre mais infeliz que o injustiçado". Nas longas filas ou nos errantes caminhos burocráticos, essa frase de Platão serve de consolo, mas não como regra a ser seguida.

Por **Bertrand Russell**: "É indesejável que acreditam que uma proposição, quando não há base alguma para supor que seja verdade". Tantos experimentaram essa sensação de estar com a verdade, até de tanto repetirem-na forçadamente. E os burocratas tentam nos convencer que tudo está funcionando bem e muitas vezes acreditamos, mesmo porque não vemos coisa melhor.

De **Sêneca**: "Mesmo enquanto que ensinam, aprendem os homens". Para mim isto é uma esperança. Os que ensinam os outros um dia como estrelas no céu brilharão, mas os que ensinam errado e por vezes para conduzir a caminhos sabidamente ruins, hão de aprender o futuro fracasso, ainda que tarde, bem como a morte de suas atitudes e caminhos.

De **Sócrates**: "Há apenas um conhecimento bom e um mal, a ignorância". Sim, conhecer o que realmente nos remete ao bem, ao bem comum, ao bom atendimento social é o que vale. Do contrário, trilhamos o caminho da estupidez, do engano, do não saber fazer nem conduzir.

Finalmente mas óbvio não por último – **Jesus Cristo** – "Dai a César o que é de César e a Deus o que é de Deus". Ou seja, organize-se a sociedade sabendo discernir os valores justos para serem atribuídos neste mundo, na forma correta para atingir fins dignos, mas reserve-se a Deus as coisas que envolvem ou são do espírito. Assim, respeite-se uma burocracia de bom serviço, amorosa, mas cuidado com o maior valor à burocracia que à própria finalidade a que se destina. Isto por quê? Porque Ele mandou "amar ao próximo como a si mesmo".

3. O Estado – Políticas sociais – algumas outras constatações

O Estado não é o pai ou a mãe ou a família dos seus cidadãos.

John F. Kennedy ex-Presidente americano já dizia: "Não perguntem o que o seu país pode fazer por você, mas o que você pode fazer pelo seu país".

O país é um fornecedor de recursos, meios e serviços para que os indivíduos e famílias possam viver em paz, segurança, ordem, organizar suas atividades, trabalhar de forma produtiva e lucrativa, socorrer as necessidades maiores e globais, mormente em casos de cataclismas, ou emergências, enfim garantir o mínimo necessário de atendimento médico, hospitalar, transportes, higiene, bens essenciais à vida, comunicações.

Ele é um meio, mas um meio importantíssimo em que a Sociedade confiou para organizar e ter recursos suficientes que sozinha não conseguiria obter.

O Estado serve o povo, administra, promove educação escolar e não foi criado para ser ele próprio atendido, mas para atender.

Óbvio que para tanto ele necessita de recursos, de tributos, de dinheiro arrecadado a fim de exercitar seus ministérios, ou suas atribuições, sem se perder em "mistérios", complicadores, ou pior, crimes ou maquinações em favor de alguma casta privilegiada.

Evidentemente, necessitade Órgãos, entidades, formas e enfim uma "ordenada Burocracia", paraexecutar, promover, criar e aplicar as políticas sociais que deseja priorizar.. Mas deve fazê-lo com a organização necessária e suficiente para tanto, evitando a concentração de sua atividade só nas formas e efeitos políticos para angariar votos, descuidando-se do excesso de regras e locais que tornam morosa ou precária sua "performance".

Não é a ideia de deverem ser os governantes e suas castas os primeiros a merecerem tratamento privilegiado e de melhor qualidade, mas todos os cidadãos. E quando não é possível para todos um determinado ato ou ação, não deve sê-lo para ninguém ou mudem-se as regras, ou capacitem-se para conseguir fazê-lo.

Acabam não sendo políticas sociais as impossíveis ou equivocadas quanto ao seu cumprimento. Só para ter-se um pequeno choque ilustrativo, imagine-se um Fundo governamental, que garantisse um pagamento mensal de R$ 1.000,00 a todos os cidadãos com mais de 18 anos de idade. Isso importaria em um gasto mensal de R$ 140.000.000.000 – cento e quarenta bilhões, aproximadamente – ou seja 1 trilhão, seiscentos e oitenta bilhões de reais por ano – R$ 1.680.000.000.000,00 completamente maluco e impossível, o que além de não resolver nossos problemas, implicaria paralisia do Estado, ou seja não teríamos nenhum dinheiro para saúde, educação, segurança, gastos com servidores, infraestrutura, enfim um Estado louco e cativo, na falência e em caos total.

Políticas sociais são para a Sociedade e não para conservar o poder sobre a Sociedade.

A política social existente e em plena e profícua vigência, só existe com bons fundamentos e definições, gerenciamento muito bem planejado e executado, inexistência de corrupção e de propina.

A conferir, parece-nos que a **burocracia crescente no Brasil pode inibi-la sim,** *no que se refere* à *legítima expectativa dos cidadãos.*

E por quê?

4. A pergunta que não quer calar

Não – não é quem matou Kennedy, citado há pouco. *A pergunta que se faz é como a Burocracia pode servir ao cidadão e como pode inibir a boa consecução social das políticas públicas?*

Para podermos caminhar sem arrependimentos ao fim do trabalho, respondendo a questão, dando oportunidade a diversos tipos de políticas sociais, recorramos a duas vertentes de constatação, verificando como existem:

Primeira: vou recorrer a um caso concreto e atual comigo mesmo ocorrido.

Segunda: tratarei de algumas políticas sociais entendidas como reais.

Vamos à *primeira vertente.*

4.1 O caso do Cartão do Idoso

Era uma vez eu e minha esposa, que dirigimos veículos por mais de meio século quanto a mim, ela quase tanto. Como queremos utilizar os locais de estacionamento para idosos legalmente, fomos tratar de obter o chamado Cartão do Idoso, em São Paulo, para estacionamento em vagas a tal categoria de cidadãos destinadas.

Muito bem. Sempre ouvimos dizer que o Poupatempo resolve rápido muitas situações documentais, tendo nós estado muitas vezes nesse serviço e visto que atendem muito bem. Então fomos para ver se ali poderíamos tirar o Cartão do Idoso.

Dirigimo-nos ao Poupatempo de Cidade Ademar – mais próximo de nossa casa – e lá obtivemos a informação de que eles não faziam e que deveríamos ir à Subprefeitura de Cidade Ademar, porque lá resolveriam tudo.

Num outro dia, fomos à subprefeitura de Cidade Ademar e depois de esperar nossa senha fomos à mesa, onde duas funcionárias nos solicitaram documento que identificasse prova de endereço, o que achei estranho porque pouco importa onde residam os idosos.

Então voltamos para casa e no dia seguinte retornamos e daí apresentamos prova de endereço e outros documentos solicitados, alguns acompanhados de cópias respectivas também solicitados. Assinamos um requerimento que nos apresentaram (um para cada um) a fim de encaminhar o pedido.

Informaram-nos para aguardarmos em casa os 2 Cartões.

Decorridos 20 dias (sim 20!) recebemos da Prefeitura sabem o quê?

Não, não acertaram! *Recebemos o Bilhete Único para Idosos!* Como não o usamos, fiquei pensando em quantos que necessitam e que nem recebem e nem sabem por vezes o porquê.

Daí, tive que perder mais tempo e dinheiro: Revoltas à parte, recorri a todos os *sites* e informações possíveis, daí percebendo as falhas de informações, mormente da Subprefeitura e que deveríamos ir sim diretamente à CET – DETRAN SP – na Rua Sumidouro, mas com um requerimento encontrado na Internet, cujo acesso foi difícil inclusive porque numerado,

JUSTIÇA ECONÔMICA E SOCIAL

um para mim e outro para minha esposa, impresso, conferido e assinado, a ser apresentado com todos os documentos já antes solicitados e sem foto – coisa que parecia antes ser exigível.

Fomos ao local e o estacionamento não estava todo lotado, mas daí saiu uma senhora de um lugar e o funcionário disse para entrarmos e recomendou para paramos exatamente no local da vaga da senhora, pois os outros se destinavam a funcionários. Só que não havia nenhuma sinalização sobre destinarem-se a funcionários, fato que está em desacordo com a exigível sinalização inerente ao Código Nacional de Trânsito.

Fiquei pensando enquanto ia ao local e sala determinados – para que um Cartão de Idoso, porque a minha carteira de identidade já contém bem clara a data de nascimento e mesmo a minha Carteira Nacional de Habilitação de porte obrigatório, a qual confirma que eu sou eu mesmo! Se partirem do pressuposto que pode ser falso ou não acreditarem na identidade, bem falsificação também pode existir no Cartão do Idoso (brasileiro infelizmente é bom nisso). E o agente que desejasse verificar ou fiscalizar o uso da vaga pode sempre fazê-lo e tem todo o direito de multar, se eu estiver errado, como eu tenho o direito de me defender.

Chegando à sala com minha esposa pegamos duas senhas – uma para cada um e houve uma pequena confusão de chamadas simultâneas, mas finalmente fomos atendidos por um agente público.

Verificou os documentos e disse que só poderia emitir um cartão – o meu, porque o dela só se provasse que morava comigo no mesmo endereço, porque não levamos uma Certidão de Casamento e o endereço dela poderia não ser o meu. Absurdo! Nada a ver com a situação de idoso ou não! Mas não quisemos discutir para não nos prejudicarmos. E assim voltamos para casa para pegar a Certidão.

No caminho de volta, fiquei pensando até meio revoltado como tantas pessoas pagam por outras suas contas, quantas pessoas nem continuam casadas e apresentam Certidão de Casamento para outros fins (infelizmente) e como essa burocracia ignora o que quer conceder.

Veja que no caso só queríamos obter um simples Cartão comprovando que a pessoa é idosa, para poder estacionar legalmente em vagas de idosos, só isso e nada mais.

Bem, realmente retornamos à nossa casa e lá tivemos que voltar com todos os documentos outra vez com a senha respectiva e finalmente, após 2 meses de nossa busca pelo Cartão, orgulhosamente os obtivemos. Aleluia!

Imagine se isto fosse para receber um benefício em dinheiro ou outra coisa? É o que você verá mais adiante.

Segunda vertente

4.2 As políticas sociais reais – citação exemplificativa e ponderações

Diz-se serem políticas sociais efetivas (reais) as medidas governamentais e os conjuntos harmonizados de atuação de entidades privadas, ou de ONGs (Organizações Não Governamentais), para melhorar, criar ou suprir carências ou necessidades da população que vive em situação de vulnerabilidade social, decorrente da pobreza, privação de direitos e serviços assistenciais mínimos e básicos.

Fala-se de um "Terceiro Setor", no Brasil, que compreende a atuação de agentes políticos, culturais, econômicos e sociais, com diversas ações para criar, implantar, ou gerir modelos dinâmicos de organização e auxílios sociais.

Portanto políticas para o povo, em sentido realmente social, são as que visam a atender as necessidades e anseios de todos, particularmente dos mais carentes, ensejando propiciar ou melhorar a vida das pessoas de determinado país, ou determinada região, ou até de todo o mundo.

JUSTIÇA ECONÔMICA E SOCIAL

As políticas sociais devem procurar garantir direitos e condições dignas de vida ao cidadão, de forma equânime e justa, a fim de assegurar à população o exercício o mais pleno possível de sua cidadania: Aí incluímos áreas da Educação, Saúde, Trabalho, Assistência Social, Previdência Social, Justiça, Agricultura, Saneamento, Habitação Popular, Meio Ambiente, Órgãos de Segurança e sistemas de esclarecimento nos Ministérios e Secretarias direcionando onde buscar seus direitos.

No campo financeiro, destacamos políticas desenvolvidas pelo Banco do Brasil, BNDES, Caixa Econômica Federal, entre outras instituições.

Mas há um importantíssimo fundamento sem o qual nada funciona a contento: A Gestão Verdadeira e Eficaz, ou seja, uma política bem conduzida, eficiente, profissional ou de extrema competência, sem favorecimentos indevidos, vindo das Diretrizes Superiores até o fim da cadeia de atos, chegando viva e portanto eficaz ao beneficiário cidadão corretamente identificado.

Para não ficarmos só na teoria, enunciemos políticas diversas, que entendemos abranger de forma importante e ampla nosso universo social atual, tanto de origem e participação do governo federal, quer dos governos estaduais e municipais, ou ainda em outras entidades diversas, incluindo-se as instituições privadas.

a) Bolsa-Família

Entendo que o Programa Bolsa-Família começou de forma mais efetiva com a Lei 10.836, de 9 de janeiro de 2004, sendo Presidente Luiz Inácio Lula da Silva. Apenas realçando que a ideia do Programa não foi desse Presidente, mas ele a implementou como Programa em grande escala.

Trata-se de transferência direta de renda, direcionada às famílias em situação de pobreza e de extrema pobreza em todo o País, de modo que consigam superar a situação de vulnerabilidade e pobreza.

O programa busca garantir a essas famílias o direito à alimentação e o acesso à educação e à saúde. Em todo o Brasil, sua abrangência chegou a ser de mais de 13 milhões de famílias atendidas.

A população alvo do programa é constituída por famílias em situação de pobreza ou extrema pobreza. Embora a situação econômica do País esteja instável, ainda existem regras oficiais que consideram extremamente pobres aquelas que têm renda mensal de até R$ 85,00 por pessoa. As famílias pobres são aquelas que têm renda mensal entre R$ 85,01 e R$ 170,00 por pessoa. As famílias pobres participam do programa, desde que tenham em sua composição gestantes e crianças ou adolescentes entre 0 e 17 anos. Para se candidatar ao programa, é necessário que a família esteja inscrita no Cadastro Único para Programas Sociais do Governo Federal, com seus dados atualizados há menos de 2 anos, divididas entre renda mensal de até R$ 85,00 por pessoa, renda mensal entre R$ 85,01 e R$ 170,00 por pessoa, que possuam em sua composição gestantes, nutrizes (mães que amamentam), crianças e adolescentes com idade entre zero e 16 anos incompletos e as de renda mensal de zero a R$ 170,00 por pessoa, que possuam em sua composição adolescentes entre 16 e 17 anos.

Além disso, as famílias que atendem aos critérios do Programa Bolsa-Família e estão inscritas em outros programas federais também têm direito ao benefício.

E qual é o valor dos benefícios?

Benefício Básico: concedido às famílias em situação de extrema pobreza, no valor de R$ 85,00 mensais; agora para famílias pobres e extremamente pobres, que tenham em sua composição gestantes, nutrizes (mães que amamentam), crianças e adolescentes de 0 a 16 anos incompletos – R$ 39,00 cada parte e cada família pode acumular até 5 benefícios por mês, portanto podendo chegar a R$ 195,00.

JUSTIÇA ECONÔMICA E SOCIAL

Existe também um **Benefício Variável**, destinado a famílias que tenham em sua composição, crianças e adolescentes de zero a 15 anos de idade, no valor de R$ 39,00.

Ainda há o **Benefício Variável à Gestante**: Destinado às famílias que tenham em sua composição gestante. Podem ser pagas até nove parcelas consecutivas a contar da data do início do pagamento do benefício, desde que a gestação tenha sido identificada até o nono mês. O valor do benefício é de R$ 39,00.

O **Benefício Variável Nutriz**, destinado às famílias que tenham em sua composição crianças com idade entre 0 e 6 meses. Podem ser pagas até seis parcelas mensais consecutivas a contar da data do início do pagamento do benefício, desde que a criança tenha sido identificada no Cadastro Único até o sexto mês de vida. O valor do benefício é de R$ 39,00.

Mais um – o **Benefício Variável Jovem:** Destinado às famílias que se encontrem em situação de pobreza ou extrema pobreza e que tenham em sua composição adolescentes entre 16 e 17 anos. O valor do benefício é de R$ 46,00 por mês e cada família pode acumular até dois benefícios, ou seja, R$ 92,00.

Por derradeiro, ao que saiba, **o Benefício para Superação da Extrema Pobreza:** destinado às famílias que se encontrem em situação de extrema pobreza. Cada família pode receber um benefício por mês. O valor do benefício varia em razão do cálculo realizado a partir da renda por pessoa da família e do benefício já recebido no Programa Bolsa-Família.

Foram feitas exigências de escolaridade de crianças, de preenchimento de comportamentos dos familiares, enfim, na teoria sempre houve boa intenção.

É forçoso reconhecer que houve, no início, melhoria para casos de extrema pobreza e pobreza, quanto até a passarem muitos a praticarem melhor sua antes nem conhecida cidadania.

Dirão então – que maravilha – embora os valores sejam modestos – mas devem atender a milhões e milhões.

MAS, a base de sustentação do Governo, não aplicando recursos corretamente, não vigiando e se aparelhando com acerto e coerência, deixando de fazer uma organização social real foi se deteriorando. Deteriorou-se tanto e se baseou em tantas bases de orçamentos artificiais e sonhadores que o Programa começou a falhar e declinou muito e muito! Receberam os que não deviam, desviaram-se os recursos, falsificaram-se situações e não houve gestão na ponta de recebimento.

Aí veio a crise econômica, provocada pelo mesmo partido no Governo, e foi se acentuando tanto que os "novos cidadãos", mesmo recebendo Bolsa-Família, não puderam mais comprar nem metade de suas cestas básicas, ou produtos necessários até de higiene, que puderam começar a consumir.

Em editorial do jornal *O Estado de São Paulo* de 17 de fevereiro de 2017, página A3, com título "Os novos pobres de Lula" afirma-se que "o lulopetismo deixou de herança são os novos pobres, não a alardeada retirada de milhões de brasileiros da pobreza e a criação de uma nova classe média. A tal revolução de Lula não foi além do paliativo – só importante enquanto tal – do Bolsa-Família. Este, como todo Programa populista, só dura enquanto pode durar a gastança irresponsável, sem respaldo na economia. Depois, acaba a mágica e é preciso pagar a conta."

A classe que emergiu um pouco e andou de avião passou a voltar a ter de andar de ônibus...

Ou seja, o Governo deu com uma mão dinheiro para saírem de pobreza extrema ou não, e depois tirou com a outra o "dobro do que deu", por causar caos econômico e mesmo de segurança, mormente no Nordeste do Brasil. Agora, caos nos Estados do Rio de Janeiro e muito outros (e tivemos Campeonato Mundial de Futebol e Olímpiadas).

Enfim só continuar com esse programa social, sem aperfeiçoá-lo de nada adianta, se a sociedade fica mergulhada em caos educacional, de higiene, da saúde, de consumo mínimo antes possível, enfim basta por aqui!

JUSTIÇA ECONÔMICA E SOCIAL

E o impacto sobre a possibilidade orçamentária está declinando mais e mais, além de estar havendo execução aleatória e política do Programa.

Não, não é o fim. Tudo pode ser mudado se houver um mínimo de governabilidade com credibilidade.

Esses problemas tão grandes começaram desde o começo do Governo Dilma, que sofreu um "impeachment" por extrema inabilidade de gestão e omissão, além de politicamente ter sido um fracasso. Prova até se teve, quando em eleições municipais o seu partido político perdeu fragorosamente espaço em todo o País.

E o prejuízo burocrático? Sim, a burocracia aqui teve diversos impactos.

Houve e há famílias que para se cadastrarem não tinham condições de provar o atendimento de exigências para receber o benefício, nem por vezes como e onde recebê-lo – muitas pessoas se ofereceram "gentilmente" para ajudá-las e "nem sempre graciosamente".

Mais grave, a burocracia bem trabalhada e excessiva "empurrou os recursos" para pessoas que não tinham direito ao benefício, até prefeitos de cidades que manobraram os recursos entre seus eleitores ou a quem bem entendessem.

Minha secretária doméstica começou a receber o benefício (sem ter direito) e nem sabe por que e nunca se apresentou em nenhum lugar. Parece que vão cessar seus pagamentos.

Alega-se ter havido uma espécie de "compra de votos" segundo entrevistados pelos noticiários da televisão, com a promessa do Programa ou pelos que estavam no Programa. Dizem que o Programa influiu na eleição da Presidenta em 2014, garantindo a esmagadora vitória no Nordeste, a poder combater eventual perda no Sul e Sudeste do País, em momento no qual ainda nem se sabia o tamanho da crise que estava embutida.

Com a falha causada quer por excesso de burocracia, burocracia mal aplicada, ou gestão errada quanto a documentos e situações o governo, agora está cortando os benefícios contendo informações conflitantes ou com problemas de cadastro.

E declara a todos que se o benefício tiver sido cortado, ou estiver em valor menor, o cidadão deve procurar o posto de atendimento do bolsa-família da sua cidade para recadastrar seus dados e solicitar novamente o benefício.

Inibiram-se portanto, por burocracia errada, **vários aspectos** do Programa e houve sim excessiva burocracia mal usada e equivocada, quer na atribuição das verbas, quer nos beneficiários finais, quer nas demoras de correção e uso de dados de gestão.

b) Situação atual de vários benefícios sociais

Antes de tratar de outras Políticas Sociais, examinemos um panorama sobre a situação no Brasil de alguns, conforme divulgações da imprensa e de fontes dignas de fé:

Dos oito programas sociais considerados base do governo, quatro tiveram corte nominal e outros quatro perderam verba por causa de um início de inflação fora da meta, a qual alcançou os dois dígitos em dezembro de 2015 e registrou a maior alta acumulada desde 2002.

Mesmo os programas que tiveram mais orçamento em termos reais, viram seu valor ser corroído e, na prática, registraram perda real em relação a 2014.

Consta que o Bolsa-Família, por exemplo, recebeu R$ 1 bilhão a mais em 2015. Corrigido pela inflação, entretanto, o valor é 4,7% menor do que em 2014.

Este também é o caso dos programas Brasil Sorridente, Pronaf e Luz Para Todos.

Em 2016, verificou-se perda expressiva do PRONATEC e o Minha Casa Minha Vida (este último tendo sofrido corte de 58%).

O Programa Minha Casa minha Vida além de ter cortes de execução mostrou uma realidade indesejada – casas e apartamentos entregues com problemas até estruturais, particularmente quanto aos beneficiários mais pobres, ou seja, além da mal orientada burocracia para atribuir moradias (umas até já invadidas por outros estranhos ao Programa), ainda encheu-se de problemas de gestão e execução, porque a burocracia aqui não funcionou e vai retardar ainda mais a efetiva entrega de moradias, que terão de ser examinadas para serem reformadas ou refeitas, com atrasos incríveis e a correlata *inibição* de novos compradores e construtores amedrontados com o conjunto dessa política.

O caso que parece ser o mais grave é o do programa Brasil Carinhoso, *destinado a repassar verba para creches que recebem crianças beneficiadas pelo Bolsa-Família.*

No Ministério da Educação, os programas ProUni e Pronatec, que oferecem bolsas de estudo para ensino superior e técnico, aparecem em seguida na lista de maiores perdas orçamentárias. "O MEC – Ministério da Educação e Cultura, diante da situação fiscal pela qual passa o País, tem que fazer mais com menos, com maior foco na gestão e na eficiência para economizar recursos", afirmou a pasta, mas *com mais burocracia porque tem de preservar correta aplicação de recursos.*

c) Políticas sociais

Agora vejamos item por item outras políticas sociais, que nos parecem úteis para fundamentar nossa resposta à pergunta inicial:

c.1 O SUS

O SUS – Sistema Único de Saúde existe no Brasil desde 1988, criado pela Constituição Federal e é um dos maiores programas de saúde do mundo.

De acordo com a Lei federal 8.080, de 19.09.1990 em seu art. 4º, o SUS assim é definido:

> O conjunto de ações e serviços de saúde, prestados por órgãos e instituições públicas federais, estaduais e municipais, da Administração direta e indireta e das fundações mantidas pelo Poder Público, constitui o Sistema Único de Saúde (SUS).
>
> § 1º Estão incluídas no disposto neste artigo as instituições públicas federais, estaduais e municipais de controle de qualidade, pesquisa e produção de insumos, medicamentos, inclusive de sangue e hemoderivados, e de equipamentos para saúde.
>
> § 2º A iniciativa privada poderá participar do Sistema Único de Saúde (SUS), em caráter complementar.

Portanto o SUS visa a dar atendimento a toda a população brasileira que se cadastre, quer por exercer atividades laborais, quer empregados por conta própria, quer atividades que nele se enquadrem.

Atende aos dependentes e agregados de titulares, desde que em situações previstas em legislação própria.

Existem postos de atendimento em todo o Brasil e atende e paga a hospitais e médicos que por ele são conveniados e credenciados, para prestar todos os atendimentos que o Sistema aceita. Há procedimentos e tratamentos que não são atendidos.

Mas muitos hospitais e médicos só atendem a planos privados de assistência médica, ou só atendem mesmo se recebem pagamento em dinheiro (ou cartão ou cheque), das pessoas físicas ou jurídicas que buscam seus serviços.

É um gigantesco Programa que pretende abranger 180 milhões de brasileiros, destacando-se campanhas de vacinação em massa e a chamada Farmácia Popular, que fornece medicações gratuitas, ou a preço muito baixo, a determinadas categorias de doentes que sofrem com hipertensão, diabetes, câncer e outras moléstias catalogadas pelo Governo.

JUSTIÇA ECONÔMICA E SOCIAL

Poderíamos dizer que sem o SUS muitas pessoas ou morreriam, ou não poderiam se tratar por falta de condições financeiras.

MAS, daí vem o famoso "MAS" – ele é muito precário em atendimento, em número de postos e principalmente paga muito pouco a médicos, hospitais e locais de atendimento, demora demais para atender uma única consulta – semanas, meses e até anos e muito tempo também para executar os procedimentos que ele mesmo autoriza, há falta de medicações para procedimentos e até greves em determinados serviços e épocas.

Ou seja, na prática, pobre de quem necessita do SUS e só tem o SUS. Não é sempre assim, ainda bem, mas não proporciona o atendimento para o qual foi direcionado, na proporção que almejou poder atender.

E a burocracia? Há falhas, demora e até não permissão em atendimentos e procedimentos, falhas e demoras incríveis na marcação de consultas, análise e emissão de documentos e expedientes. Portanto **inibe muito** *esta prestação do importante serviço social.*

E os burocratas do governo, por exemplo, não vão se tratar no SUS, mas nos melhores hospitais do País.

c.2 Minha Casa Minha Vida

É um programa do Governo Federal que procura oferecer financiamento de moradias nas áreas urbanas, para famílias de baixa renda.

É oportunidade para quem precisa mais e pretende-se com isso um maior desenvolvimento para o Brasil.

Trata-se de Governo Federal e a Caixa Econômica Federal agindo juntos.

Existe a meta de contratar 600 mil unidades, analisando o perfil de renda familiar, os limites do valor dos imóveis, de acordo com a região, e o aumento dos valores de subsídio do Fundo de Garantia do Tempo de Serviço (FGTS).

Pode-se usar o Fundo de Garantia do Tempo de Serviço (FGTS) (ora corrigido em 6,67% (2017), o que resulta na possibilidade de valor menor de entrada ao comprar o primeiro imóvel pelo PROGRAMA. O prazo máximo dos financiamentos é de 360 meses (30 anos).

Consta que o *Minha Casa Minha Vida* já beneficiou cerca de 12 milhões de pessoas, com a entrega de mais de mais de 3 milhões de moradias em todo o país.

Existe uma primeira faixa, com o limite de R$ 1.800 de rendimentos mensais, direcionado às famílias mais pobres e com subsídios do governo.

Quem ganha até R$ 2.600, tem financiamento com taxa de juros de 5%. Rendas de até R$ 4 mil, com juros entre 5,5% e 7%. A faixa com renda de até R$ 7 mil (juros de 8,16%) e a faixa de rendimentos até R$ 9 mil, taxa de 9,16%.

Os documentos para se Inscrever no Minha Casa Minha Vida **são** os documentos pessoais de toda a família beneficiada, tais como o RG (Registro Geral) e CPF (Cadastro de Pessoa Física), um comprovante de estado civil e comprovante de renda dos últimos seis meses.

Em alguns casos, são pedidos outros documentos e o imóvel pretendido deve cumprir determinadas exigências. Mas a coisa piora, em *grande parte dos casos, pela obrigatoriedade de estar o imóvel em ruas que devem estar calçadas e saneadas.*

Neste Programa, a burocracia atrapalha mais na demora de análise de documentos. Há outros entraves que aqui se aplicam, indicados *no Capítulo Resposta e Conclusão Final.*

c. 3 PROUNI

O Programa Universidade para Todos – Prouni é uma política social que visa a conceder bolsas de estudo integrais e parciais em cursos de graduação e sequenciais de formação específica, em instituições de ensino superior privadas.

Criado pelo Governo Federal Federal em 2004 e institucionalizado pela Lei 11.096, em 13 de janeiro de 2005, oferece, em contrapartida, isenção de tributos àquelas instituições que aderem ao Programa.

Desta forma, o objetivo é fornecer, aos alunos saídos do ensino médio da rede pública ou particular, bolsas integrais, desde que com renda familiar per capita máxima de três salários-mínimos.

O Prouni conta com um sistema de seleção informatizado e impessoal, que confere transparência e segurança ao processo. Os candidatos são selecionados pelas notas obtidas no Exame Nacional do Ensino Médio – Enem.

Assim, incluem-se os que não poderiam pagar ensino superior, mas desde que com desempenho comprovadamente entre os melhores, portanto incentivando o que estudou e aprendeu, embora de classe mais pobre.

O Programa ainda quer contemplar os que sem condições mereçam incentivo à permanência nas instituições, tais como a Bolsa-Permanência e ainda o Fundo de Financiamento Estudantil – Fies, que possibilita ao bolsista financiar parte da mensalidade não coberta pela bolsa do programa, já que a Faculdade pode exigir valor maior que o Programa concede.

O Prouni já atendeu, desde sua criação, em torno de 2 milhões de estudantes.

Atualmente, está reescalonando e gerindo valores por motivo da crise econômica do País, mas visa a continuar com recursos que estão sendo alocados aos poucos pelo Governo.

Há dificuldades na distribuição dessas bolsas quanto à gestão do Programa, distribuição e outras que se enquadram no Capítulo final deste trabalho.

c.4 FIEs

Trata-se do Fundo de Financiamento Estudantil (Fies) – programa do Ministério da Educação destinado a financiar a graduação na educação superior de estudantes matriculados em cursos superiores não gratuitas na forma da Lei 10.260/2001. Podem recorrer ao financiamento os estudantes matriculados em cursos superiores que tenham avaliação positiva nos processos conduzidos pelo Ministério da Educação.

Em 2010, o FIES passou a funcionar em um novo formato: a taxa de juros do financiamento passou a ser de 3,4% a.a., o período de carência passou para 18 meses e o período de amortização para 3 (três) vezes o período de duração regular do curso + 12 meses. O Fundo Nacional de Desenvolvimento da Educação (FNDE) passou a ser o Agente Operador do Programa para contratos formalizados a partir de 2010.

Além disso, o percentual de financiamento subiu para até 100% e as inscrições passaram a ser feitas em fluxo contínuo, permitindo ao estudante solicitar o financiamento em qualquer período do ano.

A partir do segundo semestre de 2015, os financiamentos concedidos com recursos do Fies passaram a ter taxa de juros de 6,5% ao ano com vistas a contribuir para a sustentabilidade do programa, possibilitando sua continuidade enquanto política pública perene de inclusão social e de democratização do ensino superior. O intuito é de também realizar um realinhamento da taxa de juros às condições existentes no ao cenário econômico e à necessidade de ajuste fiscal.

Os cursos prioritários para cada área foram:

Área da Saúde: Biologia – Bacharelado; Biomedicina, Educação Física – Bacharelado; Enfermagem – Bacharelado; Farmácia, Fisioterapia, Fonoaudiologia, Medicina, Medicina Veterinária, Nutrição, Odontologia, Psicologia, Serviço Social e Terapia Ocupacional, cursos indicados a partir do estabelecido na Resolução CNS 287/1988;

Área da Engenharia: todos os cursos do Cadastro e–MEC que possuam "Engenharia" na nomenclatura;

Área da Licenciatura, Pedagogia e Normal Superior: Pedagogia, Normal Superior, Português, Biologia, Matemática, Educação Física, História, Geografia, Língua Estrangeira, Química, Física, Filosofia, Artes, Sociologia e demais licenciaturas;

Seguem critérios de relevância social norteando-se por:

i) microrregiões identificadas pelo Instituto Brasileiro de Geografia e Estatística – IBGE a partir das informações geradas pela demanda por educação superior, calculada a partir de dados do Exame Nacional do Ensino Médio – Enem; (ii) demanda por financiamento estudantil, calculada a partir de dados do FIES no ano de 2015; e (iii) Índice de Desenvolvimento Humano Municipal – IDHM da microrregião, calculado a partir da média dos IDH–Ms dos Municípios que a compõem, conforme estudos desenvolvidos pelo Programa das Nações Unidas para o Desenvolvimento Brasil - Pnud – Brasil, Instituto de Pesquisa Econômica Aplicada – Ipea e pela Fundação João Pinheiro, conforme detalhado no anexo I da Portaria Normativa 13/2015.

Sem dúvida importantíssimo para o desenvolvimento do País, mas sua gestão preocupa, o nível dos estudantes e o nível dos Cursos oferecidos também preocupam.

Quanto à burocracia vale o que tratamos ao final do trabalho.

c.5 Mais Médicos

O Programa *Mais Médicos* (PMM) é parte de um esforço do Governo Federal, com apoio de Estados e Municípios, para a melhoria do atendimento aos usuários do Sistema Único de Saúde (SUS).

Pretende levar mais médicos para regiões onde há escassez ou ausência desses profissionais, o que é muito bom para a melhoria de saúde e evitarem-se mortes prematuras de crianças e mesmo adultos por falta de bom tratamento.

O programa prevê mais investimentos para construção, reforma e ampliação de Unidades Básicas de Saúde (UBS), além de novas vagas de graduação, e residência médica para qualificar a formação desses profissionais.

Na prática, as condições oferecidas aos médicos foram salários não exatamente atraentes, mas o mais desencorajador é o profissional ir a locais em que identifica ou suspeita de problemas de saúde que não têm equipamentos para auxiliá-lo em diagnósticos e nem existem remédios e condições para que o paciente se trate.

Daí muitos médicos brasileiros nem se interessaram ou tiveram receio de serem mal sucedidos até em início de carreira com os danos decorrentes para sua reputação profissional.

Daí contrataram-se médicos cubanos (nada exatamente contra), mas esses médicos além de serem estrangeiros ganhavam 1/3 do salário oferecido, sendo os outros 2/3 remetidos à Cuba, o que desfigura socialmente, politicamente e profissionalmente, a profissão, gerando até mesmo falta de confiança dos pacientes a serem atendidos.

O programa busca resolver a questão emergencial do atendimento básico ao cidadão, mas também cria condições para continuar a garantir um atendimento qualificado no futuro a, para aqueles que acessam cotidianamente o SUS.

Além de estender o acesso, o programa queria provocar melhorias na qualidade e humanização do atendimento, com médicos que criariam vínculos com seus pacientes e com a comunidade. Mas com os cubanos e com algumas medidas incorretas e desalentadoras ainda não conseguiu.

O *Mais Médicos* conseguiu começar uma consciência de buscar o profissional de medicina mais vezes para evitar problemas maiores à população, mas falta despolitizá-lo, dar mais condições e melhorar a gestão e solidificar o aparelhamento básico e necessário para o sucesso de tratamento dos pacientes.

c.6 O PAC

Muitas vezes se diz que o País deve crescer mais quantitativamente no pressuposto de que a base a ser acelerada é sólida e confiável.

Criado em 2007, o Programa de Aceleração do Crescimento (PAC) pretendeu promover a retomada do planejamento e execução de grandes obras de infraestrutura social, urbana, logística e energética do país, contribuindo para o seu desenvolvimento acelerado e sustentável.

Mas agora sabemos que "nosso crescimento" estava deteriorando-se para virar "recessão".

Pensado como um plano estratégico de resgate do planejamento e de retomada dos investimentos em setores estruturantes do país, o PAC, num começo, contribuiu de maneira razoável para o aumento da oferta de empregos e na geração de renda, e elevou o investimento público e privado em obras fundamentais.

Ajudou o país durante a crise financeira mundial entre 2008 e 2009, tendo proporcionado impacto positivo no emprego e renda aos brasileiros.

Em 2011, o PAC entrou na sua segunda fase, com o mesmo pensamento estratégico, mas mais oprimido pelos resultados "maquiados" e já convivendo com desvios de verbas que cresciam mais e mais no País, foi sendo o retrato de um futuro que não seria real, porque com premissas falsas e sabemos que até a famosa "transposição do Rio São Francisco" prevista para 2012, justamente "abençoada" pelo PAC, não aconteceu.

O Programa seria muito bom se se assentasse em bases corretas, orçamentos factíveis e recursos em nível existente a tempo e hora corretos, o que infelizmente não ocorreu.

Sim podemos pensar em um PAC baseado em metas plausíveis e que parta não de fantasias, mas de orçamentos controlados e fundamentados para constituírem uma real política social.

c.7 O PRONATEC

O Pronatec foi criado em 2011, durante a administração da Presidenta Dilma Rousseff.

O programa nasceu como uma ótima forma de expandir e democratizar o acesso à educação profissional e tecnológica, através de cursos presenciais e à distância.

Outros objetivos também fazem parte da história do Pronatec, como reformar e expandir as escolas profissionalizantes, ampliar as oportunidades educacionais dos trabalhadores brasileiros, favorecer o desenvolvimento das empresas e a geração de empregos e aumentar a quantidade de recursos pedagógicos.

O Pronatec atua em conjunto com outras iniciativas, com o propósito de ampliar as oportunidades educacionais em todo o Brasil. O programa envolve o Acordo de Gratuidade dos Serviços de Aprendizagem, a Rede e-Tec Brasil e muitas outras apostas.

As instituições particulares que trabalham com ensino profissionalizante também podem participar do Pronatec, desde que façam o cadastro no *site* oficial do programa.

Muitas instituições particulares de ensino são executoras do Pronatec e reservam vagas gratuitas para cursos técnicos. Anhanguera, UNIP, Estácio de Sá, Cruzeiro do Sul e Unopar são apenas algumas universidades que executam o programa de estímulo à educação profissional e tecnológica.

O programa funciona como um estímulo para as instituições de ensino profissionalizante, tanto públicas como particulares. As vagas gratuitas do Pronatec só são ofertadas graças às parcerias estabelecidas em todo o país, principalmente com Senai, Senar, Senac, Senat e a rede federal.

As pessoas que participam do Pronatec podem fazer um curso profissionalizante sem qualquer tipo de custo. Em alguns casos, o programa contribui com outros benefícios, como material didático, lanche e vale-transporte. O Pronatec trabalha com duas modalidades de educação profissional.

c.8 Luz para todos

Concordo com os que participaram e participam do Programa Luz para Todos, que pode ser considerada uma das políticas públicas mais bem-sucedidas do governo federal, desde 2003, quando foi criado.

Queriam alcançar 2 milhões de famílias do meio rural sem energia elétrica, a maioria abaixo da linha de pobreza, (Censo do IBGE de 2000).

Foram comprovadamente 3,2 milhões de famílias com moradias conectadas à rede de eletricidade.

Uniram-se, no esforço, o governo federal com governos estaduais e distribuidoras de energia.

O programa é coordenado pelo Ministério de Minas e Energia, tem participação da Eletrobrás e de cooperativas, organizações sociais, agentes e as próprias comunidades.

Tem abrangência em escolas rurais, áreas de pobreza extrema, quilombos, comunidades indígenas, assentamentos, populações ribeirinhas, pequenos agricultores, famílias em áreas próximas de reservas e aquelas afetadas por empreendimentos do setor elétrico.

Propiciou integração com programas sociais de saúde e educação, o que favoreceu o desenvolvimento econômico e social.

A eletricidade chega até ao ponto de consumo de cada unidade, e as concessionárias são obrigadas a instalar o padrão de entrada e um kit básico de distribuição interna.

Tem-se notícia de que 14 mil escolas em áreas rurais a puderam abrir cursos noturnos, possibilitando o uso de equipamentos de informática, ventiladores e geladeiras para a conservação da merenda.

Se fosse entregue exclusivamente à iniciativa privada e ao mercado, programas como o Luz para Todos não sairiam do papel, neste caso específico. Por quê?

Porque "As concessionárias têm um interesse menor na eletrificação rural, em razão dos compromissos com a clientela urbana. Procuram atender as áreas rurais de maior densidade e que estão mais próximas das cidades, onde normalmente se localiza o consumidor mais rico ou mais atraente, com maior consumo e, consequentemente, retorno do investimento mais rápido", dizem o engenheiro Paulo Ernesto Strazzi e quatro outros autores em trabalho sobre o *Luz para Todos* e a concessionária Elektro, de São Paulo.

O público alvo do programa, no entanto, encontra-se em situação oposta àquela preferida pelas concessionárias privadas: são pessoas que moram em áreas de menor densidade, quase sempre distantes do meio urbano, mais pobres e que, portanto, oferecem menor perspectiva de consumo. Levar até essas pessoas energia elétrica requer "alto investimento por ligação e não apresenta retorno atrativo".

No que se refere às normas legais pertinentes, temos a Lei 10.438 de 26 de abril de 2002, universalização do acesso à energia elétrica, e a Lei 10.762 de 11 de novembro de 2003, criadora do Programa Nacional de Eletrificação Rural Luz para Todos.

c.9 Vacinações por Órgãos diversos

É muito comum no País e isto é muito bom, que quando aumentam casos de doenças transmissíveis, Órgãos Públicos

JUSTIÇA ECONÔMICA E SOCIAL

e entidades do Setor Privado atuem para a vacinação da população sob risco.

Sendo um país predominantemente tropical, a transmissão de doenças por insetos, por animais acaba atingindo áreas rurais e urbanas.

Os postos de saúde, os locais de clínicas, os hospitais e repartições recebem doses da vacina e equipes de vacinação são formadas.

Erradicamos a poliomielite do Brasil, mas agora o mosquito "Aedes Egypti" tem sido vetor de transmissão de dengue, febres hemorrágicas, zika vírus, Chikungunya e tantos outros males, que são objeto de pesquisa de vacinas.

Voltamos a ter epidemia localizada de febre amarela em locais do Sudeste do País.

O Instituto Butantã em São Paulo e a Fundação Oswaldo Cruz no Rio de Janeiro estão na vanguarda das pesquisas, também objeto de outras entidades.

A burocracia existe, mas atinge menos esses setores de vacinação porque há um interesse muito grande em que ocorra a vacinação.

c.10 Preservação do Meio Ambiente

Programas para preservação do Meio Ambiente têm sido objeto de intensa propaganda válida, em escolas, em Órgãos de comunicação – alvo de seguidas campanhas no rádio, TV, Internet e mídias sociais.

O plantio de árvores em espaços públicos, mesmo em propriedades privadas, tem sido louvável iniciativa e já foram sensibilizadas a infância e a juventude.

Que bom seria se déssemos a mesma importância na grade escolar do ensino fundamental e médio ao repúdio à corrupção em todos os níveis, ensinando às crianças que não se pode roubar dinheiro público; político não pode ser corrupto; político tem de ser honesto e estar a serviço do povo, porque é este que escolhe quem governa, faz as Leis e não pode ser contaminado por políticas imorais, ilegais.

E ensinar que o Poder é para servir ao povo e não para se servir do dinheiro do povo erradamente.

c.11 NRs do Trabalho

Existem, no Brasil, Normas Regulamentadoras aplicáveis a todos os tipos de trabalho, que para mim, não só são normas trabalhistas mas constituem uma política social trabalhista muito importante, as quais todas as empresas e todos os locais de trabalho público ou privado são obrigadas a cumprir.

Durante muito tempo atuei em Departamento Jurídico de empresas e boa parte do trabalho era para examinar o cumprimento das chamadas NRs e também em Foro Trabalhista, quando ações judiciais trabalhistas ou outras foram debatidas e mereceram decisões judiciais.

As NRs, que começaram em 1978, e foram sendo completadas e aperfeiçoadas durante todo o tempo até nossos dias, são as seguintes, de acordo com o site http://www.guiatrabalhista.com.br/legislacao/nrs.htm, que retrata o que a legislação vigente dispõe:

- NR-1 – Disposições Gerais;

- NR-2 – Inspeção Prévia;

- NR-3 – Embargo ou Interdição;

- NR-4 – Serviços Especializados em Engenharia de Segurança e em Medicina do Trabalho – SESMT;

- NR-5 – Comissão Interna de Prevenção de Acidentes – CIPA;

- NR-6 – Equipamentos de Proteção Individual – EPI;

JUSTIÇA ECONÔMICA E SOCIAL

- NR-7 – Programas de Controle Médico de Saúde Ocupacional – PCMSO;

- NR-8 – Edificações;

- NR-9 – Programas de Prevenção de Riscos Ambientais – PPRA;

- NR-10 – Segurança em Instalações e Serviços em Eletricidade;

- NR-11 – Transporte, Movimentação, Armazenagem e Manuseio de Materiais;

- NR-12 – Segurança no Trabalho em Máquinas e Equipamentos;

- NR-13 – Caldeiras, Vasos de Pressão e Tubulações;

- NR-14 – Fornos;

- NR-15 – Atividades e Operações Insalubres;

- NR-16 – Atividades e Operações Perigosas;

- NR-17 – Ergonomia;

- NR-18 – Condições e Meio Ambiente de Trabalho na Indústria da Construção;

- NR-19 – Explosivos;

- NR-20 – Segurança e Saúde no Trabalho com Inflamáveis e Combustíveis;

- NR-21 – Trabalho a Céu Aberto;

- NR-22 – Segurança e Saúde Ocupacional na Mineração;

- NR-23 – Proteção Contra Incêndios;

- NR-24 – Condições Sanitárias e de Conforto nos Locais de Trabalho;

355

- NR-25 – Resíduos Industriais;

- NR-26 – Sinalização de Segurança;

- NR-27 – (Revogada pela Portaria GM n.º 262, 29/05/2008) – Registro Profissional do Técnico de Segurança do Trabalho no MTB;

- NR-28 – Fiscalização e Penalidades;

- NR-29 – Segurança e Saúde no Trabalho Portuário;

- NR-30 – Segurança e Saúde no Trabalho Aquaviário;

- NR-31 – Segurança e Saúde no Trabalho na Agricultura, Pecuária Silvicultura, Exploração Florestal e Aquicultura;

- NR-32 – Segurança e Saúde no Trabalho em Estabelecimentos de Saúde;

- NR-33 – Segurança e Saúde no Trabalho em Espaços Confinados;

- NR-34 – Condições e Meio Ambiente de Trabalho na Indústria da Construção e Reparação Naval;

- NR-35 – Trabalho em Altura;

- NR-36 – Segurança e Saúde no Trabalho em Empresas de Abate e Processamento de Carnes e Derivados.

A dissertação sobre cada um dos tópicos dessas NRs seria objeto de um livro a parte, tão grande é a quantidade e qualidade dessas Normas Regulamentadoras, que enfatizam Segurança, Medicina e Higiene do Trabalho.

O que elas contêm é tão valioso que os trabalhadores sujeitos a tais normas aplicam em suas casas muitas dessas normas.

Quanto a movimentos seguros, atos inseguros, eu mesmo ponho em prática tudo que aprendi através delas, em minha residência.

Burocracia aqui é por vezes bem-vinda, mas existe sim uma forma não desejável, na demora de aprovações de Programas e locais de estabelecimentos de entidades governamentais e de Órgãos Públicos, para declararem a conformidade de suas situações perante Ministério do Trabalho e outros órgãos fiscalizadores.

c.12 Lei Rouanet

Conforme a Lei 8.313 de 1991, assim funciona tal Lei, conforme o Ministério da Cultura, o que pode ser até mais explicitado em site do Portal Brasil, em: http://www.brasil.gov.br/cultura/2009/11/lei-rouanet/:

Lei 8.313/1991 – Lei Rouanet, assim denominada em homenagem ao ex-Secretário de Educação e Cultura, no tempo em que foi promulgada tal Lei.

Destinou-se a incentivar a Cultura no País, portanto política social para levar mais cultura ao povo, concedendo benefícios fiscais a cinema, programas artísticos, culturais, artes plásticas, que passariam a ser enquadráveis no chamado Programa Nacional de Apoio à Cultura (Pronac).

Daí se estabelecerem normas a serem seguidas para que o Governo Federal pudesse disponibilizar recursos para fomentar a cultura no Brasil.

O mais comum foi conceder "Incentivo a projetos culturais", também chamado de "incentivo fiscal", basicamente tornando dedutíveis do Imposto sobre a Renda, projetos culturais sendo desenvolvidos e aprovados.

Esse incentivo é portanto de natureza fiscal, no qual a União faculta às pessoas físicas ou jurídicas a opção pela aplicação de parcelas do Imposto sobre a Renda, a título de doações ou patrocínios, no apoio direto a projetos culturais;

Ou que faça contribuições ao Fundo Nacional da Cultura (FNC).

Ou seja: o Governo Federal oferece uma ferramenta para que a sociedade possa decidir aplicar, e como aplicar, parte do dinheiro de seus impostos em ações culturais.

Desta maneira, o incentivo fiscal estimula a participação da iniciativa privada, do mercado empresarial e dos cidadãos no aporte de recursos para o campo da cultura, diversificando possibilidades de financiamento, ampliando o volume de recursos destinados ao setor, atribuindo a ele mais potência e mais estratégia econômica.

A Comissão Nacional de Incentivo à Cultura (CNIC) é um colegiado de assessoramento formado por representantes dos setores artísticos, culturais e empresariais, em paridade da sociedade civil e do poder público. Os membros da sociedade civil são oriundos das cinco regiões brasileiras, representando as áreas das artes cênicas, do audiovisual, da música, das artes visuais, do patrimônio cultural, de humanidades e do empresariado nacional.

c.13 Aposentadoria obtenção e benefícios

Este assunto demanda outro livro para ser explanado com propriedade.

Eu mesmo o escrevi, há algum tempo, como parte de um livro, sob o título *Desaposentação passo a passo*, com meu filho Dávio Antonio Prado Zarzana Júnior Advogado Previdenciário, pela Editora Campus Elsevier, em 2013.

Sim, a aposentadoria é uma forma de política social real, que quer reconhecer que o cidadão que trabalhou durante muitos anos de sua vida e contribuiu para a Previdência, tornou possível a existência de Seguridade Social, possa anos de maior "experiência", – cuidado eu não disse "velhice"! – ter um benefício em forma de rendimento pago pelo Governo, ou ente previdenciário, nos anos que se seguirem até sua morte, da qual ninguém escapa.

JUSTIÇA ECONÔMICA E SOCIAL

Para os cristãos, existe uma forma de escapar à morte física normal: é ficar vivo durante a segunda vinda do Filho de Deus (ninguém sabe quando – só o Pai Celeste, sendo julgado e depois podendo habitar em novos céus e nova terra).

Mas aqui preciso ressaltar um ponto: a aposentadoria está prevista na Constituição Federal, mas poderia não estar e daí não seria direito a ser reivindicado, já pensaram ?

Ou, se o Governo não acertar suas contas e tiver *deficit* contínuo, ainda que por "malandragem" ou desgraça, haverá tempo em que não terá dinheiro para pagar as aposentadorias, mesmo que o Poder Judiciário o obrigue; e nem mesmo os membros do Poder Judiciário receberão suas aposentadorias.

Falar em burocracia para concessão de aposentadoria é até covardia. Claro que todos sabem como é entravada a máquina da Previdência Social, não só por culpa dela, mas pela infinidade de situações criadas por legislações numerosíssimas e equivocadas, superpondo-se umas sobre outras, criando um cipoal maior que os encontrados na selva amazônica.

Mas o conselho que dou aos jovens é que, se possível filiem-se a Planos de Previdência Privada, ou de entidades financeiras o quanto antes. E na empresa em que trabalhei muitos anos, para convencer os mais jovens a entrar nestes Planos (eu estou em um deles agora e não teria a mesma condição tranquila se não o tivesse feito), dizia a eles: Você tem certeza que vai morrer antes dos 60 anos?

Você tem certeza que não vai morrer mas vai estar rico o bastante para arcar com a chamada velhice, mesmo vivendo mais de 90 anos?

Seus filhos ou descendentes vão cuidar bem de você – velhinho e sem dinheiro?

Você confia na certeza de se aposentar no Brasil que conhecemos, com um benefício digno?

359

Se você – puff! "pifar" de repente, você deixará gente grata com a pensão que terão, ou o amaldiçoará(ão) por não ter sido previdente e tê-lo(s) deixado num "buraco"?

Costumávamos conseguir mais de 50% de aprovação, como sabem os colegas da empresa em que trabalhei, que vão ler este trecho do livro

O que me consola, sabendo que a máquina está substituindo o homem em muitos postos de trabalho, é que máquina não tem aposentadoria, quebra, pode não funcionar e vai para o lixo até antes do homem que a criou, ou a utilizou! Esta história do famoso exterminador do futuro pode até ser boa ficção científica, mas nem o Arnold Schwartzeneger acredita que possa acontecer!

c.14 UPSs

Aqui se fala de atendimento de saúde – AMA, UBS, AMA Especialidade, AME, PS.

São muitas siglas e muitas dúvidas. As redes públicas de saúde têm unidades espalhadas por grandes centros e no interior dos Estados, mas é preciso saber exatamente qual procurar.

A Assistência Médica Ambulatorial (AMA) atende casos de urgência que não trazem risco de morte. O atendimento é feito por clínico geral e o pediatra.

Em São Paulo, existem 115 AMAs em funcionamento. Problemas respiratórios, pequenos machucados, exames simples (urina, sangue) são os tipos de casos atendidos. Os mais graves têm prioridade e não há marcação de consultas.

Já em Unidade Básica de Saúde (UBS), o atendimento é só com hora marcada com três tipos de médicos à disposição: o clínico geral, o pediatra – que cuida da saúde das crianças – e o ginecologista – que cuida das mulheres e faz o pré-natal das grávidas.

Depois que passa pela consulta marcada na UBS, o paciente pode ser encaminhado a uma AMA Especialidade, onde estão os cardiologistas, endocrinologistas, urologistas, reumatologistas, neurologistas, ortopedistas e angiologistas.

O governo do Estado de São Paulo também oferece este tipo de serviço. O nome muda: é o AME, Ambulatório Médico de Especialidades. São mais especialistas, faz vários exames e até pequenas cirurgias, mas todos pacientes são encaminhados pela UBS.

Esse sistema de saúde foi criado para facilitar o tratamento dos pacientes e desafogar o pronto-socorro dos hospitais. O PS só deve ser procurado em casos de emergência, quando tem risco de morte.

Mas filas, equipamentos quebrados, falta de equipamentos, ausência de médicos, filas intermináveis, demora para fazer exames, demora para procedimentos etc., inserem-se como burocracia muito, mas muito inibidora.

c.15 ONGs diversas

As **Organizações Não Governamentais** exercem papel importantíssimo na sociedade, brasileira, quando visam efetivamente a auxiliar carentes identificados de forma correta, cumprindo suas finalidades e sem estarem a serviço de política de partidos ou pessoas que só querem desviar dinheiro sujo. São importantes órgãos que acabam auxiliando o poder público, ao criarem ou complementarem políticas de ajuda **especiais em vários setores.**

Temos hoje exemplos muito bons e para sermos breves destacamos algumas:

"Médicos Sem Fronteiras"

Médicos Sem Fronteiras é uma organização que visa a levar **cuidados diversos de saúde** a pessoas afetadas por graves crises humanitárias

Saúde Criança

Visa a levar métodos, remédios, exames e receitas para as crianças preferencialmente em miséria total, ou quase em estado de miséria (renda familiar muito baixa).

Centro de Inclusão Digital

O CDI é uma organização social que tem como missão 'imaginar e criar um mundo diferente, em que a tecnologia seja utilizada com a construção de uma sociedade mais livre e justa, com disseminação digital mais igualitária.

Vetor Brasil Entidade que procura inserir jovens em cargos públicos de alto impacto.

Arredondar

A "Arredondar" também criou uma iniciativa inovadora e criativa para ajudar a manter o financiamento de ONGs pelo Brasil. A ideia é **arredondar o valor da sua conta** em alguns lugares, e essas moedas arrecadadas vão diretamente para as organizações selecionadas que trabalham pelos 8 Objetivos do Milênio, da ONU.

Transparência Brasil

O Transparência Brasil tem um foco na **atuação do poder público**, e acredita que por meio da informação disponível é possível mudar a integridade desse poder. A ideia do projeto é **monitorar os gastos públicos** na infraestrutura escolar.

c.16 Cartão do Idoso - Estacionamento

Penso que já falei sobre esse em parte especial. É uma ideia muito boa se fosse só para reconhecer que um idoso é idoso (apresentando seu RG) e emitir, na hora, o Cartão.

c.17 CRAs

Aqui se tenta reunir num Órgão Público a aplicabilidade de Políticas Sociais.

O **Centro de Referência de Assistência Social – CRAS** é uma unidade pública estatal de base territorial, localizada em áreas de vulnerabilidade social. Executa serviços de proteção social básica, organiza e coordena a rede de serviços socioassistenciais, locais da política de assistência social. Dada a sua capilaridade nos territórios se caracteriza como principal porta de entrada dos usuários à rede de proteção social do **Sistema Único de Assistência Social – SUAS.**

Esse Órgão mesmo no Estado de São Paulo visa a inserir as pessoas no chamado PAIF – Programa de Atenção Integral à Família, cofinanciado ou não pelo Governo Federal. Pare do pressuposto de que "deveria" ser atribuição exclusiva do poder público, o trabalho social com famílias, sendo esta a identidade que deve ser expressa no espaço físico do CRAS.

Se ele fosse de muito mais alcance, direcionamento e gestão, poderia ajudar a resolver a maioria dos problemas das políticas sociais no Brasil, mas ainda é precário face ao enorme contingente social e sofre dos mesmos entraves burocráticos que citamos ao final.

Fonte(s): http://www.desenvolvimentosocial.sp.gov.br/desenvolvimentosocial/sites.asp?pagina=PergResp

c.18 Sindicatos

Para mim, os Sindicatos são executores de políticas sociais para os trabalhadores, desde que cumpram seu papel social de buscar validamente condições melhores de trabalho para seus associados, utilizando a legislação trabalhista aplicável e negociando com os Sindicatos patronais ou administradores de empresas para obter os Acordos Coletivos de Trabalho, além de sistematizarem tipos de trabalho.

São colaboradores sociais de equilíbrio para tentar administrar tensões e fazerem o contraponto entre patrões e empregados.

Agora não reconheço os que existam para implantar meios de implantar desordem social sem fundamento, ou comunismo a qualquer custo (cujo modelo já faliu faz tempo), ou elegerem candidatos que se sirvam deles não para promover o bem social mas a baderna social ou a busca de interesses próprios relacionados ao Poder e ao enriquecimento.

Sindicato tem burocracia? Tem sim! Demora para executar certas atividades e nem sempre você negocia com a pessoa certa na hora certa...

c.19 Igrejas e promoção humana – alimentação e abrigo

É inquestionável o papel relevante que desempenham as Igrejas católicas e cristãs, as mais representativas entre nós, ajudando a pessoas de rua, abandonados, viciados, enfim excluídos a tornarem a ser cidadãos de novo.

Lógico que os muçulmanos, judeus e outros de outras denominações também o fazem, mas é que sentimos mais presente por serem maiores as Igrejas anteriormente citadas.

O trabalho, dito missionário, salva a vida e resgata a cidadania em muitos lugares do mundo e no Brasil é importantíssimo mormente em locais pobres e especificamente na Amazônia, Nordeste e locais do Centro-Oeste.

Sim, existe um trabalho burocrático para avaliação dos casos, mas funciona melhor do que emperra e um exemplo claro no mundo está no que fez por toda a sua vida o nosso atual Papa Francisco.

c.20 CEUS

Os **Centros Educacionais Unificados (CEU)** são edificações públicas – grandes complexos governamentais, voltados à educação e à sadia recreação inclusive prática esportiva, criados pela Secretaria Municipal de Educação de São

364

Paulo e localizados nas áreas periféricas da Grande São Paulo, no Brasil.

Foram concebidos pelo EDIF – Departamento de Edificações/PMSP como um centro local da vida urbana.

Seu programa articula os equipamentos urbanos públicos dedicados à educação infantil e fundamental e às práticas esportivas, recreativas e culturais cotidianas. O Município de São Paulo conta atualmente com 46 CEUs, onde estudam mais de 120 mil alunos.

Os CEUs contam com um Centro de Educação Infantil (CEI) para crianças de 0 a 3 anos; uma Escola Municipal de Educação Infantil (EMEI) para alunos de 4 a 6 anos; e uma Escola Municipal de Ensino Fundamental (EMEF), que também oferece Educação de Jovens e Adultos (EJA).

Alguns CEUs também possuem polos UniCEUs, que ofertam cursos na modalidade à distância – semipresencial.

Todos os CEUs pretendem ser equipados com quadra poliesportiva, teatro (utilizado também como cinema), *playground*, piscinas, biblioteca, telecentro e espaços para oficinas, ateliês e reuniões. Muitos espaços são abertos nos finais de semana com o intuito de beneficiar tanto crianças e adolescentes como a comunidade de baixa renda do entorno.

Com programação variada para todas as idades, os CEUs garantem, aos moradores dos bairros mais afastados em relação à zona central da cidade, acesso a equipamentos públicos de lazer, cultura, tecnologia e práticas esportivas, contribuindo com o desenvolvimento das comunidades locais. O acompanhamento e a avaliação do processo de implementação dos CEUs, realizado em parceria com a Fundação Instituto de Administração (FIA), mostrou indicadores de satisfação das comunidades acima de 90 por cento.

Aqui, há muito mérito nesse Programa, mas há o que se fazer em questões de desburocratizações, havendo demora em implantações de programas, novos CEUS, pessoal adequado e estímulo maior desburocratizado do Governo.

c.21 CIEE

O **Centro de Integração Empresa-Escola (CIEE)** é uma instituição, mantida pelo empresariado nacional, de assistência social, sem finalidades lucrativas, que trabalha em prol da juventude estudantil brasileira.

O maior objetivo do **CIEE**, com mais de 50 anos de existência, é encontrar, para os estudantes de nível médio, técnico e superior oportunidades de estágio ou aprendizado, que os auxiliem a colocar em prática tudo o que aprenderam na teoria.

Eu mesmo contratei durante o tempo em que estava à frente de Departamentos Jurídicos de empresas muitos jovens que trabalhavam em tempo integral ou até em períodos diversos, os quais cursavam as faculdades de Direito à noite e trabalhavam adquirindo muita experiência durante o expediente das empresas.

Penso ter colaborado bastante com esse Programa.

c.22 FAPESP

A Fundação de Amparo à Pesquisa do Estado de São Paulo é uma das principais agências de fomento à pesquisa científica e tecnológica do país. Com autonomia garantida por lei, a FAPESP está ligada à Secretaria de Desenvolvimento Econômico, Ciência, Tecnologia e Inovação.

Com um orçamento anual correspondente a 1% do total da receita tributária do Estado, a FAPESP apoia a pesquisa e financia a investigação, o intercâmbio e a divulgação da ciência e da tecnologia produzida em São Paulo.

A FAPESP apoia a pesquisa científica e tecnológica por meio de Bolsas e Auxílios a Pesquisas que contemplam todas as áreas do conhecimento: Ciências Biológicas, Ciências da Saúde, Ciências Exatas e da Terra, Engenharias, Ciências

Agrárias, Ciências Sociais Aplicadas, Ciência Humanas, Linguística, Letras e Artes.

As Bolsas se destinam a estudantes de graduação e pós-graduação; e os Auxílios, a pesquisadores com titulação mínima de doutor, vinculados a instituições de ensino superior e de pesquisa paulistas.

É uma iniciativa brilhante, que existe ao menos de formas diversas e em menor escala, em outros Estados.

Acabou a enumeração. Por ora é suficiente aos nossos propósitos. Existem mais de muitos outros Órgãos e entidades, mas estas escolhi por julgar serem suficientes a este trabalho.

Se tudo isto funcionasse muito bem, com competência e boa gestão, com verbas suficientes, pessoal qualificado, sem política partidária envolvida, direcionados aos verdadeiros beneficiários, apoiados sem burocracia demasiada pelo governo e autonomia relativa suficiente, o Brasil seria outro!

De Reais Políticas Sociais – precisamos muito – por parte do Governo e com apoio indispensável da iniciativa privada.

Burocracia excessiva sempre constitui um entrave à implantação das Políticas Sociais, não consegue frear adequadamente eventuais abusos, ao contrário, impede o socorro a tempo e falha em exigir dos cidadãos mais identificações ou providências. Estas acabam por impedir um atendimento, vários atendimentos, enfim incutem o desânimo e a ideia de que não existem, ou não funcionam, ou só valem para os mais apadrinhados ou de melhor condição social.

D – Considerações finais

Perguntou-se, no início, como a *burocracia excessiva* pode *inibir* as *reais políticas sociais?*

i) Primeiro ponto para resposta:

Possuímos uma grande variedade de Políticas de Assistência Social, de Seguridade Social, de auxílio-comunitário, que se realizam ou se realizariam através de Agentes financeiros, principalmente da Caixa Econômica Federal, Banco do Brasil e até BNDES, mas também de Escritórios estaduais, ou em convênio com os Estados, bem como sites para adesão.

Se todas fossem executadas conforme as metas com responsabilidade, apoio certo do Governo federal, estadual e municipal e das entidades privadas envolvidas, com boa gestão, rápido e eficiente atendimento, sem desvios de dinheiro e finalidade, sem corrupção, sem favorecimentos indevidos, sem necessidade de propinas e nem filiação obrigatória a determinados partidos políticos, o *Brasil poderia ser muito diferente, seríamos talvez "País de primeiro mundo" e daí nossa resposta seria – não há burocracia excessiva aqui que seja inibidora de reais políticas sociais.* Porque tudo contribuiria para não haver.

O enorme rol de políticas de que já tratamos antes, seria suficiente para estancar a burocracia e fazer cumprir as políticas sociais reais e o Brasil com democracia social real seria muito melhor.

Mas há sim excessiva burocracia por má política, desvio de gestão e práticas imorais, o que inibe o fluxo e alcance válido de políticas sociais reais.

ii. Segundo ponto para resposta – a realidade no mundo e a realidade no Brasil

ii.1 No mundo

Há Países e sociedades que têm tais políticas sociais, há os que têm em menor quantidade ou diferentes, mas não possuem tanta burocracia e não há inibição sentida na aplicação das políticas. Estamos falando de países chamados desenvolvidos e em políticas consideradas relevantes por eles, caso do Canadá, Estados Unidos, países nórdicos e em grande parte na Alemanha, por exemplo.

Em muitos países, em geral não tão desenvolvidos, políticas sociais são contaminadas e até anuladas em seus efeitos por tipos de burocracia, desde o excesso de órgãos ou entidades envolvidas para a assistência ou atendimento, até o excesso de providências e cuidados desnecessários para concessão de atendimento, ou locais precários ou sem condições de avaliação e prestação do serviço social desejável e mesmo incapazes de prestar tal serviço.

ii.2 No Brasil

Descendemos de civilizações cartoriais, burocratas, com forte tendência nesse sentido, de Portugal, mesmo Espanha e até Itália, de costumes tendentes a burocratizar demais mesmo as coisas mais simples.

Porém desde já realço, para não estender diagnóstico generalista, existem aqui casos sim, que podem demandar bastante cuidado do Estado ou do Ente encarregado de implementar tais políticas. Isto pode ser confundido com excesso Inibidor da Política Social, mas nesses casos não seria.

Exemplo: Alguém requer um benefício deixado por seu suposto pai que faleceu, foi enterrado e que deixou herança, mas há mais 3 homens que se declaram filhos. Aqui as provas e exames têm de ser rigorosos e conclusivos e certamente demandarão tempo maior por vários motivos. Neste caso, não há que se falar em inibição nos trâmites burocráticos em si, desde que se apure o correto e no tempo razoável, de acordo com as circunstâncias.

Também quando se necessita provar em procedimentos médicos, policiais e governamentais quem pode e deve receber via SUS um tratamento especial destinado a "doença especial", que demande providências no exterior e no Brasil. Há justificativas para uma demora maior.

De modo que, afirmamos ser aceitável em certas áreas, uma "burocracia" funcional e operadora, para organizar e efetivar reais políticas sociais.

Nesse sentido, louvem-se os **verdadeiros burocratas eficientes**, que nos permitem atingir os objetivos sempre em alta proporção (100% é impossível) e a eles encarregue-se preferencialmente da execução de políticas sociais.

Dissertamos com base em análises, pensamentos, casos práticos, políticas reais e isso foi nossa base de construção da resposta à pergunta inicial.

iii. Terceiro e derradeiro ponto – e então finalmente, o que vale para o Brasil em geral ?

Temos de concluir que, na maioria de nossas políticas sociais, a burocracia é excessiva e INIBE SIM as reais políticas sociais.

Há excesso de providências inúteis e exigências descabidas, prazos alongados, excesso de idas e vindas de decisões, mudanças inesperadas de locais, de exigência documental, falta de aviso adequado de como se deve proceder, formulários demasiados e ou incompletos, ou completos demais sem necessidade, falta de prestação de serviços sociais por erros de identificação do público-alvo, instalações inoperantes ou sem condições de executar o que se propõem fazer, falta de segurança, mudanças legais no decorrer de procedimentos ou processos que não deveriam ser aplicadas aos novos casos, mas acabam sendo falha na alocação de recursos que impede a prestação de atendimento ou seu adiamento, ou adiamentos por motivos não justificável, pessoal por vezes incompetente ou despreparado para determinada função, discriminação por diversos motivos e há muitos documentos, papéis e registros supérfluos aos quais se dá validade como se fossem a essência do cumprimento desejado da Sociedade, os quais nem são parte da política boa e real, nem colaborando para cumprimento das finalidades sociais e outras mazelas institucionais ou temporárias que seriam objeto de outro livro.

Infelizmente é *a mentalidade burocrática errada, em grande parte herdada, aparelhamento errado de Estado e Instituições, com gestão errada e de falhas humanas toleradas e perniciosas INIBEM sim, no Brasil, o cumprimento desejável de reais políticas sociais.*

Referências bibliográficas e de mídia

Conteúdos utilizados de sites de Instituições Sociais e Políticas Sociais do Governo e privadas, para realce autêntico de suas atividades:

http://www.datacras.com/sobre-nos2/

http://www.biblioteca.presidencia.gov.br/

Fonte(s): http://www.desenvolvimentosocial.sp.gov.br/desenvolvimentosocial/sites.asp?pagina=PergResp

Site oficial da Receita Federal do Brasil

Autores e Livros

A BÍBLIA SAGRADA, Editora Ave-Maria – Tradução dos Originais, mediante a versão dos Monges de Maredsous (Bélgica), pelo Centro Bíblico Católico 69 edição, 1965.

BASTOS, Celso Ribeiro. *Hermenêutica e interpretação constitucional.* 4ª. ed. São Paulo: Saraiva.

BRASIL, Constituição (1988) Constituição da República Federativa do Brasil – Brasília: Senado, 1988 em edição atualizada.

CANOTILHO, José Joaquim Gomes. *Direito constitucional e teoria da Constituição.* 7º ed. Almedina, Coimbra – 2003.

CABODELROSAL M. *Derecho penal*. Parte general –Editorial Universidad de Valencia. Servicio de Publicaciones, 1984, 930 páginas.

DONDEYNE, Alberto – Ensaio intitulado "A existência de Deus e o Materialismo Contemporâneo", no Livro Deus, o Homem e o Universo – Editora La Colombe – 4ª ed. Paris, 1959.

GANDRA, Ives da Silva Martins com Gilmar Ferreira Mendes, Carlos Valber do Nascimento. *Tratado de direito constitucional*. São Paulo: Saraiva, 2012, p. 1200.

LELLO UNIVERSAL – *Dicionário Enciclopédico Luso-Brasileiro* – 4 Volumes – Editora Lello & Irmão – Porto/Portugal, 1976.

LOPES, Miguel Maria de Serpa. *Curso de direito civil*. 9ª ed. rev. e atualizada. pelo prof. José Serpa Santa Lopes. Rio de Janeiro: Freitas Bastos, 2000, v. 1. Introdução, parte geral e teoria dos negócios jurídicos.

MARQUES, Sebastião Fabiano Pinto (2010). O que é Democracia. Conceito, definição e significado. Disponível em: <http://www.matutando.com/o-que-e-democracia-conceito--definicao-significado/>. Acesso em: 04 abr. 2013.

MARTINEZ, Wladimir Novaes. *Desaposentação*. 5ª. ed. São Paulo: Editora LTR, p. 287.

MEDEIROS, Fábio Mauro de. Extinção do Ato Administrativo em Razão da Mudança de Lei – Decaimento, Belo Horizonte: Ed. Fórum, 2009.

MOREAU-Christophe, "Du probleme de la misere", II, 236, III, 527).

REALE, Miguel. *Filosofia do direito*. 4ª. ed., revista e comentada. São Paulo: Saraiva, 645 p.

RENÉ DESCARTES, *Meditações metafísicas*. La HayeenTouraine, 31 de março de 1596.

RODRIGUES, Sílvio. *Direito civil*. 28 edição., rev. e atual. São Paulo: Saraiva, 1998. v. 1.

SABADELL, Ana Lúcia. *Manual de sociologia jurídica*. 2ª ed. São Paulo: Ed. RT, 2002.

SILVA, José Afonso da. *Aplicabilidade das normas constitucionais*. 5ª ed. São Paulo: Malheiros Editores, 2001.

SILVA, De Plácido e. *Vocabulário jurídico*. 24 ed. Rio de Janeiro: Forense, 2004.

TELLES GOFREDO DA SILVA. *Introdução à ciência do direito* – Apostila do Curso de Direito de 1962 – impressa por Saraiva Editores no Largo de São Francisco.

WEBER, Max. *Economia e sociedade* – Fundamentos da Sociologia Compreensiva- 4ª ed. Brasília: Editora Universidade de Brasília, 2000.

ZARZANA, Dávio Antonio Prado. *O País dos Impostos*. São Paulo: Saraiva, 2010, p. 219.

ZARZANA, Dávio Antonio Prado. *Enciclopédia Saraiva de Direito*. São Paulo: Saraiva, 1976.

ZARZANA, Dávio Antonio Prado. *Desaposentação passo a passo*. São Paulo: Editora Campus-Elsevier, 2013.

VERTENTES PARA UM TRABALHO HUMANO VALORIZADO

Roberto Victalino de Brito Filho

Advogado, Mestre em Direito pela Universidade Presbiteriana Mackenzie, Professor Universitário, Membro da UJUCASP.

Resumo: O presente artigo busca tecer breves considerações sobre o Princípio Fundamental do Valor Social do Trabalho que também é justificado pela trajetória de construção dos direitos trabalhistas, e tem o Estado como um agente de fundamental importância para que tal valorização se concretize.

Palavras-chave: Trabalho Humano – Valor Social do Trabalho – Constitucionalismo Social.

Abstract: This article seeks to make brief considerations about the Fundamental Principle of the Social Value of Labor, which is also justified by the trajectory of construction of labor rights, with the State as an agent of fundamental importance for such valuation to take place.

Key words: Human Labour – Social Value of the Work – Social Constitutionalism.

Sumário: 1. Introdução – 2. A construção dos direitos trabalhistas – 3. O constitucionalismo social como valorização do trabalho humano – 4.

Valorização do trabalho humano no Brasil por meio da elevação do direito do trabalho ao patamar constitucional – 5. Conclusão – Referências bibliográficas.

1. Introdução

O Brasil já passou por diversas crises econômicas e os direitos trabalhistas assegurados pelo ordenamento jurídico sempre foram apontados como um dos grandes responsáveis pelo acirramento destes momentos de dificuldades financeiras (ANTUNES, 2002, p. 29-34), já que eles seriam o maior "entrave" ao progresso, à tecnologia e um desincentivo à contratação regular de mão de obra. Dessa forma, os direitos trabalhistas, em vez de garantirem um patamar mínimo aos trabalhadores, provocariam o inverso, na medida em que seriam causa de desemprego, baixos salários, desaceleração da economia etc. (PASTORE, 1995; ROBORTELLA, 1994, 2002). Ainda de acordo com essa corrente, aqueles que defendem o contrário, seriam, na verdade, responsáveis pelo fechamento dos postos de trabalho que anseiam por existir.

Entretanto, a economia de um país não pode ser entendida como uma questão isolada a justificar toda e qualquer política de Estado. Na verdade, a economia deve ser considerada um fenômeno da realidade social, cuja regulação abrange os mais variados campos jurídicos, dentre os quais aqueles que regulamentam o âmbito social dos indivíduos. Neste campo, a seara que regula a relações de emprego deve, obrigatoriamente, compreender tal análise na medida em que ela pode ser considerada o campo de maior significação social na vida de qualquer ser humano.

Assim é que, a Constituição Federal, já no seu art. 1º estabelece como fundamento da República Federativa do Brasil os valores sociais do trabalho e da livre-iniciativa.[1] Como

---

1. TÍTULO I
Dos Princípios Fundamentais

JUSTIÇA SOCIAL ECONÔMICA

bem destaca Eros Roberto Grau, a melhor exegese do referido dispositivo é aquela que esclarece ter, a Constituição, estabelecido como fundamento da República os *valores sociais* do trabalho e os *valores sociais* da livre-iniciativa:

> No que tange ao primeiro dos princípios que ora temos sob consideração, cumpre prontamente verificarmos como e em que termos se dá a sua enunciação no texto. E isso porque, ao que tudo indica, as leituras que têm sido feitas do inciso IV do art. 1º são desenvolvidas como se possível destacarmos de um lado "os valores sociais do trabalho", de outro a "livre-iniciativa", simplesmente. Não é isso, no entanto, o que exprime o preceito. Este em verdade enuncia, como fundamentos da República Federativa do Brasil, o valor social do trabalho e o *valor social da livre-iniciativa* (GRAU, 2015, p. 198).

No seu art. 170, ao estatuir os Princípios Gerais da Atividade Econômica, a Constituição Federal o faz fundando-os, primeiramente, na valorização do trabalho humano e, somente depois, na livre-iniciativa. O referido artigo ainda reafirma que o objetivo é assegurar a todos uma existência com dignidade para que a justiça social aconteça.[2]

Neste sentido, Eros Roberto Grau esclarece:

> No quadro da Constituição de 1988, de toda sorte, da interação entre esses dois princípios e os demais por ela contemplados – particularmente o que define como fim da ordem econômica (mundo do ser) *assegurar a todos existência digna* – resulta que *valorizar o trabalho humano* e tomar como fundamental o *valor social do trabalho* importa em conferir ao trabalho e seus agentes (os trabalhadores) tratamento peculiar (GRAU, 2015, p. 196).

Art. 1º A República Federativa do Brasil, formada pela união indissolúvel dos Estados e Municípios e do Distrito Federal, constitui-se em Estado Democrático de Direito e tem como fundamentos:
[...];
IV – os valores sociais do trabalho e da livre-iniciativa; [...].

2. Art. 170. A ordem econômica, fundada na valorização do trabalho humano e na livre-iniciativa, tem por fim assegurar a todos existência digna, conforme os ditames da justiça social, observados os seguintes princípios: [...].

O referido autor conclui dizendo que "a ordem econômica dá prioridade aos valores do trabalho humano sobre todos os demais valores da economia de mercado" (GRAU, 2015, p. 198).

Portanto, tem-se como de fundamental importância, para se alcançar os objetivos da Constituição Federal, a valorização do trabalho humano. Para tanto, os dispositivos legais que asseguram que o trabalho seja realizado, de forma a que tais objetivos sejam conseguidos, são de fundamental importância, principalmente em épocas como a presente onde há flagrante e exagerada acusação de que seriam estes os grandes responsáveis pela situação de crise econômica a que o país atravessa.

Portanto é de suma importância o aprofundamento de tais institutos para que se busque conquistar os objetivos traçados pela Constituição Federal.

Neste diapasão, vale dizer que o que justifica, diferencia e legitima o Direito do Trabalho é exatamente a busca pela garantia da dignidade e dos direitos do trabalhador, protegendo-o nas suas relações laborais para que trabalhe em condições dignas, salubres, e seguras, recebendo, ao final do seu labor, a prestação justa condizente com a mão de obra por ele ofertada (MOREIRA GOMES, 2001, p. 191).

Neste sentido, o presente artigo propõe uma análise sobre a construção dos direitos dos trabalhadores que acabam por valorizar o trabalho humano como deseja a Constituição Federal.

2. A construção dos direitos trabalhistas

Desde o início, ao deparar-se com a natureza, o ser humano procurou dominá-la, dela extraindo a satisfação de suas necessidades vitais. Esta atividade deu origem ao trabalho que, na verdade, não passou, inicialmente, de uma forma de dominação do ser humano sobre a natureza (COSTA, 1999, p. 15).

Sendo a agricultura, a caça e a pesca, as primeiras atividades laborais de uma sociedade rural ou pré-industrial que se tem conhecimento, o agricultor é também o caçador, o

JUSTIÇA SOCIAL ECONÔMICA

pescador, o pedreiro etc. Toda a sua produção e seus serviços estavam exclusivamente voltados para o ambiente familiar. Tudo era para consumo próprio e de familiares. Para NUS-DEO (2015, p. 9), de acordo com a antropologia econômica, a organização da produção esteve fundada no autoconsumo durante séculos. Em outras palavras, a mesma unidade que produzia acaba por consumir os bens de que necessitava na medida em que toda a produção era de caráter doméstico e destinada, exclusivamente, à sobrevivência dos agentes que compunham a família no seu sentido estendido (NUSDEO, 2015, p. 27).

O ser humano trabalhador, muito embora ele próprio fosse a máquina (NASCIMENTO, 2002, p. 14), percebeu que essa atividade era fator de desgaste e passou a empregar animais e ferramentas para que o auxiliassem no desenvolvimento dos seus afazeres. Inicialmente, apenas para aliviar o cansaço, mas, posteriormente para, também, aperfeiçoar o resultado do trabalho e, até mesmo, substituí-lo no exercício de tal atividade. Estava inaugurado o regime de trabalho escravo (COS-TA, 1999, p. 15).

A partir de então, o trabalho passou a ter conotação de dor, castigo, sofrimento e tortura (CASSAR, 2008, p. 3). O trabalho passou a ser considerado um castigo, por isso o emprego de força física era destinado aos escravos. Por este mesmo motivo era que nobres, senhores feudais e pessoas de algum destaque social não trabalhavam, sob pena de terem seu prestígio diminuído ou até aniquilado. Para tais pessoas, o trabalho só era permitido se fosse realizado intelectualmente (pensamento, estudos e literatura).

Com o passar do tempo, o trabalho foi deixando, pouco a pouco, tal conotação redutivista e, assim como os escravos, foi se libertando das amarras que o prendiam à escravidão. Com isso, nos países em que a escravidão foi sendo superada, o trabalho passou a ser destinado aos recém-libertos e às pessoas de "baixa classe social" através de um novo regime de trabalho que foi denominado de servidão (COSTA, 1999, p. 17).

Embora a nova denominação tenha mudado e, ao trabalhador conferido o direito a uma remuneração – injusta e simbólica, o trabalho continuava sendo prestado de forma penosa, em locais sem higiene, insalubres, perigosos e hostis.

Além dessa transição da escravidão para a servidão, ocorrida na Europa, há outro aspecto a se destacar no período: a criação das Corporações de Artes e Ofício. Tais corporações eram uma primeira espécie de empresa que tinha o monopólio na atividade por elas desenvolvida. Além disso, concentrava o exercício dos três poderes estatais, pois legislava as condições de seus trabalhadores; executava suas regras através dos chefes por elas instituídos; e, através dos mestres, também por elas estabelecidos, julgava as faltas dos agremiados. (SÜSSEKIND *et al.*, 2003, p. 30). Tais agremiações, portanto, estabeleciam sua própria regulamentação das condições de trabalho (COSTA, 1999, p. 18).

Nessas entidades, a média diária de trabalho era de 12 a 14 horas, mas, em algumas ocasiões, poderia passar de 18 horas por dia. Além disso, havia exploração do trabalho infantil e da mulher.

As condições eram altamente perigosas e insalubres. Surge, portanto, uma nova espécie de escravização pois, mais uma vez, os trabalhadores tinham que aceitar condições desumanas a eles impostas por alguém que agora não era mais o *"seu senhor"* mas o *"seu patrão"*.

Neste panorama, os trabalhadores começaram a se unir em defesa de melhores direitos. Formaram, então na França, entidades que receberam o nome de *compagnonnage*, consideradas um embrião do Sindicato (CASSAR, 2008, p. 16). A batalha entre tais corporações levou-as a uma situação de crise, e a chamada Lei *Le Chapelier* de 1791[3] (COSTA, 1999, p.

---

3. "A Lei Le Chapelier, nome do relator da comissão constituída para o estudo do problema na França, concluiu que as corporações que se formaram tiveram por fim aumentar o preço da jornada de trabalho, impedir as livres convenções entre particulares, fazendo-os concordar com os contratos de adesão em ameaça à ordem pú-

18) acabou as extinguindo. No mesmo sentido foi o Decreto Dallarde[4] e a própria Revolução Francesa de 1789 (CASSAR, 2008, p. 16) que, ao pregar o liberalismo, sustentou que a liberdade individual não se compatibilizava com a existência de corpos intermediários entre o indivíduo e o Estado (NASCIMENTO, 1991, p. 21).

A descoberta da máquina ocasionada pela Revolução Industrial no século XVIII e sua inserção no ambiente de trabalho – que, até então, por ser um ambiente de manufatura ocupava um considerável número de vagas – desempregou uma elevada quantidade de trabalhadores.(MARQUES, 2008, p. 1). Este fator, aliado à política econômica liberal e ao individualismo pregado na época, com a ideia central de que o Estado deveria abster-se de intervir no mercado, acentuaram fortemente a exploração dos trabalhadores:

> As condições e os locais de trabalho, outrossim, eram os piores possíveis, o que implicava em *(sic)* verdadeira afronta à dignidade da pessoa humana do trabalhador. Com isso, o nível de vida do obreiro baixou a níveis nunca antes atingidos (COSTA, 1999, p. 18)

As ideias, neste sentido, foram hegemônicas entre o final do século XIX e o início do XX e representavam o pensamento neoclássico em que a base era a crença de que o mercado seria capaz de promover um equilíbrio estável e duradouro, se fosse deixando por sua própria conta, ou seja, sem nenhuma interferência, principalmente advinda do Estado, que, por sua vez, não tinha interesse em intervir nesta situação de exploração, pois se fortalecia à custa da arrecadação de impostos exorbitantes. O Estado assistia impassível, como mero espectador encarregado de manter a ordem quando necessário, pois o seu papel resumia-se a garantir o livre exercício da economia, segundo os padrões liberais vigentes na época

---

blica" (NASCIMENTO, 1991, p. 22).

4. "O Decreto Dallarde declarou livre todo cidadão para o exercício de profissão ou ofício que considerasse conveniente, bastando ter uma patente e pagar um preço" (NASCIMENTO, 1991, p. 22).

(COSTA, 1999, p. 18). E o proletariado foi a grande vítima deste liberalismo ortodoxo, pois sujeito à exploração exacerbada e indigna a qualquer ser humano diante das condições degradantes a que estava sujeito no desenvolver de suas atividades laborais no interior das fábricas (NASCIMENTO, 1991, p. 23).

Em 5 de maio de 1789, a sociedade francesa, não suportando mais a opressão efetuada por parte do Monarca, iniciou a Revolução Francesa, que culminou na "Declaração de Direitos do Homem e do Cidadão", e a partir de então verificou-se um processo de amadurecimento dos ideários de dignidade e justiça. A referida Declaração, entretanto, não dispôs sobre direitos trabalhistas e os trabalhadores ainda continuavam sendo demasiadamente explorados e usurpados pela sociedade empresarial e industrial (GONÇALVES; KNEIPP, 2013 p. 18).

Esta situação fez com que houvesse um intenso agravamento dos conflitos originados da equação capital *versus* trabalho (OLIVEIRA; GENNARI, 2009, p. 130).

No sentido de que a solução somente viria com uma revolução do proletariado que culminasse em uma espécie de um novo regime político estavam Karl Marx e Friedrich Engels (NASCIMENTO, 1991, p. 26). No Manifesto Comunista, afirmaram:

> Os comunistas se recusam a dissimular suas opiniões e seus fins. Proclamam abertamente que seus objetivos só podem ser alcançados pela derrubada violenta de toda a ordem social existente. Que as classes dominantes tremam à ideia de uma revolução comunista! Nela, os proletários nada têm a perder a não ser os seus grilhões. Têm um mundo a ganhar. Proletários de todos os países, uni-vos! (MARX; ENGELS, 2016, p. 69).

A polarização radical das classes, defendida pelo Comunismo e pelo Manifesto, aumentou gravemente a luta entre os trabalhadores e os capitalistas. Contrapondo a ideia da *luta de classes* e procurando, igualmente, apresentar uma via de solução para a conflagração social do momento, em 15 de maio de 1891, o Papa Leão XIII também publicou um documento denominado *Encíclica Rerum Novarum*, que não só enfrentou a *questão*

JUSTIÇA SOCIAL ECONÔMICA

social[5] daquela época, mas, principalmente a *questão operária*, procurando dar orientações e amenizar o acirrado conflito entre o capital e o trabalho (SÜSSEKIND *et al.*, 2003, p. 39).

> A necessidade de o Estado intervir na relação contratual para proteger a parte hipossuficiente, até então regida pelas leis de mercado, foi movida pela pressão da sociedade operária, pelas relações internacionais (Declaração Universal dos Direitos do Homem e Tratado de Versailles, OIT) e pela ação da Igreja (CASSAR, 2008, p. 23).

Mesmo reconhecendo que seria difícil estabelecer os limites dos direitos e dos deveres de cada ator social naquele contexto histórico (LEÃO XIII, 1999, p. 10), a Carta Papal trouxe uma posição firme da Igreja Católica contra o liberalismo econômico e a disseminação do ideário da luta de classes (MAGANO, 1992, p. 397):

> [...] O erro capital na questão presente é crer que as duas classes são inimigas natas uma da outra, como se a natureza tivesse armado os ricos e os pobres para se combaterem mutuamente num duelo obstinado [...] Elas tem imperiosa necessidade uma da outra: não pode haver capital sem trabalho, nem trabalho sem capital (LEÃO XIII, 1999, p. 21-22).

Em 1919, os representantes dos países vitoriosos na Primeira Guerra Mundial abriram a Conferência de Paz em que foi assinado Tratado de Versalhes, documento que pôs fim oficial à guerra, definiu os termos de paz e, entre outras definições, criou a OIT – Organização Internacional do Trabalho

---

5. Segundo COSTA (1999, p. 40), a Questão Social envolvia a concentração dos meios de produção, principalmente no setor industrial, em decorrência da substituição da ferramenta pela máquina; a locação da mão de obra abundante a preços vis, em decorrência da aplicação às relações humanas da lei econômica da oferta e da procura; a imposição de regimes de trabalho desumanos, principalmente em relação à exorbitante duração da jornada e às condições de higiene e segurança; a concentração populacional nos subúrbios das cidades industriais, como decorrência do êxodo rural provocado pela excessiva concentração da propriedade da terra e pelas oportunidades de trabalho criadas no meio urbano em face da industrialização; e o nível de vida apresentado por essas populações, muito abaixo dos padrões aceitáveis de suficiência.

(SOARES FILHO, 2002; OIT, 1919), com um dos fundamentos de que "a paz para ser universal e duradoura deve assentar sobre a justiça social" (MARTINS, 2009, p. 4).

3. O constitucionalismo social como valorização do trabalho humano

O reconhecimento dos direitos relativos à dignidade do trabalhador sempre passou por altos e baixos em cada sociedade. Esta instabilidade levava a constantes retrocessos e abusos irremediáveis que ficavam à espera de uma nova lei ou manifestação social de destaque, a fim de que houvesse certa recuperação daquilo que havia sido conquistado outrora, mas que havia desaparecido.

Uma das medidas para estancar essa oscilação foi a constitucionalização dos direitos trabalhistas. Isto fazia com que o processo de revogação ou rebaixamento de tais direitos ficasse mais difícil por vários fatores, dentre os quais se destacam a rigidez da norma constitucional que dificultava mudanças ocasionais (BERTOLIN, 2009, p. 233) e a conscientização social e política de que aqueles direitos eram mais importantes que outros.

Este fenômeno ficou conhecido como "constitucionalismo social" e, por considerar a realização da Justiça Social como uma das principais funções do Estado, exigia a inclusão de direitos trabalhistas e sociais fundamentais nos textos das Constituições dos países. As Constituições anteriores a esta fase consagravam pouquíssimos direitos sociais, e, ainda assim, muito isoladamente. O Constitucionalismo Social é marcado pela inclusão de vários dispositivos que tratam das questões sociais, criando um sistema protetivo e garantista de direitos voltados à igualdade material entre os indivíduos em sua vida social e econômica. (BERTOLIN, 2009, p. 236).

JUSTIÇA SOCIAL ECONÔMICA

A Constituição Federal do México de 1917 foi a pioneira em constitucionalizar direitos sociais, elevando-os a categoria de direitos fundamentais (DELGADO, 2007, p. 75 e 92). Situação semelhante ocorreu na Alemanha. O Liberalismo que imperava antes de 1919 arrasou aquele país. Não bastasse isso, a derrota na Primeira Guerra Mundial e a proclamação de uma nova República em 09 de novembro de 1918 reuniram soldados e trabalhadores nas ruas em busca de uma nova Constituição. A nova Constituição ficou conhecida como Constituição de Weimar e representava o cume da crise do Estado Liberal, dando início a um Estado Social. Assim como a Constituição Mexicana de 1917, o Texto Constitucional Alemão, assinado em 11 de agosto de 1919, foi um marco histórico do movimento constitucionalista, confirmando os direitos sociais, inclusive dos trabalhadores, servindo de plataforma para as demais legislações (SIQUEIRA NETO, 2013, p. 155).

A importância dessa nova "era" foi a reorganização do Estado em favor do bem-estar coletivo e não mais de um único indivíduo. Assim, reafirmou-se o poder-dever do Estado de intervir nas relações privadas (contratuais e de mercado, inclusive) para garantir direitos sociais e impedir a negação de direitos fundamentais aos indivíduos.

Entretanto, o ideal do Constitucionalismo Social e a nova Constituição Alemã não foram suficientes para impedir as atrocidades ocorridas na Segunda Guerra Mundial (1939-1945). Percebeu-se, então, que textos legais não seriam suficientes para resolver os problemas relacionados aos Direitos Humanos. Então, em 10 de dezembro de 1948 foi promulgada a Declaração Universal dos Direitos Humanos,[6] sob a qual es-

---

6. A ASSEMBLEIA GERAL proclama a presente DECLARAÇÃO UNIVERSAL DOS DIRETOS HUMANOS como o ideal comum a ser atingido por todos os povos e todas as nações, com o objetivo de que cada indivíduo e cada órgão da sociedade, tendo sempre em mente esta Declaração, se esforce, através do ensino e da educação, por promover o respeito a esses direitos e liberdades, e, pela adoção de medidas progressivas de caráter nacional e internacional, por assegurar o seu reconhecimento e a sua observância universal e efetiva, tanto entre os povos dos próprios Estados-Membros, quanto entre os povos dos territórios sob sua jurisdição. ("De-

tariam fundados princípios universais de proteção ao ser humano independentemente do sistema jurídico de cada país:

> Contudo, a experiência catastrófica do nazismo na 2ª Guerra Mundial gerou um "descolamento" universal do Direito. Constituiu-se, a partir daquela ocorrência, um novo modelo ético-jurídico. Foi erigida uma nova razão ético-jurídica-universal.
>
> Não só se elaborou um "documento jurídico", que é a Declaração Universal dos Direitos Humanos, como também o pensamento jurídico mais legítimo incorporou valores para torná-los princípios universais (NUNES, 2010, p. 40).

A partir de então, sempre que se estiver diante de casos em que a fraqueza humana esteja sendo vilipendiada, a proteção deverá, de alguma forma, acontecer, pois "não se podem permitir textos constitucionais que violem esses princípios, sob pena de repúdio – efetivo – universal" (NUNES, 2010, p. 40).

> Se algum sistema jurídico, se alguma norma permitir o abuso, ela e ele hão de ser tidos por ilegítimos e inválidos. Esse o sentido posto por esses princípios universais ético-jurídicos. (NUNES, 2010, p. 41).

Diferentemente da Declaração Francesa de Direitos do Homem e do Cidadão, a Declaração Universal dos Direitos Humanos tratou, especificamente, inclusive de direitos relacionados ao trabalho,[7] contribuindo para inserção do Constitucionalismo Social nas Constituições elaboradas posteriormente a ele.

---

claração Universal dos Direitos Humanos", 1948).

7. Artigo 23. 1. Todo ser humano tem direito ao trabalho, à livre escolha de emprego, a condições justas e favoráveis de trabalho e à proteção contra o desemprego. 2. Todo ser humano, sem qualquer distinção, tem direito a igual remuneração por igual trabalho. 3. Todo ser humano que trabalhe tem direito a uma remuneração justa e satisfatória, que lhe assegure, assim como à sua família, uma existência compatível com a dignidade humana, e a que se acrescentarão, se necessário, outros meios de proteção social. 4. Todo ser humano tem direito a organizar sindicatos e neles ingressar para proteção de seus interesses. Artigo 24. Todo ser humano tem direito a repouso e lazer, inclusive à limitação razoável das horas de trabalho e férias periódicas remuneradas.

JUSTIÇA SOCIAL ECONÔMICA

4. Valorização do trabalho humano no Brasil por meio da elevação do direito do trabalho ao patamar constitucional

No Brasil, as duas primeiras Constituições, elaboradas anteriormente ao movimento do Constitucionalismo Social, não trouxeram proteção relevante aos trabalhadores. A Constituição do Império, outorgada pelo Imperador D. Pedro I em 25 de março de 1824, foi fortemente influenciada pelo individualismo e Liberalismo clássico dos séculos XVIII e XIX (BERTOLIN, 2009, p. 237). Sua preocupação estava fundada na separação de poderes e na garantia dos direitos individuais, também chamados de direitos de primeira geração ou dimensão, procurando resguardar a atuação do Estado da esfera individual (ALMEIDA, 2008). No que tange aos direitos trabalhistas, apenas aboliu as Corporações de Ofício (NASCIMENTO, 1991, p. 51) e dispôs que nenhum gênero de trabalho poderia ser proibido desde que não se opusesse aos costumes públicos, à segurança e à saúde dos cidadãos (BRASIL, 1824). Em 15 de novembro de 1889, a República foi declarada e a Constituição promulgada dois anos depois, mais precisamente em 24 de fevereiro de 1891, não inovou em matéria trabalhista (BRASIL, 1891).

A primeira Carta a dar qualidade constitucional a direitos trabalhistas foi a promulgada em 16 de julho de 1934 (BERTOLIN, 2009, p. 237). Ela decorreu do rompimento da ordem jurídica ocasionado em 1930 e foi a primeira a se preocupar com a enumeração de direitos fundamentais sociais, classificados como direitos de segunda geração ou dimensão. Muito embora tais direitos, na prática, dependessem de lei que os regulamentasse, sua constitucionalização foi um fato importantíssimo e traduzia a tendência do movimento de Constitucionalismo Social no âmbito internacional. Por esta razão, a Constituição de 1934 é considerada um marco na mudança do regime de democracia liberal, fundada no individualismo para um regime de democracia social, preocupada não somente com a igualdade formal, mas também com a igualdade material entre os indivíduos (PAULO; ALEXANDRINO, 2008, p. 27). Buscando possibilitar a todos uma existência digna, a Constituição de 1934 pautou os princípios de justiça e as necessidades da vida nacional como bases para a organização da ordem econômica e social (BERTOLIN, 2009, p. 237).

Analisando a referida carta, ela dispôs em seus arts. 120 a 122 sobre sindicatos e associações profissionais, acolhendo o princípio da pluralidade sindical e a autonomia dos sindicatos[8] defendida pelo pensamento brasileiro, em especial, o pensamento católico da época (NASCIMENTO, 1991, p. 65); proibição de discriminação salarial; fixação de salário- mínimo; jornada de trabalho de oito horas; proibição de qualquer trabalho a menores de 14 anos; proibição de trabalho noturno a menores de 16 anos; proibição de trabalho insalubre a menores de 18 anos e as mulheres; repouso hebdomadário (semanal); férias anuais remuneradas; indenização em caso de dispensa sem justa causa; assistência médica ao trabalhador e à gestante; descanso pós-parto à gestante sem prejuízo do salário e do emprego; previdência mediante contribuição em favor da velhice, invalidez, maternidade e nos casos de acidentes de trabalho ou de morte; regulamentação do exercício de todas as profissões; reconhecimento das convenções coletivas de trabalho; vedação à distinção entre trabalho manual, intelectual ou técnico, bem como entre os respectivos profissionais; serviço de amparo à maternidade à infância, bem como aqueles referentes ao lar e ao trabalho feminino; trabalho agrícola; indenização em caso de acidentes de trabalho em obras públicas dos entes federados; criação da Justiça do Trabalho e das Comissões de Conciliação (BRASIL, 1934).

A Constituição decretada em 10 de novembro de 1937 deu início ao período ditatorial e que ficou conhecido como "Estado Novo". Muito embora tenha instituído um regime autoritário e de corporativismo estatal, com acentuada intervenção

---

8. Existem objeções a essa interpretação em razão das restrições impostas pela lei que limitou o número de sindicatos e reduziu a liberdade administrativa (NASCIMENTO, 1991, p. 66-67).

JUSTIÇA SOCIAL ECONÔMICA

do Estado na economia, manteve, praticamente, todos os direitos trabalhistas da Constituição de 1934, com os seguintes acréscimos: reconhecimento dos contratos coletivos de trabalho; repouso semanal aos domingos, feriados civis e religiosos, de acordo com a tradição local; indenização proporcional aos anos de trabalho em caso de dispensa; sucessão de direitos em caso de novo empregador; remuneração noturna superior à diurna; dever das associações de trabalhadores prestarem assistência a seus associados em práticas administrativas ou judiciais relativas a seguros de acidentes do trabalho e seguros sociais; liberdade de associação profissional ou sindical com obrigação do sindicato ser regularmente reconhecido pelo Estado.[9] Entretanto, adotou o princípio da unicidade sindical e deferiu o direito do sindicato ou associação de impor contribuições aos seus associados, declarou que a greve e o *lock-out* eram recursos antissociais, nocivos ao trabalho e ao capital, e incompatíveis com os superiores interesses da produção nacional (BRASIL, 1937).

> Com essas medidas, procurou o Estado ter em suas mãos o controle da economia nacional, para melhor desenvolver os seus programas. Para esse fim julgou imprescindível evitar a luta de classes; daí a integração das forças produtivas: os trabalhadores, empresários e profissionais liberais, numa unidade monolítica e não em grupos fracionados, com possibilidades estruturais conflitivas (NASCIMENTO, 1991, p. 68).

No que diz respeito às convenções coletivas de trabalho, a Constituição de 1937 não as restringiu apenas aos associados do sindicato, mas admitiu sua aplicação a toda categoria, dando considerável espaço à este instrumento, em que pese a extensa legislação que aumentava vertiginosamente nesta época (NASCIMENTO, 1991, p. 69).

---

9. Entretanto, a legislação impôs uma série de regras sobre a administração do sindicato, configurando um verdadeiro dirigismo estatal o que acabou por esvaziar a amplitude deste princípio (NASCIMENTO, 1991, p. 69-70).

Destaque importante neste período foi a publicação da Consolidação das Leis do Trabalho, aprovada pelo Decreto-lei 5.453, de 1º de maio de 1943 que, na verdade, não passou de mera reunião dos textos legais já existentes a época, sendo muito poucas as inovações no sistema trabalhista (BRASIL, 1943).

A Constituição promulgada em 18 de setembro de 1946 avançou mais um pouco no reconhecimento dos direitos sociais e dos trabalhadores. Ela incluiu a Justiça do Trabalho no Poder Judiciário, retirando o referido órgão da esfera do Poder Executivo, além de criar o Tribunal Superior do Trabalho, os Tribunais Regionais do Trabalho e as Juntas de Conciliação e Julgamento. Também previu a possibilidade do Ministério Público da União da esfera do Trabalho. No Título V, que tratava da Ordem Econômica e Social, dispôs que a ordem econômica deveria "ser organizada conforme os princípios da justiça social, conciliando a liberdade de iniciativa com valorização do trabalho humano" e que a todos seria "assegurado o trabalho que possibilite existência digna". O trabalho seria uma "obrigação social". Além disso, a Carta manteve os direitos garantidos nas constituições anteriores e também assegurou: a possibilidade de participação do trabalhador nos lucros da empresa; reserva de vagas destinadas a brasileiros nos serviços públicos dados em concessão; assistência aos desempregados; reconheceu o direito de greve, cujo exercício seria regulado por lei futura; e concedeu anistia aos trabalhadores que tinham sofrido penalidades disciplinares em consequência de greves ou dissídios trabalhistas (BRASIL, 1946).

A Constituição promulgada em 24 de janeiro de 1967 manteve os direitos estabelecidos na Constituição de 1946. Intitulou um capítulo (o Capítulo IV) como sendo "Dos Direitos e Garantias Individuais" e nele incluiu a liberdade de qualquer trabalho, ofício ou profissão, observadas as condições de capacidade que a lei estabelecer. Ao tratar especificamente dos direitos dos trabalhadores, assegurou a aposentadoria para a mulher aos trinta anos de trabalho com salário integral; e, manteve o direito a greve, salvo no setor público (BRASIL, 1967).

A Emenda Constitucional nº 1 de 1969, fruto do golpe militar de 17 de outubro de 1969, não alterou a Constituição de 1967 em matéria de direitos trabalhistas (BRASIL, 1969).

Em 27 de novembro de 1985, foi proposta a Emenda Constitucional nº 27 com o objetivo de convocar uma Assembleia Nacional Constituinte para a elaboração de uma nova Constituição, tendo em vista que o fim dos governos militares e a redemocratização do país clamavam por uma nova ordem constitucional.

O término dos trabalhos da Constituinte resultou na promulgação da Constituição Federal de 1988 que buscou definir o Brasil como sendo uma verdadeira socialdemocracia, ao prever uma enorme gama de obrigações para o Estado passível de ser exigida pela população em geral, firmando vários direitos sociais de segunda e terceira geração ou dimensão, recebendo, por conta disso, o título de "Constituição Cidadã" (PAULO; ALEXANDRINO, 2008, p. 30-31).

Embora muitas normas tenham conteúdo programático,[10] há forte corrente doutrinária que defende ter a Constituição criado obrigações positivas ao Estado que deverá, obrigatoriamente, implementá-las:

> Os teóricos mais tradicionais tendem a defender que os direitos sociais criam uma obrigação positiva para o Estado, que deverá agir no sentido de implementá-los. Por esse motivo, foram vistos pela doutrina como direitos fundamentais de segunda geração, uma vez que os direitos fundamentais inicialmente reconhecidos (as liberdades) requeriam do Estado apenas uma postura não intervencionista. E porque os homens passaram a exercer essa liberdade de forma ilimitada e, portanto, abusiva, a fim de conter tais excessos, criaram-se os direitos fundamentais de segunda

---

10. As normas constitucionais programáticas são aquelas de eficácia limitada que requerem dos órgãos estatais uma determinada atuação para consecução do objetivo traçado pelo legislador constituinte. Como a própria denominação indica, tais normas estabelecem um programa, um rumo inicialmente traçado pela Constituição e que deve ser perseguido pelos órgãos estatais. Estas normas não produzem seus plenos efeitos com a mera promulgação da Constituição, dependendo da concretização ulterior do programa por ela estabelecido.

geração. Torna-se evidente, então, a importância dos direitos sociais como instrumentos jurídicos de efetiva limitação ao poder econômico. (BERTOLIN, 2009, p. 239-240).

A Carta Magna, já logo em seu art. 1º, fixa como princípios fundamentais da República Federativa do Brasil a dignidade da pessoa humana, os valores sociais do trabalho e da livre-iniciativa.[11] E, logo em seguida, no seu art. 3º, estatui como objetivo fundamental desta mesma República, a garantia do desenvolvimento nacional demonstrando que, para que haja tal desenvolvimento, faça-se necessário, também, que o Estado garanta a conjugação de fatores em que, tanto a livre-iniciativa quanto o trabalho, sejam e estejam valorizados no seu âmbito social, o que trará como resultado o respeito à dignidade humana do trabalhador:[12]

> A Constituição brasileira de 1988 desenhou os contornos de um Estado de Bem-Estar Social, intervencionista, voltado à realização da justiça social.
>
> Elevou os direitos sociais à categoria de direitos fundamentais, tratando-os como cláusulas pétreas – deixando-os, portanto, resguardados das possíveis reformas constitucionais que viriam. (BERTOLIN, 2009, p. 268).

---

11. Art. 1º A República Federativa do Brasil, formada pela união indissolúvel dos Estados e Municípios e do Distrito Federal, constitui-se em Estado Democrático de Direito e tem como fundamentos:
I – a soberania;
II – a cidadania;
III – a dignidade da pessoa humana;
IV – os valores sociais do trabalho e da livre-iniciativa;
V – o pluralismo político.
Parágrafo único. Todo o poder emana do povo, que o exerce por meio de representantes eleitos ou diretamente, nos termos desta Constituição.

12. Art. 3º Constituem objetivos fundamentais da República Federativa do Brasil:
I – construir uma sociedade livre, justa e solidária;
II – garantir o desenvolvimento nacional;
III – erradicar a pobreza e a marginalização e reduzir as desigualdades sociais e regionais;
IV – promover o bem de todos, sem preconceitos de origem, raça, sexo, cor, idade e quaisquer outras formas de discriminação.

JUSTIÇA SOCIAL ECONÔMICA

Fato é que a Constituição de 1988 manteve os direitos individuais e coletivos dos trabalhadores garantidos por constituições anteriores e estabeleceu muitos outros. Mais importante que isso é o fato dela ter admitido a presença de princípios constitucionais fundamentais, fazendo-os preponderar sobre os demais direitos, ainda que constitucionais, estabelecendo uma importante hierarquia constitucional em favor daqueles direitos (BERTOLIN, 2009, p. 242).

Portanto, a Constituição Federal de 1988 trouxe a preocupação de buscar garantir o desenvolvimento nacional com uma livre-iniciativa obrigada a oferecer um trabalho socialmente valorizado e com respeito à dignidade humana do trabalhador.

5. Conclusão

O direito do trabalho como ferramenta de valorização do trabalho humano não deve se prestar somente à regulação das relações laborais, mas também é seu objetivo dar proteção ao trabalho e ao trabalhador, devendo a economia estar sujeita aos caminhos que tenham como destino o cumprimento de tal campo protetivo. Assim, não são os direitos do trabalhador que devem estar a serviço do sucesso econômico, mas a economia que deve estar a serviço da mais ampla realização dos direitos laborais. Neste âmbito, o Direito do Trabalho possibilita a construção de uma sociedade mais justa e igualitária, na medida em que fornece aos trabalhadores, mecanismos jurídicos de valorização do seu trabalho. Portanto, não é admissível que a ordem econômica sob a lógica matemática da mera acumulação para o crescimento econômico, obstaculize o Direito do Trabalho que tem por lógica a distribuição que resulta em justiça social.

Assim é que a ampla e ilimitada liberdade econômica e a livre-concorrência sem acompanhamento por parte do Estado são incapazes de harmonizar os interesses individuais, sendo fator de aumento da disparidade econômica e acentuação das classes sociais que se opõem e ameaçam a existência do próprio Estado, ente capaz de corrigir tais desigualdades (SÜSSEKIND *et al.*, 2003, p. 39).

A mágica preconizada por aqueles que acreditam haver uma "mão invisível" que auto-organizaria e autorregularia o mercado – de trabalho – na verdade não trouxe o equilíbrio de forma justa às partes que sempre se deu bem abaixo da margem do pleno emprego, seja pelo desemprego ou pelo subemprego, negando ao trabalhador seu direito à cidadania (OLIVEIRA; GENNARI, 2009).

Uma época precede e dá lugar à seguinte. Pelo passado podemos projetar o futuro (LEÃO XIII, 1999, p. 55). A análise de épocas mais remotas em que o trabalho era totalmente desprotegido ou, de épocas mais recentes em que houve excessiva relativização de direitos historicamente conquistados pelos trabalhadores, trouxe a experiência de que a ausência do Estado levou a classe trabalhadora ao mais alto grau de exploração.

É certo que a ação estatal terá que ser na medida exata para que não haja impedimento na participação de todos os entes sociais e econômicos, sob pena de prejuízo da democracia que quer ser pluralista. O Estado tem papel fundamental na gestão de todos estes fatores, direcionando as políticas ainda que seja por meio de lei.

> O Estado, como se evidencia, tem sua soberania, seu poder de decisão fragilizados pela globalização econômica, todavia, se ainda se vive em sociedade, deve-se procurar outros modelos garantidores de valores, que não só os econômicos (MOREIRA GOMES, 2001, p. 187).

Portanto, a interferência no mercado de trabalho com o objetivo de criar empregos, manter os existentes, conferir proteção ao trabalhador que albergue desde salários condignos até o combate à precarização que ponha em risco sua saúde física e mental, são questões fundamentais a serem

JUSTIÇA SOCIAL ECONÔMICA

defendidas pela sociedade e por um Estado que quer ser desenvolvido, avançado e fonte garantidora de bem-estar para seus cidadãos.

Os direitos dos trabalhadores, principalmente aqueles que buscam garantir-lhes a humanidade perdida em épocas de exploração acentuada e ainda verificada em muitos lugares, "devem ser considerados sempre de forma universal e indissociáveis. Portanto, a perda de um significa a supressão e o esmagamento dos demais", o que não pode ser admitido (GONÇALVES; KNEIPP, 2013, p. 25).

> O estudo dos princípios revela que, diferentemente das regras, a utilização de um princípio não exclui os demais daquele sistema jurídico. O Estado ainda desempenha função importante na regulação das condições de trabalho (MOREIRA GOMES, 2001, p. 187).

Para proteger o trabalhador e impedir um retrocesso social, o mundo do trabalho contemporâneo precisa e continuará precisando de uma atuação estatal significativa frente à sociedade globalizada que defende o Estado mínimo, bem como frente às inovações tecnológicas, informatização dos processos produtivos, inteligência artificial e revolução dos meios de comunicação de massa (MARQUES, 2008, p. 16).

Assim, enquanto o ser humano necessitar de um trabalho para sobreviver, estará justificada a ação do Estado na proteção integral de todos os direitos emanados da execução deste mesmo trabalho, pois somente assim estará garantida a valorização do trabalho humano com o fim de assegurar a todos a existência digna com a realização da justiça social.

Referências bibliográficas

ALMEIDA, Fernanda Dias Menezes De. Os Direitos Fundamentais na Constituição de 1988. *Revista do Advogado*, Ano XXVIII; n. 99 p. 42-53 , set. 2008.

ANTUNES, Ricardo. *Os sentidos do trabalho*. 6. ed. São Paulo: Boitempo, 2002. .

BERTOLIN, Patricia Tuma Martins. Os Direitos Sociais dos Trabalhadores. In: TANAKA, Sônia Yuriko Kanashiro (Org.). *Direito constitucional*. São Paulo: Malheiros, 2009. p. 232–271.

BRASIL. Constituição da República dos Estados Unidos do Brasil. Rio de Janeiro: [s.n.], 1891. Disponível em: <https://goo.gl/tLgFBx>. Acesso em: 14 jun. 2017.

BRASIL. Constituição da República dos Estados Unidos do Brasil. Rio de Janeiro: [s.n.], 1934. Disponível em: <https://goo.gl/dYNCTM>. Acesso em: 14 jun. 2017.

BRASIL. Constituição da República Federativa do Brasil. Brasília: [s.n.], 1967. Disponível em: <https://goo.gl/Be70Ry>. Acesso em: 14 jun. 2017.

BRASIL. Constituição dos Estados Unidos do Brasil. Rio de Janeiro: [s.n.], 1937. Disponível em: <https://goo.gl/wWk9yS>. Acesso em: 14 jun. 2017.

BRASIL. Constituição dos Estados Unidos do Brasil. Rio de Janeiro: [s.n.], 1946. Disponível em: <https://goo.gl/IjgQK>. Acesso em: 14 jun. 2017.

BRASIL. Constituição Política do Imperio do Brazil. Rio de Janeiro: [s.n.], 1824. Disponível em: <https://goo.gl/22TCZj>. Acesso em: 14 jun. 2017.

BRASIL. Emenda Constitucional nº 1. Brasília: [s.n.], 1969. Disponível em: <https://goo.gl/0sakZ>. Acesso em: 14 jun. 2017.

CASSAR, Vólia Bomfim. *Direito do trabalho*. 2. ed. São Paulo: Impetus, 2008.

COSTA, Orlando Teixeira Da. *O direito do trabalho na sociedade moderna*. São Paulo: LTr, 1999.

DELGADO, Maurício Godinho. *Curso de direito do trabalho*. São Paulo: LTr, 2007.

FILHO, José Soares. *A proteção da relação de emprego*. São Paulo: LTr, 2002.

GOMES, Ana Virginia Moreira. *A aplicação do princípio protetor no direito do trabalho*. São Paulo: LTr, 2001.

GONÇALVES, Antônio Fabrício de Matos; KNEIPP, Bruno Burgarelli Albergaria. Reestruturação Produtiva, Globalização e Neoliberalismo: Reflexos no Modelo Brasileiro e suas Consequências na Legislação Trabalhista. *Revista do Advogado*. Ano XXXIII, n. 121 p. 18-29 , nov. 2013.

GRAU, Eros Roberto. *A ordem econômica na Constituição de 1988*. 17. ed. São Paulo: Malheiros, 2015.

LEÃO XIII, Papa. *Rerum Novarum*. São Paulo: Paulinas, 1999.

MAGANO, Octavio Bueno. *Política do trabalho*. São Paulo: LTr, 1992.

MARQUES, Ana Maria Almeida. Notações Sobre o Princípio Protetor no Direito do Trabalho na Contemporaneidade e a Precarização do Labor Humano. *Revista Jurídica da Presidência*, v. 10, n. 91 p. 01-31, 2008. Disponível em: <https://revistajuridica.presidencia.gov.br/index.php/saj/article/view/217/206>.

MARTINS, Sergio Pinto. *Convenções da OIT*. São Paulo: Atlas, 2009.

MARX, Karl; ENGELS, Friedrich. *Manifesto comunista*. São Paulo: Boitempo, 2016.

NASCIMENTO, Amauri Mascaro. *Direito sindical*. 2. ed. São Paulo: Saraiva, 1991.

NASCIMENTO, Sônia Aparecida Costa Mascaro. *Flexibilização do horário de trabalho*. 1. ed. São Paulo: LTr, 2002.

NUNES, Rizzatto. *O Princípio da dignidade da pessoa humana* – Doutrina e Jurisprudência. 3. ed. São Paulo: Saraiva, 2010.

NUSDEO, Fábio. *Curso de Economia*. 9. ed. São Paulo: Ed. RT, 2015.

OIT. OIT - Organização Internacional do Trabalho. Genebra: Organização Internacional do Trabalho, 1919. Disponível em: <https://goo.gl/P6izau>. Acesso em: 14 jun. 2017.

OLIVEIRA, Roberson De; GENNARI, Adilson Marques. *História do pensamento econômico*. São Paulo: Saraiva, 2009.

PASTORE, José. *Flexibilização dos mercados de trabalho e contratação coletiva*. São Paulo: LTr, 1995.

PAULO, Vicente; ALEXANDRINO, Marcelo. *Direito constitucional descomplicado*. 3. ed. São Paulo: Método, 2008.

ROBORTELLA, Luiz Carlos Amorim. *O moderno direito do trabalho*. São Paulo: LTr, 1994.

ROBORTELLA, Luiz Carlos Amorim. *Relações de trabalho na integração regional*. São Paulo: Observador Legal, 2002.

SIQUEIRA NETO, José Francisco. O Poder Normativo da Justiça do Trabalho e seu contexto. *Revista do Advogado*, Ano XXXIII; n. 121 p. 152–158 , nov. 2013.

SÜSSEKIND, Arnaldo *et al. Instituições de direito do trabalho*. 21. ed. São Paulo: LTr, 2003. Vol. I.

O ESTADO É O INDIVÍDUO

Lutfe Mohamed Yunes

Graduado pela PUC/SP e especialista em Direito da Empresa e da Economia e em Restruturação Societária, Sucessória e Tributária pela FGV/SP. Membro da União dos Juristas Católicos de São Paulo. Advogado.

Sumário: Introdução – 1. Como compatibilizar a valorização do trabalho e a liberdade de iniciativa, princípios fundamentais da ordem econômica da Lei Suprema (art. 170, *caput*)? – 2. Que aspectos das Encíclicas Sociais de Suas Santidades – desde a *Rerum Novarum* do Papa Leão XIII – são mais importantes para implantação no século XXI? – 3. Políticas sociais para atender famílias de baixa renda deveriam exigir contrapartida, como obrigação de os filhos estudarem? – 4. É possível praticar distribuição de riquezas sem geração de rendas? – 5. Como estimular investimentos no país, competindo com outras nações na sua atuação, cuidando simultaneamente de políticas sociais? – 6. O excessivo crescimento da burocracia é ou não inibidor de reais políticas sociais? – 7. Conclusão.

Introdução

Com base na metodologia do sistema de perguntas e respostas, abordo, dentre outros pontos, o conceito e a ideia que o Estado é o indivíduo. A afirmação realizada no título desta publicação não tem como condão desmoralizar ou negar as instituições democráticas de direito, mas ponderar que o indivíduo, mesmo que isolado, dentro dos limites de suas funções, terá a oportunidade de fazer transparecer, a título de excelência e justiça do serviço público, suas virtudes cristãs direcionadas para o bem do próximo. Assim, quanto mais forjada a moral e a ética do indivíduo, mais forte e coerente o Estado será para o bem comum dos seus cidadãos e, sem sombra de dúvidas, o católico é parte essencial deste processo para que haja um Estado mais virtuoso.

1. Como compatibilizar a valorização do trabalho e a liberdade de iniciativa, princípios fundamentais da ordem econômica da Lei Suprema (art. 170, *caput*)?

Primeiramente, devemos discorrer, um pouco, sobre o que é livre-iniciativa e os limites jurídicos referentes à liberdade de se empreender.

Não se trata de uma de uma tarefa de difícil conceituação, porque, conforme conceitua o Código Civil Brasileiro, todo homem capaz, no que diz respeito à sua capacidade jurídica, pode realizar negócios jurídicos, desde que lícitos, possíveis, determinados ou determináveis e que não seja de competência exclusiva do Estado, como a exploração do petróleo brasileiro, conforme previsto no art. 177 da Constituição Federal Brasileira.

Porém, a liberdade de se empreender tem limites reais e concretos no mundo dos negócios brasileiros de difíceis, quase impossíveis, transposição, que posso elencar aqui: (i) dificuldade de crédito financeiro; (ii) alta complexidade de entendimento e do impacto da carga de tributação; (iii) carência de mão de obra qualificada; (iv) alto grau de complexidade para regularização de registros cadastrais e certidões negativas, aliado à falta de conhecimento dos empreendedores para cumprir com a regulamentação brasileira referente à estruturação de um negócio completamente regular; (v) rigidez das leis trabalhistas; (vi) precariedade do sistema educacional, de saúde e de logística e transporte; (viii) alto grau de

JUSTIÇA ECONÔMICA E SOCIAL

informalidade, com uma enormidade de concorrência desleal (pirataria) para os produtos de origem regular e lícita; (ix) alto grau de corrupção de agentes fiscais das esferas municipais, estaduais e federal; (x) um Judiciário lento e inoperante, o que não se dá por culpa da capacidade jurídica e intelectual dos magistrados, bem como, no que tange à incerteza jurídica de certas decisões, decisões nas instâncias superiores, com condão político, que não favoreçam cidadãos e contribuintes e os valores morais e éticos familiares; (xi) o alto grau de violência existente na sociedade, consubstanciada em roubos de pessoas físicas, maquinários, estabelecimentos e mercadorias; e, por fim, (xii) a instabilidade política e econômica que impera no país, lastreada na corrupção e na inoperância que cerceia o mundo político na esfera legislativa e executiva e, inacreditavelmente, com a existência de cenários inflacionários e recessivos ao mesmo tempo.

Assim, para qualquer pessoa de bom senso e de bem que se depara com os obstáculos acima não haveria outro pensamento, a não ser se mudar do país (o que, de fato, vem acontecendo) ou correr atrás de um emprego privado ou público (o que, de fato, também vem acontecendo), qualquer que seja ele.

Então, o que sobra para alguém (cidadão brasileiro do bem) em sã consciência decidir pela livre-iniciativa de empreender?

Sobra uma demanda reprimida, baseada em uma sociedade pobre materialmente, que, a todo custo e esforço, tenta ganhar a vida de forma honesta, em conjunção à cultura consumista desta mesma sociedade (o que não é bom), que aspira às benesses de um sentido de vida no consumo de celulares, carros, geladeiras e roupas novas.

Vejam também que os valores morais desta sociedade foram construídos com base em uma matriz econômica dada por uma política econômica fracassada, que privilegiou os bens de consumos, em vez da infraestrutura e o setor imobiliário para prover maior dignidade para as famílias mais pobres. Não devemos agora entrar nesta seara de discussão. O ponto é que existem muitos brasileiros pobres que merecem uma condição de vida mais digna e melhor.

Esta mesma sociedade tem, a todo custo, tentado crescer na vida, por meio de uma formação universitária, o que causou também um *boom* de abertura de novas faculdades e cursos, o que não é, infelizmente, significado certo de sucesso para quem os conclui.

Observem então que, mesmo livre, o indivíduo brasileiro tem que ser um herói para tomar a decisão de empreender.

Desta forma, a decisão de empreender livremente nem sempre parte de uma motivação lúcida do empreendedorismo baseado em oportunidades de mercado e da grande capacidade técnica e financeira de indivíduos mais preparados para as intempéries do mercado brasileiro, mas, muitas vezes, da necessidade oriunda da escassez de emprego, o que acaba por levar as empresas, de forma mais rápida, para o obituário.

Como em um ciclo vicioso, a ausência de condições de mercado favoráveis e de empreendedores experientes e mais preparados, que teriam, em tese, negócios com maiores chances de vingar ou que fossem mais bem-sucedidos, gera a desvalorização do emprego, porque com menos empresas de excelência, há menos empregos e menos possibilidades de mudanças e melhorias para os empregados, o que não gera, consequentemente, um mercado de livre oferta e demanda de empregos, que faça com que os empregados e os empreendedores dependam mutuamente de uma relação mais fraternal e gentil, o que fecha o ciclo vicioso.

Transformar um ciclo vicioso em um ciclo virtuoso não é difícil para um país sério, o que seria combater na raiz os problemas culturais e de infraestrutura do Brasil, com uma visão micro de cuidar de cada indivíduo como se fosse o único.

Para finalizar este tema, sobre o entrave da nossa economia e da relação de oferta e demanda de empregos, duas reportagens muito atuais me chamaram muita atenção nestes dias, que dispõem sobre a dificuldade de empreender e da inflexibilidade das leis trabalhistas que geram menos empregos, que são os seguintes:

1 – Conforme mencionado no Jornal *O Estado de São Paulo*, do dia 12 de março de 2017 – Segundo pesquisa Ibracem/FGV, quase nove entre dez negócios no País apresentam alguma pendência com órgãos municipais ou federais; quantidade de documentos, taxas, alvarás e também a queda de faturamento são as causas apontadas;

2 – O jornalista Diego Casagrande para o Jornal *Metro Jornal de Porto Alegre*, com muita presença de espírito, faz categoricamente a seguinte colocação:

> Alguém, por favor, pode me explicar por que tanta gente quer ir morar legal ou ilegalmente nos EUA se lá não tem CLT e nem Justiça do Trabalho? Se lá não tem 13º e tampouco licença-maternidade remunerada? Como suportar um país onde decisões sobre férias, ausência por doença ou feriados nacionais são negociados caso a caso entre empregador e empregado? Por que tantas pessoas se arriscam a morrer no deserto, na fronteira árida do México e nas mãos dos coiotes, se lá não tem SUS e não tem INSS? [...].

A reposta do autor no final do artigo a tantas perguntas é a seguinte:

"Lá (Estados Unidos) existem duas palavrinhas mágicas que devem ser seguidas por todos: '*Liberdade*'e '*Responsabilidade*'".

É possível, então, finalizar com as palavras do jornalista Diego Casagrande – Liberdade e Responsabilidade. Uma Liberdade relacionada a um Estado mínimo, menor e eficiente nas suas responsabilidades constitucionais mínimas. Uma Responsabilidade, no sentido de cuidar e se responsabilizar pelo próximo, com menos egoísmo e orgulho, que gera corrupção e mesquinhez do uso do bem comum referente aos recursos privados e públicos, de tal sorte que os indivíduos de

UJUCASP

bem queiram empreender e gerar mais empregos com melhores condições de trabalho.

2. Que aspectos das Encíclicas Sociais de Suas Santidades – desde a *Rerum Novarum* do Papa Leão XIII — são mais importantes para implantação no século XXI?

É imperativo iniciar esclarecendo que todos os aspectos de todas as Encíclicas sociais já escritas por todos os Sumos Pontífices, lidas sob a luz da fé cristã, são importantes para implantação no século XXI. Para você, leitor, que chegou até aqui, recomendo fortemente a leitura detalhada das encíclicas, cujos ensinamentos e reflexões são alimento para alma.

Ademais, neste sentido, não há letra morta nas Encíclicas. Não há letra morta que não possa ser implementada em uma sociedade doente pelo vírus do individualismo e egoísmo e tão carente do remédio do Amor Maior que é Deus, em Sua Santíssima Trindade, que tem Nossa Senhora e a Igreja Católica como intercessora e receptáculo de sua graça e sacramentos, respectivamente. A questão é ler os documentos do Vaticano, observando-se a verdadeira mensagem de Amor, sem deturpações ideológicas, o que levaria ao erro próprio e de inocentes mal-informados.

Porém, para os fins específicos previstos neste artigo, atrevo-me a limitar o discurso referente aos aspectos mais importantes das encíclicas, a trechos, aqui contextualizados, de três cartas Encíclicas, a saber: *Inscrutabili dei Consilio* e *Immortale Dei*, do Sumo Pontífice Papa Leão XIII; e *Caritas In Veritate*, do Sumo Pontífice Bento XVI.

Assim, iniciemos os nossos pensamentos sobre o mal que assola a sociedade e o indivíduo, com a descrição perfeita, com os meus grifos, do ponto 2 da *Inscrutabili dei Consilio*:

> 2. Efetivamente, desde os primeiros instantes do Nosso Pontificado, o que se oferece aos Nossos olhares é o triste espetáculo dos males que de todas as partes acabrunham o gênero humano:

404

JUSTIÇA ECONÔMICA E SOCIAL

é essa subversão geral das verdades supremas que são como que os fundamentos em que se apoia o estado da sociedade humana; é essa audácia dos espíritos que não podem suportar nenhuma autoridade legítima; é essa causa perpétua de dissensões de onde nascem as querelas intestinas e as guerras cruéis e sangrentas; é o desprezo das leis que regulam os costumes e protegem a justiça; é a insaciável cupidez das coisas que passam e o esquecimento das coisas eternas, levados ambos até esse furor insensato que por toda parte induz tantos infelizes a levarem sobre si mesmos, sem tremerem, mãos violentas; é a administração inconsiderada da fortuna pública, o esbanjamento, a malversação, como também a impudência dos que, cometendo as maiores espertezas, se esforçam por dar-se a aparência de defensores da pátria, da liberdade e de todos os direitos; é, enfim, essa espécie de peste mortal que, insinuando-se nos membros da sociedade humana, não deixa a esta repouso e lhe prepara novas revoluções e funestas catástrofes.

A Encíclica *Inscrutabili dei Consilio*, com a devida responsabilidade, dispõe sobre o diagnóstico e prescreve o remédio correto para este mal que nos consome. O Sumo Pontífice Leão XIII é infalível para esclarecer que contra o egoísmo e o orgulho humano cabe à Igreja fazer sua parte e infundir no coração dos homens a mensagem de Deus Vivo:

Fidelidade à Santa Sé Apostólica

14. Querendo também, em seguida, manter cada vez mais estreita a concórdia entre todo o rebanho católico e seu Pastor supremo, com afeto particular aqui Vos concitamos, Veneráveis Irmãos, e vos exortamos calorosamente a, pelo Vosso zelo sacerdotal e pela Vossa vigilância pastoral, inflamardes do amor da religião os fiéis que Vos são confiados, a fim de que eles se prendam cada vez mais estreitamente a esta Cátedra de verdade e de justiça, a fim de que aceitem todos a doutrina dela com a mais profunda submissão de espírito e de vontade, e a fim de que rejeitem, enfim, absolutamente todas as opiniões, mesmo as mais difundidas, que souberem ser contrárias aos ensinamentos da Igreja. Sobre este assunto, os Pontífices Romanos Nossos predecessores, e em particular Pio IX, de santa memória, sobretudo no concílio do Vaticano, tendo incessantemente diante dos olhos estas palavras de S. Paulo: Vede que ninguém vos engane por meio da filosofia ou de um vão artifício que seja segundo a tradição dos homens ou segundo os elementos do mundo, e não

segundo Jesus Cristo (Col 2, 8), todas as vezes que se tornou necessário não descuraram reprovar os erros que irrompiam e fulminá-los com as censuras apostólicas. Nós também, seguindo as pegadas dos Nossos predecessores, confirmamos e renovamos todas essas condenações do alto desta Sé Apostólica de verdade, e ao mesmo tempo pedimos vivamente ao Pai das luzes faça com que todos os fiéis, inteiramente unidos num mesmo sentimento e numa mesma crença, pensem e falem absolutamente como Nós. O Vosso dever, Veneráveis Irmãos, é empregardes os Vossos desvelos assíduos em espalhar ao longe no campo do Senhor a semente das celestes doutrinas, e em fazer penetrar oportunamente na mente dos fiéis os princípios da fé católica, para que lancem nela profundas raízes e nela se conservem ao abrigo do contágio dos erros. Quanto maiores esforços fazem os inimigos da religião para ensinar aos homens sem instrução, e sobretudo aos jovens, princípios que lhes obscurecem a mente e corrompem o coração, tanto mais é precioso trabalhar ardentemente não só para fazer prosperar um hábil e sólido método de educação, mas sobretudo para não se apartar da fé católica, no ensino das letras e das ciências e em particular da filosofia, da qual depende em grande parte a verdadeira direção das outras ciências, e que, longe de tender a derrubar a divina revelação, pelo contrário, se alegra de lhe aplanar o caminho e de defendê-la contra os seus assaltantes, como pelo exemplo e pelos escritos no-lo ensinaram o grande Agostinho e o Doutor Angélico, e todos os demais mestres da sabedoria cristã.

O papel da Igreja para os fins de salvação das almas dos homens nunca, jamais, pode ser negligenciado e sua compreensão leva aos homens à apropriação da Boa nova, o que lhes introduzirá uma verdadeira e coerente responsabilidade individual e subjetiva, a qual, mesmo revestida pela roupagem do Estado, terá como objetivo agir fraternalmente à **semelhança do seu** Criador, blindada com o Amor contra a corrupção do mundo, da carne e do demônio.

A fim de corroborar meus pensamentos, utilizo-me das palavras do Sumo PONTÍFICE Papa Leão XIII na sua Encíclica *Immortale Dei* para demonstrar o papel fundamental da Igreja na salvação dos homens, que atuam com base na autoridade de Deus:

JUSTIÇA ECONÔMICA E SOCIAL

1. A obra imortal do Deus de misericórdia, a Igreja, se bem que em si e por sua natureza tenha por fim a salvação das almas e a felicidade eterna é, entretanto, na própria esfera das coisas humanas, a fonte de tantas e tais vantagens, que as não poderia proporcionar mais numerosas e maiores mesmo quando tivesse sido fundada sobretudo e diretamente em mira a assegurar a felicidade desta vida. Com efeito, onde quer que a Igreja tenha penetrado, imediatamente tem mudado a face das coisas e impregnado os costumes públicos não somente de virtudes até então desconhecidas, mas ainda de uma civilização toda nova. Todos os povos que a têm acolhido se distinguiram pela doçura, pela equidade e pela glória dos empreendimentos.

[...]

26. Em várias passagens Santo Agostinho, segundo o seu costume, salientou o valor desses bens, mormente quando interpela a Igreja Católica nestes termos: "Tu conduzes e instruis as crianças com ternura, os jovens com força, os velhos com calma, como o comporta a idade não somente do corpo, mas ainda da alma. Sujeitas as mulheres aos maridos por uma casta e fiel obediência, não para cevar a paixão, mas para propagar a espécie e constituir a sociedade da família. Dás autoridade aos maridos sobre as mulheres, não para zombarem do sexo, mas para seguirem as leis de um sincero amor. Subordinas os filhos aos pais por uma espécie de servidão livre e prepões os pais aos filhos por uma espécie de terna autoridade. Unes não só em sociedade, mas numa espécie de fraternidade, os cidadãos aos cidadãos, as nações às nações e os homens entre si pela lembrança dos primeiros pais. Ensinas os reis a velarem sobre os povos, e prescreves aos povos submeter-se aos reis. Ensinas com cuidado a quem é que é devida a honra, a quem a afeição, a quem o respeito, a quem o temor, a quem a consolação, a quem a advertência, a quem o incentivo, a quem a correção, a quem a reprimenda, a quem o castigo; e fazes saber como, se nem todas essas coisas são devidas a todos, a todos é devida a caridade, e a ninguém a injustiça" (*De moribus Eccl.*, cap. XXX, n. 63).

Ademais, com base nos ensinamentos de São Paulo – "Todo poder vem de Deus" (Rom. 13,1), podemos nos aproveitar de mais uma parte da encíclica *Immortale Dei* para demonstrar a responsabilidade do homem pela autoridade recebida:

8. Se os chefes de Estado se deixarem arrastar a uma dominação injusta, se pecarem por abuso de poder ou por orgulho, se não

proverem ao bem do povo, saibam que um dia terão de dar contas a Deus, e essas contas serão tanto mais severas quanto mais santa for a função que eles exercerem e mais elevado o grau da dignidade de que estiverem investidos. "Os poderosos serão poderosamente punidos" (Sab 6, 7).

[...]

27. Noutro lugar, o mesmo Doutor (Santo Agostinho) repreende nestes termos a falsa sabedoria dos políticos filósofos: "Os que dizem que a doutrina de Cristo é contrária ao bem do Estado deem--nos um exército de soldados tais como os faz a doutrina de Cristo, deem-nos tais governadores de províncias, tais maridos, tais esposas, tais pais, tais filhos, tais mestres, tais servos, tais reis, tais juízes, tais contribuintes, enfim, e agentes do fisco tais como os quer a doutrina cristã! E então ousem ainda dizer que ela é contrária ao Estado! Muito antes, porém, não hesitem em confessar que ela é uma grande salvaguarda para o Estado quando é seguida" (Epist. 138 (al. 5) *ad Marcellinum*, cap. II, n. 15).

Sinceramente, a minha vontade é transcrever todas as palavras, com todas as vírgulas, de todas as Encíclicas, como palavras minhas fossem, apesar de não ter a mínima autoridade para tanto, de tal sorte que pudesse compartilhar a novidade, como aquela criança que pela primeira vez teve um passarinho vivo e cuidado nas mãos para que, depois de mostrá-lo ao grande amigo, que tal passarinho pudesse de novo voltar a voar. Assim são as delícias dos ensinamentos de Deus e da Igreja. Digo isto para pedir desculpas, para mais uma vez, transcrever trecho da Encíclica mencionada acima de fundamental importância para conclusão da minha linha de raciocínio:

54. À salvação pública importa ainda que os católicos emprestem sensatamente o seu concurso à administração dos negócios municipais e se apliquem sobretudo a fazer com que a autoridade pública atenda à educação religiosa e moral da juventude, como convém a cristãos: daí depende sobretudo a salvação da sociedade. Será geralmente útil e louvável que os católicos estendam a sua ação além dos limites desse campo demasiado restrito, e se cheguem aos grandes cargos do Estado. "Geralmente", dizemos, porque aqui os Nossos conselhos se dirigem a todas as nações. Aliás, pode suceder algures que, por motivos os mais graves e os mais justos, absolutamente não seja conveniente participar dos negócios públicos seria tão repreensível como não trazer à

JUSTIÇA ECONÔMICA E SOCIAL

utilidade comum nem desvelo nem concurso: tanto mais quanto, em virtude mesmo da doutrina que professam, os católicos são obrigados a cumprir esse dever com toda integridade e consciência. Aliás. Abstendo-se eles, as rédeas do governo passarão sem contestação às mãos daqueles cujas opiniões certamente não oferecem grande esperança de salvação para o Estado.

O que quero dizer é que o indivíduo, ciente da sua dignidade de cristão, por meio dos ensinamentos de nossa Igreja, poderia, de forma individualizada, revestido também do poder do Estado, transformar a realidade que o cerca e, consequentemente, do mundo que vive pelo amor ao próximo e a Deus, cuja consequência seria um mundo fraternal e a caminho do céu.

Por fim, a única resposta para que isto pudesse acontecer é a identificação de nós cristãos ao amigo e mestre que é Jesus Cristo, a caridade em pessoa. Assim, para terminar, compartilho três trechos da encíclica *Caritas in Veritate*, do Sumo Pontífice Bento XVI:

1. A caridade na verdade, que Jesus Cristo testemunhou com a sua vida terrena e sobretudo com a sua morte e ressurreição, é a força propulsora principal para o verdadeiro desenvolvimento de cada pessoa e da humanidade inteira. O amor — "caritas" — é uma força extraordinária, que impele as pessoas a comprometerem-se, com coragem e generosidade, no campo da justiça e da paz. É uma força que tem a sua origem em Deus, Amor eterno e Verdade absoluta. Cada um encontra o bem próprio, aderindo ao projecto que Deus tem para ele a fim de o realizar plenamente: com efeito, é em tal projecto que encontra a verdade sobre si mesmo e, aderindo a ela, torna-se livre (cf. Jo 8, 32). Por isso, defender a verdade, propô-la com humildade e convicção e testemunhá-la na vida são formas exigentes e imprescindíveis de caridade. Esta, de facto, "rejubila com a verdade" (1 Cor 13, 6). Todos os homens sentem o impulso interior para amar de maneira autêntica: amor e verdade nunca desaparecem de todo neles, porque são a vocação colocada por Deus no coração e na mente de cada homem. Jesus Cristo purifica e liberta das nossas carências humanas a busca do amor e da verdade e desvenda-nos, em plenitude, a iniciativa de amor e o projecto de vida verdadeira que Deus preparou para nós. Em Cristo, a caridade na verdade torna-se o Rosto da sua Pessoa, uma vocação a nós dirigida

para amarmos os nossos irmãos na verdade do seu projecto. De facto, Ele mesmo é a Verdade (cf. Jo 14, 6).

2. A caridade é a via mestra da doutrina social da Igreja. As diversas responsabilidades e compromissos por ela delineados derivam da caridade, que é – como ensinou Jesus – a síntese de toda a Lei (cf. Mt 22, 36-40). A caridade dá verdadeira substância à relação pessoal com Deus e com o próximo; é o princípio não só das microrrelações estabelecidas entre amigos, na família, no pequeno grupo, mas também das macrorrelações como relacionamentos sociais, económicos, políticos. Para a Igreja — instruída pelo Evangelho —, a caridade é tudo porque, como ensina S. João (cf. 1 Jo 4, 8.16) e como recordei na minha primeira carta encíclica, "Deus é caridade" (Deus *caritas est*): da caridade de Deus tudo provém, por ela tudo toma forma, para ela tudo tende. A caridade é o dom maior que Deus concedeu aos homens; é sua promessa e nossa esperança.

7. Depois, é preciso ter em grande consideração o bem comum. Amar alguém é querer o seu bem e trabalhar eficazmente pelo mesmo. Ao lado do bem individual, existe um bem ligado à vida social das pessoas: o bem comum. É o bem daquele "nós-todos", formado por indivíduos, famílias e grupos intermédios que se unem em comunidade social. Não é um bem procurado por si mesmo, mas para as pessoas que fazem parte da comunidade social e que, só nela, podem realmente e com maior eficácia obter o próprio bem. Querer o bem comum e trabalhar por ele é exigência de justiça e de caridade. Comprometer-se pelo bem comum é, por um lado, cuidar e, por outro, valer-se daquele conjunto de instituições que estruturam jurídica, civil, política e culturalmente a vida social, que deste modo toma a forma de pólis, cidade. Ama-se tanto mais eficazmente o próximo, quanto mais se trabalha em prol de um bem comum que dê resposta também às suas necessidades reais. Todo o cristão é chamado a esta caridade, conforme a sua vocação e segundo as possibilidades que tem de incidência na pólis. Este é o caminho institucional — podemos mesmo dizer político — da caridade, não menos qualificado e incisivo do que o é a caridade que vai directamente ao encontro do próximo, fora das mediações institucionais da pólis. Quando o empenho pelo bem comum é animado pela caridade, tem uma valência superior à do empenho simplesmente secular e político. Aquele, como todo o empenho pela justiça, inscreve-se no testemunho da caridade divina que, agindo no tempo, prepara o eterno. A acção do homem sobre a terra, quando é inspirada e sustentada pela caridade, contribui para a edificação daquela cidade universal de Deus que é a meta para onde caminha a história da família humana. Numa sociedade em vias de globalização,

JUSTIÇA ECONÔMICA E SOCIAL

> o bem comum e o empenho em seu favor não podem deixar de
> assumir as dimensões da família humana inteira, ou seja, da co-
> munidade dos povos e das nações, para dar forma de unidade e
> paz à cidade do homem e torná-la em certa medida antecipação
> que prefigura a cidade de Deus sem barreiras.

Sintetizo as minhas considerações da seguinte forma: Cristãos verdadeiros conduzidos pela esposa de Cristo, que é a Igreja, para permearem, individualmente, as relações públicas e privadas para o bem do próximo, com a mais elevada ética, valores e moral cristã referente ao compartilhamento de bens, virtudes e, principalmente, da graça e ensinamentos de Deus para Salvação de todos, sem exceção.

3. Políticas sociais para atender famílias de baixa renda deveriam exigir contrapartida, como obrigação de os filhos estudarem?

Infelizmente, há uma alternância de valores sobre a real natureza, incluindo a jurídica, dos estudos e do papel das escolas para as crianças.

O primeiro ponto é que o ensino, de extrema qualidade, para crianças deveria ser visto e analisado sempre com um direito e não como uma obrigação para algum tipo de contrapartida financeira para os pais.

Trata-se de uma anomalia cultural que estamos vivendo no Brasil, que só pode ser sanada com ajuda de indivíduos comprometidos com a abertura de consciência da população, que devem ter como condão levar para as pessoas um encontro pessoal e individualizado com os ensinamentos, valores e a mística católica, respeitados a liberdade e o livre arbítrio de pais e filhos para se dispersarem pelo mundo em busca de outras respostas, cujo retorno ao local de origem se equiparará à passagem do filho pródigo.

Assim, com base naquilo que for católico e de Amor a Deus, o ponto nevrálgico da relação é trazer a família para

411

escola, dando-se à família a contrapartida acolhedora do ensinamento de valores e moral cristã católica, praticada por indivíduos comprometidos com a verdade absoluta que é a identificação de Cristo em nossas vidas.

Caberia então, unicamente, ao Estado fazer, minimamente e de forma eficaz, o que lhe compete e que é o seu dever em termos de ensino e escolarização, qual seja, manter e aprimorar as condições técnicas dos professores, cuidar da segurança dos professores e alunos, bem como da infraestrutura das escolas e prover os alunos com uma alimentação digna e saudável e, quando necessário, para os pais, que, em um período do dia, necessitem do apoio alimentar, por qualquer razão que seja.

Dentre outras fontes, baseio o meu pensamento, em uma pesquisa feita no ano de 2016 nas escolas públicas do Estado de São Paulo e divulgada pela Rádio Jovem Pan, que demonstrou que a queixa mais relevante dos professores não está nos baixos salários e na condição precária das escolas, mas sim na forma com que os alunos chegam à escola, no que diz respeito sua má formação familiar, deteriorada por uma opressão, imposta por um país pobre e mal estruturado, que faz com que os pais fiquem pouco tempo com os filhos, piorada pelo fato de uma inversão de valores que está mais focada na exacerbação da sexualidade e consumismo, do que na formação do caráter da criança ou do adolescente para o serviço ao próximo.

Assim, que tal se o Estado fizesse, minimamente e de forma bem-feita, volto a repetir, aquilo que lhe cabe pela Constituição Federal?

O meu manifesto segue abaixo:

Por favor Sr. Estado, na esfera executiva, conceda aos seus cidadãos, escolas, hospitais e meios de transporte, de boa qualidade e em tempo hábil para que não morramos nas filas de hospitais e fiquemos carentes de educação e com pouco tempo de presenciar o crescimento, físico e intelectual, dos

JUSTIÇA ECONÔMICA E SOCIAL

nossos filhos. Por favor Sr. Judiciário, principalmente nas instâncias superiores, decida rápida e corajosamente, com base no legalismo necessário, sem vaidades e imposições de crenças absurdas, como a liberação do aborto para nascituros com menos de três meses de vida, sem qualquer critério moral e técnico. Por favor Sr. Legislativo, trabalhe, mas trabalhe mesmo, com menos política de realização de favores corporativos e mesquinhos, e com mais leis que sejam sempre a favor da vida e em benefício da lei natural que conduzam homens e mulheres para um relacionamento baseado na constituição de uma família e na participação do processo de criação de Deus, com a geração de outros seres vivos. Por favor Sr. Três Poderes, deixem que o homem exerça sua opção livre de vontade, entre o que é verdade e a mentira, o bem e o mal, a vida e a morte, sem que haja por V.Sa. Três Poderes a imputação de valores que conduzam, nós cidadãos brasileiros, para a mentira, o mal e a morte, a corrupção e ao inferno

Sim, o homossexual deve ser sempre respeitado, não pela sua opção sexual, mas pelo ser humano que é. Porém, a união homoafetiva, como condição natural da sociedade, fere a própria condição natural de perpetuação da espécie humana.

Sim, a Igreja Católica é responsável em formar indivíduos com a coragem suficiente de levar a Boa Nova até os confins do mundo, mas isto não interfere na obrigação de fazer do Estado, o mínimo possível, no que diz respeito às condições de Plenitude e da Dignidade humana, das quais discorrerei mais propriamente abaixo.

O filósofo e educador Mario Sérgio Cortella explana bem a função primordial da escola que é a escolarização, cabendo, assim, ao Estado, uma atividade secundária na educação das crianças brasileiras. Desta forma, cabe à família a função essencial de educação moral e de imposição de limites aos filhos. No vídeo realizado pelo referido filósofo, entendi que é a escola, no papel secundário da educação moral, que apoia as famílias, a quem cabe o papel primordial de educação dos seus filhos, e não, em uma eventual inversão de valores, a família

413

que apoia a escola, como se esta tivesse o papel preponderante para formação de uma criança ou adolescente.

O problema é que a família vem sendo bombardeada com noções equivocadas sobre quais os verdadeiros valores da moral e da ética humana, tudo em nome de uma falsa liberdade, mais identificada como libertinagem. Ademais, nenhuma política social e, até o momento, com raras exceções, ações empresariais, é realizada para que os pais possam passar mais tempos com os filhos, que os pais continuem casados e que adquiram a real condição natural entre crianças nascidas, absolutamente, como meninos e meninas, com as suas incontroversas características e referências, distintamente, masculinas e femininas, lutando-se assim contra o que é o casamento descartável e a ideologia de gênero que começa a tentar virar regra nas escolas públicas e privadas brasileiras.[1]

Por fim, sobre a necessidade de protegermos a família, as palavras do Sumo Pontífice Papa Leão XIII na Encíclica *Inscrutabili dei Consilio e Immortale Dei* de 21 de abril de 1878, nunca estiveram tão atuais:

> Reforma do Lar cristão
>
> 15. Todavia, necessário se torna que, para ser uma garantia da verdadeira fé e da religião, e uma salvaguarda da integridade dos costumes, essa excelente educação da juventude comece no próprio interior da família, dessa família que, infelizmente perturbada nos tempos atuais, só pode recuperar a sua liberdade por essas leis que o próprio divino Autor lhe fixou ao instituí-la na Igreja. Jesus Cristo, com efeito, elevando à dignidade de sacramento a aliança do matrimônio, que Ele quis fazer servir a simbolizar a sua união com a Igreja, não somente tornou mais santa a ligação dos esposos, como também preparou tanto aos pais como aos filhos meios eficacíssimos próprios para lhes facilitar, pela observância dos seus deveres recíprocos, a obtenção da felicidade temporal e eterna.

---

1. Apesar da expressiva derrota que a chamada "ideologia de gênero" sofreu no Congresso Nacional em junho de 2014, e das frequentes batalhas que tem perdido nas câmaras municipais e assembleias legislativas, o Ministério da Educação (MEC) continua a promover o controverso conceito de gênero na educação básica.

JUSTIÇA ECONÔMICA E SOCIAL

16. Infelizmente, depois que leis ímpias e sem nenhum respeito pela santidade desse grande sacramento o rebaixaram à mesma categoria dos contratos civis, tem sucedido que, profanando a dignidade do matrimônio cristão, cidadãos tenham adotado o concubinato legal ao invés das núpcias religiosas; esposos têm descurado os deveres da fé que se haviam prometido, filhos têm recusado aos pais a obediência e o respeito que lhes deviam, os laços da caridade doméstica têm-se afrouxado, e, o que é bem triste exemplo e mui prejudicial aos costumes públicos, a um amor insensato muitíssimas vezes têm sucedido separações funestas e perniciosas. Impossível é, Veneráveis Irmãos, que à vista dessa miséria e dessas calamidades lamentáveis não excite o Vosso zelo e não nos induza a, com cuidado e sem tréguas, exortar os fiéis confiados à Vossa guarda a prestarem ouvido dócil aos ensinamentos que se relacionam com a santidade do matrimônio cristão, e a obedecerem às leis da Igreja que regulam os deveres dos esposos e dos filhos.

Protejamos, assim, as famílias constituídas entre homens e mulheres para sua fidelidade e apoio mútuo, até que a morte separe os esposos, para o bem dos seus filhos e, consequentemente, da sociedade como um todo, tendo a escola um papel importante na educação moral dos filhos, fazendo o Estado o mínimo que lhe compete, de forma qualitativa, sem atrapalhar com decisões e ideologias que carregam o homem para sua própria desgraça.

4. É possível praticar distribuição de riquezas sem geração de rendas?

Categoricamente, não! Não é possível distribuição de riquezas sem geração de rendas.

"O homem bom, do bom tesouro do seu coração tira o bem e o mal, do mau tesouro do seu coração tira o mal, porque da abundância do seu coração fala a boca. (Lucas 6, 45)"

Por mais incrível que nos pareça, as palavras de Nosso Senhor Jesus Cristo, transcritas por São Lucas Evangelista, nos serve muito bem para explanar esta relação. O Estado não pode dar aquilo o que ele não tem, tanto aquilo que é de bom quanto aquilo que é de mal.

Isto porque a ações do Estado e dos agentes do mercado privado estão alicerçadas na ponta final que é e sempre será o indivíduo em si, o qual conduz o Estado e as Empresas.

E o indivíduo é sempre ele mesmo e seu comportamento e forma de agir diante de suas circunstâncias nas relações familiares, profissionais e sociais, mergulhado no íntimo de seus valores morais recebidos e transmitidos pela educação assistida pelos seus pais, e desenvolvidos e forjados no ambiente social e com amigos e inimigos, que os circundam durante toda a vida.

Neste momento, devemos nos concentrar no homem comum, em uma função pública, que não testado pela fé, sem adentrarmos filosoficamente, neste parágrafo, sobre o conceito do homem testado na fé cristã, que se encontra em situações mais ou menos cômodas e confortáveis, com respeito a sua moral e suas posses materiais para, então, conseguirmos entender, o porquê do homem comum, diante do conforto de sua situação de estabilidade, dada pela função concedida pelo poder estatal, é mais suscetível à corrupção e fraudes.

Tal teoria, em termos mercadológicos, se baseia nas relações de necessidade e oportunidade de emprego e de se empreender dos indivíduos, as quais, respectivamente, em uma função pública, se completam como um todo, com respeito à realidade de certas necessidades, e, ao mesmo tempo, quase se extinguem, no tange as oportunidades, quando analisadas, sob o plano de carreira do funcionalismo público.

Ademais, o homem, incluindo todos nós, inclinado ao vício, procura o sentido de sua vida também pelo poder de se impor e subjugar os outros, devendo nós mesmos lutarmos contra a soberba e vaidade, que nos separa dos nossos próximos e de Deus. Assim, o homem comum (indivíduo), quando se encarcera no próprio eu, com mais ou menos poder e com a estabilidade dada pela lei, sem maiores ambições, pensa ser

416

aquém do Estado ou o próprio Estado e diante de tal condição, também pela pouca funcionalidade do Estado, na sua auto-observação e punição dos seus agentes públicos, acaba, por meio de atos corruptos, vendendo sua alma ao diabo.

Pode parecer estranho, mas a parte introdutória sobre o indivíduo em si é importante para entendermos a dinâmica da distribuição de riqueza.

Diante destes pilares nefastos, que conduzem muitos homens para a mediocridade, tibieza e a maldade em si, com exceções, evidentemente, de homens justos, com moral elevada e de boa vontade, independentemente de valores religiosos, os quais conheço pela graça de Deus, o Estado não pode querer trazer para si, ideologicamente, baseado em uma falsa noção de reequilíbrio social, o papel de salvador dos pobres e oprimidos, porque este mesmo Estado, feito pelos indivíduos que o compõem, cujas mazelas escrevemos acima, entorpece ainda mais a si mesmo e seus indivíduos, inclinados ao comodismo e às vantagens e proveitos próprios, fazendo com que outros indivíduos que, naturalmente, reconheceram a sua inclinação para aquilo é egoísta, queiram adentrar na política ou para o funcionalismo público para tirar ainda mais proveito de quem mais precisa.

Para piorar este cenário, diante da crise financeira sem precedentes, o mercado de trabalho privado está perdendo excelentes cabeças pensantes para as funções públicas, que dão a garantia de estabilidade e o pão, ainda que com gosto um pouco amargo pela inoperância e tacanhez do Estado, de cada dia.

Diante disto, em termos de geração de riquezas, o homem comum não pode, nunca, em hipótese nenhuma, se autofiscalizar pela sua vestimenta de Estado, em empreendimentos feitos para competir com o mercado privado, não cabendo ao Estado, então, ceifar a liberdade de qualquer indivíduo de empreender e aspirar, privadamente, diante da norma legal vigente, coisas maiores, em termos materiais, o que faz com que geremos verdadeiras riquezas.

Ainda mais, o Estado deveria se afastar de concorrer, da forma desigual como atualmente faz, haja vista que a assunção dos riscos individuais não envolve o próprio patrimônio, mas o patrimônio de todos nós, com o mercado, em atividades que cabem ao indivíduo analisar, privadamente, a relação de risco, tempo, dinheiro e o retorno do capital investido, para geração, aí sim, de mais impostos e empregos.

Diante de tal geração de riquezas, dos indivíduos, pelo meio privado, ao Estado caberia apenas uma atividade regulamentar, por favor, de forma eficaz e objetiva, e auto fiscalizatória da sua própria atividade regulamentar, para verificar se as condições necessárias de um mercado saudável e sustentável, baseados nos valores da livre-iniciativa e a luta contra a concorrência desleal, estão sendo cumpridas, sem prejuízo da prestação serviços básicos que é Educação, Saúde e Transporte de qualidade, o que para mim não é distribuição e reequilíbrio de riquezas.

O que temos, então, em termos jurídicos, quando geramos riquezas e prestamos os serviços básicos que cabem ao Estado – Responsabilidade Fiscal.

A falta de observância do princípio da responsabilidade fiscal, conjuntamente com os graves casos de corrupção nos poderes Executivo e Legislativo, levou ao *impeachment* da Ex--Presidente Dilma Roussef e o nosso país, à maior crise econômica já vista.

Ainda assim, com a redução da geração de riquezas no país, vivemos momentos de manutenção dos programas sociais, como o "bolsa-família", o que me parece um contrassenso, mas um mal necessário, pelo menos, momentaneamente, para que outros indivíduos não sucumbam pela fome e desnutrição, mas isto não nos levará a lugar nenhum, a não ser à perda de gerações e gerações, que se acomodarão no pai imprudente, que não ensinou o filho a pescar.

Em suma, geremos riquezas pela ação individual de homens empreendedores na esfera privada e que os tributos

JUSTIÇA ECONÔMICA E SOCIAL

sirvam para prestação de serviços básicos de qualidade pelo homem vestido pela roupa do Estado. Ainda, se os tributos forem demasiadamente altos, que estes sejam diminuídos e que o homem, com a educação moral instituída pelos pais, aprenda a dividir o que, em tese, é, temporariamente, seu, quando estiver empreendendo, com seus empregados, sem maiores imposições legais. Isto sim, poderia caracterizar, como a real liberdade da agir dos homens, em distribuição de riqueza fraternal. Ademais, sempre que o homem vai ao Estado com discursos fraternais, ele acaba por cometer mais improdriedades para interesses meramente egoístas e corporativos.

Por fim, não poderia deixar de dar minha opinião sobre o que é um homem testado e provado pela fé cristã. Assim, defendo que um homem testado e provado no fogo da fé e dos sofrimentos e contrariedades que o transformaram em um ser virtuoso, alicerçado pelo amor familiar, uma vez ultrapassado o tempo da primeira tempestade, terá a consistência de valores para ultrapassar tantas outras tempestades que advirem. Isto o tornará mais pronto para as atividades tanto do mercado, quanto pelas vestes do Estado.

5. Como estimular investimentos no país, competindo com outras nações na sua atração, cuidando simultaneamente de políticas sociais?

Inicialmente, vale esclarecer que o ingresso de investimentos estrangeiros no Brasil é regulado e regulamento pelo Banco Central do Brasil, o qual define tal ingresso em investimentos diretos, que são aqueles realizados diretamente nas empresas, por meio de integralização de capital social e os investimentos indiretos, que são aqueles realizados nas empresas, por meio de celebração de empréstimos, cada qual com suas particularidades regulamentares, registrais e tributárias.

Tal mecanismo é importante, porque, especificamente neste caso, apesar da relação burocrática, chancela e dá garantia de registro de tais investimentos no Brasil, tendo assim o investidor estrangeiro maior transparência e segurança jurídica da correta alocação dos recursos no destino pretendido, que é a empresa receptora dos recursos.

Esta introdução serve apenas para esclarecer que a burocracia imposta pelo Banco Central do Brasil não é um entrave em si, para entrada e saída de capitais estrangeiros.

O entrave é o Brasil em si mesmo.

O impacto dos recursos advindos do exterior, nos registros fiscais e contábeis, e a tributação das empresas, a relação dos sócios, a obtenção de outros registros necessários para abertura de empresas, a dificuldade de compra e utilização de maquinários e tudo que cremos como dificuldades reais de empreender no Brasil, isto é um entrave.

Desta forma, o tal *"Doing Business Brazil"* deveria ser muito mais conectado com uma dinâmica única e mais objetiva de um Estado menor, com um Judiciário que funcionasse de forma mais rápida e que tivéssemos menos incertezas políticas e legislativas; isto daria para o investidor estrangeiro mais segurança para investir no Brasil.

Para isto, voltemos às explanações feitas neste artigo. O Brasil precisaria se remodelar como um todo e o Estado fazer o seu trabalho para o bem do mercado privado e de sua população. Em outras palavras, o Estado deveria fazer o mínimo que lhe compete com qualidade, para, enfim, pensarmos em outras alternativas que atraíssem investidores preocupados em políticas sociais. A solução para remodelagem brasileira é a formação moral e ética do indivíduo.

Porém, hipoteticamente, vamos imaginar que o Brasil fosse um porto seguro para investimentos estrangeiros, com uma economia estável, uma política confiável e um Judiciário totalmente operante. Não custa nada sonhar, já nos dizia o poeta no samba do carnaval carioca.

Bom, se assim fosse, o que se poderia pensar para se ter um diferencial para captação de investimentos estrangeiros focados em uma contrapartida social?

O tema e o lema, respectivamente, da campanha da fraternidade do ano de 2017 nos dão esta resposta que poderia sensibilizar, pelo menos, subsidiariamente, o âmago de investidores estrangeiros, qual seja: "Fraternidade: Biomas brasileiros e defesa da vida" – "Cultivar e Guardar a criação" (Gn 2.15).

A regra geral é que no mundo corporativo, cheio de metas e métricas para medir o retorno de cada centavo investido em subsidiárias, filiais e investimentos diretos e indiretos feitos em local diferente do país, onde uma empresa tem sua sede mundial, a regra de ouro diz respeito à maior geração de lucro com maior rentabilidade possível.

Mesmo as empresas denominadas sustentáveis têm como premissa principal a geração de lucro e, de forma muito bem planejada, pensada, trabalhada e, poder-se-ia até dizer, subsidiária, evidentemente, sem prejuízo dos retornos de capital investido e operacional, as empresas têm ações de incentivos de políticas sociais para certas populações baseadas na carência de cada localidade específica.

Não que tudo neste mundo esteja perdido, mas, mesmo as ações politicamente corretas têm, em seu íntimo, um objetivo que é a valorização de uma marca, aumentar a visibilidade da empresa, se adaptar a certos mercados ou à captação de recursos de forma mais barata, haja vista existirem pessoas de bem preocupadas em investir o seu dinheiro em algo que tenha como objetivo, ou pelo menos, um apelo de manter o planeta vivo durante o maior tempo possível.

Isto até já existe e compartilho aqui a matéria obtida no site infomoney.com.br, que demonstra que mesmo o mercado de capitais e financeiro brasileiro já tem produtos com empresas, que verificaram o apetite do mercado para uma corrente do "bem", para captação de recursos de investidores diferenciados, no que diz respeito ao seu modo de pensar e agir, a saber:

> A fim de impulsionar uma economia de baixo carbono, a BM & FBovespa e o Banco Nacional de Desenvolvimento Econômico e Social (BNDES), desenvolveram o Índice Carbono Eficiente (ICO2). Este índice ó benchmark do Fundo de Índice (ETF, na sigla em inglês) iShares Índice Carbono Eficiente, negociado na bolsa brasileira com o código ECO011. [...]. O principal objetivo desse Fundo de Índice é incentivar as empresas emissoras das ações mais negociadas na Bolsa a aferir, divulgar e monitorar suas emissões de gases de efeito estufa (GEE), e igualmente prover o mercado com um indicador cuja *performance* será resultante de um portfólio balizado por fatores que incorporam questões relacionadas às mudanças climáticas.

Desta forma, após certo grau de maturidade e conforto financeiro e econômico, o ser humano comum e ordinário, que conduz grande parte das empresas, começa a ficar mais prudente e começa a pensar mais na sociedade, no cumprimento integral de suas obrigações para com o Estado e com o planeta, desde que isto não afete, em nenhuma hipótese, infelizmente, a sua condição financeira pessoal e empresarial, e que não gere prejuízos para os seus acionistas. Ademais, este discurso sobre a proteção dos interesses financeiros dos acionistas já deixou de fazer muito bem para o mundo e já causou muitos estragos para gente de bem, com o viés único do lucro desmedido.

O que quero dizer é que o ser humano comum não é totalmente imprudente, após certo estágio de maturidade pessoal e financeira, pensando em fazer o bem para o próximo, desde que isto não afete sua condição adquirida com o passar dos anos.

Consequentemente, em termos mercadológicos, após certo estágio de maturidade financeira, ter-se uma empresa (indústria, comércio ou prestadora de serviços) e/ou criar produtos com viés de sustentabilidade para um mundo melhor pode ser muito mais lucrativo, do que uma empresa e/ou um produto que não tenha este *plus* de marketing.

Assim, o Brasil, pelos seus biomas, é (ou deveria ser) "a bola da vez" na preservação de espécies e da própria humanidade, mesmo que seja para dar uma sobrevida a esta, porque, se continuarmos assim, encharcados por atos de

JUSTIÇA ECONÔMICA E SOCIAL

corrupção e fraude e de total abandono de nossas reservas naturais, os nossos filhos e netos estarão comprando ar puro em supermercados.

As políticas sociais diretamente relacionadas com a preservação da natureza é uma obrigação de todos e não necessariamente um estímulo para investidores estrangeiros investirem no Brasil, mas, na onda da preservação do planeta, poderia ser vista e trabalhada como uma política social para investimentos estrangeiros.

6. O excessivo crescimento da burocracia é ou não inibidor de reais políticas sociais?

O excessivo crescimento da burocracia é, com toda a certeza, um enorme inibidor de reais políticas sociais, por diversos motivos, sendo eles: (i) o desperdício entre valores destinados e valores eficazmente alocados em programas e políticas sociais; (ii) o direcionamento consciente ou inconsciente dos responsáveis e mandatários dos programas para populações diretamente relacionadas a celeiros eleitorais ou corporativos, aliado à procrastinação da execução das políticas sociais para continuidade nos cargos; (iii) a falta de comprometimento dos servidores públicos, em virtude da falta de motivação, inspirações e aspirações, oriunda da inconsciência da sacralidade do trabalho como dom de Deus; e, por fim, (iv) a magnitude de leis e órgãos esparsos e não conectados, aliada à ignorância ativa e passiva do povo brasileiro no conhecimento e na prática dos próprios deveres e obrigações advindas do Estado Democrático de Direito, com o consequente impacto para plenitude e dignidade do povo brasileiro.

Antes de adentrarmos em cada um dos pontos por mim aqui suscitados, para explanar a inibição que a burocracia causa às políticas sociais, uma verdade deve ser escancarada, com base em tudo o que já foi escrito, que é a seguinte – o Estado é o indivíduo e é tão fraco quanto o indivíduo que o rege, nas diversas esferas em que este Estado tece suas teias

423

arrecadatórias, de tal forma que valho dizer que é o indivíduo e suas virtudes que moldam o Estado e não o inverso.

Neste diapasão, trago à tona um trecho do livro *Para Além da Política* – Mercados, Bem-Estar Social e o Fracasso da Burocracia, dos autores William C. Mitchell e Randy T. Simmons, página 71:

> Apesar de a interação através da política poder produzir resultados maiores do que a soma das partes, predomina o fato de que as políticas públicas, as escolhas e as decisões são tomadas por indivíduos. Quando a mídia relata que "o governo tentou reagir a uma queda cíclica com uma política anticíclica", os leitores e espectadores deveriam reconhecer o que isso realmente significa – algum indivíduo ou membros de um grupo de pessoas tomaram uma decisão particular.

Desta forma, as elucidações abaixo devem ser vistas sob o ponto de vista da miséria humana. Miséria muito bem elucidada por São Paulo na Carta aos Gálatas 5:17-21, cujo versículos, com a misericórdia de Deus, atrevo-me a transcrever:

> Porque a carne cobiça contra o Espírito, e o Espírito contra a carne; e estes opõem-se um ao outro, para que não façais o que quereis.
>
> Mas, se sois guiados pelo Espírito, não estais debaixo da lei.
>
> Porque as obras da carne são manifestas, as quais são: adultério, fornicação, impureza, lascívia, Idolatria, feitiçaria, inimizades, porfias, emulações, iras, pelejas, dissensões, heresias, Invejas, homicídios, bebedices, glutonarias, e coisas semelhantes a estas, acerca das quais vos declaro, como já antes vos disse, que os que cometem tais coisas não herdarão o reino de Deus.

Vamos aos pontos:

(i) *o desperdício entre valores destinados e valores eficazmente alocados em programas e políticas sociais;*

Vejam que nós indivíduos não conseguimos nem mesmo cuidar uns dos outros e do nosso planeta, então o que diríamos do dinheiro arrecadado em tributos cujo "dono" é um "ente fantasma" chamado Estado.

Em um país, onde nós indivíduos crescemos com a cultura do "jeitinho brasileiro", gastando as nossas economias na escravidão do pequeno prazer da cerveja e futebol, em 04 dias de balbúrdia e excessos da gula, vaidade e sexualidade vistas no Carnaval, aqueles que lideram as finanças públicas administram o duto dos recursos financeiros a seu bel-prazer, não ligando a mínima para os desperdícios, como se o dinheiro não fosse nosso e fruto do nosso trabalho, tão escasso nos dias atuais.

Sobre desperdício, no prefácio do livro *Para Além da Política*, tiramos as seguintes considerações:

> Dizem os autores: um dólar autorizado para os pobres geralmente significa que eles obtêm algo que vale menos que um dólar. Isto é, uma boa parte desse dólar fica com a administração e com os fornecedores. Em outras palavras: nenhum programa de combate à pobreza combate verdadeiramente a pobreza. Todo programa de combate à pobreza engorda principalmente a burocracia e os fornecedores do Estado.

Por que não cuidamos daquilo que é do Estado, como se fosse nosso, cuidando do dinheiro como aquela dona de casa que economizou o mês inteiro para comprar 1 quilo de feijão? A resposta é fácil. É porque nós brasileiros não nos apropriamos do Estado, como coisa nossa. É o Estado, leiamos, certos indivíduos com interesses próprios, que se apropriou de nós em um regime feudal, onde não nos imaginamos fazer parte das pessoas que têm o poder de realizar mudanças.

(ii) *o direcionamento consciente ou inconsciente dos responsáveis e mandatários dos programas e políticas sociais para populações diretamente relacionadas a celeiros eleitorais ou corporativos*

No mercado dos negócios, há uma expressão muito conhecida dos homens de negócios conhecida como *"There is no free lunch"* (não há almoço de graça).

Esta expressão, passada para o mundo dos "negócios" de ordem pública governamental, não deveria existir, sob a pena de se corroer a relação de impessoalidade e da ausência de fins lucrativos que geram a condição de se fazer ou prestar o bem, quero dizer, minimamente, com serviços básicos de qualidade pelo Estado.

Porém, infelizmente, não é isto que acontece. Os interesses pessoais e mesquinhos dos agentes públicos permeiam o setor público de maneira muito mais agressiva do que o setor privado, muito pela forma cultural com que foi construída a política brasileira, bem como pelo fato da pré-condição da vontade dos indivíduos de servirem ao Estado para fins e comodidades próprias.

Assim, os burocratas brasileiros se utilizam da burocracia, unicamente, para satisfazer suas condições pessoais e familiares com base em extravagâncias, que poderiam ser vistas em um filme de Hollywood.

Desta forma, não há burocrata ou político que pense em um país como um todo, mas sim em favorecimento para microssistemas que garantam e perpetuem privilégios e benefícios para parte da população que conduzirá ou perpetuará, por condição mínima de discernimento, tais burocratas e políticos no poder, afastando, pessoas de boa vontade do exercício de funções públicas, pelo nojo das baixezas que corrompem indivíduos e as instituições as quais fazem parte.

No livro *Para Além da Política*, página 116, temos um exemplo claro e pesquisado sobre o tema:

> As dificuldades de se apoiar o interesse geral são aumentadas quando são levados em consideração grupos de interesses concentrados. O político fica diante de incentivos mais poderosos para gastar do que para economizar. Uma razão acabou de mencionada, isto é, pequenos grupos que se beneficiam de desembolsos do governo têm mais incentivos e meios mais baratos para se organizar do que os contribuintes não organizados. Se um político tem a chance de dividir 1 milhão igualmente entre 1 milhão de cidadãos, ou igualmente entre 1.000 pessoas, ele vai

JUSTIÇA ECONÔMICA E SOCIAL

racionalmente optar pela última alternativa, pois é mais provável que ele vai ganhar gratidão daqueles que ganharam 1.000
dólares do que daqueles que ganharam 1 dólar. Ao contrário, se
o mesmo político tem que escolher entre aplicar impostos de 1
dólar sobre 1 milhão de contribuintes, ele vai, na maior parte das
vezes, escolher a primeira opção. A lógica é similarmente clara;
prevalecem as implicações eleitorais de ganhos concentrados e
perdas dispersas.

(iii) *a falta de comprometimento dos servidores públicos,
em virtude da falta de motivação, inspirações e aspirações oriunda da inconsciência da sacralidade do
trabalho como dom de Deus;*

Assim nos expõe o Catecismo da Igreja Católica em seu
ponto 27:

> A razão mais sublime da dignidade humana consiste na sua vo-
> cação à união com Deus. Desde o começo da sua existência, o
> homem é convidado a dialogar com Deus: pois, se existe, é só
> porque, criado por Deus por amor, é por Ele, e por amor, cons-
> tantemente conservado; nem pode viver plenamente segundo a
> verdade, se não reconhecer livremente esse amor e não se entre-
> gar ao seu Criador (GS 19, 1).

Se a razão mais sublime da minha dignidade diz respeito
à minha união com o meu Criador, é claro, para mim, que esta
união cerceia todos os momentos da minha vida e, principalmente, meu trabalho e minha família.

Infelizmente, temos a errada impressão que o trabalho é
um castigo e não um dom.

Passamos a semana útil inteira pensando nos momentos
de descanso.

É no trabalho que podemos aprimorar nossas relações intelectuais e pessoais. Pelo trabalho me ocupo e sirvo ao meu
próximo.

O problema é que, uma vez que o indivíduo adentra no
funcionalismo público, caso este indivíduo não tenha a exata noção da sacralidade de seus atos ou da consciência do

impacto de suas decisões (nos cargos mais altos com o aumento do grau de responsabilidade), e uma vez garantido pela estabilidade funcional, o indivíduo para de sonhar, aspirar e inspirar coisas maiores, e a rotina leva tal indivíduo à indiferença dos seus atos e à morte moral e profissional, esperando e vivendo pelos fins dos tempos.

Talvez seja por isto, no intuito de se tentar achar a Deus, que a onda do *empreendedorismo* cercou a atitude dos mais jovens, tentado a obter a razão do seu viver pelo trabalho, mas baseado no retorno financeiro e com o fulcro do serviço ao próximo, mal sabendo que a razão do nosso viver está logo ali em Deus nosso Pai.

Neste sentido, o ponto 378 do Catecismo católico assim nos ensina:

"Sinal de familiaridade com Deus é o fato de Deus o colocar no jardim. Ali vive a fim de o cultivar e guardar (Gn 2, 15); o trabalho não é um castigo, mas a colaboração do homem e da mulher com Deus no aperfeiçoamento da Criação visível."

(iv) *a magnitude de leis e órgãos esparsos e não conectados, aliada à ignorância ativa e passiva do povo brasileiro no conhecimento e na prática dos próprios deveres e obrigações advindas do Estado Democrático de Direito, com o consequente impacto para plenitude e dignidade do povo brasileiro.*

A plenitude e dignidade do ser humano passam por três pilares que são: (i) a Família, a qual engloba Plenitude e Dignidade de forma conjunta, haja vista o valor inegociável e irrenunciável no seu cerne, que é criação física e educacional dos pais (homem e mulher) de seus filhos, (ii) a Educação; e (iii) a Saúde.

Sobre a Família em si, precisaria de outras 10 mil palavras para escrever sua função e essencialidade para o bem da sociedade. Então, vamos nos ater na Educação e Saúde.

JUSTIÇA ECONÔMICA E SOCIAL

Plenitude tem muito a ver com saúde, mas tem mais haver com educação. O desenvolvimento intelectual do ser humano é sempre bom, sem exceções.

Temos exemplos, evidentemente, que a vida faz por onde. Existem pessoas que nunca receberam o mínimo do sistema educacional e são pessoas sábias, forjadas pela própria vida, podendo ter mais ou menos condição material, e, ao final, não é isto que importa a elas. Sabedoria esta que não é humana, mas sim um dom do espírito de amor de Deus por nós, a quem ensinou por meio da vida e sofrimento.

A plenitude oriunda da educação não significa dizer que todos devem ser ou obter diplomas reconhecidos pelas melhores faculdades do país e do mundo, mas a plenitude oriunda da educação deve dar a possibilidade do desenvolvimento intelectual em bom nível para todos os brasileiros, a tal ponto, para os que assim quiserem, possam, em igualdade de condições com pessoas mais bem afortunadas materialmente, sonhar em voar o mais alto possível, no desenvolvimento intelectual e científico relacionado à sua profissão e estudos, e também ao conhecimento de Deus, da ciência, e das coisas dos Santos.

Dignidade tem muito a ver com Educação, mas tem mais a ver com saúde.

O sentimento e a certeza da segurança mínima que podemos ter ao ser atendidos por um profissional da área médica capacitado, no caso de urgência ou de qualquer doença deveria ser inerente da vida de qualquer ser humano.

Com esta certeza e sentimento, o ser humano poderia, independentemente da educação que tivesse, se atarefar mais com as coisas de Deus e dos outros, por meio de qualquer atividade laboral ou familiar. Não ser atendido, nos casos de doença e de fome, é um dos maiores crimes que comete o Estado Brasileiro e seus operadores públicos contra a dignidade de um ser humano.

7. Conclusão

A realização das tarefas estatais, em última instância, se resume na vontade e na intenção, consciente ou inconsciente, do indivíduo em fazer o bem ou mal a quem de direito.

O bem e o mal estão alicerçados no autoconhecimento dos indivíduos, no que tange o grau de egoísmo e orgulho que norteiam suas ações e omissões.

O autoconhecimento e o entendimento próprio do egoísmo e orgulho e da própria miséria humana só podem ser obtidos, plenamente, sob a luz da espiritualidade cristã católica, as quais, uma vez conquistados, regerá o indivíduo para um comportamento moral e ético pleno cuja consequência é a paz de espírito presente e a salvação eterna, o que nenhum prazer ou valor mundano pode comprar ou se comparar.

Assim, a Igreja tem um papel fundamental, com os seus homens a serviços de Deus, pela vocação sacerdotal, de proteger os dogmas e valores cristãos inegociáveis, levando os seus fiéis ao acerto e a salvação.

Consequentemente, cabe a estes indivíduos revestido pelo poder do Estado ou pela iniciativa empresarial fazerem o bem ao próximo com a utilização correta de tudo que é o bem comum.

Tomo a liberdade, por fim, de expor parte da conclusão do Papa Emérito Bento XVI, que ainda virá ser um Santo de nossa Igreja Católica, em sua encíclica Caritas in Veritate:

> 78. Sem Deus, o homem não sabe para onde ir e não consegue sequer compreender quem é. Perante os enormes problemas do desenvolvimento dos povos que quase nos levam ao desânimo e à rendição, vem em nosso auxílio a palavra do Senhor Jesus Cristo que nos torna cientes deste dado fundamental: "Sem Mim, nada podeis fazer" (Jo 15, 5), e encoraja: "Eu estarei sempre convosco, até ao fim do mundo" (Mt 28, 20). Diante da vastidão do trabalho a realizar, somos apoiados pela fé na presença de Deus junto daqueles que se unem no seu nome e trabalham pela justiça.

JUSTIÇA ECONÔMICA E SOCIAL

79. O desenvolvimento tem necessidade de cristãos com os braços levantados para Deus em atitude de oração, cristãos movidos pela consciência de que o amor cheio de verdade — *caritas in veritate* –, do qual procede o desenvolvimento autêntico, não o produzimos nós, mas é-nos dado. Por isso, inclusive nos momentos mais difíceis e complexos, além de reagir conscientemente devemos sobretudo referir-nos ao seu amor.

Agradeço a Deus, meu pai tão amável, pelo dom da faculdade da escrita e da leitura, e por ser católico, tendo me resgatado da perdição do mundo, de tal forma que pudesse, enfim, ter encontrado a minha vocação ao matrimônio, por meio da constituição de uma família com minha admirável esposa Fernanda e meu querido filho João Lucas.

Minha mãe admirável, Nossa Senhora Aparecida, interceda por nós brasileiros para que, apesar de todas as dificuldades que assolam nosso país, nunca questionemos, nem mesmo por um milésimo de segundo, o poder do amor infinito e da misericórdia de Deus para seus pequeninos e miseráveis filhos, que somos nós.